人力资源管理实战型系列教材

丛书主编：罗　帆　孙泽厚

薪酬管理

桂　萍　赵琛徽 编著

科学出版社

北京

内 容 简 介

本教材比较系统地分析和阐述了薪酬管理这门课程的理论、方法和发展趋势，既有基本原理和基本知识，也有许多探索性的方法和观点。此外，本教材既吸收国内外的研究成果，又立足于创新。每章均有小结和思考题，一方面可供教师教学讨论用；另一方面便于学生复习和巩固所学知识。每章开头均配有引导案例，结束部分配有讨论案例，部分章节还会附上相关知识的补充。这些有助于教师教学时激发学生的兴趣、组织好案例教学。

本教材适合工商管理类各专业本科生和MBA学生阅读，也可作为企事业单位对管理人员的培训用书。

图书在版编目（CIP）数据

薪酬管理 / 桂萍，赵琛徽编著 . —北京：科学出版社，2015

人力资源管理实战型系列教材

ISBN 978-7-03-043764-8

Ⅰ .①薪… Ⅱ .①桂…②赵… Ⅲ .①企业管理 – 工资管理 – 教材 Ⅳ .① F272.92

中国版本图书馆 CIP 数据核字（2015）第 051375 号

责任编辑：江 薇 张 宁 / 责任校对：吴美艳
责任印制：徐晓晨 / 封面设计：蓝正设计

科 学 出 版 社 出版
北京东黄城根北街 16 号
邮政编码：100717
http://www.sciencep.com

北京九州迅驰传媒文化有限公司 印刷
科学出版社发行 各地新华书店经销

*

2015 年 3 月第 一 版 开本：787×1092 1/16
2018 年 8 月第四次印刷 印张：18
字数：423 000
定价：45.00元
（如有印装质量问题，我社负责调换）

总　序

二十六年前，当我们开始学习组织行为学时，即被其以人为本的内涵所吸引。虽然，当时国内很少有人关注这一学科，甚至有人批驳它是伪科学，但我们相信，这门由心理学、社会学、人类学、经济学等有关行为的学科组成的交叉学科一定会在管理中有重大的应用价值。

从主讲组织行为学或管理心理学课程，到探讨其在劳动人事管理中的应用，我们默默地耕耘，直到五十而知天命。随着劳动人事管理向人力资源管理方向发展，武汉理工大学形成了工商管理专业人力资源管理方向，毕业生受到了人才市场的欢迎。九年前，我们创办了人力资源管理专业，毕业生就业率一直在本校名列前茅。2005 年，我们的教学研究成果获得了湖北省教学成果一等奖；2008 年，"人力资源管理"被评为湖北省精品课程；2013 年，"组织行为学"被评为湖北省来华留学生品牌课程。我们主编的《人力资源管理——理论与实践》和《组织行为学》教材，深受社会各界好评。一路走来，充满艰辛，我们付出了许多心血，也获得了无限喜悦。

人力资源管理是蓬勃发展的新兴专业，实践性非常强，教材建设是专业建设的重要组成部分，是教学质量工程的建设重点。为此，在科学出版社的支持下，我们精心策划，联合有关高校的师资力量，组织企事业单位的人力资源管理人员，共同编写了工商管理类人力资源管理实战型系列教材，主要面向人力资源管理、工商管理、劳动与社会保障等专业的本科生和研究生 (包括 MBA、EMBA)，也可作为企事业单位在职培训的教材，以及各类管理人员的参考用书。

这套系列教材的特色主要体现在三个方面。

1. 统筹规划的系统性

作为湖北省教学研究项目"人力资源管理专业实践教学体系创新研究"的重要成果，该系列教材经过精心规划和系统设计，涵盖了"绩效管理""薪酬管理""工作分析与职位管理""人力资源风险管理""职业生涯管理""人力资源法""人力资源管理战略规划""人员测评与选拔""人力资源开发与培训""组织行为与人力资源管理实训"等核心课程和特色课程,体系完备,重点突出。同时,该系列教材注重理论教学与实践教学相结合,纸质教材与电子课件、课程网络资源相结合,各种教学方法和手段优化组合,系统性强。

2. 领先前沿的创新性

罗帆、孙泽厚、桂萍、赵富强、卢少华、彭华涛等主编人员具有在美国、英国等发达国家知名大学留学的经历,了解人力资源管理的国际学术前沿和发展动态,将所主持的国家自然科学基金项目、国家社会科学基金项目的最新研究成果纳入教材。《人力资源风险管理》是国内外第一本相关领域的教材,包含人力资源风险预警管理、新生代农民工管理等内容,具有显著的创新性。该系列教材所采用的混合式教学、原创性案例、情景模拟、角色扮演和实训等方法,新颖独到。为了适应互联网+时代教育信息化的发展趋势,我们在书中插入二维码,读者用手机扫描即可观看关键知识点教学录像、最新案例和阅读材料。

3. 需求导向的实战性

我们在全国范围内针对企事业单位人力资源管理人员、高校人力资源管理教师和学生分别进行了问卷抽样调查,对目前人力资源管理教材建设中的问题进行了诊断,了解了三方对人力资源管理教材的需求和期望,以需求为导向进行人力资源管理教学改革,所编写的教材强调实战性。以《组织行为与人力资源管理实训》为代表,综合反映实践教学创新的成果,致力于提高学生将来从事人力资源管理所需的综合素质,强化人力资源管理的战略视角、业务技能和实际操作能力。

该系列教材的主编主要来自武汉理工大学、中南财经政法大学、华中师范大学、武汉科技大学、湖北经济学院、中南民族大学等高校,是多年教授人力资源管理相关课程的任课教师,积累了丰富的教学研究和实战经验。参编人员还有来自美国明尼苏达大学、日本帝京平成大学、上海金融学院、中山大学、上海交通大学、华南理工大学及企事业单位的人力资源管理人员。人员队伍结构合理,优势互补,不仅在人力资源管理理论研究方面有新突破,而且具有丰富的人力资源管理咨询或实践经验。该系列教材充分体现了集体智慧和多方经验,涉及面广,受益面大。

在编写系列教材的过程中,我们吸收了国内外学者的研究成果以及众多人力资源管理者的实践经验,得到了科学出版社、湖北省教育厅、湖北省人力资源学会、武汉理工大学等高校的大力支持和帮助,在此我们深表谢意!

罗帆 孙泽厚

2016 年 1 月

前　言

薪酬是现代企业人力资源管理中战略性激励机制的重要手段，薪酬是员工为企业工作和追求个人目标的力量源泉；薪酬管理是促进薪酬公平合理分配的一系列制度安排，是现代企业管理的重要内容。

激烈的市场竞争归根结底是对人才的竞争。吸引人才、留住人才是企业的当务之急，而能否吸引人才、留住人才取决于企业建立的薪酬体系。

企业希望提高员工工作效率，以提高企业的劳动生产率。一切影响员工工作效率的因素都可能成为薪酬管理的内容，因此薪酬管理的对象已经由经济性薪酬的管理扩张到对非经济性薪酬的管理，由外在薪酬的管理扩张到内在薪酬的管理上。

本书参考国内外先进的薪酬管理的内容，形成完善的理论体系，保证薪酬管理知识体系的系统性及全面性；理论与实践相结合，具有较好的实践指导意义。为了激发读者的阅读兴趣及方便其浏览，在内容的编排上，每章开头都设有引导案例，每章结尾都设有本章小结。本书的具体内容安排如下：

第一章介绍薪酬的概念及薪酬体系的构成，阐述了薪酬管理的内涵、目标及发展历史。

第二章把薪酬管理置于战略性的高度进行阐述，将薪酬策略与公司的战略密切融合，分别阐述了不同的公司战略与竞争战略下薪酬战略的制定。

第三章的主要内容是薪酬水平调查与外部竞争性的研究。首先阐述了薪酬水平与外部竞争性关系、薪酬外部竞争性的作用以及外部竞争性决策的类型；其次引入薪酬水平调查的概念，说明薪酬水平调查的目的、意义，并介绍了企业进行薪酬调查时应遵循的基本原则、薪酬水平调查的基本内容以及薪酬水平调查的实施。

第四章构建薪酬体系设计的系统思路。首先详细阐述了薪酬体系设计的原则，并提出从战略层面、制度层面和技术层面设计薪酬体系的模型，详细阐述薪酬体系设计流程；其次提出了薪酬设计策略，并提出基于岗位、绩效、技能、市场、年功的薪酬模式；最后对薪酬制度建设的相关内容做了说明。

第五、六、七章重点介绍三种薪酬体系，基于职位的薪酬体系、基于能力的薪酬体系和基于绩效的薪酬体系。职位评价是保证薪酬内部公平的主要手段，第五章首先就职位评价的概念做了相关介绍；其次介绍了多种职位评价方法，并进行比较；最后阐述了基于职位薪酬体系设计。第六章首先介绍了能力及能力评价的内容，进而对技能薪酬体系及能力薪酬体系做了说明。绩效评价技术是现代组织重要的管理工具，第七章首先介绍了十种绩效评价技术，然后介绍了绩效薪酬的概述、表现形式，绩效薪酬方案的设计与实施。

第八章阐述员工福利管理。分析了员工的福利的概念、特点、功能，员工福利的构成，员工福利的管理的内容，企业年金计划的设计与管理，以及员工福利的发展趋势。

第九章分析主要薪酬模式与设计。其内容主要包括管理人员、技术技能人员、销售人员的薪酬模式。本章针对不同岗位的差异和特点，进行薪酬模式的选择和设计，对薪酬体系设计具有重要的影响。本章还分别阐述了年薪制和宽带薪酬的两种薪酬制度。

第十章介绍跨国公司国际员工薪酬设计。本章介绍了跨国公司员工构成，分析了跨国公司的薪酬管理的特点，研究跨国公司员工的薪酬组合，提出跨国公司员工薪酬设计的方法，形成跨国公司薪酬支付的思路。

第十一章研究薪酬管理的法律与制度环境。本章介绍了我国劳动法律体系，分析了企业薪酬政策制定的法律规定，分析关于社会保障与住房公积金的规定以及有关薪酬支付与经济补偿、经济赔偿的规定。

当然，本书在编写过程中，由于涉及面比较宽，内容广泛，故必然会存在些许不足之处，敬请读者提出宝贵意见。我们将不断修改和完善，以期为人力资源管理理论和实践水平的提高贡献一份力量。我们愿与读者一起为薪酬管理的理论发展与知识传播共同努力。

目　录

第一章

薪 酬 概 论

引导案例

F公司薪酬改革

F公司是一家生产电信产品的公司，其在创业初期，依靠一批志同道合的朋友，大家不怕苦不怕累，从早到晚拼命干，公司发展迅速。几年之后，公司员工由原来的十几人发展到几百人，业务收入也由原来的每月10多万元发展到每月1000多万元，企业变大了，员工也增多了，但公司领导明显感觉到，员工的工作积极性越来越低，也越来越计较报酬的多少。

F公司的总经理黄先生一贯注重思考和学习，为此特地到书店买了一些有关成功企业经营管理方面的书籍来研究，他在《松下幸之助的用人之道》一文中看到这样一段话："经营的原则自然是希望能做到'高效率、高薪资'。效率提高了，公司才可能支付高薪资，但松下幸之助提倡'高效率、高薪资'时，却不把高效率摆在第一个努力的目标，而是借助提高薪资，来激发员工的工作意愿，以此达到高效率的目的。"黄先生想，公司发展了，确实应该考虑提高员工的待遇，这一方面是对老员工为公司辛勤工作的回报，另一方面也是吸引高素质人才加盟公司的需要。为此，F公司聘请一家知名的咨询公司为企业重新设计了一套符合公司老总要求的薪酬制度，接着大幅度提高了公司各部门员工的薪酬水平，并对工作场所进行了全面整修，改善了各级员工的劳动环境和工作条件。新的薪酬制度推行以后，效果立竿见影，F公司很快就吸引了一大批有才华、有能力的人，员工对当前状态都很满意，其工作热情高涨，工作十分努力，公司的精神面貌焕然一新。但是这种好势头没有持续多久，员工的旧病很快复发了，其又逐渐地恢复到以前那种懒洋洋、慢吞吞的状态。

公司的高薪没有换来员工持续的高效率，公司领导陷入两难的困境，既苦痛又彷徨，问题的症结到底在哪儿呢？

思考题：该公司应采取哪些措施对员工的薪酬制度进行再设计、再改进？

资料来源：百度文库，http://wenku.baidu.com/view/5d65cc67 caaedd3383c4d3ec.html

第一节　薪酬的内涵

一、薪酬的概念及体系

1. 薪酬的基本概念

薪酬是员工向其所在组织提供劳务而获得的所有酬劳，形式多种多样。员工完成企业所需完成的工作或者实现企业绩效，为企业做出了贡献，同时也付出了努力、时间、学识、技能、经验与创造力等，企业需要给予回报，这种回报便是薪酬。一般情况下，薪酬作为劳动或劳务的价格表现，来反映公平交易或交换的关系。

2. 薪酬体系构成

薪酬分为狭义薪酬和广义薪酬。狭义薪酬也称为经济性薪酬，是指员工获得的工资、奖金等货币形式的劳动报酬和其他可转化为货币的劳动报酬。广义薪酬除指狭义薪酬外，还包括非经济性薪酬。非经济性薪酬是指员工获得的各种非货币形式的满足。薪酬体系如图 1-1 所示。

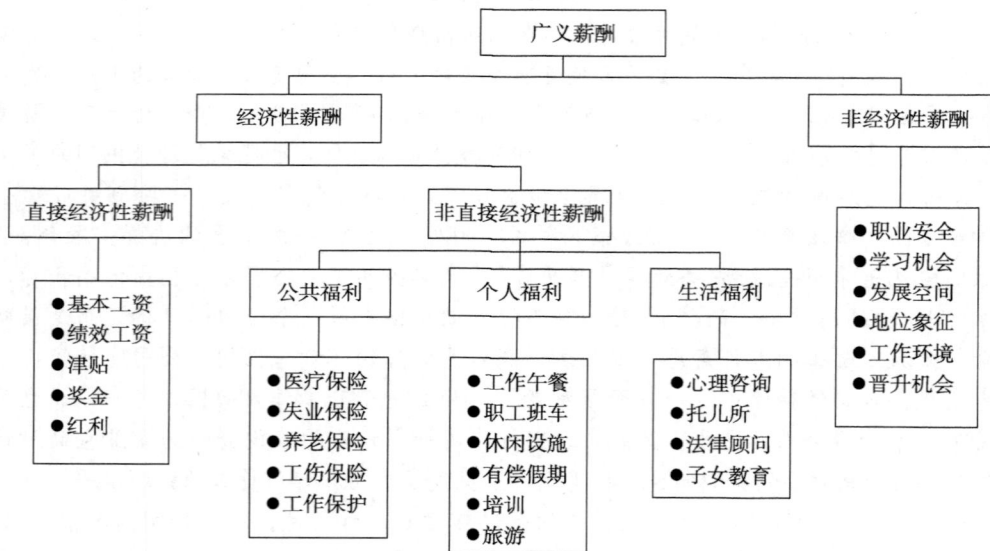

图 1-1　薪酬体系

经济性薪酬分为直接经济性薪酬和间接经济性薪酬。直接经济性薪酬是单位按一定的标准向员工支付的货币形式的薪酬，间接经济性薪酬是指单位以非货币形式发放给员工的薪酬，这些薪酬通常可以减少员工额外开支，给员工生活带来便利。

非经济性薪酬是指个人从工作中获得的非货币形式的满足，如工作中的学习机会、完成工作所取得的成就感等。非经济性薪酬对于一些员工，尤其是知识型员工而言更为重要。

二、薪酬的构成及形式

1. 薪酬的构成

总薪酬主要由基本薪酬、可变薪酬及间接薪酬(福利与服务)三大部分构成(图 1-2)。

```
            ┌──────────┐
            │  总薪酬   │
            └──────────┘
                  │
      ┌───────────┼───────────┐
 ┌────────┐  ┌────────┐  ┌──────────────┐
 │ 基本薪酬 │  │ 可变薪酬 │  │   间接薪酬     │
 └────────┘  └────────┘  │ (福利与服务)   │
                          └──────────────┘
```

图 1-2　薪酬构成

1)基本薪酬

基本薪酬是综合考虑劳动者的学历、资历等因素,以员工的劳动熟练程度、劳动强度、责任大小和不同工作在国民经济中的地位为基础,以员工实际完成的劳动定额、消耗的工作时间为依据支付的劳动报酬。

基本薪酬具有高刚性和高差异性,是一位员工从企业获得的较为稳定的经济报酬。它是员工稳定的收入来源,为员工提供了基本的生活保障,而且它通常是确定员工可变薪酬的重要依据。因此,基本薪酬对于员工来说非常重要。基本薪酬的变化主要受三方面因素的影响。首先,当总体的生活费用提高或发生通货膨胀时,需要调整基本薪酬;其次,如果竞争企业支付给同类劳动者的基本薪酬有所提高,为维持自身竞争力,企业必须适当提高薪酬;最后,当员工个人能力、知识水平、经验等原因导致绩效出现变化时,也必须调整其基本薪酬。另外,企业本身所处的地区、行业,以及企业所在产品市场的竞争程度等都会对员工的基本薪酬水平产生影响。

不同工作性质的员工,其基本薪酬的表现形式不一样:

(1)对从事体力劳动的员工,基本薪酬一般采取计时薪酬或计件薪酬的形式。

(2)对专业人力资源的员工,如企业营销人员、专业技术人员等,基本薪酬可采用月薪或年薪的形式。其月薪或年薪根据职位的不同性质或职位的人力资本的相对价值来衡量。

(3)对于企业经营管理者来说,其基本薪金一般用年度基薪的形式。通常需要根据企业的资产规模、销售收入、企业的经营管理难度和责任等来确定企业经营管理者的年度基薪。

2)可变薪酬

可变薪酬又称为浮动薪酬或奖金,它是指与绩效直接挂钩的薪酬。

可变薪酬以一种积极的方式将员工和企业联系在一起,促进了员工和企业形成伙伴关系。另外,在动态的环境下,为应对组织变革或复杂环境的挑战,可通过调整可变薪酬来做出灵活反应。这正是可变薪酬与基本薪酬相比灵活的地方。

对于企业经营者而言,可变薪酬包括长期激励和短期激励。其中长期激励是可变薪酬的核心内容,它使企业所有者与经营者的利益相一致,主要以股票期权、股票购买的形式表现出来。短期激励与经营者当年的绩效相关联,如现金奖金、虚拟股票和股票增值权等，是对企业经营者当年业绩的直接回报。

$$经营者年薪＝基本薪酬＋可变薪酬$$
$$可变薪酬＝短期激励＋长期激励$$

3）间接薪酬

间接薪酬是指企业以实物或服务的形式向员工提供的各项福利，目的是为员工将来的退休生活或疾病、事故等不测事务提供经济保障，其费用可由企业全部承担，也可由企业与员工共同承担。间接薪酬又称为福利薪酬。

间接薪酬一般包括非工作时间带薪，如年假。间接薪酬不再以员工工作时间的长短来衡量薪酬，这是间接薪酬明显区别于基本薪酬和可变薪酬的一点。另外，间接薪酬还包括儿童看护、工作期间的餐饮服务、家庭理财资讯等员工个人及家庭服务，以及人寿保险、健康及医疗保险、养老金等。

2. 薪酬构成的具体形式

薪酬具体形式包括工资、奖金、福利、津贴或补贴、股权，其具体要素如表 1-1 所示。

表 1-1　薪酬构成的具体形式

薪酬具体形式	具体要素
工资	基本工资、绩效工资、成就工资
奖金	红利、利润分享、绩效奖、特殊贡献奖、佣金、职务奖等
福利	法定福利、培训、有偿假期、心理咨询、公休等
津贴或补贴	野外作业津贴、井下津贴、夜班津贴、流动施工津贴、冬季取暖津贴、高温津贴、职务津贴、放射性或有毒气体津贴等
股权	普通股、优先股等

1）工资

工资从内涵上分为狭义工资和广义工资。其中以货币形式支付给员工的劳动报酬称为狭义工资，它是用人单位按照法律规定、劳动关系双方的约定形成的。广义的工资除了包含货币形式的狭义工资之外，还包括以非货币形式支付给员工的劳动报酬。

工资主要包括三类：

（1）基本工资。基本工资主要是以小时工资、月薪、年薪等形式出现，它是一个固定数额的劳动报酬，只要员工在企业中就业，均可定期拿到。

（2）绩效工资。绩效工资也称激励工资，是由员工工作的努力程度和劳动成果决定的，它随着员工努力程度和劳动成果的变化而变化。

（3）成就工资。成就工资主要是针对业绩好的员工，是对员工以往成就的一种追认，是对员工基本工资永久性的增加。

2）奖金

奖金是一种奖励性的劳动报酬，是企业针对员工超额劳动的部分，或是绩效突出部分而支付的。奖金包括一般意义上的现金奖励或红利、利润分享等。

企业发放奖金的目的是激励员工为企业创造更多的价值。员工对企业的贡献大，奖金就多，反之，奖金就少。企业也以员工是否为企业创造更大的价值来衡量其奖金发放是否成功。

3）福利

福利是指企业为留住员工、激励员工而给予员工的非现金形式的报酬，即除工资、奖金之外的所有待遇。

福利的形式包括法定福利、培训、有偿假期、心理咨询、公休等。关于福利在第八章会做具体介绍。

4）津贴或补贴

津贴是一种工资补充形式，主要是企业对员工在特殊条件下的劳动消耗、生活费的额外支出给予补偿。津贴以劳动者所处劳动环境的优劣作为分配的唯一依据，与劳动者的技术水平、劳动成果等无直接联系。这也决定了津贴分配相对均等的特点。

津贴的特点决定了它的主要形式。津贴的主要形式有野外作业津贴、井下津贴、夜班津贴、流动施工津贴、冬季取暖津贴、高温津贴、职务津贴、放射性或有毒气体津贴等。

5）股权

股权是一种长期激励手段，企业以股权作为员工的薪酬，目的在于激励员工为企业长期利润的最大化而做最大努力。

三、薪酬的分类

薪酬可以分为货币性薪酬和非货币性薪酬，外在薪酬和内在薪酬。其具体表现形式如表 1-2 所示。

表 1-2　薪酬分类表

	外在薪酬	内在薪酬
货币性薪酬	基本工资；加班工资；津贴；奖金；利润分享；股票认购	保险/保健计划；住房资助；员工服务及特权；带薪休假及其他福利
非货币性薪酬	私人秘书；舒适的工作环境；便利的条件；弹性的工作时间；诱人的头衔	参与决策；挑战性工作；感兴趣的工作或工作任务；上级、同事的认可与内部地位；挑战性、责任感、成就感；培训、学习机会；多元化活动；就业的保障性

1. 货币性薪酬和非货币性薪酬

货币性薪酬可以分三种，分别是：①直接货币薪酬，如工资、福利、奖金、奖品、津贴等；②间接薪酬，如养老保险、医疗保险、失业保险、工伤、遗嘱保险、住房公积金、餐饮等；③其他货币性薪酬，如带薪假期、病事假、休假日等。

非货币性薪酬可以为货币性薪酬体系提供有效的补充。它主要从工作、社会等方面对货币性薪酬进行补充。工作方面的补充主要表现在工作成就感、挑战性、责任感等；社会方面表现在社会地位的提升、个人价值的实现等。另外，舒适的工作环境、友谊关怀、富有弹性的工作时间等也对货币性薪酬提供了有效的补充。

2. 内在薪酬和外在薪酬

内在薪酬是指员工从自己从事的工作中所获得的心理收入，也就是当员工因为自己工

666

66666666

666

666666666

666666666

6666666666666666666

6566666666666666666

作努力受到重视、表扬、晋升等，所获得的自豪感、成就感。企业可通过工作设计、制度改进等来让员工从工作本身中得到最大的满足，即让员工获得更多的内在薪酬，从而实现员工和企业的双赢。图 1-3 显示了内在薪酬的主要内容。

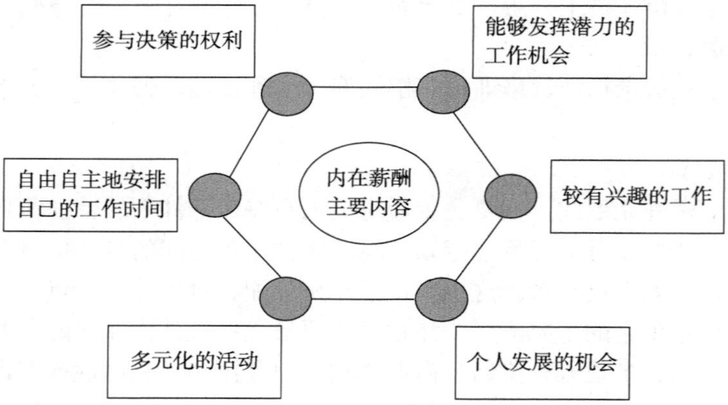

图 1-3　内在薪酬的主要内容

外在薪酬是指企业针对员工所做的贡献而支付给员工的各种形式的收入，包括薪水、奖金、福利、津贴、股票期权以及以间接货币形式支付的福利等。

四、薪酬的功能

薪酬是通过激励员工来实现组织目标的重要手段，是企业激励机制的核心，其功能主要表现在三个层面，即员工层面、企业层面和社会层面(图 1-4)。

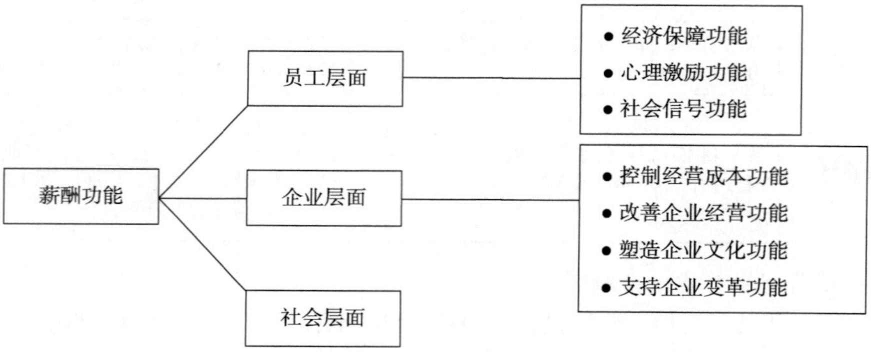

图 1-4　薪酬功能

1. 在员工层面上

对员工来说薪酬的功能主要表现在如下三个方面。

1)经济保障功能

员工是企业劳动力要素的供应者，通过消耗自己的体力和脑力来进行劳动输出。企业必须给予员工足够的补偿，以获得员工不断的劳动力输出。而员工为不断输出劳动力，必须获得体力、脑力补偿，这就需要消费各种生活资料。员工会通过这些收入购买必需的生活资料来实现劳动力的再生产。在当代社会中，员工必须更新知识结构、实现自我发展，以增强对企业技术和产品结构变化的适应性。所以企业员工的工资收入也应该包含用于支付学习、培训、进修等方面的费用。此外，企业员工一定的生活娱乐也属于维持劳动力再生产的范围，理应包括在其工资收入之内。

2）心理激励功能

从心理学的角度来讲，薪酬是员工与企业之间的一种心理契约。通过员工对薪酬状况的感知，影响员工的工作态度、行为以及绩效。当员工的薪酬需要得到满足，企业将会获得员工较高的绩效回报；反之，当员工的薪酬需要得不到满足，就会产生人际关系紧张、消极怠工、缺勤率和离职率上升、工作效率低下、员工对组织忠诚度下降、组织凝聚力不强等不良后果。

3）社会信号功能

在同一薪酬体系内部，员工薪酬水平越高，往往在组织中的地位也会越高。同样，在社会大环境中，个人薪酬的高低在一定程度上决定其在社会中的地位和层次的高低。

2. 在企业层面上

薪酬的合理与否对于企业来说也至关重要，其功能主要表现在如下几个方面。

1）控制经营成本功能

对任何企业来说，薪酬成本都是不容忽视的。企业的盈利水平和竞争力很大程度上受企业所支付的薪酬水平影响。因此，有效地控制薪酬成本支出对于大多数企业的经营成功来说都具有重大意义。

2）改善企业经营业绩功能

如果企业有合理公正的薪酬设计，这将在很大程度上激励员工努力实现其个人绩效目标，进而实现企业的经营目标。因此，可以通过设计合理公正的薪酬体系，促进企业经营目标的达成。

3）塑造企业文化功能

薪酬对于企业文化有重要的影响。很多公司的文化变革都伴随着薪酬制度和薪酬政策的变化，甚至不少企业已将薪酬制度和政策的变革作为企业文化变革的先导。

4）支持企业变革功能

为有效推动企业变革，薪酬往往通过作用于员工个人、工作团队和企业整体来创造出与变革相适应的内外部环境。

3. 在社会层面上

薪酬是劳动力的价格信号，它承接着劳动力的流向和供求。因此，对社会来讲，薪酬有劳动力资源再配置的功能。当某个地区、某个部门或是某个单位及工种的劳动力供过于求时，薪酬就会下降，从而促使劳动力从本地区、部门、单位及工种向其他区域流动，使流出区域劳动力供给减少，逐步趋向平衡；反之亦然。因此，可以通过薪酬调节再配置功能实现劳动力资源的优化配置。再者，薪酬同样影响着人们对工种、职业的评价，也对人们就业流向和择业愿望有所调节。

第二节　薪酬管理概论

一、　薪酬管理的含义

薪酬管理是在组织发展战略的指导下，以组织内所有员工提供的服务为依据，来确定他们应该得到的薪酬总额、支付原则、薪酬结构、薪酬构成等的动态管理过程。

薪酬管理以实现薪酬管理目标为第一宗旨。薪酬管理目标是以企业人力资源战略为基础制定的，企业的人力资源战略必须服从企业的发展战略。

薪酬管理包括两个方面。

（1）薪酬体系设计。薪酬体系设计主要包括薪酬水平设计、薪酬结构设计以及薪酬构成设计。薪酬体系设计是企业薪酬管理最基础的工作，企业只有在合适的薪酬水平、薪酬结构、薪酬构成等条件下，才能取得相应的薪酬目标。

（2）薪酬日常管理。薪酬日常管理是针对薪酬预算、薪酬支付、薪酬调整这个循环过程所进行的管理，也可称为薪酬成本循环管理。薪酬预算、薪酬支付、薪酬调整是薪酬管理的重中之重。组织为实现薪酬管理的目标，应切实加强对薪酬预算、薪酬支付、薪酬调整的管理工作。

企业在确定合理的薪酬体系之后，应将管理重点转向以薪酬预算、薪酬支付、薪酬调整为重点的薪酬日常管理。针对薪酬日常管理中出现的问题，及时有效调整薪酬策略、薪酬水平、薪酬结构、薪酬构成等薪酬体系设计问题。通过薪酬体系设计及薪酬日常管理的相互促进，企业的薪酬管理良性发展，从而保证了效率、公平、合法的薪酬目标的实现，以及公司发展战略的实现，具体如图 1-5 所示。

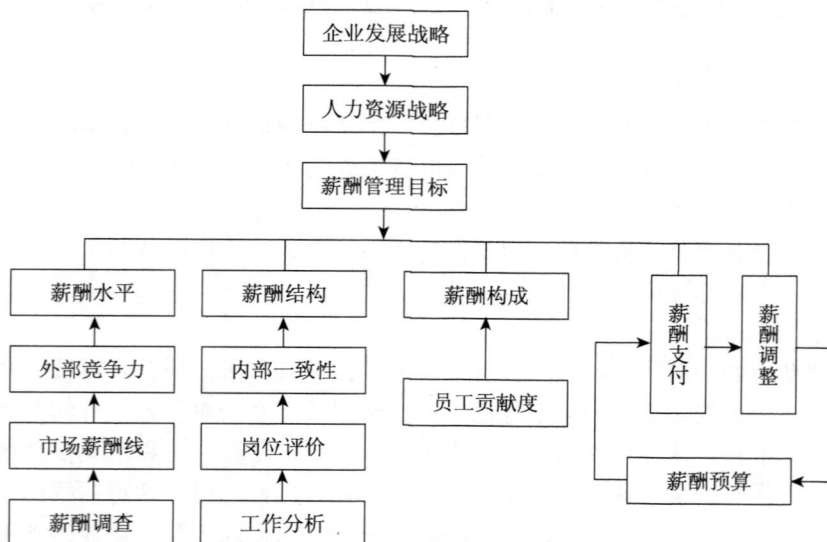

图 1-5　薪酬管理与企业发展战略

二、 薪酬管理的目标

薪酬管理的目标有三个，即效率、公平、合法。为促进薪酬激励作用的实现，薪酬管理必须达到效率和公平的目标。合法是公司生存和发展的基本要求，因此合法性也是薪酬管理的基本要求。所以，为发挥薪酬应有的作用，薪酬管理必须达到效率、公平、合法三个目标。

1. 效率目标

薪酬的效率目标是指用合适的薪酬成本给企业带来最大的价值。效率目标可以从两个角度来解释，从投入的角度来看，其是指实现薪酬的成本控制；从产出的角度来看，其是指实现企业绩效的最大化。

2. 公平目标

薪酬的公平目标即分配公平、过程公平和机会公平。

分配公平是指企业进行人事决策、制定奖励措施等时，要满足公平的需求。当员工对自己的工作投入和所得进行比较，与同事、同行、朋友等进行比较，产生了主观的分配公平认知时，这种认知将对员工未来的绩效产生影响。特别的，当员工认为自己受到不公平待遇时，会产生不满，从而影响自身工作效率。分配公平又可分为自我公平、内部公平、外部公平。自我公平是指员工获得的薪酬与自己的付出是正相关关系；内部公平是指针对同一企业，不同职务的员工所获薪酬应该与各职务对企业的贡献正相关；外部公平是指同一行业或同一地区不同企业中相似职务的薪酬应该基本相同。

过程公平是指组织在制定奖惩决策时，要以决策标准或方法为依据，且这些标准或方法要严格符合公正性的原则，即程序要公平一致、标准要明确无歧义、过程要公开等。

机会公平是指组织给予员工平等的发展机会，主要包括组织在决策前通过与员工深入沟通，充分考虑员工的意见、立场，以及建立员工申诉机制等。

3. 合法目标

企业应以合法性为其薪酬管理最基本的前提。企业实施的薪酬制度应以国家、省区的法律法规以及政策条例的要求等为准线。例如，企业不能违反最低工资制度、薪酬指导线制度等，不能逃避应缴的保险等。

三、 薪酬管理的基本原则

企业在进行薪酬管理设计时，必须要遵循战略导向原则、经济性原则、体现员工价值原则、激励原则、内部一致性原则以及外部竞争原则等。

1. 战略导向原则

战略导向原则即从有利于企业战略发展的角度来合理设计企业的薪酬，制定薪酬策略、薪酬管理的制度和政策。在企业中薪酬管理的过程就是要形成一个有利于激励企业成长和发展、驱动和鞭策企业实现战略目标的机制，同时对于一些不良因素进行有效的遏制。所以，在进行薪酬体系设计时必须要考虑到企业未来发展的战略目标，分析出其中的核心要素，剥离出次要要素，从而有针对性地设计出更加合理的薪酬管理体系。

2. 经济性原则

经济性原则强调的是薪酬管理整个过程中的成本控制，要充分考虑到企业目前及以后的发展态势、企业的发展特点和企业的支付能力。对于短期来说，企业的销售收入减去各项非人工（人力资源）成本和费用后要能够有足够的财力支付所有员工的薪酬；对于长期来说，企业要发展，就必须在满足短期需求的基础上有一定的盈余，用于扩大企业的发展空间，实现可持续发展。

3. 体现员工价值原则

在当今社会的发展中，员工不仅仅有物质上面的需求，更多的是精神方面的需求，即个人价值的实现、自我的尊严得到尊重等，企业在实行薪酬设计时必须得考虑到如何将企业的价值与员工价值的实现相结合，支持员工实现自我价值，调节员工的工作情绪，保证员工与企业的协调发展，实现员工创造力与员工待遇的可持续发展。

4. 激励原则

激励原则即企业在薪酬设计时，必须充分考虑薪酬的激励效果。例如，8万元的薪酬，以5万元工资和3万元奖金的形式支付给员工与以3万元工资和5万元奖金的形式支付给员工所产生的激励效果是完全不同的。因此，企业在不同的发展阶段、不同的部门以不同的薪酬形式支付给员工薪酬，以此来产生最优的激励效果。这也就是说，企业的人力资源投入与企业的产出，即企业薪酬与激励效果之间存在比例代数关系。故企业设计薪酬策略应充分考虑各相关因素，以达到薪酬支付激励效果的最大化。

5. 内部一致性原则

薪酬的内部一致性原则是指企业在设计薪酬时应做到"一碗水端平"。这是斯密的公平理论在企业薪酬设计中的应用。企业薪酬设计应遵循内部一致性原则。首先应做到横向一致性，即企业在进行薪酬体系设计时，所有员工之间的薪酬标准、薪酬尺度遵守一致性原则。其次应做到纵向一致性，即企业进行薪酬设计时应该对员工过去的、现在的以及将来的投入产出比的一致性进行考虑。因为在正常情况下，企业支付给员工的工资只能看涨不能看跌，即工资刚性的问题，否则会引起员工对公司极大的不满。最后是外部公平，即企业在薪酬设计时必须考虑同行业内同类人才薪酬水平的一致性。

6. 外部竞争性原则

企业在设计薪酬时，必须对同行业薪酬市场水平和竞争对手薪酬水平情况有所了解并加以考虑，这样一来，相比同行的其他企业，该企业的薪酬水平将具有一定的竞争力，这就为企业吸引、留住自己想要的人才起到关键性的作用。

四、 薪酬管理中的影响因素

企业以制定的薪酬策略为指导，以遵循相关原则为基础来开展薪酬管理工作。与此同时，企业必须对影响薪酬策略和应遵循的原则的相关因素进行深入分析。这些相关因素主要有企业内部因素、员工个人因素和企业外部因素等（图1-6）。

1. 企业内部因素

1）企业负担能力

员工薪酬水平的高低与企业的负担能力直接相关。即企业负担能力强，员工薪酬高且

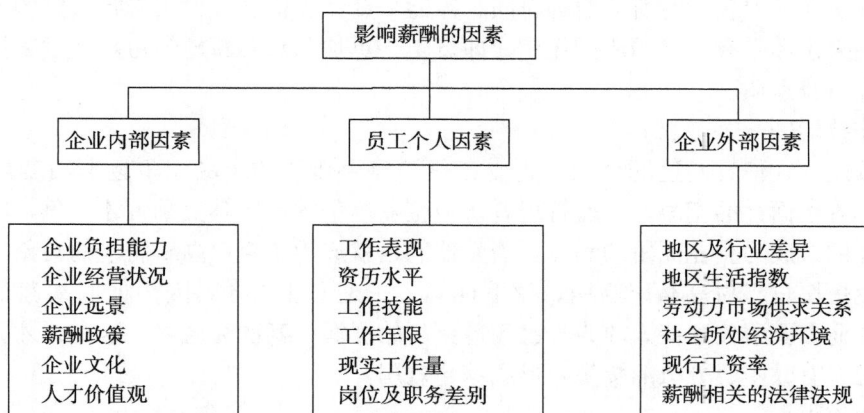

图 1-6　薪酬影响因素

稳；若员工的薪酬负担超出企业承受范围，则企业必将出现亏损。

2）企业经营状况

企业的经营状况直接决定员工的薪资水平。即企业经营状况好，则员工的薪资水平必定会高、稳，还会出现大幅度增长；企业经营状况不良，薪资水平则相对较低，且保障性弱。

3）企业远景

位于行业生命周期不同时期的企业，其盈利水平也有所不同，这也影响到员工的薪资水平。通常情况下，位于成熟期的企业的薪资水平与其他时期相比，相对较为稳定。

4）薪酬政策

企业的薪酬政策是企业分配机制的展现，直接影响企业利润积累和薪酬分配的关系。不同的企业对这两者有不同的处理方式，如有的企业注重高利润积累，有的企业更注重两者的平衡关系。而这些不同的处理方式对企业的薪酬水平有直接影响。

5）企业文化

企业文化的意义在于传递企业分配思想、价值观、目标追求、价值取向和制度。拥有不同文化的企业，其制度和理念也有所不同，这些都对企业的分配机制、薪酬设计原则有直接影响，同时也间接影响着企业的薪酬水平。

6）人才价值观

企业对人才的重视程度也会影响企业愿意支付的薪酬水平。"是否只有支付高薪才能吸引最优秀的人才？"以及"是否要重奖优秀的人才？"，不同的企业会给出不同的答案，自然导致了他们薪酬水平的差异。

2. 员工个人因素

1）工作表现

员工的薪酬直接取决于员工的工作表现，因此，同等条件下工作绩效高的员工将会获得高薪。

2）资历水平

资历高的员工通常会比资历低的员工获得更高的薪酬，主要原因在于企业管理者想对资历高的员工在学习技术时所耗费的时间、体能、金钱和机会等付出进行一定的补偿，同时这对他们来说还带有一定的激励作用，即员工会更加愿意不断地学习新技术来提高自身工作能力和自身素质。

3）工作技能

在科技进步、信息发达的今天，企业竞争已经由传统的产品竞争逐渐演变成为策略战、行销战等全面性的竞争。企业管理者认为企业之争的本质其实是人才之争，因此，掌握关键技能的人成为企业竞争的利器。当然他们也就成为了企业高薪聘请的对象。有两类人才，企业更愿意支付高薪以吸引、留下他们。一是专业人才，因为他们掌握了关键技术，因此企业需要留住这些人才为自己创造更高的利润；其次为通才，这类人才凭借他们丰富的阅历，有效整合分散的资源，形成综合效用。

4）工作年限

通常来说，员工的工龄越长，其薪酬越高，主要是因为企业管理者想补偿员工过去的投资，同时也能减少人员的流动。如果企业能连续计算员工的工龄工资，将会有效稳定员工队伍，降低员工流动成本。

5）现实工作量

薪酬水平的差异性本质上取决于员工现实的工作量。无论企业采取哪种计薪形式（按时、按件或是绩效计薪），一般情况下，工作量大的员工都会拥有相对较高的薪资水平。

6）岗位及职务上的差别

岗位、职务在赋予员工权力的同时，也意味着其要承担相应的责任。权力的产生以该岗位所应担负的责任为基础，责任则由判断力或决定能力产生。如果一个职位所拥有的权力大，则意味着其需要担负的责任大，自然就需要给这些职位较高的薪酬。

3. 企业外部因素

1）地区及行业差异

企业的薪酬水平受企业所在地区、所属行业等因素的影响很大，因此企业所制定的薪酬标准必须充分考虑企业所属行业的特点以及企业所在地区的消费水平等因素。通常情况下，处于成长期和成熟期的企业的薪酬水平高于处于衰退期的企业，位于经济发达地区的企业的薪酬水平高于经济落后地区的企业。

2）地区生活指数

企业所确定的基本薪酬应当以当地的生活指数为参考。针对不同地区不同的生活指数，所确定的基本薪酬理应有所不同。和生活指数较高的地区相比，生活指数较低的地区的薪酬水平相对较低。

3）劳动力市场供求关系

通常情况下，在劳动力不应求时，企业会提高薪酬水平；反之，企业会降低其薪酬水平。这是由劳动力价格受市场的供求关系影响决定的。

4）社会所处经济环境

当社会所处的经济环境相对较好时，员工的薪酬水平也相对较高；反之，较低。

5）现行工资率

企业在制定薪酬制度时必须参考不同企业的工资率。因为国家对部分企业，特别是一些国有企业在工资率上有相应的规定。

6）薪酬相关的法律规定

企业所制定的薪酬制度必须以与薪酬相关的法律法规为基础，如最低工资制度、个人所得税征收制度、各类费用的缴纳、强制性劳动保险等相关法律法规。

第三节　薪酬管理的历史与发展趋势

一、薪酬管理的历史演进

对薪酬管理理论的发展脉络进行深入分析，领悟其演变的逻辑过程，对企业薪酬管理实践具有非常重要的意义。薪酬管理的发展历程如图 1-7 所示。

古典管理阶段　科学管理阶段　行为科学阶段　现代管理阶段

图 1-7　薪酬管理的发展历程

1. 古典管理阶段

在古典管理阶段的早期，薪酬管理呈现出最明显的特征是专制性。在此时期，员工为了维持生计，满足生理上的需求，不得不由雇主任意摆布。而作为雇主，员工的工作条件、薪酬都由其决定，他可以任意延长员工工作时间，或以暴力手段对员工进行管束，甚至没有意识到自己与员工在人格上的平等性等。这些方面的因素均促成了薪酬管理专制性的特点。

到 19 世纪后半叶，在社会经济浪潮的推动下，员工队伍日益庞大，与雇主的矛盾也越来越明显。组织管理者针对此现象，将薪酬管理的基本理念、基本风格和管理方式方法做出了理性化的调整。在此阶段，雇主逐渐意识到了工资的激励作用，也有少数开明的雇主提出了利润分享计划，以补充固定工资。员工在外在薪酬得到提高的同时，福利设施等非货币形式的薪酬也得到了提高；政府为保护员工的合法权利也推出一些保护性法律法规。基于以上种种因素，员工的工作条件得以改善，工作时间的延长得到节制，雇主对员工的暴力性管束有所收敛。

2. 科学管理阶段

20 世纪上半叶，科学管理时代到来，"以高工资提高生产力，降低产品单位成本"的思想得到了发展。当时的企业管理者深切意识到薪酬是激发员工潜力的杠杆，他们逐渐认识到克扣员工的薪酬不再是明智之举，而是支付给员工更多的薪酬使企业得到更多的回报。在这个时期，"低薪"到"高薪"刺激理念正发生根本转变，与此同时，"最饥饿的工人就是最好的工人"的观点也渐渐被"最廉价的劳动力是得到最好报酬的劳动力；得到最好报酬的劳动力来操纵机器，进而更能保证相对资本投入最多的产品"。"高工资，低成本"这一观点在当时的企业中得到确立。

管理者管理理念的转变及其在企业管理实践中的折射，对有些企业员工的薪酬提高与企业之间发展良性互动机制有一定的促进作用。其结果是，员工的外在薪酬在增加的同时，其内在薪酬也得到一定程度的提高，同时人力资源的摩擦性耗费在一定程度上有了明显的减少。

3. 行为科学阶段

在 20 世纪 20～30 年代，社会持续发展，经济规模显著增长，企业管理水平不断提升，在这样的背景下，薪酬管理开始进入更加专业、系统、人性化的行为科学阶段。

劳动者可支配薪酬总额大幅增长。薪酬水平反映了某个经济体在特定时期的规模和景气程度，越发达的经济体，其劳动者的薪酬水平越高，当今发达经济体居民高质量的生活状态就是最好的佐证。

劳动者薪酬结构丰富多样。企业管理者在注重绩效考核基础上更加人性化地发挥薪酬激励的作用。对人性化的理解和认知为薪酬管理提供了全新的理念，从而实现了人力资源管理在理论和实践上多层面的突破。人性化的管理是现代企业管理乃至人力资源管理的多样化的重要推动因素，借此，用多样化的薪酬体系实现企业对劳动者权益的尊重和满足，这种可量化的"关心"极大地提升了劳动者的工作效率，在情感上强化了劳动者对工作的热情，激发了劳动者自身的潜力。劳动者对工作、企业的热情归根结底会巩固劳资关系，增强互信、认同感和归属感。总之，薪酬结构的丰富多样让劳动者的潜力与企业的愿景有机地契合起来，最终提升企业的管理目标。

劳动者内在的个性化需求在薪酬中得到体现。薪酬是保障劳动者基本生活的主要收入来源，是基本生活、低层次需求的保障，为此，企业可以通过满足劳动者自我发展、自我实现、价值体现等个性化的权利诉求来激励员工。通过薪酬激励来满足劳动者在生活、学习、休闲、自我发展、价值追求等内在的较高层次的需求，让金钱的作用成倍发挥。当劳动者的内在价值被激发，其对企业管理实现事半功倍的飞跃时，用有限的人力成本收获更大的企业效益。

4. 现代管理阶段

到 20 世纪 70 年代，美国职工持股运动持续高涨，"职工可以拥有公司所有权"的思想开始逐步被企业接受。90 年代后，管理界逐渐开始关心薪酬如何与新出现的管理变革（如柔性化、团队管理等）相适应。正因为如此，职工持股制度和股票期权得到了更广泛的推广。另外，相对柔性的新型薪酬制度也逐步被提出。

在此时期，薪酬管理的重点已不再是像过去那样属于对"偷懒"行为的约束，它的重点向促使员工主动性、协作性、创新性的发挥转变。一般认为，薪酬并不是简单对员工贡献的承认和回报，更应该成为公司战略目标和价值观转化的具体行动方案，以及支持员工实施这些行动的管理流程。同时有大量案例表明，企业已开始尝试按业绩和竞争优势为员工支付薪酬。薪酬的概念已不再是简单的金钱、物质的范畴，广义的薪酬，如福利、员工的心理收入等在薪酬设计中占据的地位越来越重。

薪酬理论一百多年以来的演进史见证了现代工业企业的薪酬管理理论与制度由模糊走向成熟与科学，从薪酬管理实践的演化历史来看，西方经济学家们所提出的多种工资理论也逐渐被企业管理者和员工理解、认识并融入组织的日常管理中，经济学家们"理性人"的工资理论不仅对企业薪酬制度的制定和薪酬管理的实施起到了很好的依据和指导作用，实践的发展与演变也为不同视角的科学工资理论提供了生动的蓝本，使其不断修正与成熟。

今天，再来研究这些著名的工资理论，考察其发展演进的过程，从中总结出这些著名理论的闪光点，无疑对正处于建立完善的现代公司制度的中国企业有很强的理论指导意义。

薪酬管理各阶段的要点如表 1-3 所示。

表 1-3　薪酬管理各阶段的要点

阶段	主要特点	主要方法	管理的核心
古典管理阶段	持有工资水平降低到最低限度的观点	以家族制简单的计件付酬办法为主，辅以分享利润计划和小组计件计划	培养"工业习惯"和工厂纪律，留住熟练技术工人
科学管理阶段	实行工作标准和成本节约为主线的薪酬政策，希望利用"高工资率"获得低成本	以泰勒、甘特为首的差别计件工资制为主，利润分享制度逐步趋于完善	主要目的在于减少工人"偷懒"行为，降低成本，通过工作和职位价值的衡量来确定薪酬高低
行为科学阶段	薪酬必须适应员工的需求	林肯的个人刺激计划、工资权益理论等获得广泛认可	强调员工对薪酬的心理感受，以此提高工作效率
现代管理阶段	采用与业绩紧密挂钩的薪酬政策	与股票价值相联系的权益分享制度进一步成熟，对员工采用技能、业绩为主的柔性薪酬制度	强调解决经理人长期激励问题，重视员工的主动性、协作性和创新性

二、　薪酬管理发展的新趋势

在知识经济时代，全面科学的薪酬管理系统对于企业培育核心竞争力、提高竞争优势、获得可持续发展有着深远的意义。因此，当前企业面临的紧迫任务之一就是根据内外部环境变化及时调整和完善薪酬制度。相比传统的薪酬管理，现代薪酬管理有如下新的发展趋势。

（1）全面薪酬制度。目前倡导的全面薪酬制度强调内在薪酬与外在薪酬的相互结合，在注重物质的同时，也关注员工精神的诉求。

（2）以市场为依据制定薪酬。传统的薪酬制定以工作本身的价值为依据，现代薪酬管理逐步向市场价值论过渡。

（3）薪酬设计弹性增强。在薪酬设计方面，弹性设计、多轨制将成为主流，其中蕴涵的规则也日渐复杂，"分化"现象也成为普遍现象。

（4）薪酬分配形式逐步向资本主导型转化。货币主导型的薪酬分配形式在未来人们薪酬中的比重越来越小，而以股票分配权为主要形式的资本分配所占的比重越来越大。

（5）更注重内在报酬。因为内在报酬灵活、经济，特别是与外在报酬相比，内在报酬对员工绩效的认同程度更高，所以越来越多的企业在内在报酬的给予上做文章。

> **本章小结**

　　薪酬是因员工向所在组织提供劳务而获得到的所有酬劳。薪酬不仅包括货币性薪酬，还包括非货币性薪酬。

　　薪酬的功能主要体现在员工层面、社会层面和企业层面。

　　薪酬管理主要涵盖薪酬体系设计以及薪酬日常管理。薪酬管理应时刻以效率、公平、合法为目标。企业在进行薪酬设计时一定要以战略导向、经济性、激励性、体现员工价值、对内公平、对外竞争性等为指导原则。薪酬管理的影响因素有企业内部因素、员工个人因素以及企业外部因素等。

　　薪酬管理经历了古典管理阶段、科学管理阶段、行为科学阶段、现代管理阶段。建立全面、科学的薪酬管理系统，如薪酬设计更富弹性并走向多轨化，薪酬分配由货币主导向资本主导型过渡，更加注重内在薪酬等是薪酬管理发展的新趋势。

> **本章关键词**

　　薪酬；经济性薪酬；非经济性薪酬；薪酬构成；薪酬功能；薪酬管理；薪酬结构；薪酬管理的历史；薪酬管理的发展趋势

> **本章思考题**

　　1. 简述薪酬的基本概念。

　　2. 薪酬主要包括哪些内容？

　　3. 薪酬管理的目标和原则是什么？

　　4. 简述薪酬管理的发展历史。

案例讨论

　　微软一直沿用的薪酬体制证实是非常成功的。微软的薪酬构成中，薪金部分只处在同行业的中等水平，很多中、高级人员加入微软时的工资都低于原来所在公司的水平。但是，"持有微软股权"的诱惑足够吸引大部分所需要的人才。

　　它的设计是这样的：很多有级别的员工被雇用即得到一部分认股权，按当时市场最低价为授权价，所授认股份分期在几年内实现股权归属，员工可以按授权价认购已归属自己的股权，实际支付的认购价与认购当时市场价的差价就是股权收益。被雇用后每年都可能得到新的持股权奖励——取决于个人的绩效和对于公司的长期价值。这实际上是公司在为员工投资而公司又不冒任何风险。对于员工也没有风险：股权归属时如果市价不高不必着急，尽可能等到升值再认购。唯一可能的风险是股票一路下跌再不升值，员工在较低工资方面的"损失"就补不回来了，可是，这在微软的历史上还没有过。

　　这种方法在已经或快要上市的处于上升阶段的公司效果会很好，但很快就可能遇到新的问题：人员过于稳定，不称职的员工宁可降职也要留在公司里，这个问题十几年前就在微软遇到了。因此，要激励鞭策富翁们自觉地努力工作，必须有一套强有力的绩效管理体制。微软的绩效管理体制的核心是：形成内部竞争，保持员工对绩效评定的焦虑，驱使员工自觉地追求超越自己和超越他人。其主要成分有三个：个人任务目标计划、绩效评分曲线和与绩效评分直接挂钩的加薪、授股和奖金。个人任务目标计划由员工起草，由经理审议，再修改制定。制订计划有几个原则：具体，可衡量，明确时限（不能用"努力提高"、"大幅度改进"之类的模棱两可的词语），现实而必须具有较高难度。绩效评分曲线的形状和角度是硬性的，不许改变（各级分数的百分比是规定的，最佳和最差的比例都很小）。评分等级包括最佳、较好、及格、不及格。做到任务目标计划并不一定意味着高分，你必须争取做英雄中的英雄，才有可能不落到最后。

微软的绩效体制能不断地驱使本来优秀的人群更努力地进取竞争，置优秀的一群于危机感的压力之下，使其自觉保持巅峰竞技状态。年度加薪、授权、奖金与绩效评分直接挂钩，不及格就什么都得不到，还要进入"绩效观察期"。一个进入观察期的人通常就会主动辞职了，也就自然失去了所有未到期归属的股票认购权——这是最沉重的损失。

请问：微软公司的薪酬体制具体是什么样的？它好在哪？

参考文献

蒋明.2005.薪酬理论及方法在厦门CL公司薪酬体系设计中的应用研究[D].武汉理工大学硕士学位论文.

康士勇.2005.薪酬设计与薪酬管理[M].北京：中国劳动经济社会保障出版社.

刘昕.2002.薪酬管理[M].北京：中国人民大学出版社.

米尔科维奇 G T，纽曼 J M.2002.薪酬管理[M].董克用译.北京：中国人民大学出版社.

伊特韦尔 J，米尔盖特 M，纽曼 P.2000.新帕尔格雷夫经济学大辞典[M].胡坚译.北京：经济科学出版社.

第二章

战略性薪酬管理

西南航空的战略薪酬实践

西南航空成立于 1971 年，其成功是在历史上被认为在一个最不具稳定性、受政策性影响最大（如合并、航油价格高企、石油禁运、劳工冲突及恐怖主义影响）的行业中取得的，被视为一个意外。根据行业分析师及董事会主席 Kelleher 的说法，西南航空成功的根源在于企业文化，特别是员工贡献。正如 Kelleher 所描述的："如果问起西南航空公司任一个员工关于公司成功的秘密，保证你会得到同一个答案：人！企业内员工的贡献与忠诚使公司成为客户服务至上的组织。没有其他比人起到的作用更大。"

航空业是冲突最大的行业，最近 5 年来，欧美航空业的劳工冲突从来就没有停止过。因此，西南航空的一个薪酬战略就是要减少这类冲突。而这只能在信任与妥协的环境下才能取得。因此，以人为本的文化导向在西南航空备受重视，其在做任何决定的时候都会最大限度地让员工参与进来，并考虑员工的感受。

西南航空公司的薪酬体系具有战略性导向，其薪酬体系"被视为是支撑和加强企业哲学的手段，可变薪酬与认可计划是管理流程的一部分，并被整合成为从领导层到普通员工每天工作的依据"。战略薪酬被分为四个类型，即战略性底薪、战略性福利、战略性激励及战略性认可计划。这一战略性薪酬管理模式使得西南航空上至企业高管，下至一线员工都得到了有效的长期激励，也使得西南航空公司在美国航空业中拥有最好的客户投诉记录。

思考题：战略性薪酬管理包括哪些内容？它与企业经营战略、人力资源管理战略之间有何关系？

资料来源：摘自韩平肖 . 2010. 战略薪酬的挑战——以美国西南航空为例[J]. 新资本，（5）

第一节　战略性薪酬管理概述

一、　战略性薪酬管理的背景

传统薪酬管理在理论上可以提高企业绩效，但实际上效果并不好。因为传统的薪酬管理仅仅基于事务管理的层面，只是就薪酬论薪酬，并没有关注怎样的薪酬管理能够有效地支持企业战略以及人力资源战略。总而言之，是没有站在战略的高度看待薪酬管理。所以在企业的实操过程中，呈现出一系列的问题，难以有效支持企业战略的实施，其问题主要表现在以下几个方面。

1. 薪酬管理缺乏理论战略思维

现代企业管理虽然在战略管理方面有了很大的发展与进步，但是在人力资源管理方面还没有体现战略的思想。在讨论与薪酬管理相关的问题时，企业多半是基于公平性、补偿性、利害相等、透明性等原则以满足员工的满意度，对薪酬管理的理解缺乏理论上的战略思维。薪酬体系的设计通常没有与企业自身的特点、市场地位等因素结合起来，不能适应企业内外部环境的要求。

2. 薪酬体系不够全面

传统的薪酬体系较为注重经济报酬，但是忽视了非经济性报酬。根据马斯洛需要层次理论，企业员工的需求是多层次的，需要经济性的报酬以满足生理层次的需求，也需要非经济性报酬满足尊重、自我实现等高层次的需求。而且随着生活水平的提高，人们的需求层次更加多样化，传统的薪酬体系难以很好地满足员工多层次的需要，不能很好地发挥激励效果。

3. 薪酬结构不合理

现阶段，中国企业薪酬结构设置的不合理可归结为三类，即高级职位薪酬落后、中级职位薪酬匹配以及低级职位薪酬领先。企业长期受到僵化机制的制约，通常会在低端职务上花费大量的经济成本，使低级职位的人薪酬水平较高；但在高端职位上，由于高端职位人才供不应求、替代成本高，企业不愿意替换，其薪酬水平往往会低于市场平均水平。在这样的薪酬结构下，企业很难得获取保持其竞争优势的人才。另外，薪酬攀升渠道单一，在很多企业中，技能型员工的薪酬要得到提升，往往最后只能向管理岗位发展，这不仅不利于企业高技能人才的保留与激励，也不利于良好企业文化的形成。

4. 薪酬制度系统性低

企业现行薪酬制度是经过多次间断性的薪资改革形成的，导致其缺乏系统性和规划性。一方面，可能是因为企业急于解决眼前问题，大多制度的改革并不是基于系统的观点，只是做出局部的微调，所以忽略了各种薪酬成分之间的关联性；另一方面，可能没有考虑企业生命周期中不同发展阶段对薪酬制度的要求，或者由于不同时期制度设计者不同，造成各种制度的导向分散化，或者只形成一种导向趋向，导致薪酬制度的设计未从全局出发，缺乏系统性思考。

上述传统薪酬管理呈现出的问题表明传统的薪酬管理没有站在战略的角度思考薪酬管

理，没有真正地支持企业战略和人力资源战略的贯彻实施。在现今这种竞争激烈的经营环境中，企业应有这样的意识：薪酬管理不仅仅是人力资源管理体系中一个部分，不仅仅是技术层面的管理活动，而是与企业战略、人力资源战略息息相关的战略管理的一部分。因此，现代企业需要有战略眼光，构建具有战略性、全面性、系统性的薪酬管理体系。

二、 战略性薪酬管理的内涵与作用

1. 战略性薪酬管理的内涵

战略性薪酬管理是指以企业发展战略为依据，结合企业某一阶段的内、外部环境制定薪酬战略，构建企业薪酬管理体系，并实施动态管理，进而促进人力资源管理其他职能的实现以及核心竞争力的形成与保持的过程。战略性薪酬管理是薪酬管理职能的一套新思想、新理念，其核心就是制定战略性薪酬决策。

具体而言，战略性薪酬管理具有以下特征。

（1）与企业战略和人力资源战略相匹配。战略性薪酬管理是人力资源战略的一个重要组成部分，也是企业总体战略体系的重要子战略，所以战略性薪酬管理必须与企业总体发展战略和人力资源管理战略的方向、目标相一致。

（2）与企业内外部环境相协调。企业战略管理是一个随着组织内外环境变化而不断调适的动态的过程，作为其组成部分和重要依托的人力资源管理战略和薪酬管理战略，也要相应地保持其动态性，与企业内外部环境相协调。

（3）战略性薪酬管理是一个全面的、动态的过程。全面性主要体现在薪酬决策过程、薪酬体系构建和薪酬模式构建的全面性上。薪酬决策过程上，不仅要考虑组织目前的状态，还要考虑企业长远发展的趋势；薪酬体系构建上，不只是针对某些人员或某些部门，而是以整个组织为基点构建一个系统性的薪酬体系；薪酬模式构建方面，不仅重视经济性薪酬的激励作用，更强调非经济性薪酬在员工激励中的重要作用，提倡构建全面薪酬模式，不仅包括直接经济性薪酬，还有间接经济性薪酬和非经济性薪酬。动态性主要体现在战略性薪酬管理强调与企业内外部环境之间的动态平衡，强调与企业经营战略及人力资源管理战略的动态平衡，强调战略性薪酬管理的结果对企业战略的反馈作用。

（4）战略性薪酬管理是人力资源管理其他职能实现及企业核心竞争力的形成与保持的关键因素。战略薪酬管理仍然是人力资源管理的一部分，与招聘、培训等其他部分紧密相连。战略性薪酬管理更具有激励性，通过激励作用激发员工的创造性与工作积极性，从而提升组织的绩效；同时这种激励性增强组织的团队精神、增强企业凝聚力，降低企业薪酬管理的成本，形成不可复制的竞争优势。因此，企业获得基于战略性模式的核心竞争力。

2. 战略性薪酬管理的作用

1）提升组织绩效

战略性薪酬管理能够有效地提升组织绩效，主要表现在以下几个方面。一是引导员工行为。适应于企业的战略薪酬发展体系可以传达企业的战略信息给员工，如企业的战略是什么？为了达到战略企业需要什么样的员工？员工什么样的行为是企业倡导的并且能够得到奖励的？企业通过对员工管理的需求设计符合战略需求的薪酬体系，引导员工的行为，继而提升组织绩效。二是促进劳资和谐，劳资纠纷的出现多数是因为薪资不公平，而战略性薪酬管理是建立在和谐劳资的基础上，和谐劳资促进企业可持续发展。

2）提升组织的竞争优势

战略性薪酬管理能够有效地提升企业的竞争力，通过创造企业竞争优势进而促进组织目标的实现。战略性薪酬管理提升企业竞争力主要体现在以下几个方面：一是价值性，薪酬虽然不能为企业带来直接的经济收益，但通过战略薪酬实践可以有效地将员工的劳动力与生产资料相结合，为企业创造经济效益，获得企业价值增值。二是难以模仿性，基于战略的薪酬管理是根据各自企业战略制定的薪酬管理，是根植于企业内部、与企业文化融为一体的，是难以被竞争对手模仿的，这种不可复制性即是企业的竞争优势。三是激励性。企业通过战略性薪酬管理实践有效评估员工绩效，对绩效水平高的员工给予奖励，提高员工的工作积极性，组建高素质人力资源队伍。

三、 薪酬战略的内容

薪酬战略主要包括以下五个方面的内容。

（1）薪酬战略目标。薪酬战略目标是站在企业的视角对薪酬如何解决人力资源问题的具体表述，也是驱动组织绩效的关键因素对薪酬管理成本和员工态度及行为的要求，即薪酬战略目标是薪酬战略具体化的表现。

（2）薪酬模式。即员工的薪酬基于什么来确定。在此，主要有两个方面的问题需要考虑：第一，确定员工的薪酬主要依据哪些因素，是员工的职务、技能，还是绩效？与之相应的薪酬模式分别为基于职务的薪酬模式、基于技能的薪酬模式与基于绩效的薪酬模式。第二，技能、职务、绩效等各方面的因素在整个薪酬构成中所占比重如何？

（3）薪酬水平。即组织对自身薪酬总量的定位。主要有三个方面的因素需要考虑：第一，整个市场的薪酬水平以及竞争对手的薪酬水平如何？据此有三种与之相适应的薪酬策略，即领先型、跟随型和滞后型薪酬策略。第二，组织的绩效状况和财务状况如何？第三，组织处于怎样的发展阶段？

（4）薪酬结构。即薪酬的具体形式及构成。不同的薪酬结构对员工所产生的激励效果不同，这可以从薪酬的具体形式的作用来看：第一，基本薪酬与可变薪酬。基本薪酬能保障员工的基本生活，但过高的基本薪酬会降低薪酬的激励效果。可变薪酬的激励作用比较大并且能够形成薪酬差距，但是可变薪酬的比重越高意味着基本薪酬的比重越低，员工薪酬具有很大的不确定性，这种不确定会导致员工缺乏安全感。第二，经济性薪酬与非经济性薪酬。前者主要用来满足员工的物质生活与安全方面的需要；后者是用来满足员工的精神需要。第三，短期薪酬与长期薪酬。前者主要使员工的现实需要得以满足，后者在于对员工的长远激励。第四，工资与福利。工资主要是对员工的劳动报酬，福利则有利于提升组织的团队精神与凝聚力。

（5）薪酬文化。即组织的薪酬战略的价值理念。薪酬文化与组织文化相辅相成，组织文化指导薪酬文化，反过来薪酬文化又促进组织文化的发展。薪酬文化主要讨论如下问题：薪酬是"人力成本"还是"人力资本"？薪酬是基于人还是基于岗位的薪酬设计？薪酬是偏重于组织公平还是强调高效率的薪酬决策？薪酬是"物质报酬"还是"全面报酬"的薪酬理念？薪酬目标是倾向于"成本控制"还是"员工激励"？薪酬强调的是外部竞争性还是内部公平性？

第二节　战略性薪酬管理体系的构建

　　企业薪酬设计导向反映了企业的分配哲学，即不同员工薪酬的确定根据什么原则。不同的薪酬战略要适应企业战略，薪酬战略与企业战略的相适性越高，企业的经营效率也就越高。以战略为导向的薪酬体系能够支持企业的经营战略，保持企业的竞争优势。根据 Gerge T. Milkovich 的思想，基于战略的薪酬体系设计主要包括以下几个基本步骤（图 2-1）。

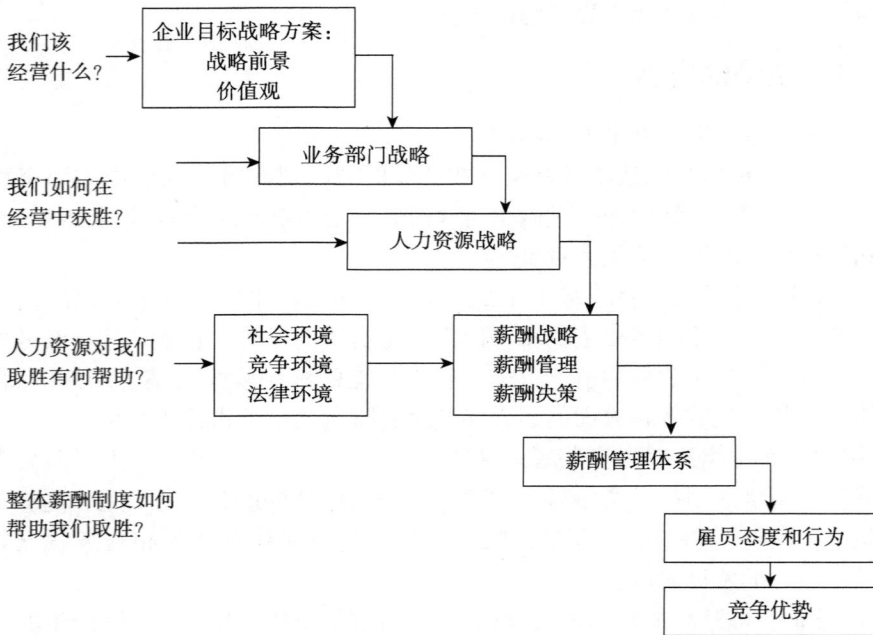

图 2-1　基于战略的薪酬体系设计

　　（1）我们应该经营什么？企业应明确企业的总体战略和战略实施方案。

　　确定企业战略时比较常用的方法是 SWOT 分析法，如图 2-2 所示。

　　SWOT 分析法也称为态势分析法，是管理学教授韦里克于 20 世纪 80 年代初提出的，是指综合分析组织内外环境所形成的机会（opportunities）、风险（threats）、优势（strengths）、劣势（weaknesses），制定符合组织实际情况的经营战略和策略的方法。通过 SWOT 分析可以全面地了解企业的优劣势以及面临的机会与威胁，做出有利于企业发展的战略决策。基于 SWOT 分析有四种类型战略决策，即增长型战略（SO）、扭转型战略（WO）、多样化战略（ST）和防御型战略（WT），任何组织可以根据企业的实际发展情况做出选择。

　　（2）我们如何在经营中获胜？从业务部门的层次分析，为确保组织总体战略的实施我们应该确定哪些相应的业务部门战略。企业总体战略目标的实现是需要多个业务部门的共

机会 O

扭转型战略 WO　　　增长型战略 SO

内部劣势 W ←———————————————→ 内部优势 S

防御型战略 WT　　　多样化战略 ST

威胁 T

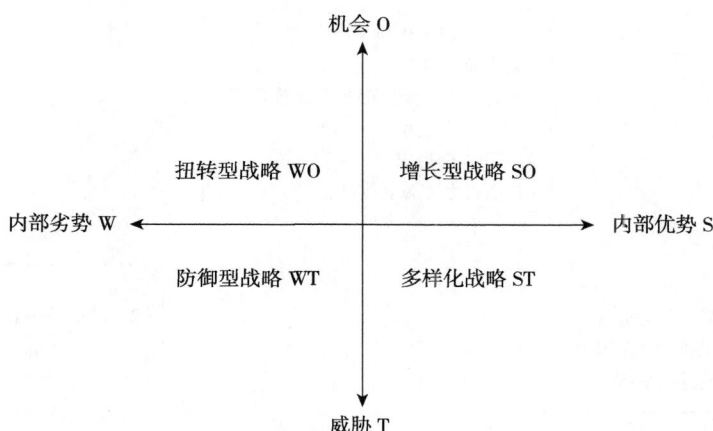

图 2-2　战略地位评估矩阵

同配合才能实现的，应根据业务部门的层次将企业战略层层分解到各个层次，保证整体目标的实现。

（3）人力资源对我们取胜有何帮助？制定相配套的人力资源管理战略。

企业人力资源战略的确定建立在企业整体战略之下，并反作用于企业整体战略。要考虑为了推动企业战略的实施，人力资源管理应做出那些相应的配合，制定适应企业战略的人力资源战略。企业应在深入分析企业人力资源的内外部环境的基础上合理预测企业人力资源的供求量，并根据企业中长期发展的要求，在保证其对人力资源总量、人才结构的需要的情况下，促进员工发展、企业管理水平与核心竞争力的提高。

人力资源战略应包括以下基本问题：

根据企业战略的需要，企业人力资源的需求量是多少？要重点储备的人力资源有哪些？如何保持人力资源的供求平衡？

为了实现企业战略，应配备具有哪些能力和专长的员工？

企业如何有效利用现有人力资源的能力，充分挖掘现有人力资源的潜能？对于员工关系的处理，采取什么政策最为有效？

（4）整体薪酬制度如何帮助我们取胜？在一定的社会环境、市场环境和法律环境下，从职能和制度层面构建整体的薪酬战略。

薪酬战略是企业薪酬系统设计的行动指南，是贯彻实施企业整体战略、人力资源战略的重要保证。适合企业发展要求的薪酬战略可以充分利用薪酬这一有效的激励杠杆，把企业的战略意图传递给员工。企业的薪酬战略必须针对性强，要与企业战略、人力资源战略、企业生命周期与企业所组织文化文化相适应，并对其起到支持作用。怎样才能制定出正确的薪酬战略呢？Gerge T. Milkovich 等认为薪酬战略的形成需要如下四个步骤（图 2-3）。

（1）评价文化价值、全球竞争化、员工需求和组织战略对薪酬的影响；

（2）使薪酬决策与组织战略和环境相适应；

（3）设计一个把薪酬战略具体化的薪酬体系；

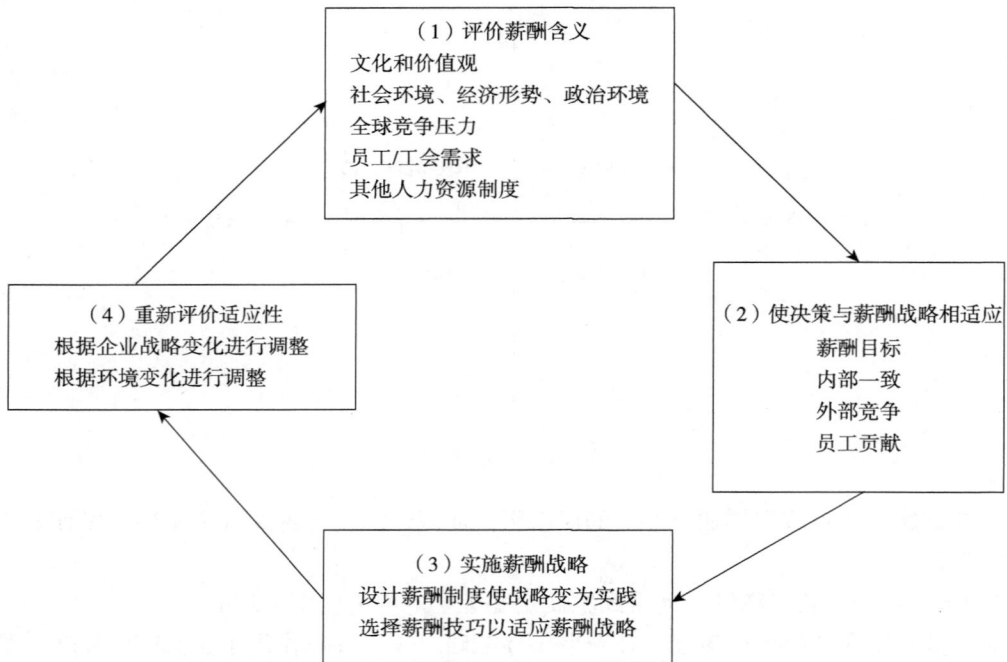

图 2-3　薪酬战略形成的步骤

（4）重新衡量薪酬战略与组织战略和环境之间的适应性。

（5）通过实施具体的薪酬管理政策和制度，影响和改变员工态度和行为，激励员工最大限度地为组织作贡献，帮助企业赢得竞争优势。

第三节　薪酬战略与相关因素

一、薪酬战略与公司战略

企业最高层次的战略是公司战略，其涉及的主要内容是公司的整体协调发展以及经营领域的选择与组合。薪酬战略与经营战略的关系通过两个层面得以体现：第一，随着经营战略的变化，企业的战略性薪酬体系应该如何制定，使其通过不同的激励效果来引导员工的个人目标与组织目标趋于一致，从而达到实现企业的经营战略的目的；第二，随着企业经营战略的变化，企业应该如何动态地调整战略性薪酬体系，以满足企业经营战略变化的需要。

根据行业成长特性和企业内部特点，企业战略态势可分为发展型战略、稳定型战略、紧缩型战略和组合型战略四种，每种公司战略下人力资源战略也显现出差异性，企业薪酬体系的设计与企业战略态势应当相匹配，如表 2-1 所示。

表 2-1　薪酬战略与公司战略

公司战略	战略重点	人力资源战略	薪酬战略
发展型战略	关注市场开发、产品开发、创新以及合并等内容	1. 创新、吸引关键人才 2. 共同分担风险 3. 分享企业未来的成功	1. 薪酬竞争性较强 2. 薪酬结构刚性较大 3. 薪酬构成中更注重长期薪酬
稳定型战略	保持一定的市场占有率，维持已有的技术、市场和人员的稳定	1. 稳定掌握相关技能的劳动队伍 2. 薪酬内部一致性较高、薪酬具有连续性和标准化的要求	1. 薪酬竞争性一般 2. 薪酬结构刚性很大 3. 薪酬构成中各类薪酬比重比较均衡且稳定
紧缩型战略	稳步裁员、收缩规模、降低成本、同时谋求进一步的发展	1. 保留核心人才 2. 降低人力资源成本 3. 稳步裁员	1. 薪酬战略竞争性较强 2. 薪酬结构的刚性一般 3. 薪酬构成中更注重浮动薪酬 4. 收入与业绩挂钩，鼓励风险共担
组合型战略	以上三种战略的组合，要求企业根据不同业务部门所面临的不同环境拟定不同的子战略		

1. 发展型战略

发展型战略是关注市场开发、产品开发、创新以及合并等内容的战略。采用发展型战略的企业追求创新，不断地研究新产品、开发新市场，运用新经营理念和管理方法，从而扩大企业的产销规模，提升市场竞争力。这一战略要求企业人力资源战略应注重创新型人才的引进与培养，员工能够与企业共担风险并分享企业未来的成功，实现企业与员工的共同成长。因此，企业可针对公司创新型人才实施市场领先型薪酬战略，激励人才自我能力的提高，吸引并保留创新型人才。

2. 稳定型战略

稳定型战略也称防御型战略或维持型战略，是强调市场份额或运营成本的战略。这种战略要求企业在维持现有市场份额和竞争地位的基础上，选择自己做得最优的部分，通过调整生产经营活动以及强化各部门的管理使其做得更好。这一战略要求企业有相对稳定且掌握相关技能的劳动队伍，对人力资源应有较高的薪酬内部一致性、连续性和标准化的要求。而在制定薪酬战略时，应设置均衡且比较稳定的薪酬结构，薪酬水平应追求与市场持平或略高于市场水平，并且从企业发展长期来看薪酬水不会有太大的增加。

3. 紧缩型战略

紧缩型战略或称撤退型战略，是企业在一定时期内为了规避环境威胁、保存企业实力，进而缩小或者取消一部分经营业务而采用的，这种战略常常与企业裁员、剥离、清算联系在一起。采用此战略要求企业的人力资源战略应注重企业人力资源流动的稳定性，淘汰价值较低的员工，保留关键人才。因此，企业在制定薪酬战略时应将员工的收入与企业的经营业绩相挂钩，降低稳定薪酬的比重更加注重浮动薪酬，除此之外可以实施员工股份所有权计划，使员工与企业共担风险、共同进退。

4. 组合型战略

组合型战略是发展型战略、稳定型战略和紧缩型战略三种战略类型的组合，组合中的战略类型被称为子战略。一般而言，采用组合型战略的企业大多数是大型企业，因为大型企业规模大、有许多的战略业务单位。分布在不同行业和产业的战略业务单位处于不同的产业环境中，拥有不同的资源，具有各自的业务特色。如果采用统一的薪酬战略，不能满足各业务单元的多样化需求，最终也会损害企业总体利益。组合型战略要求企业在人力资源总战略之下，依据不同业务部门的不同环境、资源条件的特点及发展战略拟定不同的人力资源总战略，进而制定相应的薪酬战略。

二、 薪酬战略与竞争战略

竞争战略或称为业务层次战略，作为企业战略的一部分，它一方面受制于企业总体战略，另一方面指导和管理具体战略经营单位的计划和行动。企业竞争战略解决的核心问题是：怎样通过把握顾客需求、竞争者产品和本企业产品三者之间的关系，抢占一定的市场份额，维持企业在市场中的地位。根据管理学家 Michael E. Porter 提出三种主要的竞争战略，即成本领先战略、差异化战略和集中化战略，不同竞争战略对人力资源战略的需求不同，也会影响薪酬战略的确定，具体如表 2-2 所示。

表 2-2　薪酬战略与竞争战略

竞争战略	战略特点	人力资源战略	薪酬战略
成本领先战略	1. 同等质量，以低于竞争对手的价格提供产品 2. 注重效率、规模经济等	1. 降低人力资源成本 2. 提高管理效率	1. 重视竞争对手的劳动成本 2. 提高可变工资的比率 3. 薪酬与绩效挂钩
差异化战略	1. 以创新和缩短产品生命周期为导向 2. 注重新产品推出和投放的速度 3. 管理过程注重客户的满意度和个性化服务需求	1. 创新、吸引关键人才 2. 员工培训与开发 3. 员工发展与企业发展相结合	1. 注重给予产品创新和技术创新报酬或奖励 2. 基本薪酬高于市场水平或与市场通行水平一致 3. 浮动薪酬与产品创新和技术创新紧密联系
集中化战略	注重人力成本控制的同时保证产品质量与顾客满意	1. 营造良好的企业文化 2. 员工培训	1. 薪酬与绩效挂钩 2. 以与顾客的交往为依据评价工作和技能

1. 成本领先战略

成本领先战略即是低成本战略，指的是企业以低于竞争对手的成本，甚至是整个行业中的最低成本水平进行经营，从而获得竞争优势的一种策略。企业的低成本战略要求以同等质量，但低于竞争对手的价格提供产品，注重效率、规模经济等，从而获得竞争优势。该战略通过两个途径降低成本：其一，与竞争对手相比，更有效地管理内部价值链的活动；其二，改善企业的价值链，略过或跨越一些高成本的价值链活动。这就要求人力资源战略以降低人力资源成本为重点，注重管理效率的提高。因此，企业在制定薪酬战略时，应重视竞争对手的劳动成本，提高可变工资的比率，强调薪酬与绩效挂钩，促进生产效率的提高。

2. 差异化战略

差异化战略是指企业向顾客提供的产品或服务标新立异，不同于行业中其他企业提供的产品或服务，通过差异获取竞争优势的竞争策略。采用差异化竞争战略的企业以产品创新、技术创新为导向，注重新产品的投放速度和效率；在管理的过程中非常注重客户的满意度和个性化服务需求。要求人力资源管理在创新的同时吸引关键人才，重视企业创新文化的营造与员工创新技能的开发。因此，企业在制定薪酬战略时，通常可以将能力作为薪酬支付的基础，对产品创新有重大贡献的员工给予优厚的报酬或奖励，而且员工基本薪酬水平一般高于市场水平或至少与市场水平保持一致，将浮动薪酬与产品创新和技术创新紧密联系，激励员工创新能力的开发。

3. 集中化战略

集中化战略或称重点集中战略，是指企业迎合某一部分消费群体的需求，聚焦整个行业中特定的细分市场，最大限度地整合或利用企业的各种资源，在"小中求精"，在某一局部做大做强，获取竞争优势。企业应在注重节约人力资本的同时注重人力资源的稳定以及创新能力、服务水平的培养。因此，企业在制定薪酬战略的同时应注重业绩、顾客满意度等因素，并将其纳入员工薪酬评价中来。

薪酬战略与企业竞争战略的联系不仅通过企业人力资源战略这一纽带表现出来，还通过员工行为具体表现出来。薪酬管理、员工行为以及企业竞争战略三者之间的关系如图 2-4 所示。

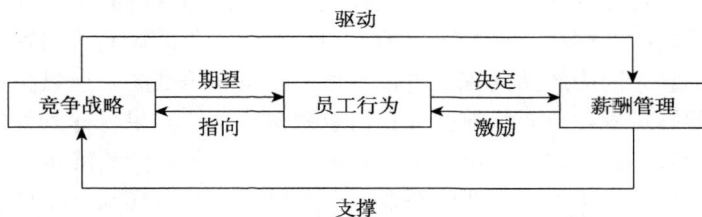

图 2-4　薪酬管理、员工行为、竞争战略的关系图

企业想在竞争激烈的市场中占有一席之地，需要有适应企业自身条件的竞争战略来指引其方向。但是，企业的成功不仅与企业竞争战略方向有关，还由企业竞争战略执行的效果来决定。由于员工是企业执行力的载体，企业执行力的效果取决于员工的行为，进而影响到企业竞争战略的实施效果。企业竞争战略通过驱动企业薪酬战略以确定薪酬激励的具体内容；与此同时，薪酬战略通过促进企业高效整合各种资源，规范员工行为，达到有效支撑竞争战略的目的，从而促进企业实现其竞争战略。

三、　薪酬战略与企业内外部环境

薪酬战略是组织根据企业所面临的内外部环境制定的具有总体性、长期性、关键性的薪酬决策，因此薪酬战略的制定受外部环境(经济、社会、政策、行业特征等)和内部环境(企业战略、规模、文化等)共同影响。

1. 企业外部环境因素

外部环境是指企业经营所处的背景环境，如与企业薪酬有关的经济环境、社会文化环境、政策法规环境以及行业特点等。

1)经济环境因素

经济环境因素包括社会的经济发展水平、劳动力的供求状况、环境的变化和不确定性等。有研究显示经济发展水平与收入水平之间是正比例关系，所以企业的薪酬水平必须取决于当时当地的经济状况；另外经济发展水平越高，对人才的需求越大，相对的人才稀缺性更加明显，薪酬水平也就越高。劳动力的供需状况会直接影响到企业的薪酬战略设计，竞争激烈时，企业往往被迫提供一个较高的薪酬水平以吸引和保留优秀人才。而环境的不确定性会直接影响到组织经营的不确定性，企业的薪酬体系必须与之相匹配，确保企业人力资源的稳定，为企业核心竞争力的塑造及维持提供支撑。

2）社会文化环境

一个国家或民族所传承的文化，以及由其衍生出来的社会价值观、收入分配观念都会影响到企业所有员工的态度和行为，而且这种影响是潜移默化的。这种社会文化环境带来的影响将体现在薪酬战略的构建和战略薪酬管理实施过程中。

3）政策法规环境因素

国家法律法规和有关政策直接约束并规范企业薪酬战略及其体系的构建。企业在制定薪酬战略和构建薪酬体系过程中，必须充分考虑到这个因素，遵守国家关于薪酬的强制规定，如最低工资标准的相关规定等。

4）行业特点因素

行业竞争程度、行业的性质都会在一定程度上影响到企业的薪酬管理。行业竞争因素主要包括行业竞争的激烈程度、行业竞争的类型和行业竞争的策略等内容。例如，处于完全垄断市场中的企业，因为产品具有不可代替性、没有竞争威胁，所以企业不仅是价格的制定者也是薪酬的制定者，企业可根据自身需求制定薪酬。如果行业竞争激励，那么企业在制定薪酬时应针对不同类型的职位或某一具体职位，结合行业薪酬水平和企业战略等因素来综合考虑。此外，处于不同行业的企业，其薪酬制度与薪酬水平差异会较大，如在高新技术企业，由于企业技术含量高、人均资本占有量大，企业的薪酬水平往往较高，而在劳动密集型产业中，企业的薪酬水平一般较低。

2. 企业内部环境因素

1）企业战略

企业战略确定了企业的发展方向和发展目标，指明了企业的核心竞争力和核心人力资源。这些问题体现在薪酬方面即企业薪酬战略激励的方向和重点以及战略性薪酬管理体系构建的基础，主要指薪酬支付对象、支付规模、薪酬水平和薪酬结构等内容。

2）企业发展阶段

在企业发展的不同阶段，企业的发展特性和竞争特性各不相同。在企业生命周期的不同阶段，企业的发展目标和发展重点各不相同，需要制定与各个阶段相匹配的薪酬战略。例如，在成长期应制定更具激励性的薪酬策略；在稳定期，应制定较为稳定的薪酬策略，较为稳定的薪酬结构，以及市场持平的薪酬水平。

3）企业规模

企业规模是薪酬设计的重要影响因素之一，主要体现在薪酬水平和薪酬结构两个方面。相比较而言，规模大的企业比规模小的企业薪酬支付能力更强，企业整体薪酬水平较高。企业的薪酬结构也会受到企业经营规模的影响。小型企业的薪酬支付能力相对较弱，要想在市场上让薪酬具有竞争力，常常采取降低总薪酬中基本薪酬的比重而增加激励薪酬比重的方法，使员工获得的薪酬与企业的经营业绩密切相关。规模越大的企业越倾向于采取"长期激励"和"年功工资"，重视员工的资历。

4）企业文化

企业文化是指在一定的社会历史条件下，企业在长期生产经营和管理活动中所形成的具有本企业特色的精神财富和物质形态，包括文化观念、价值观念、企业精神、行为准则、企业制度等，其中，其核心是价值观。不同类型的组织文化下薪酬管理方式的选择表现出差异性。职能型文化的企业虽然认同处于不同职位上的员工具有价值差异性，但更为强调薪酬应为员工提供长期保障，以留住员工。因此，薪酬管理应以基本薪酬为核心，而可变薪酬主要用于对组织利润有重要影响的人。流程型文化的企业注重内部流程，员工更多关注的是企业内部薪酬的公平性，所以应该设置更为宽泛的薪酬等级或利用奖金计划奖励员工，以减少员工的不公平感。网络型文化的企业主要是将团队对企业的贡献大小作为支付薪酬标准，不同团队之间的差异性较大，企业薪酬水平更加注重外部竞争性。

5）员工特性

构建薪酬战略必须考虑员工特性，如员工职位、个人工作能力、潜能、工作经验、受教育程度以及个人偏好和需求等方面的差异。由于员工个人的资历水平、个人的工作能力、工作表现和教育水平的差别，所担任的岗位和职务就不同，工作量的大小、难易程度和工作责任就会有所区别，这些都决定了他们的薪酬差异性。此外，员工个人需求和偏好的多样性决定了薪酬激励方式的多样性，如果员工注重个人的成长与发展，注重从事业中获得满足感和自我价值的实现，那么企业在薪酬设计中就要提高这类员工非经济性报酬的比重，强调长期性薪酬对员工的激励作用。

➤ 本章小结

战略性薪酬管理是指以企业发展战略为依据，结合企业某一阶段的内、外部环境制定薪酬战略，构建企业薪酬管理体系，并实施动态管理，进而促进人力资源管理其他职能的实现以及核心竞争力的形成与保持的过程。

薪酬战略的内容包括薪酬战略目标、薪酬模式、薪酬水平、薪酬结构以及薪酬文化。

薪酬战略与公司战略、竞争战略、人力资源战略、企业内外部环境密切相关。企业在制定薪酬战略时应充分考虑这些因素，使薪酬管理为企业战略服务，为企业竞争能力的培养和维持提供支撑。

➤ 本章关键词

战略性薪酬管理；薪酬目标；薪酬战略；薪酬计划；薪酬水平；薪酬构成；薪酬结构；薪酬制度；公司战略；竞争战略；人力资源战略；企业内部环境；企业外部环境；企业竞争优势

➤ 本章思考题

1. 什么是战略性薪酬管理？
2. 战略性薪酬管理的作用？
3. 战略性薪酬管理的内容？
4. 构建战略性薪酬管理体系的步骤有哪些？

5. 影响薪酬战略的因素有哪些?

◯ 案例讨论

与战略发展同步——海尔的薪酬管理

一、公司概述

创立于 1984 年、崛起于改革大潮之中的海尔集团，是在引进德国利勃海尔电冰箱生产技术成立的青岛电冰箱总厂基础上发展起来的，它从一个濒临倒闭的集体小厂发展壮大成为在国内外享有盛誉的跨国企业。2002 年，海尔实现全球营业额 711 亿元，职工发展到了 3 万人，而且拉动就业人数 30 多万人。2002 年，海尔牌价值评估为 489 亿元，一跃成为全国第一品牌。海尔产品依靠成熟的技术和雄厚的实力在东南亚、欧洲等地设厂，实现了成套家电技术向欧洲发达国家出口的历史性突破。2003 年，海尔获准主持制定四项国家标准，这标志着海尔已经将企业间的竞争由技术水平竞争、专利竞争转向标准上的竞争。

海尔价值观的核心是创新。以观念创新为先导、以战略创新为基础、以组织创新为保障、以技术创新为手段、以市场创新为目标，伴随着海尔从无到有、从小到大、从大到强、从中国走向世界。因此，海尔的薪酬体系也是随着整体战略的创新而不断创新的。

二、使薪酬制度同变化的战略相匹配

海尔集团的发展可以概括为三个阶段：

名牌战略阶段(1984～1991 年)，用 8 年的时间，专心致力于冰箱业务，实施了名牌战略，建立了全面质量管理体系；

国际化战略发展阶段(1992～1998 年)，用 7 年的时间，通过企业文化的延伸及"东方亮了再亮西方"的理念，成功地实施了多元化的扩张；

国际化战略阶段(1998 年以后)，以创国际名牌为导向的国际化战略，通过以国际市场作为发展空间的三个 1/3 的策略正在加快实施与进展。

1. 名牌战略阶段的薪酬制度

这一时期，海尔推行了全面质量管理，以开创海尔的优质品牌。海尔把重点放在产品与服务质量上，因此薪酬管理制度也就以工作量为主要内容。以质量为主的薪酬管理制度主要是改变员工的质量观念，薪酬制度的特点是把工资考核制度的重点放在质量考核上。

当时海尔建立了"质量价值券"考核制度，要求员工不但要干出一台产品，而且要干好一台产品。海尔把以往生产过程中出现过的所有问题整理、分析汇编成册，针对每一个缺陷，明确规定了自检、互检、专检三个环节应负的责任价值，质检员检查发现缺陷后，当场撕破价值券，由责任人签收，每个缺陷扣多少分全都印在质量手册上。对操作工互检发现的缺陷，经质检人员确认后，当场予以奖励，同时对漏检操作工和质检员进行罚款。质量价值券分红券和黄券，红券用于奖励，而黄券则用于处罚。

在海尔曾经有过这样一个小故事：1992 年 11 月 23 日，一位总装质检员在检查冰箱装配质量时发现一台冰箱温控器螺丝没有固定到位，就按缺陷性质和责任价值撕了价值券，引起被查的工人对质检员出言不逊，并拒签价值券，当质检员要按拒签处罚时，遭到了这位工人一拳。最终厂方对这位工人通报批评并将其降为临时工。制度就这样坚持下来。后来工人们发现，虽然每天出现问题马上要受到处罚，并要立刻整改，但到月底一算，在质量方面的收入反而比以往增加了，因为制度的坚持使质量指标提高了。质量价值券在生产过程中的实行使海尔上下工序建立起严格的质量监督机制，每个工人都把下道工序当做用户，质量指标日益提高。另外，考核重点是遵章守法，凡是企业的规章制度，不是摆样子，而是建立一项就执行一项、考核一项、兑现一项。所以，此时的薪酬分配制度主要同质量挂钩，谁出质量问题，就按考核规定扣掉谁的工资。

2. 多元化阶段的薪酬制度——多种工资模式并存

多元化阶段的薪酬制度是实行分层、分类的多种薪酬制度和灵活的分配形式，制定出了13种薪酬模式。科技人员实行科研承包制、营销人员实行年薪制和提成工资制、生产人员实行计件工资制、辅助人员则实行薪点工资制。海尔工资分档次发放，岗位工资标准不超过青岛市职工平均工资的3倍。岗位工资＋国家补贴＝工资总额。每月无奖金，年终奖金不超过两个月的工资。科研和销售人员实行工效挂钩，科研人员按市场效益和科研成果进行奖励，销售人员如果是外聘的推销员，收入和推销的成果挂钩。

对于一线员工，在质量价值券的基础上，推行计点到位、绩效联酬的全额计点工资制。这里的"点"是指员工在劳动过程中的体力和脑力消耗的基本计量单元。本着"工资总额增长低于企业利税增长、平均工资增长低于劳动生产率增长"的"两低于"原则，确定员工的工资总额与增长幅度，然后根据预计的点数总和来确定点值。岗位点数是根据工作的操作复杂程度、岗位体力要求、工作危险程度等来确定的。接着，岗位点数工资单价＝点数×点值，从而算出岗位计件工资额＝岗位工资单价×产量±各种奖罚。在海尔的日常管理中，一线员工的工资是运用上述公式通过3E卡(3E——每人：everyone；每天：everyday；每件事：everything)算出的，员工可以根据劳动成果自己算出工资数额。例如，海尔电冰箱将生产过程分解为160个工序、540项责任，具体落实到每一个员工。这种计酬方式使一线员工的收入与其劳动数量与质量直接挂钩，激发了员工的工作热情，也减少了管理的难度，避免了互相扯皮等现象的发生。

在工资分配政策的制定和执行上，海尔一直坚持"公开、公平、公正"的原则，对每一个岗位、每个动作都进行了科学的测评，计点到位、绩效联酬。每位员工都有一张3E卡，劳动一天，员工就可根据当天的产量、质量、物耗、工艺等9大项指标的执行情况计算出当日的工资，即所谓"员工自己能报价"。管理人员则根据目标分解为年度目标—月度目标—日清，计算出员工当月的应得工资。员工的工资都公开透明，只按效果，不论资历，由同岗同酬观念转变为同效同酬观念。在海尔，高素质、高技能获得高报酬，人才的价值在工资分配中得到了真正的体现，极大地调动了员工的生产积极性。

对于销售及科研人员的工资确定，海尔一直坚持向市场要报酬的做法，并较早地实行了年薪制。"主副联酬"是海尔对销售人员采取的特有的工资奖惩制度，即将业绩分为主项(如卖货量)、副项(如产品均衡率)，两者联系起来综合考查具体的工作业绩。通过严格的量化指标，真正实现了有市场才有效益；对于研发人员，薪酬的多少并不是以进行了多少项改造创新为衡量标准，而是取决于其科研成果的市场转化率和市场效益。

在激励的方法上，海尔更多地采用"即时激励"的方式。为鼓励员工搞技术发明，海尔集团还颁布了《职工发明奖酬办法》，设立了"海尔奖""海尔希望奖""合理化建议奖"等，根据员工为企业创造的经济效益和社会效益的大小，分别授奖。

3. 国际化战略阶段——市场链

在海尔内部，"下道工序就是用户"，每个人都有自己的市场，都是一个需要对自己的市场负责的主体。"下道工序就是用户"，自己就代表用户，或者自己就是市场。每位员工最主要的不是对他的上级负责，更重要的是对他自己的市场负责。

简单地说，海尔的市场链管理模式就是把外部市场效益内部化。不仅让整个企业面对市场，而且让企业里的每一个员工都去面对市场，把市场机制成功地导入企业的内部管理，把员工相互之间的同事和上下级关系变为市场关系，形成内部的市场链机制。市场链旨在增强职工的市场竞争观念，并在工资分配中加以体现。

海尔是国内最早开始国际化的企业之一，也是在国际上影响力最大的中国家电企业。海尔成功地将市场链管理模式引入企业的内部管理，形成内部的市场链机制。

　　这一管理机制使每个部门、每个员工都面对市场，变职能为流程，变企业利润最大化为顾客至上。海尔采用市场链的模式，通过这种内部模拟市场进行分配的形式促进了企业的管理，使人与人之间的责任环环相扣，增强了员工的岗位责任感，也提高了企业的市场竞争力，为全面进军国际市场打下了基础。

　　在薪酬管理方面，海尔不断在原来的基础上进行改进和完善，使薪酬制度与经营战略相匹配，对员工做到了最有效的"与时俱进"的管理和激励。海尔的管理模式是值得学习和借鉴的。

　　思考题：

　　1. 你怎样看待海尔这一"与战略发展同步"的薪酬管理思想？

　　2. 为什么说了解企业经营发展战略、正确认识企业所面临的各种环境对于薪酬管理非常重要？薪酬管理对于企业经营发展又有何作用？

资料来源：文跃然. 2004. 薪酬管理原理［M］. 上海：复旦大学出版社

参考文献

波特 M. 1997. 竞争优势［M］. 陈小悦译. 北京：华夏出版社.

顾琴轩. 2001. 提升企业竞争优势的薪酬战略研究 ［J］. 上海交通大学学报（哲学社会科学版），（2）：78-82.

金延平，李浩，李文静. 2013. 薪酬管理［M］. 大连：东北财经大学出版社.

李宝元. 2002. 战略性激励——现代企业人力资源管理精要［M］. 北京：经济科学出版社.

李耀华. 2005. 现代企业战略性薪酬管理研究［D］. 兰州理工大学硕士学位论文.

刘昕. 2003. 薪酬体系设计［M］. 北京：高等教育出版社.

罗宾斯 S P. 1997. 组织行为学［M］. 第七版. 孙健敏，李原译. 北京：中国人民大学出版社.

孟繁强. 2004. 企业薪酬战略的构建［J］. 人力资源开发与管理，（4）：45-50.

彭璧玉. 2004. 战略薪酬模式的选择［J］. 中国人力资源开发，（11）：53-56.

文跃然. 2004. 薪酬管理原理［M］. 上海：复旦大学出版社.

吴照云，王宇露. 2003. 企业文化与企业持续竞争优势［J］. 当代财经，（8）：68-71.

辛浩力. 2002. 企业生命周期与薪酬设计［J］. 中国人力资源开发，（1）：31.

张冠兰. 2005. 战略性薪酬管理浅析［J］. 商场现代化，（22）：157-158.

Balkin D B，Gomez-Mejia L R. 1987. Toward a contingency theory of compensation strategy［J］. Strategic Management Journal，8(2)：169-182.

第三章

薪酬水平调查与外部竞争性

诺基亚"两情相悦"的薪酬水平

1. 薪酬设计理念

诺基亚公司认为，好的薪酬体系、绩效评价体系不仅要与本公司有一个合理的匹配，而且应在其行业和所在地区表现出良好的竞争力。例如，如果在行业内（或所在地区/城市，以下同）某一层级员工的平均薪酬是6000元，而诺基亚公司付给该层级员工的薪酬只有4000元，这就很容易造成人才流失，这样的薪酬设计就是失败的。然而，假若诺基亚公司的薪酬远远超过行业平均水平，那么公司的人工成本会明显高于竞争对手。这样一来，公司的营利能力就会降低，这同样不利于公司的长远发展。因此，诺基亚公司将自己的薪酬定位于在行业内"有竞争力"的高度，即不高出太多，也不落后太多。

2. 重要的基准参数

为了保证自身薪酬水平在同行业中的竞争力，同时公司不会付出太高的运营成本，在设计薪酬体系时，诺基亚公司引进了一个特别有意义的参数——比较率（comparative rate）。其计算公式如下：

比较率＝诺基亚公司某层级的平均薪酬/行业内同一层级的平均薪酬

若比较率大于1，就说明员工平均薪酬水平高于同行业员工的平均薪酬水平；若比较率小于1，那么前者比后者小；若比较率等于1，那么二者相等。

3. 参数的确定

一般而言，诺基亚公司将各层级员工的薪酬比较率界定在1～1.2，即大于等于行业平均薪酬水平，但最高不超过行业平均薪酬的120％。这样就确保了其薪酬水平的行业竞争力，同时又不会给公司带来过高的运营成本。这就是所谓的"两情相悦"。

而且，为了确保比较基数（即行业内同一层级员工的平均薪酬水平）的准确性和时效性，诺基亚公司每年都会拨出一定经费，聘请专业调研机构进行大规模的市场调查。公司会根据调研结果对企业员工的薪酬水平进行适当调整。

资料来源：周施恩 . 2010. 世界顶级公司人力资源管理实操详解[M]. 北京：中国纺织出版社

第一节　薪酬水平及外部竞争性决策

一、　薪酬水平及外部竞争性的概念

1. 薪酬水平的含义

薪酬水平即组织对自身薪酬总量的定位。薪酬水平的设计主要有三个方面的因素需要考虑：第一，整个市场的薪酬水平以及竞争对手的薪酬水平如何？据此有三种与之相适应的薪酬策略，即领先型、跟随型和滞后型薪酬策略。第二，组织的绩效状况和财务状况如何？第三，组织处于怎样的发展阶段？而且，薪酬水平能体现组织间的薪酬关系，也表明了与同类竞争对手想比较而言，其薪酬的高低水平。在实践中，主要通过对薪酬的主体——工资水平进行测度来揭示薪酬水平。

2. 薪酬的外部竞争性的含义

所谓薪酬的外部竞争性，是指与外部竞争对手相比的本组织的薪酬水平，并由此产生的企业在劳动力市场上的竞争能力大小。现今形势下，将组织中所有员工的平均薪酬水平与其他企业所有员工的平均薪酬水平进行比较的意义越来越小，而对于薪酬外部竞争性的比较，其基础大多都会落在不同组织的相似职位或职位族当中。

在当代的市场竞争当中，薪酬的外部竞争性已经不再属于一个抽象的概念，而是具体的概念。可以这么讲，如果发现甲企业的平均薪酬水平高于乙企业的平均薪酬水平，那么后者的薪酬竞争性就一定弱于前者，就有可能会犯错误。这是因为，有可能甲企业的平均薪酬确实高于其他企业，但是该企业中的内部薪酬差距却很小，一些重要的岗位与不重要的岗位之间差异很不明显；而对于乙企业，虽然其平均薪酬水平比甲企业要低，但该企业重要岗位的薪酬水平远高于甲企业，不太重要岗位的薪酬水平低于甲企业。如果这个时候在外部劳动力市场上，有着大量的可以从事不重要岗位工作的人，那么，在乙企业去外部劳动力市场招聘那些可以从事不太重要岗位工作的人时，它不会由于低于甲企业的薪酬支付水平而雇不到人，也就是说，在招聘低技能劳动力人员时，乙企业的薪酬竞争力不会比甲企业弱。然而，在对可以从事重要岗位的人员的招聘上，乙企业的薪酬竞争力反而强于甲企业。这就表明，薪酬的外部竞争性应当落实到职位或职位族上，而不能简单地停留在企业层面上。

将薪酬的外部竞争性置于上面的情况在我国国有企业中非常普遍。特别是在有些所谓的"好行业"上，如电力、保险、银行、证券等行业，虽然企业的总体薪酬处于较高的水平，然而内部经常存在着收入差距过小，给予低技能者的报酬偏高、给予高技能者报酬不足的情况。结果是在外部市场竞争压力越来越大、市场化程度越来越高、中国加入世界贸易组织（Word Trade Organization，WTO）后对外资的限制越来越少的大背景下，很多国有企业中的精英都陆续离开，或是投向外企，或是进入其他新兴的股份制企业，再就是自己创业。

3. 外部竞争性与内部一致性的关系

在制定薪酬体系时，以往企业的做法都是会更多地考虑薪酬的内部一致性，而现在的做法则是更多地考虑到薪酬的外部竞争性。岗位评价的结果通常会表现出内部一致性，但是内部一致性经常和外部竞争性矛盾，这是因为不同类型的人力资源市场分别有着不一样的市场供求。

例如，在某一时间，如果依据公司内部的职位评价，公司财务经理和人力资源经理的重要性和价值大小是类似的，那么这两个职位的薪酬水平应该大致相当。然而，在劳动力市场上，因为人力资源经理人员比较短缺，其劳动力市场价值便超过了财务经理人员的市场价值。对于这样的情况，企业必须做出合理的决策，究竟是重点依据企业的内部职位评价来确定薪酬水平，还是主要依据外部劳动力市场来确定薪酬水平。在实践中，以往通常是更多地关心薪酬的内部一致性，但是现在，薪酬外部竞争性的要求似乎更占上风一些。

二、 薪酬水平及外部竞争性的作用

1. 吸引、保留和激励员工

基于 20 年的数据分析，美国的一个调查机构得出结论：管理人员、业务类职员及小时工都将薪酬当做首要的就业因素；唯有技术人员把薪酬当做次要的就业因素，而把自身技能的提升当做首要的就业因素。

如果薪酬水平太低，企业在招聘新员工时会遇到很大的困难，而且即使很勉强地招聘到一些员工，其数量和质量也得不到保证。同时，由于薪酬水平偏低，员工的忠诚度会下降、流失率会上升。反之，若薪酬水平高，企业容易招聘到自己需要的人员，也能提高员工忠诚度，使流失率下降。另外，高薪酬水平有助于避免员工的机会主义行为，减少企业的监管费用，同时激励员工努力工作。这是因为，一旦员工偷懒或消极怠工或是做出其他一些对企业不利的行为，且因此被企业解雇，该员工以后将很难找到可以获取同等薪酬的新岗位。新加坡政府施行的"高薪养廉"政策，正是其魅力的体现。

2. 控制劳动力成本

企业支出的总成本与薪酬水平的高低密切相关，在劳动密集型产业和将低成本作为竞争手段的企业尤其如此。显然，在其他前提一定时，企业的薪酬水平越高，其劳动力成本也会相应越高，而相对市场竞争对手的薪酬水平越高，那么提供同样的或者相似的产品、服务的成本也就越高。产品成本的偏高将导致更高的产品价格，在产品差别很小的情形下，消费者显然会选择相对便宜的产品。

随着市场竞争日趋激烈，现今的多数市场都由以前的卖方市场转变为买方市场，即大多数商品和劳务都处于供大于求的状态，消费者对产品的价格比较敏感，在这种情形下，企业对劳动力成本的控制异常重要。

3. 增强组织实力

当今各组织之间的竞争，归根结底是人才的竞争，谁拥有了人才，谁就能在市场竞争中把握住主动权。通过高水平的薪酬，组织可以吸引到高质量的人才。如果组织能对这些优秀的人才加以合理利用，给予他们充分施展自己才华的空间，这些人才即可发挥自身的聪明才智，甚至形成一个强大的团队，为组织的发展做出贡献，提高组织在研发、市场等方面的竞争力，使其在同行业中处于优势地位。

4. 塑造企业形象

薪酬水平对企业自身的形象意义重大，这是因为它不仅显示了企业在特定劳动力市场上对自己的定位，而且体现了企业的人力资源态度及其支付能力。企业支出较高的薪酬，不但有助于建立自己在劳动力市场上的良好形象，并且有益于企业在产品市场上的竞争。这是因为，企业更高的支付能力可以提高消费者对于企业以及企业提供的产品和服务的信心，从而在消费者心目中造成一种产品差异，继而起到鼓励消费者购买的作用。

另外，在大多数市场经济国家，政府都明确规定了最低薪酬水平，为了保证企业自身经营的合法性、规范性，企业在确实自己的薪酬水平时，也是绝对不可以忽视这些规定的。一旦这些方面出现对企业形象不利的问题时，其对企业在劳动力市场与产品市场将会产生极其不好的影响。

三、 薪酬水平及外部竞争性决策的类型

企业薪酬水平决策的最主要任务是给本企业的薪酬水平进行市场定位，简称为薪酬水平定位。薪酬水平定位实质上是对企业薪酬外部竞争性的定位，所以决策薪酬水平的关键是选择正确的薪酬水平定位策略，提高企业竞争力。一个企业应该依据自己的发展战略、人力资源战略、薪酬战略、内外部的环境、市场竞争的需要、财务实力和其他因素合理地选择薪酬策略，并重新构建和应用。常见的薪酬策略包括如下几种。

1. 领先型薪酬策略

领先型薪酬策略，也称薪酬领袖策略，是指企业的薪酬水平比竞争对手或市场薪酬水平高的策略。这类薪酬策略的代价为高薪方案，其优势可以体现在对吸引和留住员工这些方面上，而且可以将员工对薪酬的不满降至一个十分低的程度。

采纳该策略的企业通常具备如下特点：投资回报率高、产品在市场上的竞争中少、薪酬成本占企业总经营成本比重低。首先，对于投资回报率高的企业，其可以为员工提供高的薪酬，这一方面是因为企业具备雄厚的资本和相当的实力，不会因为员工薪酬水平过高企业资金就出现周转困难的局面。另一方面该策略可以提升组织吸引和留住高质量劳动力的能力，而且能够利用较高的薪酬水平来避免工作本身带来的各种不利特征，如工作压力或工作条件的恶劣等。其次，在薪酬成本占企业总成本的比重很低时，支出的薪酬实际上只是企业成本中支出的一个相对不太重要的项目。在这类情形下，企业更愿意通过提高薪酬水平来减少各种有关劳动问题的产生，这样能把更多的精力投向一些比薪酬成本更加重要和有意义的事情当中。最后，若产品所在的市场竞争不太激烈的话，则可以认为企业所面对的服务或者说产品，它们形成的需求曲线弹性非常小或是没有弹性，这样企业就能够提高产品的价格，而且还不需要担忧消费者会对自己的服务或产品减少相应的消费。换句话说，这类企业实质上能够通过提高产品价格来中和薪酬上涨成本，即由消费者承担企业较高的薪酬成本。此种情形下，企业自然可以设置较高的薪酬水平。

在实践中，如惠普、摩托罗拉等大型公司，它们的薪酬领袖做法已是众所周知。在我

国，已有许多企业开始应用领先型薪酬策略，典型企业便是深圳的华为公司。实践中证实，华为公司在高薪政策的帮助下获得了许多具有创造力的人才，使华为公司产品在市场上与其他同类外资企业抗衡时更具竞争力。

2. 市场追随型薪酬策略

市场追随型薪酬策略，也称市场匹配策略，实质上就是本企业的薪酬水平依据市场的平均水平而确定，力求让本企业的薪酬水平与竞争者的薪酬水平相接近，使本组织对员工的吸收能力与竞争者对员工的吸收能力相接近。在实践中，广大中小企业通常会采用该种薪酬策略。采用这种薪酬策略的企业所面临的风险可能是最小的，它可以把众多员工吸引过去，让他们为企业工作，但是对于特别优秀的求职者来说，实施该策略的企业吸引力不高。

一般说来，在一个竞争性的劳动力市场上，企业采用市场追随型薪酬策略缺乏特有的优势，所以在招聘员工时，它们更倾向于参与到大型招聘会之中，以投入大量时间、持续广泛搜索、进行仔细甄选的方式来招募以及雇佣优秀的员工。另外，企业采用此种薪酬策略时，应注意依据外部市场的变化来不断调整自己的薪酬水平，这样能让自身的薪酬水平与市场保持一致。但是，在不少情况下，此种调整存在时滞性，可能出现企业刚刚意识到自己的薪酬水平落后于市场，还未来得及调整，而一些优秀的员工已经离任的情况。因此，这类力求保证企业自身薪酬水平与市场一致的企业应紧跟市场动态，准确把握住市场平均薪酬水平。

3. 成本导向型薪酬策略

成本导向型薪酬策略，即本组织薪酬水平低于竞争对手或市场薪酬水平的策略。企业采用成本导向型薪酬策略的条件是企业的产品大多处于竞争性市场，成本的承受能力弱，边际利润低。企业实施成本导向型薪酬策略的一个主要原因是企业的产品受到了市场低利润率的影响，不具备为员工提供高水平薪酬的能力。当然，在某些情况下，成本导向型薪酬策略的制定者并不是不具备支付能力，而是缺少支付意识。

明显的，采用成本导向型薪酬策略的企业在吸引高水平的员工方面处于劣势，并且在此种策略下，通常员工的流失率很高。这是因为，由于信息不对称或信息流的速度缓慢，短期内员工可能不知道本企业薪酬相对市场平均水平低，但是从长远来看，员工一定会掌握这类信息。另外，当员工有获得收入的紧迫需要时，可能会选择低于市场薪酬水平的工作，可是一旦该种需求缓解，他们就会去寻找薪酬更高的就业场所。

虽然企业吸引和留住员工的能力会被不具竞争力的成本导向型薪酬策略影响，然而如果该策略能提升企业未来的收益，那么这反倒有利于对员工组织承诺度的提升，培养他们的团队意识，进一步提升绩效。

例如，在高科技企业（如信息技术企业）中，其支付给员工的薪酬可能低于市场水平，但员工可以得到企业的股票或是股票期权。这种成本导向型薪酬策略与未来的较高收入结合在一起的做法不仅不会影响到企业对员工的招募及保留，而且会提高员工的工作积极性和责任感。此外，具有挑战性的工作、舒适的工作地点、良好的同事关系等因素都能对这种薪酬策略进行补偿。

4. 混合型薪酬策略

混合型薪酬策略，是指企业不对所有岗位和员工都采取同样的薪酬水平定位，而是依据岗位的类型或是员工的类型分别来制定不同薪酬水平的薪酬策略。

例如，针对不一样的职位族，某些公司会采用不同的薪酬策略，对于一些核心的职位族，其选择领先型薪酬策略，对于其他的职位族，则施行市场追随型或是成本导向型薪酬策略。进一步说，对于企业的重要人员，如高级管理人员、技术人员，可施行高于市场水平的薪酬策略；对于普通员工，则施行匹配型的薪酬策略；在劳动力市场上容易找到替代者的员工，对他们施行低于市场水平的薪酬策略。

另外，在不一样的薪酬组成部分间，一些公司施行不同的薪酬策略，如总薪酬水平处于高于市场水平的竞争性地位上，基本薪酬处于略低于市场水平的拖后地位上，激励性薪酬处于高出市场水平较多的领先地位上。例如，一个公司可能建立这种新的薪酬计划，在基本薪酬方面，其与市场上的平均薪酬相比较，降低了3%，然而假如所在部门的经营利润目标超过了规定，那样他们就会有获得等同于一个月薪水的机会。所以，虽然这家公司的基本薪酬低于市场水平，然而在好的经营环境下，该公司的薪酬水平还是略微高于市场水平的。这样做的目的就是促使员工注重企业的经营绩效，并且激励他们提高生产率。与此同时，公司的潜在求职者也能接收到该公司的一个暗示，即公司希望员工能够很好地完成工作，而且可以担当一定程度的风险。

混合型薪酬策略所具备的最大的优势就是它的针对性和灵活性；领先型薪酬策略适用于劳动力市场上的稀缺人才以及企业需要长期保留的人才；市场追随型和成本导向型薪酬策略则适用于劳动力市场的富余劳动力以及流动的低职位的员工，这样公司能在劳动力市场上保证自己的竞争力，而且还能很好地对公司薪酬成本开支进行有效控制。另外，对在企业薪酬中的不同组成成分采用不同的市场定位策略，有助于公司传播自身的价值观，实现自己的经营目标。

上述四种薪酬策略的共同点是在定位薪酬水平和设计薪酬制度时参考竞争对手或外部市场。然而，企业的实际薪酬水平定位并不能完全依赖市场价格，还必须与企业的总体战略目标、人力资源战略、经营环境等因素相互结合进行。一般企业应当综合考虑是否有利于实现组织目标、是否符合本企业的支付能力、是否能够吸引和保留所需人才这样三个方面的问题来选择和制定薪酬策略，进行薪酬水平定位。表3-1为四种薪酬策略的比较。

表 3-1 四种薪酬策略的比较

薪酬策略	薪酬成本负担	劳动力成本控制	吸引与保留员工	减少对收入的不满	工作效率
领先型	高	不确定	好	好	高
市场追随型	中	中	中	中	不确定
成本导向型	低	好	差	差	低
混合型	中	好	好	中	不确定

此外，还有一种由企业高管领导以企业总的工作报酬为基础，以对员工的综合激励为手段，在一个更广泛的范围内进行薪酬水平定位的策略。这种策略更为复杂，需要把企业对人力资源有益的各种资源和机会综合进来设计和决策，是所谓的"雇主选择"策略。

第二节　薪酬水平调查概论

一、　薪酬水平调查的概念

薪酬水平调查也可称为薪酬调查，目前在学术界对于薪酬调查的概念界定大致可分为两大类：一类认为薪酬调查只是局限于外部市场，比较有代表性的界定有：

（1）薪酬调查是一个系统的过程，它包括采集、分析对手所支付的薪酬水平等步骤。薪酬调查可以提供设计与竞争对手相关的薪酬策略所需的依据，并将该策略中的薪酬水平和薪酬结构运用到实际操作中。

（2）薪酬调查是指在一定范围内，对工作性质或者人力资源情况相似的企业员工薪酬状况的调查，为本企业薪酬体系的建立提供依据，直接目的是为企业确定员工的薪酬水平和薪酬结构提供参考。

另一类认为薪酬调查不只是针对外部市场，而且涵盖了企业的内部环境，比较有代表性的界定有：

（1）薪酬调查有内部市场调查和外部市场调查之分，即薪酬调查包括两个方面——企业员工薪酬满意度调查和薪酬市场调查。将内部市场调查与外部市场调查相结合，可以为企业薪酬决策提供有效的依据。

（2）薪酬调查是一个做出薪酬决策的系统过程，它包括了对所需信息的采集、分析和处理，它是薪酬管理中的一项基本工作。

因此本书将薪酬调查的含义概括为：薪酬调查是一个考察其他企业薪酬状况的系统过程，它通过对薪酬信息的收集来进行判断，分为组织外部和组织内部薪酬调查两个方面。

组织外部薪酬调查要包括相同地区和行业，相似性质、规模的企业的薪酬水平、薪酬结构及其变动情况，本地的薪酬水平及其变动状况、政府的相关法律法规及政策，这样便于企业拥有可以参照的资料来进行薪酬调整和制定。

组织内部薪酬调查分为员工满意度调查和员工合理化建议两个方面。对有多少员工对薪酬满意的了解不一定是满意度调查的作用，而是在于明确哪些方面体现了员工对薪酬管理的不满和建议，继而为拟定新的薪酬体系打下基础。

二、　薪酬水平调查的目的和意义

1. 明确企业的薪酬水平

企业进行薪酬市场调查的目的是了解某岗位在某一行业或地区中的竞争对手的薪酬水平，即为考察其市场环境。事实上，在一些情形下，薪酬市场调查可能比企业内部的岗位评定更加有效。例如，当信息技术人才在企业中的需求量很大时，市场更多地决定了该岗位的薪酬水平，而不是通常的岗位评定水平。并且，薪酬调查能够帮助企业把握竞争对手的变化状况，有针对性地对企业的薪酬策略进行指导和调整，使企业在劳动力和产品市场上具有竞争性。

2. 确定企业的薪酬结构

在以往，企业重视的是企业薪酬水平的内部一致性，却忽略了其外部竞争性，也就是说，某岗位薪酬水平的差异取决于工作的性质，或是以工作对技能所要求的复杂度为依据。组织外部薪酬调查的功能主要是提供一些参考，以便于企业总体薪酬水平的确定，它对不同类岗位间的薪酬制定没有太大的影响。

现在，企业判断岗位评价的准确性时更多地利用的是薪酬调查的结论。如前所述，在企业中，对于人力资源经理和营销经理岗位进行薪酬评价的结果是后者高于前者，但经过深入的市场调查发现，他们之间没有多大的差异。那么这个时候，公司有必要再次审视岗位评价的过程，检查工作评价的准确性。此外，一些公司逐步从岗位工资制转向以人为基础的薪酬制度，公司将更多地依靠市场薪酬调查结果来确定薪酬水平，确保其外部竞争力。

3. 解决与薪酬有关的其他问题

在企业中，为何许多工作多年的员工陆续离职？为何许多一向表现良好的员工最近经常抱怨？若企业的策略没有大的改变，但薪酬调查结果表明其同行业竞争对手在类似的岗位上薪酬要高于本企业，这时企业就必须重新确定岗位薪酬以留住关键岗位的员工，防止由薪酬过低造成的人员损失。与此同时，通过市场调查明确岗位的薪酬变化情况，可以让企业合理地处理劳资关系，防止各种劳动纠纷的产生。

4. 评估竞争对手的人力成本

对竞争对手成本的评估是竞争对手分析中的一个关键组成成分，人力资源成本便是其中比较重要的一个，涉及与员工招聘、员工素质、员工技能、工作效率、教育和培训、流动性、职员评价以及工资、福利相关的各种活动。一旦对竞争对手的人力资源成本有了了解，企业就能估计竞争对手未来的价格水平和战略方向，可以预估其竞争行为，对其可能采用的战略进行评价。

5. 制定薪酬预算和控制人力成本

往往就是因为通过薪酬调查而了解到本企业在整个相同或类似行业中的地位，结合企业的发展目标，制定有利于企业的薪酬预算，是较好的事前控制。一个企业，若是因为人才的吸引力不够而发展受阻，可以通过调节薪酬体系来清除障碍；若是因为人力资本过高而成本增加，而这些成本同竞争对手相比并非必要的话，也可以通过调节薪酬体系来优化成本支出结构，以控制人力资源成本。

6. 建立良好的企业形象

员工一般都是理性趋利的"经济人"，难免保留"贪心"的念头——想缩减工作时间和连续、尽可能地增加自身的工资。如果企业经过薪酬调查，告知员工当前市场上的薪酬水平状况，而且对对手的薪酬情况进行必要的说明，就能降低员工的不满意度，增强其对企业的信任度，提高其工作的积极性。与此同时，建立良好的公众形象有助于提高企业对人才的吸引力，让员工明白，只有留在企业中，他们才能充分发挥自己的才能，员工在一起也能成为一个强大的集体，他们互相合作、努力奋斗，为企业的繁荣做出贡献。

7. 了解工资动态与发展潮流

企业通过薪酬调查可以了解到行业的业务重心，并可跟随甚至引领行业的发展。

三、 薪酬水平调查的原则

薪酬调查是用各种正当的方法，获得有关企业各岗位的薪酬水平及其他相关信息。统计、分析薪酬调查的结果，可以为企业的薪酬管理决策提供有效的依据。在薪酬调查的过程当中，应该注意以下原则。

1. 在被调查企业自愿的情况下获取薪酬数据

薪酬管理策略以及薪酬数据是大多数企业的商业机密，因而企业一般不愿意把这些数据透露给其他企业。因此在进行薪酬调查时，企业应和对方的人力资源部门或总经理直接进行沟通，本着和谐交流的原则，一起商量好调查的相关事宜。

2. 调查的资料要准确

因为许多公司一般都闭口不谈自己的薪酬状况，所以，一些薪酬信息的来源很可能不可靠。这些信息往往是不完整的，甚至是不正确的，精确度较差。此外，在获取某些职位薪酬水平的同时，也应将该职位的职责与本企业职位职责相比较，看看它们是不是完全一致，不能从岗位名称一致而推出对工作能力与内容的需要也一致的结论。

3. 调查的资料要随时更新

随着市场经济的发展和人力资源市场的完善，人力资源的市场变动会越来越频繁；随着企业经营效益以及市场中人力资源供需情况的变化，企业的薪酬水平也会相应改变。因此薪酬调查的数据应不断更新，倘若经常使用之前的调查资料做决策，则难免会犯错。

四、 薪酬水平调查的主体

薪酬调查是现代薪酬管理的一个重要组成部分，也是社会发展水平的一个重要的衡量指标。当前，由各种机构(如政府部门、管理咨询机构、企业自身、媒体等)组织施行，向社会发布的薪酬调查结果的情形逐渐增多。不同主体实施的薪酬水平调查呈现出不同的特点，下面就目前国内出现的几类薪酬调查进行初步分析和评述。

1. 政府部门进行的薪酬调查

政府部门进行的薪酬调查是地方各级劳动保障部门、统计部门联合国家相关部委，选送专职人员进行的全国或地区各行业的职位薪酬水平情形调查。调查的结果将成为政府拟定工资宏观调控政策、工资指导性以及城镇居民最近生活保障线等的依据。人事部门也会按期发布相关行业和岗位的薪酬调查报告。这类报告主要是通过行政手段来进行数据收集，采样大多从各种报表中获得，在互联网上提供给用人单位或个人免费查阅。

由政府部门进行的薪酬调查，其优点首先是薪酬调查的一个重要目的是发挥国家的宏观调控作用，因此这种调查数据的信息是免费的，企业能够自由地运用这些信息，节省亲自参与调查的成本。其次，这些数据由国家调查所得，具备很高的权威性与准确性，为企业制定最低薪酬水平提供了法律依据，使企业不至于违背国家对最低薪酬标准的相关规定，免于陷入不必要的纠纷。最后，由于调查是全国性的，涉及各行各业，调查了解员工的工资收入，以及其他与工资直接相关的报酬项目，甚至员工的工作时间，能够为企业提供足够的参考资料去构建薪酬体系，使企业能够全方位、多层次设计富有竞争性的薪酬体系。

当然，其缺点也相当明显，一是因为这种调查是全国性的，调查范围广、难度大、耗时长久，所以其公布的信息往往不是最新信息，信息的及时性与有效性说服力较差；二是因为调查内容涵盖面广，不可能细致到行业内的每个岗位，而只是选取一些高标准化类具有代表性的职位，所以不能满足企业的个性化信息要求。

2. 管理咨询机构进行的薪酬调查

目前市场上最常用的是管理咨询公司的薪酬调查报告。在我国，有很多管理咨询公司都在进行薪酬福利方面的调查。按照公司的规模可将它们分成大规模跨国咨询公司和国内管理咨询公司。

翰威特(Hewitt)、美世(Mercer)、华信惠悦(Watson Wyatt)等大规模的跨国管理咨询公司经常采取国际通用的会员制的薪酬调查方法，也就是会员单位有根据咨询机构的调查表提供翔实数据说明的义务，与此同时，其也有免费享受所有或大部分汇总、统计和分析结果的权利。与政府部门的职位薪酬调查相比，管理咨询机构一般都专注于对三资、外资、私营企业或是驻华代表处进行薪酬调查。

北京西三角人事技术研究所、北京外企太和企业管理顾问有限公司(Taihe Consulting)、上海信诚国际顾问有限公司、上海交大正源企业咨询有限责任公司，以及广州拓培人力资源咨询公司等进行的薪酬调查是国内管理咨询顾问公司薪酬调查的典型例子。

这些机构进行的薪酬调查及其最终分析结果一般具有以下特点。

(1)调查范围集中，区域性强。调查主要集中在少数大城市，限于外资企业，其结果能很好地帮助企业了解地区和行业内的薪酬情况。

(2)调查的职位大多数集中于市场营销、人力资源管理、首席执行官(chief executive officer，CEO)等非生产性职位。

(3)调查既注重薪酬水平，又注重分析趋势。大多数报告强调分析最近的加薪频率、幅度以及前景。

(4)企业的人力资源管理部门是调查的主要服务对象。调查报告不仅说明了各地区各行业的薪酬情况，而且也探索了人力资源管理面临的共同问题，可为人力资源管理者提供一些一般性的建议。

但是，这些调查还存在着一些问题。首先，它是一种低透明度的调查。对大众公开的内容仅仅是调查结果的一小部分，并且一般都不公布涉及调查信度和效度的调查设计过程、样本信息、调查问卷、调查技术等部分，人们无法判断这些调查结果的可信程度。其次，调查指标不统一，调查结果没有很高的可比性。就拿"年薪"这一指标来说，各个调查的定义就有很大的差异性，使其不能直接拿来比较不同的调查结果。

3. 企业自身进行的薪酬调查

这种调查非常具有针对性，能使企业的个性化需求得到满足，可以获得最新的薪酬状态，加强对竞争对手的了解。但在实际中，企业会因为以下几个方面的原因而不选择自行开发和实施调查。

(1)企业自身进行薪酬调查的特点之一是非常烦琐，要投入巨大的人力。大多数企业都没有合格的员工从事这项工作，即使有，他们也没有空余的时间从事此类调查。而且，有效调查的开发与设计要求有通晓问卷设计、抽样方法上的专业知识，而在这些方面，企业往往缺少相应的专业人员。

（2）被调查的企业通常不愿透露其薪酬信息。即便被调查企业勉强接受调查，其提供的信息也可能不全面或不具备代表性。这一现象可以理解，毕竟薪酬体系是企业竞争优势的重要体现，属于商业秘密。

（3）调查的成本昂贵。因为企业没有特殊的调查结构，调查需要的有关资料缺乏，而这项工作的进行需要设计一套完整的调查方案，这样就必须要投入大量人力、物力、财力，因而会增加企业的成本，包括相关调查人员的工资、福利以及其他调查费用。更严重的是，也有可能会导致参与调查的员工在调查时精力不集中，继而对组织的正常运行产生不良的影响。

目前，企业与企业之间的相互调查悄然兴起，它是通过企业之间或是协会等机构进行联合调查的方式，了解行业组织的薪酬标准，确保企业在劳动力市场上的竞争优势。但是因为薪酬管理制度和薪酬数据都属于商业秘密，且我国市场机制又不完善，所以企业之间特别是主要竞争企业之间进行信息交换的可能性非常小。不过伴随着我国市场机制的不断完善，这种方法一定会在薪酬调查中被广泛应用。

4. 媒体进行的薪酬调查

当前，热衷于薪酬调查的媒体都是一些人力资源管理类的网站，如中华薪酬网（www.xinchou.com）、中国薪酬调查网（www.xinchou114.com）、中华英才网（www.chinahr.com）、前程无忧网（www.51job.com）等。

这一类调查的特点如表 3-2 所示。

表 3-2　媒体进行的薪酬调查的特点

特点	内容	解释
共同特点	调查形式多为网上调查	受访者提交自己的薪酬情况，信息处理结果还提供给其他参与者分享
	较全面的调查内容	个人需提交年龄、学历、工作经验、目前任职行业、该行业任职总时间、目前的工资水平等资料
	调查的主要服务对象是求职者	增加点击率一般是网站举办这类调查的目的，其内容也较贴近求职者，如行业平均工资水平排名、个人跳槽前后薪酬水平的比较等。并且这类网站会评论调查结果，给出建议，以吸引用户
缺点	可靠性差	调查不记名，可能会造成参与调查者不提供真实薪酬数据的情况，并且因为缺少直接指导，受访者对各个指标的理解或许不相同，这样易造成调查结果不准确
	样本无代表性	调查者没有办法确定样本的来源，随机调查的人员不具有群体代表性
	统计方法过于简单	从大多数网站对外公布的结果来看，其对数据的处理只使用了平均数和比例两种统计方法，没有运用较为复杂的相关分析之类的统计方法

另外，也存在像学术研究结构组织、猎头公司等机构实行的薪酬调查等。有关学术研究机构参与的薪酬调查较少，调查的范围又很小，通常与有政府背景的机构合作进行调查，如广州劳动管理协会与中山大学社会发展研究所共同实行的广州国有（集体）企业职员薪酬调查报告。猎头公司向特定的顾客群服务，也进行薪酬调查，通常这种调查范围都不大，并且调查的结果不容易为公众所知。

五、 薪酬水平调查的对象

在确定了将要调查的职位以后，应从功能与层次角度划分职位，然后明确所要调查的对象。职位按其功能可分为职能职位和业务职位，职能职位一般为通用职位，业务职位一般为专项职位。如果是通用性的职位，薪酬调查在本地区各企业间实行即可；而对于那些业务性比较强的专项职位，就得在本地区同行业的企业之间进行薪酬调查。像文员、一般性的技术人员和半技术人员等低层次的职位，应在距离公司较近的地方开展调查；而像市场部经理、人力资源部副总等中高级职位，调查范围显然要更大一些。若公司地址是在北京，要调查秘书这一职位的薪酬状况，尽量在本地展开调查，不必在北京、上海同时进行；若要调查高级管理者的薪酬状况，则应在北京、上海、深圳等地区一并展开调查。同时，我们也应该考虑调查所包含的行业，关于层次比较低的职位，行业间的差距不显著；而对于中高级管理人员和技术人员来说，最好是选择可能与公司竞争人才的行业。

六、 薪酬水平调查的主要内容

（1）对国家宏观经济政策以及国民经济发展的相关信息的调查，其中包括货币政策、财政政策、消费者价格指数（consumer price index，CPI）、国民生产总值增长率等。

（2）区域内相同行业特别是竞争对手的薪酬策略、薪酬结构、薪酬水平、薪酬构成及变动状况。在本地区没有相同行业的前提下，可以参考其他地区同行业企业的薪酬情况。

（3）本地区内相同行业的岗位薪酬数据，在没有相关数据的前提下，可以调查本地区类似行业的数据或是参考别的地区相同行业企业的薪酬数据。

（4）企业所在地区的工资水平。

（5）上市公司有关薪酬数据调查分析报告，分析同行业上市公司的薪酬水平，尤其是高层管理者的薪酬水平。

（6）对企业薪酬管理现状的调查，调查的作用不一定是对有多少员工对薪酬满意进行了解，而是在于明确哪些方面体现了员工对薪酬管理的不满和建议，继而为拟定新的薪酬体系打下基础。

第三节 薪酬水平调查的实施

一、 薪酬水平调查的方法

薪酬调查在持续发展，而且被企业广泛采纳，其方法也处于持续的发展中，问卷调查法、面谈调查法、文献收集法以及电话调查法等都是被广泛采用的调查方法。各个方法都有自己的优势和劣势，企业应参照自己的特征、所要达到的目的，以及时间、费用等因素，根据不同的情况采用不同的调查方法。

1. 问卷调查法

在调查所采用的许多方法中，问卷调查法使用的频率最高。问卷调查法通常是向所要调查的企业或者个人发送调查问卷，而这些问卷都是先前依据企业自身的需求设计的。其使用书面语言同被调查者交流，以获取企业所需的信息及资料。

2. 面谈调查法

面谈调查法是获得信息的重要方法之一，也是一种常用的薪酬调查方法，它以与被调查者面谈来搜集信息的方式进行。比较专业的咨询公司或是市场上的调研机构经常使用这种方法。

3. 文献收集法

文献收集法一般包括对薪酬文献资料的收集、查阅、分析、综合等过程，并通过这一过程来获得有关信息、数据。这种薪酬调查方法相对简单，而且便于实施。

文献收集法通过分析之前已经公开的相关薪酬资料来寻找对企业有用的信息数据。信息有三大主体来源：政府部门实施的薪酬调查，一般会定期公布于社会，将各行各业的情况集中成册发布；专业调查机构一般以收费的形式提供薪酬调查报告；此外，一些企业也会将自己的薪酬报告公布于社会。企业可以通过很多方式获得薪酬调查的结果，如已发行的书籍、调查报告、调查网站等，也可以通过网上收集、购买等方式获得。

4. 电话调查法

电话调查的特点是迅速、效率高、实施方便，通过电话能够与相应国家或地区的相关薪酬管理人员取得联系，获得所要调查的信息。电话调查法还易于澄清有关问题，迅速获取遗漏的信息、数据。

当前国内的电话调查法通常适用于这些情形：对热门或者突发性问题的迅速调查，对特定问题的消费者调查，以及企业调查、对特殊群体调查等。

各类调查方法的优缺点如表 3-3 所示。

表 3-3 薪酬调查方法的优缺点

薪酬调查方法	优点	缺点
问卷调查法	节省时间、经费和人力；结构化的问题、提问顺序、回答的方式方法等都便于量化；统计分析软件可以帮助对问卷的设计，利于实行和分析的便利；能够大规模地进行调查，能定期实行避免受到调查人员变动的影响，而且也能追踪相应问题用户的变动	问卷的设计比较困难，调查的结果范围广泛但是不够深入。问卷调查是通过用文字与被调查者进行交流的一种方法，若有太多的问题，被调查者可能会感到厌烦，难以深入讨论一个问题及其产生的原因，而且问卷的回收率也无法得到保障
面谈调查法	使用这种方法能够得到标准和非标准的材料，也能得到体力与脑力劳动的资料。工作人员自己也是行为观察者，所以他们通常能够发现难以被察觉到的情形，也能供应其他地方难以得到的资料	分析人员固有的工作概念会影响正确的判断结果。而工作人员可能会因为自身利益，怀着不配合的态度故意或是无意放大自己工作的紧要性、繁杂性，致使消息不真实。如果分析者和调查的受访者都不信任对方，使用这种方法则会有一定程度的风险性。所以，面谈调查法不能够单独使用，应该与别的方法结合应用
文献收集法	可以节约时间，节省人力、物力，许多中小企业采用这种方法获得所需信息	已经产生的薪酬调查结果或许会没有较强的针对性，消息可能也会存在着过时现象，企业在参照这些信息时应该做一些相应的调整
电话调查法	速度快、效率高、易于施行	调查的内容非常简单、清楚，并且通话时间也受到了限制，调查的深度完全比不了其他方法；由于调查者不在现场的缘故，调查所获得的消息的准确性和有效性等很难得到保证

二、 薪酬水平调查的流程

一个完备的薪酬调查涵盖对薪酬调查目的、内容、调查对象的明确；职位的描述；基准工作的选择；薪酬调查问卷的设计；调查问卷的寄送与收集；调查结果的统计与分析；调整调查资料；内部岗位价值结构与外部市场工资水平的综合等环节。

1. 明确薪酬调查的目的、内容、调查对象

薪酬调查的目的通常包含薪酬标准的制定、薪酬水平的调动、薪酬预算的制定以及人力成本的控制。以上四个目标的重心虽不相同，然而都要求对劳动力市场上薪酬水平有一定的了解，但由于其目的不同，对职位了解的要求也不相同。例如，若制定薪酬标准和调整薪酬水平是薪酬调查的目的，那样仅仅有必要去调查相应职位的薪酬情况；若控制人力成本或薪酬预算是薪酬调查的目标，那样薪酬调查的范围就应落实到某些职位或企业中的所有职位。

2. 进行职位描述

明确了将要调查的对象、职位后，需要确定、清楚地描述出要调查的内容。描述的内容通常有职位的称号、职责、任职条件等。职位称号相同的岗位，其在不同企业的工作内容可能有较大的差别，对职员的素质要求也可能很不一样。特别是我国存在着职位体系错乱的现象，拿行政部经理来说，该职位人员在某些企业做的是后勤、保安方面的工作，在其他企业做的是人事方面的工作。在调查时，应当将本企业的职位描述与其他企业相应职位描述做对比，唯有它们的相似度超过70％时，才可以参照相应调查结果，确定本企业的薪酬水平。

在进行职位描述时也需要对职位进行层级划分。职位族也会经常包含层级不同的职位，如人力资源职位族有人力资源总监、人力资源经理、人力资源专员这些职位。各个企业都有自己的职位族，或许它们不完全相同，所以在进行薪酬调查时需要对职位进行划分。

3. 选择基准工作

人力资源专业人士依据相应工作典型市场上的工资水平确定自己企业的薪酬水平。基准工作具有如下四个基本特征。

(1)工作内容是众所周知的，具有长久的稳定性，并且被广大职员所认同。

(2)是很多不同雇员都从事的工作。

(3)代表公司被评价的一系列的工作。

(4)普遍适用于确定劳动力市场的薪资水平。

为什么需要基准工作呢？假如人力资源专业人士可以将本企业的每个工作都分别与薪酬调查中的工作相对应，那当然很理想。然而在实际工作中，完全对应是相当困难的，这是因为：其一，大企业有许多特有的工作，全部与薪酬调查中的工作对应的话，任务会非常艰巨，耗时耗力，不太现实。其二，很难得在薪酬调查中去寻找与本企业完全一样的工作，这是因为现在企业处于多变的环境之中，为了增强适应性，企业会经常调整工作的职责、范围等。人力资源专业人士能够调节本企业与基准工作间的差别，这里所说的调节有很大的主观性。工作负责人与薪酬专业人员应当对比企业与基准工作的各种报酬相关因素。表3-4是为此目的制作的一张评分调查表。出于减少个人成见的考虑,工作负责人与主管需要各自单独完成调查问卷,评分可能会产生一定的差异,但是这些可以互相磋商,合理地进行调整。

表 3-4 公司工作和基准工作的比较

工作负责人:比较你自己的工作与基准工作
主管:比较你的员工的工作与基准工作

技术(在最准确的描述后面打钩)	调整工资
我(的员工)的工作在技术方面的要求远高于基准工作	+4%
我(的员工)的工作比基准工作要求的技术高一些	+2%
我(的员工)的工作与基准工作要求的技术一样	0%
我(的员工)的工作比基准工作要求的技术低一些	-2%
我(的员工)的工作在技术方面的要求远低于基准工作	-4%
努力程度(在最准确的描述后面打钩)	
我(的员工)的工作在努力程度方面的要求远高于基准工作	+2%
我(的员工)的工作在努力程度方面的要求略高于基准工作	+1%
我(的员工)的工作与基准工作要求的努力程度一样	0%
我(的员工)的工作在努力程度方面的要求略低于基准工作	-1%
我(的员工)的工作在努力程度方面的要求远低于基准工作	-2%
责任(在最准确的描述后面打钩)	
我(的员工)的工作在责任方面的要求远高于基准工作	+4%
我(的员工)的工作比基准工作要求的责任高一些	+2%
我(的员工)的工作与基准工作要求的责任一样	0%
我(的员工)的工作比基准工作要求的责任低一些	-2%
我(的员工)的工作在责任方面的要求远低于基准工作	-4%

对调整工资计算的方法:将打钩了的三个项目的百分比相加,它们的结果极可能是介于-10%与10%
对工资进行调整的解释:例如,0%表示没有必要调整工资;+2%表示工资应该增加2%,-2%表示工资应该降低2%

4. 设计薪酬调查问卷

大多数的薪酬调查都是采用问卷调查的形式。问卷调查不仅包括了薪酬的主要内容,还包括员工的数量、产值的利润、行业与薪酬的增长情况、员工的流失情况等企业的基本状况等内容,上述这些内容与薪酬水平紧密相关,应在调查中多加考虑。

5. 寄发并收集调查问卷

薪酬涉及商业秘密,大多数企业与其员工都会签订保密协议,所以在发送问卷时,调查者要与企业总经理或高层管理人员沟通好相关事项。调查者与被调查企业有两种主要的合作方式:一类是将被调查者作为队伍成员之一纳入队伍中,被调查者分摊一定费用,在完成调查之后，被调查者能够得到一份专门的调查报告；另一个方法是为被调查者提供一个全面的调查报告并且给予一定的优惠，按照调查的规模确定相应的优惠率。以上两种合作方法都有与企业签订的合作协定，并且有着保密的条款。

在与被调查的企业沟通与协调好了之后，调查者还应注意到寄发调查问卷的方式，一是直接发送给企业的总经理，大企业可以发送给人力资源经理，这样可以使得回收率得到保证；二是能够直接上门发放问卷的最好直接上门，对于无法直接发送的情况，可以选择邮寄、传真、电子邮件发送。调查者应及时对问卷调查进行检查，始终保持与被调查者的沟通，如果有问题应及时修改。关于有争议的问卷调查，必须要求对方做出合理的解释并记录在案，以供将来参考。此外，在被调查者填写问卷的过程中时应做好解释与指导工作，这样易于获取一手信息。

6. 统计和分析调查结果

时效性是薪酬调查的一个非常关键的指标，所以调查者在收回问卷之后需要马上处理，按时做好统计分析的相关工作。薪酬调查的资料一般有以下几个特征：第一，薪酬调查涉及的信息非常多，薪酬专业人员需要借助电脑来对薪酬调查的数据进行分析、处理；第二，所得到的薪酬调查的数据都比较过时，这是因为数据的收集与雇主依照调查资料来实行计划有一个时间差；第三，薪酬专业人员务必将外部调查资料与内部工作的架构（岗位价值评分）结合起来。

下面介绍四种统计分析的方法，包括频率分析、趋中趋势分析、离散分析和回归分析。

1）频率分析

频率分析就是将每个职位的所有薪酬调查数据从低到高排列，然后观察在一定薪酬范围内的公司数量。表 3-5 是办公室主任职位薪酬数据频率分布表。

表 3-5　办公室主任职位薪酬数据频率分布表

薪酬浮动范围/元	企业数量/家	薪酬浮动范围/元	企业数量/家
4000～4250	0	5251～5500	6
4251～4500	1	5501～5750	7
4501～4750	2	5751～6000	2
4751～5000	4	6001～6250	1
5001～5250	5	6251～6500	1

2）趋中趋势分析

趋中趋势分析包括简单平均数法、加权平均数法、中值法等几种数据处理方法。

简单平均数法。这是最常见的一种分析方法。它没有考虑到员工在不同企业从事某种职位时数量的差异性问题，全部的企业的薪酬数据都被赋予了同样的权重；在实际操作方面，常常是将某一确定职位的全部数据相加，然后除以企业数目，这样得到的就是所需要的平均值。这种方法简单易行，但极端值的出现可能会影响结果的精度，因此一些企业会在初期使用频率分布方法去掉极端值。当调查人员收集到的数据没能完全反映行业与竞争对手的状况，或是由于有些企业不支持参与调查而造成数据的缺失时，简单平均数法的选用对薪酬数据的处理将是最有效的。

加权平均数法。通过该方法，将不同企业的薪酬数据赋予不同的权重，企业中相应职位的工作人员的数量决定了权重的大小。换言之，企业中从事某一确定职业的工作员工的数量越大，那么该企业提供的有关该职位的薪酬信息越重要，对最终薪酬数据的影响也越大。在分析中，因为企业规模不同，其实际薪酬水平也不同，会影响最终的调查结果，所以，采取加权平均数要比单一的求平均值的方法更为科学、可靠。

中值法。该方法就是把所有收集到的薪酬数据进行升幂或者降幂排列，然后取中间数据，将该数据作为所要的薪酬水平数据。这一方法最大的优点在于可以避免极端高以及极端低的薪酬数据带来的不利影响，提高平均数据的准确性。然而，这样的数据分析方法还是比较粗糙的，它只够表明薪酬水平的大体状况。

3）离散分析

在实践中，常用的分析方法有百分位分析和四分位分析。

百分位分析。百分位表示的是有百分之几的企业低于处于该百分比的企业薪酬水平。例如，某一企业的薪酬水平如果处于市场上的 75 百分位，这就说明有 75% 的企业薪酬水平比该企业低，25% 的企业高于它。

四分位分析。该分析同百分位分析比较类似，只是在运用四分位分析时，开始就将收集到的某职位薪酬数据按照从低到高的顺序排列起来，分为 4 组（百分位是分为 10 组），每一组包含的数目即为调查的企业的总量的 1/4（百分位的为 10%）；第二组（百分位为第五组）的最后一个数据一定是全部数据的中值，它可以大致体现市场上的平均薪酬水平。

4）回归分析

能够运用回归分析来检验两个或多个变量的相关关系，继而可以运用能够获取的一个变量（如销售额）去推测另外的一个变量（如销售经理的薪酬）。变量之间的相关关系越接近于 1.0，则变量之间的相关关系就越强。

下面举例说明上述数据分析方法，假定经过对制造行业的 102 家企业进行调查之后发现，采购主管的薪酬水平分布状况如表 3-6 所示，则该职位薪酬水平的简单平均数为 3732.1 元/月，加权平均数为 3628.9 元/月，25 百分位上的薪酬水平为 3247.5 元/月，75 百分位上的薪酬水平为 4234.1 元/月。

表 3-6　采购主管薪酬数据分析

薪酬/（元/月）	企业数量/家	薪酬/（元/月）	企业数量/家
4500	5	3700	4
4482	2	3670.5	2
4151.5	1	3330	8
3786.9	10	3000	6
3780	50	2920	14

7. 调查资料的调整

公司是为将来制订薪酬方案的。假定薪酬专业人员在 2005 年 4 月时打算开发 2006 年 1~12 月的薪酬结构。2005 年 1 月所收集到的 2004 年的平均薪酬便是工资调查的数据，在工资计划实行时这些数据早已是一年前的了，由于在 2005 年不能收集到 2006 年的数据，因此，薪酬专业人员经常是使用历史数据来构建该公司具有竞争力的工资结构。所以，薪酬专业人员应使用相应的方法来处理、更新数据，校正时间问题造成的薪酬误差。

在调整收集到的数据时，有几个对数据有重要影响的因素，其中，经济预测、消费商品和服务价格的变动是最具影响力的因素。薪酬专业人员更新调查数据时一般都以消费者价格指数为依据，通常说来就是按照消费者价格指数的上下变动来进行相应的调整。地方政府和统计部门都会定期发布消费者价格指数的相关数据。

8. 综合内部岗位价值结构以及外部市场工资水平

众所周知，假如本企业的薪酬水平低于或是高于市场的平均薪酬水平，则其会给本企业造成很大的竞争劣势，于是薪酬专业人员参照市场的平均薪酬水平来制定本企业的薪酬水平，因此薪酬专业人员应参照市场的平均薪酬水平来制定本企业的薪酬水平，可以采取回归分析的统计方法来处理这一问题。回归分析可以帮助薪酬专业人员构建职位的薪酬水平，使本企业薪酬水平与市场的代表性薪酬水平一致。

决策者能够借助回归分析推测本企业职位的市场价值。薪酬专业人员就是要按照岗位评估的情况来推测职位的薪酬水平。为何不直接通过调查数据来确定职位的价值呢？理由是：第一，每个企业从事相同或相似工作的员工的工资不一样，工资数据随着职位调查的增多而增多，直接从调查的数据中得出典型的薪酬水平是比较难做到的；第二，薪酬专业人员若是凭借职位的岗位评估分数或者薪酬调查中市场的典型薪酬水平来确定该职位的薪酬水平，核心任务不是确定独立职务的岗位价值，而是为企业的职务结构定价。薪酬专业人员能够凭借回归分析将基准职位的评估结果与其市场的薪酬水平当做两个变量，得出两个变量间的最佳拟合线，薪酬专业人员通常将之称为市场薪酬线。市场薪酬线能够表明一个指定企业职位的典型市场薪酬水平状况。指定企业竞争的薪酬水平就是与市场薪酬线相对应的薪酬水平。

市场薪酬线是以职位等级为横轴，薪酬水平为纵轴，将调查整理后的数据按坐标填入所绘制的坐标轴中，其是指按目前市场薪酬水平，组织中各个职位等级应得的薪酬标准（图 3-1）。

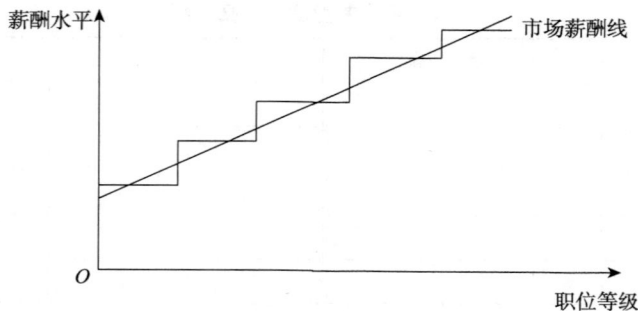

图 3-1　市场薪酬线

按照薪酬调查的数据以及实际工资水平，可以用四分位值（即数据按照从小到大的顺序分为四组，每一组包含25％的数据，以三个四分值——25P、50P、75P来划分薪酬水平的低中高排位）方法绘制出薪酬水平比较图，反映组织实际薪酬水平在市场中的相对位置（图3-2）。

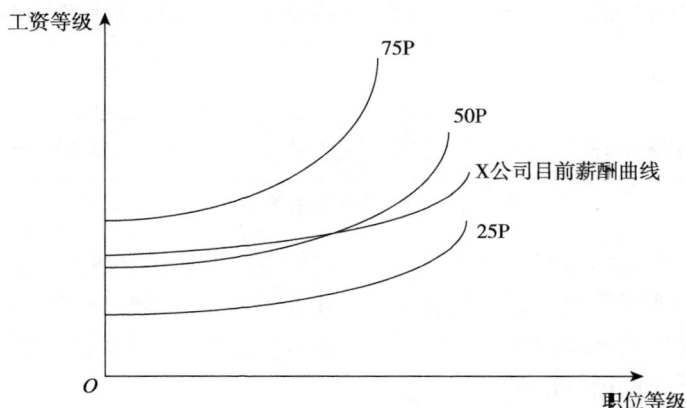

图 3-2　薪酬水平比较图

根据所有被调查公司员工的职位等级和工资等级的坐标，可绘出各公司的工资曲线。薪酬比较图能够清晰地表现出与同行业相比企业所处的位置，对组织决定薪酬水平策略很有参考价值。然而，与其他企业相比，采用75P策略的企业要具备强大的资金实力、内部良好的管理、质量优良的产品。

9. 完成调查报告

该步骤是对薪酬调查的总结，分为报告总表和薪酬报告两部分，能为企业的薪酬设计与调整提供参照意见。调查报告的内容应真实可靠，表述应简洁明了，应用图表形式应更为直观。

报告总表的内容包括调查的时间、行业、地区、基准组织及数据量、物价指数、薪酬变化动态等。

薪酬报告主要包括：①类似基本薪酬、辅助性薪酬（包含福利）、固定薪酬、变动薪酬、总薪酬等基准职位的薪酬报告信息；②其他薪酬信息，如薪酬结构、企业与市场数据的比较等；③薪酬策略、人才策略及其实施状况。

综上所述，完整的薪酬调查流程可以用图3-3来表示。

三、　薪酬水平调查结果的应用

薪酬调查是对组织的薪酬支付情况做系统的收集和分析判断的过程。一份优良的市场薪酬报告能够帮助组织制定合理的薪酬制度、控制组织的总薪酬水平、划分各类人员的薪酬等级和相对薪酬水平，并能预测组织人力政策的变化和趋势；同时能够帮助组织了解外部环境的薪酬竞争水平、控制劳动力成本，保持对关键性人才的吸引、激励和保留，使组织在人才市场上获取人才竞争优势。

薪酬调查报告主要包括以下内容：①对基本资料的阐述，即参与调查的相关数据、人

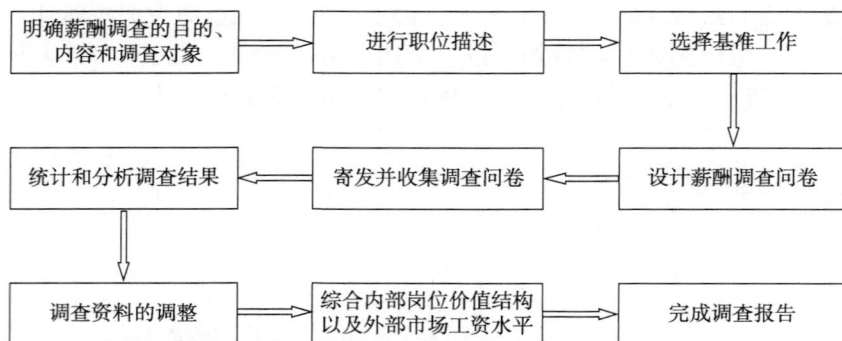

图 3-3　薪酬调查流程

才聘用制度、薪资制度和福利保险政策、组织构架等。②职位薪酬水平，即各个岗位的数量和岗位说明书、薪资范围、薪资金额等。企业如果能够科学合理地使用薪酬调查报告中的数据，最大限度地发挥薪酬报告的作用，就能够使组织的人力成本结构逐步最优化。简而言之，可从以下几点进行把握。

1. 检查组织薪酬现状的合理性

在薪酬调查数据收集结束后，对调查数据进行分析时，算出各个职位的最低和最高薪酬率、算数平均值、加权平均值、中位数。利用从职位评价中所获得的职位等级与薪酬调查中所获得的对应薪酬最高值、最低值、平均数或中位数，可以汇成不同薪酬分位的市场薪酬结构线，这些结构线共同组成市场薪酬分布图。

组织可以利用自身的薪酬结构线，结合市场薪酬分布图，检查本组织的薪酬结构是否合理，借以作为改进的依据。在市场薪酬分布图上，我们可以先画出组织自身的薪酬结构线，再根据市场调查分别绘出该行业 25P、50P、75P、90P 的市场薪酬结构线（如图 3-4）。市场薪酬分布图可以直观地反映出组织整体薪酬水平在整个行业中所处的位置及是否与市场总体趋势相吻合。

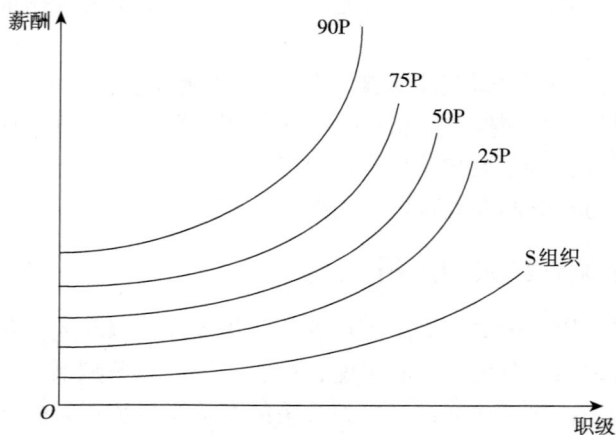

图 3-4　市场薪酬分布图

从图 3-4 可看出，S 组织的整体薪酬水平处于市场最低点的位置，这样的薪酬水平对于优秀人才的吸引、保留以及员工积极性的调动都不太有利。同时，S组织的薪酬结构曲线较市场总体趋势平缓，高级人才的薪酬水平较之普通员工远远低于市场平均薪酬水平，这说明S组织的"大锅饭"现象比较严重，不利于高级人才的引进、激励与保留，从而不利于组织的生存和发展。因此，必须对组织的薪酬结构进行调整。

2. 确定合理的整体薪酬水平

薪酬调查有利于组织了解同行业在本地区的薪酬水平。组织在确定整体薪酬水平时可参照本地区、同行业组织的相关指标，并结合本组织的实际支付能力和地区生活水平状况，兼顾组织与雇员双方利益，最后确定一个合理且明智的薪酬水平定位。

需要注意的一点是，目前很多组织在使用市场薪酬调查报告时，都仅仅关注"外部市场"，忽视组织"内部市场"。相比于外部人才市场薪酬竞争力，组织内部市场的薪酬收益率更为重要。作为组织发展内在动力之一的薪酬管理，其作用主要是保持和激励员工个人工作积极性，从而提高组织和投资者效益。因此，一套合理的薪酬管理体系要确保组织的投入成本小于其所带来的收益；一套最佳的薪酬管理体系则应该处于或者接近边际成本收益点，即组织能以最合理的成本获得最大的收益，从而增强组织的市场竞争力。因此，如何去靠近"临界点"？采取什么样的方式和方法？都是值得我们去深究的问题。

3. 确定合理的薪酬结构

薪酬调查报告能够清晰地反映本地区同性质、同行业的总体薪酬结构和发展趋势，如薪酬结构线的走势代表不同薪酬等级之间的级差，而薪酬福利的调查内容则反映了不同组织的薪酬组成部分。组织应根据自身的基本管理模式、行业经营特点以及组织发展需要构建最适合本组织的薪酬结构体系。

4. 确定各岗位合理的薪酬水平

另外，因为薪酬调查报告通常都有针对各个典型岗位的薪酬调查的详细数据，因此，组织在确定各个岗位的具体薪酬水平时可以充分利用这些数据。需要注意的是，各个组织的组织架构和岗位设置都不尽相同，有时候即使岗位的称呼一模一样，但涉及的岗位职责和管理范围却有可能差之千里，所以在组织使用薪酬调查报告制定岗位薪酬方案时，要特别关注各个岗位的岗位说明书和平均薪酬水平。例如，某薪酬调查报告显示，某公司的财务经理平均月薪16 700元，最低8500元，最高23 000元。该公司对财务经理的主要职责描述如下：负责公司会计核算制度的建立和完善、财务监控、财务管理；负责财务部工作管理计划的制订、推行、指导和监督；对财务部相关工作人员进行考核、指导和培训。任职要求：财会专业、本科以上学历，从事相关工作三年以上。因此，相关组织在制定财务经理的职位薪酬时，要结合本组织的实际工作要求、财务经理在该组织的重要程度以及对财务经理的具体工作能力、资历和学历的要求，同时参考8500～23 000元的调查数值，使薪酬体系具有公平性和竞争力。

5. 使用公开发表的薪酬调查资料应注意的问题

公司的薪酬专业人员并不是自己进行薪酬调查，而是运用专业机构在近几年的薪酬调查结果，为公司制定合理的薪酬体系。薪酬调查的过程极其复杂，特别是在针对企业的整体薪酬体系进行调查时更是复杂。故企业在购买和使用薪酬调查结果时，相关人力资源工作者和专家应该注意以下几点问题。

1）职位的描述是否清楚

在进行薪酬调查时，首要工作是要做好对所调查的职位明确而清晰的描述，其中包括以下几点：①职位职责，即该职位在组织中所从事的主要活动；②职位目的，即该职位能为公司所做的贡献和价值意义；③任职资格，即该职位对任职者的学历、经验、技能、专业知识等方面的要求。由于对于同样的职位名称，不同的组织中其工作的内容有所差异，或对任职者的要求有所差异，因此在购买和使用薪酬调查结果时，一定要特别注意调查报告中是否有职位描述，简而言之，有职位描述的调查报告比没有职位描述的调查报告要好。同时，应该将调查报告中的职位描述与组织对应的职位进行对比，只有吻合度在70%以上时，才可使用调查报告的相关数据确定本组织相应职位的薪酬水平。

2）职位层次是否清晰

某些职位族会包括不同层级的职位，如在人力资源职位族中可能包括人力资源总监、人力资源经理、人力资源专员等职位系。每个公司根据其具体情况会有不同的职位族，即使拥有相同的职位族，其内部职位等级的划分也有所差异。在薪酬调查中对职位等级数的划分、对各层次职位的描述与公司的具体情况很可能不一致，因此在实际的操作中，应该注意薪酬报告中对职位等级的具体说明。如果薪酬调查中所划分的职位等级与公司的职位等级有所差异，则应该参照不同调查公司的薪酬调查报告，根据相关数据进行具体分析，针对本公司的各个层级职位的具体情况确定薪酬水平。

3）调查数据是否最新

从调查的策划、实施、数据处理到最后向市场公布薪酬调查结果，需要一段时间。调查公司专业水平和能力与调查周期的长短直接相关。周期越长，受到外界环境变化的影响就越大，数据的有效性就越差；周期越短，相对来说数据的有效性就越好。所以在购买薪酬调查报告时，要注意调查开始的时间，尽量够买最新的薪酬调查报告。若能够买到不同时段的调查报告，再根据已掌握的数据进行综合分析，那么效果将会更好。

4）劳动力市场是否合适

所调查职位的劳动力市场直接决定了薪酬调查的区域和相关行业。对于低层级的职位，所调查的区域可以选择离公司较近的地区，如对文员、一线员工、一般技术人员的薪酬调查；对于中高级职位，应该尽可能选择较大的区域进行调查，如对人力资源经理、生产部经理等的调查。如果公司在北京，要了解秘书等职位的薪酬情况，最好就在北京进行调查，而不是在上海、深圳等地进行调查；而如果要了解高级管理人员的薪酬情况，则最好同时在北京、上海、深圳等地进行调查。具体的应该调查哪些行业，对于低层级的职位，行业间的差别不是很大，可以选择相同或是相近的行业进行调查；而对于中高级管理人员和技术人员来说，最好是选择可能与公司竞争人才的行业。

5）哪些公司参与了薪酬调查

理论上讲，参与调查的公司最好是在人才、市场、产品、技术等方面形成竞争的公司。对与本公司形成人才竞争的公司的薪酬调查，可以明确市场中同类职位的薪酬水平，从而确保本公司外部人才竞争力。对与本公司形成市场、产品和技术方面竞争的公司的薪酬调查，可以了解该职位的劳动力成本，确保公司的薪酬方案与这些公司同步甚至超过这些公司。但在实际的操作过程中我们很难找到与我们所需要的薪酬调查完全相一致。然而，大多数公司一方面希望能够通过填写薪酬调查问卷获得与调查公司相似的结果；一方面又担心泄露了公司的薪酬信息，所以在填写时可能会有所保留，这将使得调查结果的有效性和真实性大打折扣。因此在实际操作中具体地使用专业公司所提供的薪酬调查结果时，应该了解哪些公司参与了此次调查，并谨慎解释薪酬调查结果。

6）是否报告了数据处理方法

在处理薪酬调查的数据时，往往因为所采用的统计处理方法存在差异，得到的结果也会有所不同。因此在购买专业公司所提供的薪酬调查报告时，应该关注其所采用的数据统计处理方法，如对明显不符合情况的异常值的处理，对调查问卷中出现缺省值问卷的处理，对数据分组的处理等。对于没有提供具体数据统计处理方法的薪酬调查报告最好不要购买，更不要运用其调查结果。对薪酬调查报告是否提供数据统计处理方法的判断，也是对薪酬调查结果数据信度和效度进行判断的一种简单方法。

7）是否报告了数据搜集方法

采用不同的数据搜集方法也对薪酬调查结果有着一定的影响。在薪酬调查的过程中，最常用到的薪酬调查方法有问卷调查法、面谈调查法等。问卷调查法的优点在于易实施、成本低，但各人理解能力有所差异，因此调查结果会受到一定影响。访谈法的优点在于得到的数据更可靠，但是其数据的可靠性也会受到访谈员的影响，而且实施难度较大、成本较高。在薪酬调查报告中应该具体说明薪酬调查数据搜集的方法，并附上相对应的访谈提纲或调查问卷。因此在实际购买薪酬调查结果时，可以通过对专业公司所采用的数据搜集方式以及对访谈提纲或调查问卷的了解，进一步判断所购买的薪酬调查结果的可靠性和准确性。

8）平均数、中位数、25P、50P 和 75P 之间的关系

在薪酬调查结果中一般都包含了薪酬的平均数、25P、50P、75P。其中 25P、50P、75P 是指，假如对 100 家公司进行薪酬调查，并将这 100 家公司的薪酬水平由低到高进行排序，25P 是指排名在前 25 位的公司的薪酬水平，50P、75P 以此类推。同时，一般来说 50P 与平均值应该相接近，25P 与 50P 之间的差距与 50P 与 75P 的差距应该相当，假如它们之间的差距超过 5%，则薪酬调查中统计的数据或者处理方法应该存在问题，此时应该检查偏差产生的原因，是由于数据搜集和统计等人为因素造成的，还是其他原因造成的。

9）每年参加调查的对象是否一致

关注专业公司在薪酬调查中所调查的公司是否比较稳定也是很重要的。若所每次调查的公司比较稳定，则有利于对历年的数据进行综合分析，发现薪酬的发展趋势；若是参加调查的公司变动很大，则很难预测出薪酬的发展趋势。一般来说，实力越雄厚的专业公司参加调查的公司就越稳定；但也有一些薪酬专家可以通过对多家公司多年的薪酬调查数据的分析，得出未来薪酬的发展趋势，这样就能很大程度地减小参与调查公司的变动所形成的偏差。

> **本章小结**

薪酬水平即组织对自身薪酬总量的定位。在实践中，主要通过对薪酬的主体——工资水平进行测度来揭示薪酬水平。同时薪酬水平也能够反映组织之间的薪酬关系，以及组织相对于竞争对手所处的薪酬

状态。

薪酬水平在外部竞争性中的作用主要体现在以下几点：①吸引、保留和激励员工；②控制劳动力成本；③增强组织实力；④塑造企业形象。

薪酬调查是一个考察其他企业薪酬状况支付情况的系统过程，它通过对薪酬信息的收集来进行判断，分为组织外部和组织内部的薪酬调查两个方面。

薪酬调查的目的是：明确企业的薪酬水平；确定企业的薪酬结构；解决与薪酬有关的其他问题；评估竞争对手的人力成本；控制劳动力成本和制定薪酬预算；建立良好的企业形象；了解工资动态与发展潮流。

薪酬水平调查的原则包括以下三点：①在被调查企业自愿的情况下获取薪酬数据；②调查的资料要准确；③调查的资料要随时更新。

薪酬水平调查的内容主要包括以下几点：①对国家宏观经济政策以及国民经济发展的相关信息的调查，其中包括货币政策、财政政策、税收政策等；②对区域内同行业企业特别是对竞争对手的薪酬策略、薪酬结构、薪酬水平、薪酬构成和变化的调查，如若该区域内没有同行业企业，可以参照其他区域的同行业或相似行业的企业的薪酬状况；③对区域内同行业典型岗位的市场薪酬水平的调查，如若没有相对应的数据，可以参照该区域相关行业的薪酬数据或类似区域同行业的薪酬数据；④企业所在地区的工资水平；⑤上市公司有关薪酬数据调查分析报告，分析同行业上市公司的薪酬水平，尤其是高管的薪酬水平。⑥对企业薪酬管理现状的调查，调查的作用不一定是对有多少员工对薪酬满意进行了解，而是在于明确哪些方面体现了员工对薪酬管理的不满和建议，继而为拟定新的薪酬体系打下基础。

薪酬水平调查的方法主要有问卷调查法、面谈调查法、文献收集法、电话调查法等。

薪酬调查的流程：①明确薪酬调查的目的、内容和调查对象；②对职位进行描述；③选择基准工作；④设计薪酬调查问卷；⑤寄发并收集调查问卷；⑥统计和分析调查结果；⑦调查资料的调整；⑧综合内部岗位价值结构以及外部市场工资水平；⑨完成调查报告。

➤ 本章关键词

薪酬水平；薪酬水平调查；薪酬外部竞争性；薪酬调查方法；薪酬调查流程

➤ 本章思考题

1. 薪酬水平外部竞争性的作用有哪些？
2. 薪酬调查的流程是怎么样的？
3. 在购买薪酬调查结果时应该注意哪些问题？
4. 薪酬调查涉及的主体包括哪些？
5. 薪酬调查需要调查哪些内容？

◯ 案例讨论

收入不给力，跳槽或成风

日前，国内最具权威的专业人才招聘网站英才网联合旗下的建筑英才网发布了2011年度建筑行业薪酬调研白皮书。此次调查针对的是建筑专业人才，主要包括工程施工、建筑设计、房地产、装饰装修等领域的从业人员。调查全程历时两个月，共回收问卷22 330份，其中有效问卷20 860份。通过此次的薪酬调查，发现超过七成的建筑行业从业人员对自己目前的薪酬表示不满，其中有43.3%的人打算通过跳槽来改变自己的薪酬状况。

超过七成的被调查的建筑专业人才有多年的工作经历（已工作3年或3年以上）。其中1年及以下、

2~3年、4~5年、6~8年、9年以上的工作经历比例分别为14%、23%、18%、18%、27%。从调查结果我们可以得出以下结论。

1. 建筑行业人才越老越吃香

通过分析建筑行业从业人员的工作年限与薪资之间的关系，发现随着建筑行业从业人员工作年限增加，其薪资也逐渐增加，即工作年限与薪资之间存在正比例关系。在建筑行业中，刚入行的职员薪资在3000元以下；具有4年以上工作经验者薪资主要在5000元以上；具有6年以上工作经验者薪资主要集中在万元以上。

2. 设计师、土建工程师、结构工程师具有更大的发展空间

从统计数据的人才比重进行分析可以得出，建筑设计师、土建工程师、结构工程师的人才比重最大，在各个薪酬区间中它们数量明显多于其他岗位。从整个建筑行业的人才需求来看，这三个岗位的人才需求量很大，成长和发展空间也相对更加宽广。

通过对背景地区本科学历背景的建筑设计师薪酬数据的分析得出，不管工作资历怎么样，月薪在8000~10 000元是一个门槛，也是该职业的一个薪资瓶颈，如若能够顺利突破这个瓶颈，其未来薪资将会进入一个新平台。

3. 学历影响起薪，学历越高期望薪酬涨幅越高

此次调查中，66%的受访者为本科及以上学历，34%的受访者为专科及以下学历。通过对调研数据的分析发现学历对薪资的起薪有着显著的影响，本科学历背景起薪大约在3000元，研究生大约在5000元，博士生大约在8000元。

从调查结果来看，大多数从业人员都有大幅度提薪的愿望，其中36.1%的人期望涨幅在30%以上，28.4%的人期望涨幅20%。但是从整体趋势来看，本科背景的薪资涨幅要求高于专科生；研究生背景的薪资涨幅要求高于本科生；博士生背景的薪资涨幅要求高于研究生，简而言之，学历越高，其越敢于提出自己的薪资要求。

4. 过半数单位每年调薪

调查发现，建筑行业从业人员38%的人月薪为3000~5000元；26%的人月薪为5000~8000元；22%的人月薪为8000~10 000元；14%的人月薪在10 000元以上。

薪酬调整成为各个单位吸引人才稳定队伍的重要手段，半数单位选择一年一调整。

从本调查的具体数据来看，不同性质的单位其调薪制度也有着很大的差异，国有企业的调薪频率明显低于民营企业、合资企业、独资企业，其中只有四成国有企业一年调薪一次，三成国有企业三年调薪一次。而近五成民企、六成合资企业、七成独资企业选择一年调薪一次。

5. 超七成受访者对薪酬不满意

虽然约有五成建筑从业人员月薪在5000元以上，但是由于国内经济的高速发展，伴随而来的却是通货膨胀和负利率，越是大城市其生活成本越高，并且大多数受访者都有多年的工作资历，因此对于他们来说薪酬的增长率低于GDP增长率，从而对当前薪酬不满。其中由于企业性质的不同，其对薪酬的满意度也有所差异，外企的满意度远远高于国有企业和民营企业，民营企业的满意度也略高于国有企业。

6. 跳槽仍是改变目前薪酬现状的首选

对于出现不满意薪酬的现状，超过30%的人会选择培训、进修等继续深造的方式来提升自己的专业知识和技能，从而获得提薪的筹码；但是43.3%的人会选择一种更直接的方式——跳槽，来实现薪酬的增长。2010年10月英才网对薪酬满意度的调查报告显示，选择跳槽的人为25%，目前这一比例明显升高。

7. 春节后将迎来跳槽爆发期

由于建筑行业受到大环境的影响，调查结果显示，55%的建筑从业人员比较看好目前的跳槽形式；

超过六成的建筑从业人员为了改善自己的薪酬水平会在半年内寻找新的发展机会。建筑从业人员在 2010 年 9 月、10 月以后被压制下来的跳槽欲望将重新释放，这将使得 2011 年 3 月、4 月成为跳槽的高峰期，招聘将进入白热化。

8. 北京成为建筑人才最青睐区域

在对北京、上海、广东三大热点省市的调查中我们发现，三大地区人才流动存在差异：由于北京是我国的首都，经济发展迅速且从业机会多，因此吸引了大量的人才，其人才流入比例高于流出比例 3.6%；上海同样吸引着大量的人才，但其人才流入流出比例相持；广州则出现了人才流出比例高于流入比例的现象。

思考题：如果你是武汉的一家建筑设计公司，正在因为设计师的离职而苦恼，通过这个薪酬调查报告可以找出薪酬体系优化方案的重点吗？

资料来源：董超.2011. 收入不给力，跳槽或成风[J]. 建筑设计管理，(4)：18-19

参考文献

付亚和.2004. 工作分析[M]. 上海：复旦大学出版社.

马尔托奇奥 J J.2002. 战略薪酬管理：人力资源管理的方法[M]. 第二版. 周眉译. 北京：社会科学出版社.

米尔科维奇 G T, 纽曼 J M.2002. 薪酬管理[M]. 董克用译. 北京：中国人民大学出版社.

冉斌.2004. 薪酬设计六步法[M]. 北京：中国经济出版社.

孙健敏.2003. 国内薪酬调查的现状及存在的问题[J]. 人力资源，(3)：26-27.

闫大海.2007. 薪酬管理与设计[M]. 北京：中国纺织出版社.

赵曙明.2001. 人力资源研究[M]. 北京：中国人民大学出版社.

周施恩.2010. 世界顶级公司人力资源管理实操详解[M]. 北京：中国纺织出版社.

第四章

薪酬体系设计

A 设计院薪酬体系设计分析

又到年终了，看着喜人的业绩报表，A 院 B 总的眉头刚舒展了一下又紧紧地锁住了……

A 院是一家有着多年历史的设计院，近几年发展形势喜人，业务蒸蒸日上，2006 年下半年又刚刚顺利完成改制，基本实现平稳过渡。但一到年终，刚刚松口气的 B 总又不得不面对一些长期以来一直困扰自己的难题：员工奖金该如何发？下年度员工工资如何调整？在下一年度如何更好地留住骨干以及如何把一些业绩差、态度差的人员逐步淘汰？这些问题在改制前就一直存在，但是事业单位的体制约束决定了有些问题很难从根本上解决，而且事业单位中员工的特殊心态使得员工虽对公司制度有抱怨，但因此而离开的毕竟还是少数。然而改制后所有的矛盾似乎都更加突出了，虽然才几个月的时间，就有好几名骨干离职，又有一些刚招来的大学生离开。

由于刚改完制，A 院仍沿用着改制前的各项人事管理制度，B 总虽深知这些制度的弊端，但又感到重新建立一套制度有难度。长期以来公司更多关注市场和生产，企业内部根本没有人力资源方面的专业人员，很难系统去考虑这些问题，更重要的是，由于薪酬考核等与员工利益紧密相关，一旦没有把握好改革的力和度，对于一个刚改完制的企业将会发生远大于一般企业的震荡，后果难以估计。于是，B 总决定请咨询公司来为自己出谋划策，构建科学、合理的薪酬考核制度。

上海天强管理咨询有限公司（简称天强管理顾问）进入 A 院调研后，发现现有薪酬考核体系不仅导致了企业分配难的问题，还引发了企业管理中的一系列问题。

例如，技术人员对项目任务的安排意见很大，一些拥有项目分配权的技术人员往往把"肥"项目分给自己；新进人员抱怨重重，认为没有发展空间，技术水平提升很慢；生产人员普遍认为是靠自己养着管理人员，而管理人员却认为自己与生产人员收入差距太大；

等等。

再对 A 院的薪酬考核体系进行分析，天强管理顾问发现该院的薪酬考核体系具有传统事业单位的三个典型特征。

1. 固定工资与岗位、能力脱钩

由于沿用了改制前的工资体系，A 院员工的固定工资为原事业单位的档案工资，主要根据个人职称决定，而职称与个人的岗位和能力并无直接关系，这就导致了固定工资与岗位和能力的脱钩。而且固定工资差距非常小，包括高层在内的所有员工最高和最低的差额不超过 2000 元。此外固定工资以前实行事业单位两年普调一次，改制后变得没有调整依据了。

这样的固定工资制度导致内部人员相互之间的认可度低，骨干抱怨工资体现不出自身的价值，同时公司招聘的从事设计的大学生由于职称太低，工资还不如最基层的后勤人员高，人心很不稳定。

2. 奖金制度与个人业绩脱钩

A 院的员工奖金根据不同岗位确定方式不同。其中技术人员根据本人参加的项目产值决定，其他人员以技术人员的平均奖为基数，再根据不同岗位乘上不同的系数。在 A 院综合所的运行模式下，对综合所所长主要是根据每年产值目标的完成情况发放奖金。

这种奖金制度对技术人员和综合所所长基本能反映个人的工作量，但对于技术人员以外的人员，奖金就基本与个人业绩无关，这也确实导致了职能管理人员中存在"吃大锅饭"的现象，长此以往，公司的职能管理能力越来越弱，这对设计院的长期持续发展非常不利。

3. 考核体系单纯以产值为导向

从 A 院的薪酬考核体系中可以看出，无论对综合所所长还是对技术人员，所关注都是其产值的完成情况，而对产值指标以外的指标基本没有关注。这就导致综合所所长只为短期的产值目标而努力，但对影响长期发展的技术能力、品牌、内部管理等方面都不够关注；同时作为技术人员，只关注项目的量化指标，而不关注质量方面的指标，更不愿意去承担培养新人、内部技术交流等项目以外的工作。

思考题：A 设计院薪酬体系应该如何设计？

资料来源：佘慧璟. 2008-10-21. A 设计院薪酬体系设计分析. http://wenku. baidu. com/link? url＝JlMlgWOvtPZ _ IShhfZ6HThTtYJxaFBz6uurbcBkXWpmPHM-2cm9v-L5CZ05HAGkr2SYtkLRs03WRZiVKGRnlJ3mWSiB Z4mZxT0PPQjImI7m

第一节　薪酬体系设计概述

在进行企业薪酬体系的设计之前，首要任务是明确薪酬体系设计的目的和原则，即为什么要进行薪酬体系设计？进行薪酬体系设计时有什么原则需要遵守？

一、　薪酬体系设计的目的

薪酬管理是人力资源管理中十分重要的一环，而薪酬体系设计又是薪酬管理中极其重要的内容。企业通过薪酬体系设计建立了薪酬支付的合理的流程、可供选择的薪酬策略，以及实用的具体薪酬模式，引导员工进行有价值的行为，为薪酬管理的良好进行服务。好的薪酬体系设计，能从企业战略出发，并时刻围绕企业战略目标开展，使员工为了自身薪酬水平的提高和企业的生存发展而努力。

进行薪酬体系设计，有以下目的。

(1)吸引和激励人才。企业要获得优秀人才，必须提供足够有吸引力的薪酬来超越竞争者使企业被优秀人才青睐，企业的薪酬体系则作为一种吸引人才的手段。另外，企业为员工提供薪酬并不是最终目的，企业的目的是获取利润，而企业要获得期望的利润，需要员工的创新精神和努力工作，企业进行薪酬体系的设计，正是为了更好地激励员工工作。

(2)为员工提供基本保障。员工为企业创造利润，企业就应该为员工提供相应的保障。员工都有基本的安全需求，在努力工作的同时希望能有安全的保障，有稳定的经济来源，设计其薪酬体系，就是为了响应员工的这种需求，为他们提供保险及其他合理的报酬。

(3)对员工价值的肯定。企业与员工的关系并不是单纯只是员工为企业出力，企业便为员工提供金钱作为报酬的利益关系。企业付给员工薪酬，更重要的是肯定其价值，肯定其对企业做出的贡献。合理的薪酬体系设计可以体现员工价值。

(4)提高企业的凝聚力。企业进行薪酬体系设计，用合理的薪酬激励员工、认可员工的价值，还有一个重要的目的是培养员工对企业的忠诚度，使企业与员工同心同力，共同发展，彼此结成利益共同体，提高企业的凝聚力。

二、　薪酬体系设计的原则

薪酬体系设计有以下七个原则必须遵守。

(1)公平性。在企业内部，由于员工责任大小、需要的知识能力和工作性质的不同，在工资、岗位价值上也应相应地有所不同，以体现内部公平。

(2)竞争性。要实现吸引并留住人才的目的，企业提供的薪酬和福利应具备一定的竞争优势。

(3)激励性。薪酬是为了让工资更有激励作用，企业通常可以设立适当浮动的工资和奖金来激励员工；此外，可以通过多薪酬通道的方式，使员工普遍具有晋升的可能。

(4)经济性。企业在提升薪酬水平的同时，相应的企业人力成本负担会加大。因而，如何调整薪酬水平受经济因素控制，应当在保障企业经济利益的同时适当提高员工工资，使二者均能获益。

(5)合法性。薪酬体系薪酬制度的设计必须遵守国家及地方的法律法规。

(6)可操作性。薪酬体系中薪酬管理制度和薪酬结构的设计应被员工所理解，只有在理解的前提下员工才能很好地配合，规范和约束自身行为，也只有清晰明确的制度流程才能在企业更快地推广和实施。

(7)灵活性。要求薪酬体系设计灵活，体现的是一种权变的思想。针对企业发展时段的不同和外界环境的变化，要求薪酬体系也能进行适当的调整以应对变化，满足企业发展需求。

三、 薪酬体系设计模型

布朗德战略导向的薪酬管理体系模型是分层构建的，具体如图4-1所示。

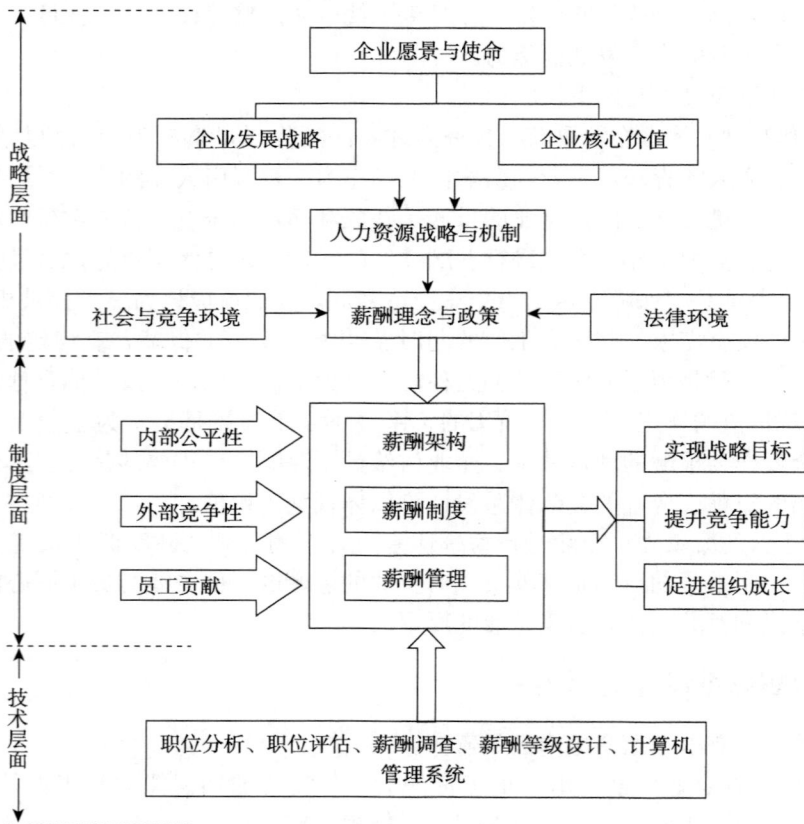

图 4-1　布朗德战略导向的薪酬管理体系模型

由图 4-1 可以看出，该模型的分层是从战略、制度、技术三个角度进行的。

战略层面描绘了企业的愿景与使命对薪酬体系设计的影响。企业进行的一切工作内容都应当以战略为导向，薪酬体系设计也不例外。薪酬体系设计的理念政策都是源于企业战略的指导。只有深入理解企业的发展战略和企业使命，才能明确人力资源管理的方向，进而形成薪酬战略，指导薪酬体系的设计。

制度层面描绘了薪酬体系设计的具体内容，承接了战略层面对薪酬理念与政策的指导。制度层面综合考虑了内部公平性、外部竞争性以及员工贡献等多个因素，设计薪酬架构、制定薪酬制度、实行薪酬管理，从而为企业实现战略目标、提升竞争能力、促进组织成长发展服务。

技术层面描绘的是薪酬体系设计所采用的技术和方法，包含从岗位角度进行的职位分析、职位评估，对企业内外进行的薪酬调查，企业内薪酬等级设计，还有企业运用的计算机管理系统等内容。

四、薪酬体系设计流程

薪酬体系设计要重点考虑内部公平性和外部竞争性。薪酬体系设计的流程主要分为前期准备阶段、中期设计阶段和后期实施阶段。

1. 准备阶段

前期准备阶段的基本流程分四步进行，如图 4-2 所示。

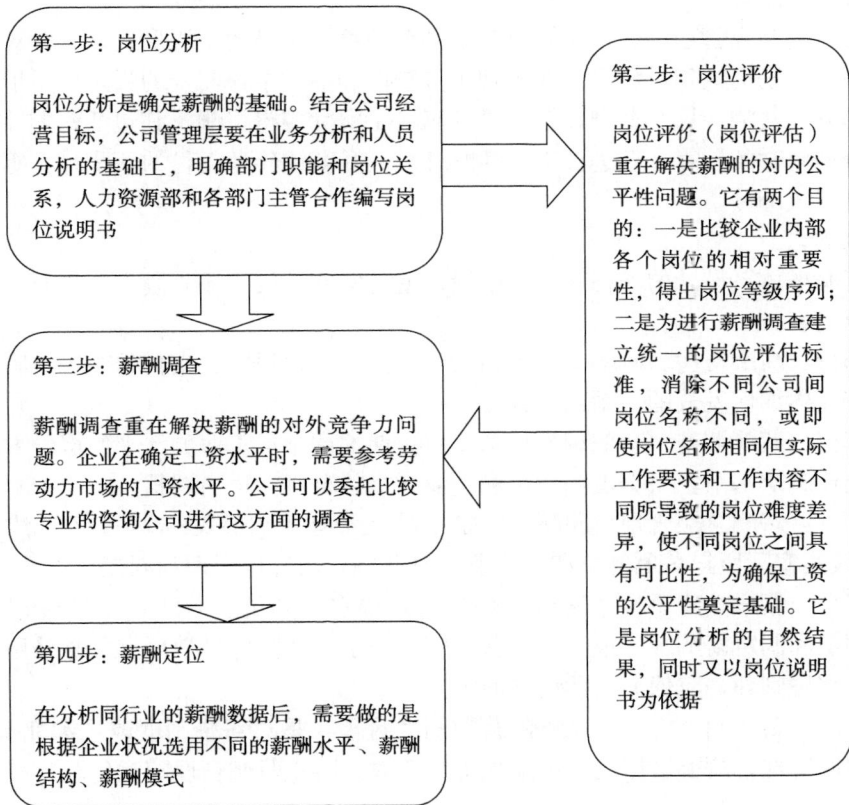

第一步：岗位分析

岗位分析是确定薪酬的基础。结合公司经营目标，公司管理层要在业务分析和人员分析的基础上，明确部门职能和岗位关系，人力资源部和各部门主管合作编写岗位说明书

第二步：岗位评价

岗位评价（岗位评估）重在解决薪酬的对内公平性问题。它有两个目的：一是比较企业内部各个岗位的相对重要性，得出岗位等级序列；二是为进行薪酬调查建立统一的岗位评估标准，消除不同公司间岗位名称不同，或即使岗位名称相同但实际工作要求和工作内容不同所导致的岗位难度差异，使不同岗位之间具有可比性，为确保工资的公平性奠定基础。它是岗位分析的自然结果，同时又以岗位说明书为依据

第三步：薪酬调查

薪酬调查重在解决薪酬的对外竞争力问题。企业在确定工资水平时，需要参考劳动力市场的工资水平。公司可以委托比较专业的咨询公司进行这方面的调查

第四步：薪酬定位

在分析同行业的薪酬数据后，需要做的是根据企业状况选用不同的薪酬水平、薪酬结构、薪酬模式

图 4-2　薪酬设计准备阶段流程

2. 设计阶段

设计一套完整的薪酬管理体系应该包含以下内容。

第一部分：薪酬政策。薪酬政策是企业薪酬管理目标、任务和方法的体现，它反映了企业及其决策层的理念和经营方针，包括企业对员工薪酬采取的策略、原则、控制方式等内容。薪酬管理通常以薪酬政策为指导，明确清晰且符合企业实际的薪酬政策，会让企业薪酬管理朝着规范有序的方向发展。

第二部分：薪酬结构。薪酬结构是指薪酬具体有哪些条目和这些条目所占的比例，以及薪酬有哪些层级、层级关系如何。薪酬的条目通常包括基本工资、津贴、奖金和福利

等。薪酬结构反映了企业如何看待不同职务的重要性及价值。

第三部分：基本工资确定和薪酬体系导入。基本工资就是根据岗位、员工能力和价值确定的稳定的报酬，是员工所得薪酬里最基本的组成部分。薪酬体系导入则是薪酬管理最基本的内容。二者都为薪酬体系的后续内容确立了标准、奠定了基础。

第四部分：津贴管理。津贴是补偿员工特殊环境下劳动消耗和生活额外支出的工资形式，作为基本工资的补充形式存在。常见的津贴有高温津贴、医疗卫生津贴等。津贴分配的依据通常是劳动所处的环境和条件情况，具有针对性，调整基本工资不平衡之处，体现相对均等分配的思想。

第五部分：奖金管理。奖金是对员工超额劳动给予报酬的工资形式，有针对性，且其标准、范围、奖励周期相对灵活。在各种工资制度和形式中，奖金的激励作用最强。

第六部分：薪酬计算。薪酬计算就是计算员工实际应得报酬，其包括薪酬计算方法的确定、薪酬调整时的计算、新进员工的薪酬计算、月薪或年薪支付的薪酬计算等，是企业成本的重要组成部分。

3. 实施阶段

经历了薪酬体系设计的准备和设计阶段，就是实施阶段，该阶段十分重要，主要包括以下五部分内容。

第一部分：薪酬支付。薪酬支付包括支付方法、支付规定、支付程序等内容，通俗地说就是工资具体如何发放的一系列过程。

第二部分：薪酬调整。薪酬调整包括每年定期地调整员工薪酬水平的操作方法和程序等内容。企业薪酬水平应根据市场情况和企业自身状况进行适当调整。

第三部分：薪酬总额管理。薪酬总额是指员工所有薪酬形式(基本工资、津贴、奖金等)叠加，最后实际所得薪酬的总和。企业应对薪酬总额进行管理和调控。

第四部分：薪酬管理手段。薪酬管理的对象很多，如员工薪酬档案的管理、薪酬计算、薪酬调整和制定薪酬统计报表等。薪酬管理的手段选择应科学可靠，是采用手工管理还是计算机程序管理，应依据实际情况而定。

第五部分：薪酬制度管理。这里的薪酬制度管理，是对薪酬制度改进和完善的管理。通过薪酬制度管理，薪酬管理能够更加规范和有效，防止薪酬管理随意化。

第二节　薪酬体系设计策略

薪酬体系设计策略就是指企业在进行薪酬体系设计的过程中，综合考虑外部薪酬状况和企业战略后所采取的策略。薪酬体系设计主要有薪酬水平的设计和薪酬结构的设计，则企业薪酬体系设计策略的制定也需要从薪酬水平设计策略和薪酬结构设计策略两个方面进行。

一、薪酬水平设计策略

薪酬水平设计策略主要有以下四种：市场领先策略，即企业的薪酬水平领先于竞争对手；市场跟随策略，即薪酬水平跟随市场中的标杆企业；成本导向策略，即以降低成本为导向，薪酬水平比一般的低；混合薪酬策略，即根据不同的部门、岗位采取相应的针对性的薪酬策略。企业应该结合实际情况选择薪酬水平策略。

小案例

A 集团是如何确定本公司的薪酬水平的

A 集团是 1999 年建立起来的民营集团公司，经营地域广泛且经营领域多元。经过多年的发展，该集团凭借自己的努力在商贸流通领域不断壮大，进而扩大产业结构，建立更为多元化的产业平台，发展成为集建材流通、房地产开发、矿产开发、城市管道燃气建设和金融投资等为一体的多领域经营的大型综合性企业集团，经营范围跨越整个华北地区及华东地区。A 集团资本雄厚，控股单位注册资本总额为 6 亿元，全年销售收入达 50 亿元，现拥有员工 800 多人。

A 集团的董事长何先生是一位全国著名的民营企业家，何先生根据 A 集团的具体情况和外部市场的竞争环境，制定了注重核心骨干员工的人力资源战略。A 集团的人力资源部门根据企业的战略和具体情况，采取了混合薪酬策略。具体做法是：对于中层管理者、少数骨干员工和销售人员，采用市场领先策略，给予高于外部平均水平的薪酬，以达到激励和稳定这部分员工的目的；对于除此以外的其他员工，采用市场跟随策略，以达到控制人力成本的目的。这样，经过一定时间的实施，该集团薪酬管理状况良好，员工满意度高，基本达到了预期的组织目标。

思考：该集团薪酬水平的确定有何借鉴意义？

二、　薪酬结构设计策略

薪酬结构是指薪酬总额构成中各薪酬条目的比例，主要反映的是固定薪酬与浮动薪酬的比例关系。固定薪酬主要是指基本薪酬，而浮动薪酬主要是指奖金和绩效薪酬。企业能选择的薪酬结构策略主要有如下几种。

1. 高弹性薪酬策略

高弹性薪酬策略即采取使薪酬结构具有高度的弹性，其中固定部分比例明显大于浮动部分的方式。基本薪酬占比较低（甚至可能为零），绩效薪酬占比较高，这样的策略能对员工产生很强的激励作用，投入越多则回报越多，所获薪酬与员工绩效直接挂钩。

2. 高稳定薪酬策略

高稳定薪酬策略即采取使薪酬结构比较稳定的形式，其中绩效薪酬很少，主要是基本薪酬。此时员工所获薪酬并不取决于"干多少拿多少"，而是比较固定，员工不需要额外的投入就能拿到稳定的基本薪酬。

3. 调和型薪酬策略

调和型薪酬策略是对以上两种策略的调和，薪酬浮动部分和固定部各占一定比例，基本薪酬与绩效薪酬以某种比值共同构成薪酬内容。根据职位或企业类型等的不同，这种比值也会有所不同。员工薪酬因为基本薪酬固定而处于基本稳定状态，又因为绩效薪酬存在而在适当范围内波动。

三种薪酬结构策略的比较如表 4-1 所示。

表 4-1　三种薪酬结构策略的比较

薪酬策略	高弹性薪酬策略	高稳定薪酬策略	调和型薪酬策略
特点	薪酬结构中绩效薪酬占主体地位，几乎全部按绩效薪酬决定所得，基本薪酬的比重非常低，甚至可能为零	薪酬结构中基本薪酬占主体地位，绩效薪酬的比重非常低，甚至可能为零	基本薪酬与绩效薪酬以某种比值共同构成薪酬结构的内容
优点	多劳多得，对员工有很强的激励作用，员工所得与其绩效直接挂钩	员工收入稳定，安全感增强	员工既有安全感，又能受到激励作用
缺点	员工的薪酬是变动的，员工安全感和稳定感减弱	激励作用不强，员工容易懈怠，缺乏积极性	两种薪酬的比值分配必须科学合理

实际运用中，企业的薪酬结构设计并不是固定采用以上某一种薪酬结构设计策略，更多情况下企业选择的是以上两种或三种的混合体。即一个企业，其内部会结合自身情况，根据岗位和人才特点的不同，选择不同的策略。例如，针对要求上进的员工或业务型的部门，采用高弹性的薪酬结构设计策略会更好；而针对追求稳定的员工或生产部门，采用高稳定的薪酬结构设计策略会更好。

小案例

做加法还是做减法？

某公司对销售员的薪酬策略发生了从基本薪酬为主到绩效薪酬为主的转变。早期的薪酬策略是基本薪酬＋奖金。基本薪酬在 1500 元至 2000 元之间，要求员工每月拉到 30 位客户，并以此作为每月指标；一旦超过该指标，每超过一位奖励 50 元；如果不足 30 位，不获得奖金但也不会扣薪水。

考虑到要更好地激励员工，该公司调整其薪酬策略为最低基本薪酬＋高额提成。公司将基本薪酬降低为 500 元每月，没有具体客户数指标，多劳多得，每拉到一位客户提成 100 元，不设上限。

试比较上述两种策略哪个更为合适？

第三节　薪酬模式的设计

薪酬模式即薪酬的标准形式。薪酬模式的设计一般是在企业战略的指导下完成的。公平合理是薪酬设计的基本思想，如果薪酬模式不能很好地体现这一思想，就会降低员工的积极性，影响企业绩效，阻碍企业发展。企业进行薪酬模式的设计时，要考虑的是企业期望导向员工何种行为，并使这种导向可以通过薪酬模式体现。

具体来讲，薪酬的支付主要有五种依据，即岗位、绩效、技能、市场和年功。根据这五种依据形成了相对应的五种薪酬模式，如图 4-3 所示。

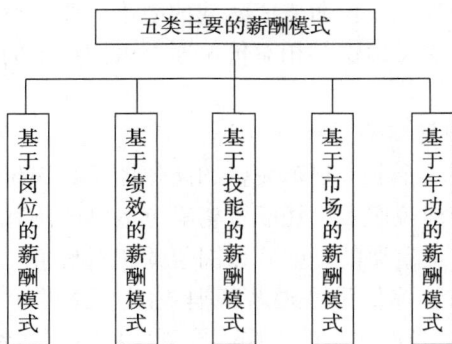

图 4-3　薪酬模式的主要类型

一、 基于岗位的薪酬模式

下面是一个典型的基于岗位的薪酬模式的例子，见表 4-2。

表 4-2　基于岗位的薪酬模式

岗位级别	岗位列举	薪酬水平/元
……	……	……
13	制造部部长	3500
12	质量部部长、技术支持部部长	3000
11	人力资源部部长、财务部部长	2800
10	制造部调度	2400
9	质量部主管、薪酬主管	2200
8	会计、培训管理员	1800
……	……	……

　　表 4-2 反映了基于岗位的薪酬模式的大致面貌，但实际企业采取这种薪酬模式时，确定具体岗位的具体薪酬并非如此简单，往往需要综合考虑其他因素，如工龄、技能、绩效等，但仍以岗位作为确定薪酬的主要考虑。其他薪酬模式也是如此，下文不再赘述。

　　下面主要介绍基于岗位的薪酬模式的具体内容。

　　1. 主要依据和导向的行为

　　基于岗位的薪酬模式设计的主要依据是岗位的相对价值，即某一岗位与其他岗位相比重要性的大小。岗位越重要，相应的薪酬也就越高，通俗地讲就是处于什么样的岗位拿什么样的薪酬。员工主要通过岗位晋升来获得更高的薪酬，因而这种薪酬模式导向的员工行为是：遵循企业中岗位等级的秩序，遵守规章制度，通过努力获得岗位晋升。

　　2. 适合的企业和岗位

　　基于岗位的薪酬模式在部分企业中仍有应用，岗位处于不同层次，薪酬就会有所不同。主要来说，基于岗位的薪酬模式更适用于发展战略清晰、管理层次分明、外部环境稳定以及市场竞争压力不大的处于成长期或成熟期的中小企业。对于这种薪酬模式适用的岗位，一般属于职能管理类，这类岗位的相对价值通过该岗位上的员工认真履行职能任务得以实现。

3. 实施的基础条件和关键环节

薪酬基于岗位确定，要求企业有规范完整的岗位体系，岗位设置、岗位序列、岗位说明书等都应包含在内，对于岗位职责、任职资格等有清晰的阐释，这是基础条件。而实施这种基于岗位的薪酬模式，最重要的是明确该岗位的相对价值，要能对岗位进行正确、合理的岗位评估，可以说，岗位评估是这种薪酬模式的关键环节。另外，作为一种条件补充，企业最好做到人岗匹配（当然完全的人岗匹配现实中难以达到），只有人与岗位是匹配的，基于岗位定薪酬才容易使员工产生公平感。

4. 优点和不足

基于岗位的薪酬模式具有如下优点。

（1）中国企业传统的薪酬模式是按行政级别来论资排辈，基于岗位的薪酬模式的出现，是薪酬模式发展进步的一种体现。同时，相同岗位有相同的薪酬使企业内部公平感增强。

（2）要实现薪酬的提升，需要努力取得岗位的晋升，这无疑对员工产生了一定的激励作用。俗话说，"不想当将军的士兵不是好士兵"，所以基于岗位的薪酬模式为员工指明了发展方向。

基于岗位的薪酬模式也有明显的缺点。

（1）基于岗位的薪酬模式根据岗位评估将岗位划为不同的价值级别，等级结构明显，又因为岗位说明书将不同岗位明确划分，员工除明确自己的职责外也知道自己不用对什么负责。这种模式将员工束缚在固定岗位上，造成严格的等级感，使公司体制十分僵硬。

（2）基于岗位的薪酬模式激励员工为了取得岗位晋升、获得更高的薪酬而努力工作，但如果出现短期内没有职位空缺的现象，优秀的人才无法及时得到晋升，会挫伤其积极性。

（3）基于岗位的薪酬模式更注重的是内部相对公平，当稀缺人才在各企业中进行选择时，施行这种薪酬模式的企业会丧失竞争力，从而错失稀缺人才。

总而言之，这种薪酬模式虽然是传统薪酬模式进步的体现，但由于缺乏弹性和灵活性，限制了员工的创新和发展，从发展趋势上看，这种薪酬模式缺乏长久的生命力。

二、 基于绩效的薪酬模式

如果员工薪酬的确定主要基于其绩效结果，这种薪酬模式即基于绩效的薪酬模式。表 4-3 是一个典型的基于薪酬模式的例子。

表 4-3　基于绩效的薪酬模式

收入单元	年薪一：基本年薪	年薪二：绩效奖金	风险收入
比例	10 万元	10 万元	不确定
确定依据	底薪	考核指标是否完成	超指标情况

在商业环境激烈竞争的条件下，绩效薪酬的模式出现成为一种必然。基于岗位的薪酬模式追求的是员工履行静态岗位的职责，"正确的做事"。而当企业外部环境不确定性加大，变革成为适应竞争环境的需求，此时企业更需要员工变通地处理问题，要能够创新，要能够"做正确的事"。尤其对于高层的管理者，他们的薪酬不仅仅取决于其岗位的相对价值，还要考虑其对企业的贡献。

1. 主要依据和导向的行为

基于绩效的薪酬模式更注重结果，而不是过程，所以它的主要依据是付酬对象的绩效，可以是企业、部门、团队乃至个人的绩效。实际情况下，在选择具体付酬依据时，要视岗位性质而定。这种薪酬模式导向的员工行为是：员工明确其绩效目标，努力工作达到各绩效目标，为了工作需要积极创新，不再只是拘泥于规范和保守，将"有效性"作为其工作准则。

2. 适合的企业和岗位

基于绩效的薪酬模式适用于竞争性较强的行业领域，如家电、计算机、信息等领域，事实上，属于这些领域的企业也多有采用基于绩效的薪酬模式。适合采用这种薪酬模式的岗位多为高层经营管理类、市场销售类、产品开发类（部分适用）、计件操作类（部分适用）岗位。至于这种薪酬模式是否真正适合这些类别的企业和岗位，还需要考虑企业产品的性质和企业竞争策略等。如果任职者能够通过自身行为影响实际产出，通常就可以适用以绩效为主的薪酬模式，由此可见某些企业对支持性职能管理人员按绩效付薪酬是不合理的，因为他们并不能通过自己的工作影响企业整体绩效。

3. 实施的基础条件和关键环节

实施基于绩效的薪酬模式，要求企业建立完善的绩效管理系统，同时要求企业岗位职责明确、绩效目标分解清晰。实施的关键环节即绩效目标的确立和衡量绩效的标准的确定。绩效目标如果不够明确或者分解不够清晰，员工容易失去方向，没有一个明确的目标去为之奋斗，容易造成工作散漫和懈怠，对企业整体绩效有害无益。

4. 优点和不足

基于绩效的薪酬模式有如下优点。

（1）员工所得薪酬是与其绩效紧密联系的，付出决定回报，体现了公平性。

（2）既激励员工又对其行为进行约束，降低监督成本。

（3）指引了员工的努力方向，有助于企业文化的培育。

（4）与企业的盈亏实现共享，降低了固定成本。

（5）能够保留住追求成就和努力表现的员工。

基于绩效的薪酬模式也有比较明显的缺点，主要体现在如下四个方面。

（1）可能造成员工过度追求个人绩效与个人薪酬的提升，而忽略部门或团队绩效，进行不良竞争，阻碍部门和团队的发展。

（2）绩效薪酬的前提是物质能对员工产生很强的激励作用，长此以往会对员工造成错误导向，阻碍员工整体素质的提高。

（3）在考核和评价员工绩效的过程中难以做到绝对客观与公平，如果企业绩效管理体系不够完善，则绩效薪酬实施强度越大，员工反而越容易产生不公平感，与绩效薪酬的初衷相悖。

（4）基于绩效的薪酬模式中必然存在考核者与被考核者、评价者与被评价者，无论是考核还是评价或其他环节，都可能造成实施者与对象之间的矛盾。

三、基于技能的薪酬模式

面对市场需求的不断变化，企业的生产系统也由刚性转为柔性。产品生产周期要缩短，组织对外界的反应速度要加快，种种调整都对企业员工的能力提出了要求，他们需要不断提高自己的技能来应对多变、竞争的环境。而要不断提高员工掌握的技能，需要组织内知识共享，员工之间互相合作、互相学习。此时，单纯基于岗位或绩效的薪酬模式不再适用，而应该施行以技能为主的付酬模式。

表 4-4 是一个典型的基于技能的薪酬模式的例子。

表 4-4　基于技能的薪酬模式

员工代号	技能等级名称	薪酬水平/元
1	技术员	4200
2	助理工程师	4500
3	工程师	4800
4	主管工程师	5200
5	资深工程师	5700
6	副主任工程师	6200
7	主任工程师	7000
8	副总工程师	8000

1. 主要依据和导向的行为

基于技能的薪酬模式的主要依据是员工的技能水平，员工所获薪酬与其实际知识、技术、能力紧密相关。这种薪酬模式认为技能高的员工对组织产生的贡献大，因此基于技能的薪酬模式导向的员工行为是：员工注重的是提高自身掌握的技能水平，为了得到提高而相互学习、互相帮助，员工之间形成的是合作而不只是竞争的关系。

2. 适合的企业和岗位

基于技能的薪酬模式适用于生产技术是连续性和流程性的、规模较大的产业或服务业，如生产制造类、连锁服务类的企业等。而基于技能的薪酬模式适用的岗位一般为技术类、操作类（部分适用），如技术研发人员、专业管理人员等。

3. 实施的基础条件和关键环节

实施基于技能的薪酬模式，有以下条件需要满足：首先企业要有明确的目标和任务，这样才能确定完成这些目标和任务所需要的技能；其次要有清晰的技能等级划分，且有相应的准确定义；再次需要确定各技能等级对应的薪酬水平；最后要能评定员工的具体技能等级。由此可见，实施的基础条件是企业有完整的技能体系，而实施过程最为关键的环节即员工技能的评定，需要做到准确、客观。

4.优点和不足

基于技能的薪酬模式有如下优点。

(1)基于技能的薪酬模式使员工获得自身能力的提升和技术的提高，增强了员工个体的竞争力。

(2)鼓舞员工在专业领域继续发展、深入，并为技能更高的提供更高的报酬，很好地吸引和留住企业专业人才。

(3)员工技能提升会带来企业能力的提升，企业的柔性增强。

基于技能的薪酬模式的不足也值得注意。

(1)员工着力于提高技能获得更高薪酬，而不是具体工作和目标的完成，可能忽略企业的实际需要。

(2)处于相同的岗位、完成相同的工作，却可能因为技能的差别导致收入的差别，使员工产生不公平感。

(3)基于技能的薪酬模式实施起来难度比基于岗位和绩效的薪酬模式大，员工技能无法十分准确、客观的评定，且成本较高。

(4)对于技能处于很高水平的员工无法产生较强的激励作用，而对于技能中等的员工评定困难。

(5)掌握高技能的员工不一定带来高产出，企业对其投入的成本不能带来期望收益，则违背了企业获利的目的。

事实上，以技能为主的付酬模式在中国早有出现，只是这种模式对技能的评定更多的是看重员工的资历与学历，而资历和学历并不完全等同于员工真实具备的技能水平。

此外，企业对员工技能的要求不再只针对技术类或操作类的岗位，而是所有岗位的员工都应具备相应的技能，因为任何岗位上的员工都只有通过不断学习才能获得持久的竞争力。国外部分企业施行基于能力的薪酬模式，"能力"较之"技能"含义更加广泛，员工需要掌握的不只是进行工作的能力，而只要与工作相关的都应包含在内。

四、 基于市场的薪酬模式

基于技能或绩效的薪酬模式旨在追求企业内部公平，而基于市场的薪酬模式关注的是外部市场的薪酬水平，追求企业外部公平。经济学的供求理论中提到供求关系决定价格，同理可得，人才的供求情况可以决定薪酬，通常是某种人才资源越稀缺，这种人才的薪酬水平越高。要使企业与外部市场有机互动，吸引和留住重要人才，增强企业市场竞争力和外部公平性，施行基于市场的薪酬模式十分必要。

表4-5是一个典型的基于市场的薪酬模式的例子。

表 4-5　基于市场的薪酬模式

人才类型	市场中位数/元	企业定价/元
……	……	……
市场总监	7500	8500

续表

人才类型	市场中位数/元	企业定价/元
产品经理	6500	7500
人力资源部经理	4500	4500
设备主管	3500	3500
高级产品开发工程师	6500	7500
技术支持工程师	2500	2500
……	……	……

表 4-5 反映了该企业基于市场薪酬的中位数确定企业自身薪酬水平，这是基于市场的薪酬模式的一种表现形式。为了吸引和留住人才，企业在重要岗位上往往采取比市场平均水平略高的薪酬水平策略，以使企业有较强的竞争优势，表 4-5 的例子就是如此。需要特别说明的是，一般情况下，高级产品开发工程师的岗位级别比市场总监级别低，薪酬也应相应较低（表 4-5 中有所体现），而特殊情况下，如市场上高级产品开发工程师这种人才资源十分稀缺，企业难以招聘到这种人才，此时高级产品开发工程师的薪酬水平有可能比市场总监更高。

下面具体介绍基于市场的薪酬模式的相关内容。

1. 主要依据和导向的行为

基于市场的薪酬模式遵循价值规律，按人才市场的供求关系能动反映劳动力的价格。企业通过调查市场薪酬水平并结合自身状况来确定企业内部各岗位的具体薪酬水平，则基于市场的薪酬模式的主要依据是市场薪酬水平。它导向的员工行为是：员工将注意力放在企业外部，而忽视企业内部可能存在的矛盾，彼此间多展开合作，同时努力使自己的能力达到市场公认的综合水平。

2. 适合的企业和岗位

基于市场的薪酬模式适用于人才流动率高且多处在竞争性行业的企业，如教育、医疗、金融等行业的企业。而这种薪酬模式通常适用的岗位是专业技术类，可替代性较强的岗位的薪酬水平也基于市场水平确定，但需要注意的是可替代性强的岗位并不带来企业经济效益增长。

3. 实施的基础条件和关键环节

基于市场的薪酬模式的实施要求企业有良好的岗位管理基础：企业的岗位要规范，岗位职责与技能等级要能够清楚界定。同时市场信息是公开的具有可比性的，这样才便于与外部市场的薪酬水平作比较。此外，监督机构、仲裁机构应健全，这种薪酬模式实施起来才能尽可能公平。以上即实施的基础条件，其中最为关键的环节是企业依靠专业机构或直接进行信息收集以确定市场薪酬水平。现实中企业施行基于市场的薪酬模式存在如下困难：岗位管理体系不规范，难以与市场相应岗位作比较；中国企业不适应借助专业机构做市场薪酬水平调查，对行业数据了解不清，设计企业自己的薪酬水平没有参考。

4. 优点和不足

基于市场的薪酬模式有如下优点。

（1）企业通过合理的、竞争性的薪酬水平为自己争取和留住优秀人才，尤其在争取市场稀缺人才时，可适当高于市场平均水平，提高企业竞争力。

（2）对于非稀缺的或替代性强的岗位，可采取市场追随的薪酬策略，等于或低于市场薪酬水平，降低企业人工成本。

（3）企业薪酬水平制定围绕市场进行，员工会产生外部公平感。

基于市场的薪酬模式也存在如下不足。

（1）企业薪酬水平制定围绕市场进行，要求企业发展状况良好，否则无法支付与市场薪酬水平持平的工资。

（2）基于市场的薪酬模式要为员工所认同，要求一方面市场薪酬数据足够客观，另一方面员工素质足够高，实际中做到有难度。

（3）企业薪酬水平的制定围绕市场进行，产生的薪酬差距会造成内部不公平感。

五、 基于年功的薪酬模式

日本是基于年功的薪酬模式实施最为成功的国家，堪称典范。这很大程度上与日本企业对员工实行终身雇佣的用人制度有关，配套实施的薪酬支付模式即为基于年功的薪酬模式。基于年功的薪酬模式以"人力资本理论"为理论基础，这种薪酬模式假设：员工在某企业工作年限越久，其经验越丰富，且无论是在自身知识与技能方面还是人际关系方面都有更多的积累，因而业绩越好，对企业的贡献越大，则应该给予他们更高的薪酬。

表 4-6 是一个典型的基于年功的薪酬模式的例子。

表 4-6 基于年功的薪酬模式 单位：元

标准工龄	年功薪酬	职能薪酬			基本薪酬＝年功薪酬＋职能薪酬		
		1级	2级	3级	1级	2级	3级
1	1000	350			1350		
2	1500	400	400		1900	1900	
3	2000	450	500		2450	2500	
4	2300	500	600	600	2800	2900	2900
5	2600	550	700	800	3150	3300	3400
6	2900	600	800	1000	3500	3700	3900

1. 主要依据和导向的行为

基于年功的薪酬模式的基本特点是员工工作年限越久，其所得薪酬越多。由此可见，这种薪酬模式的主要依据是员工工作年限，或称员工工龄。它导向的员工行为是：员工对企业有较高的忠诚度，通过在企业踏实、勤恳地工作，逐渐增加自己的各方面的能力，包括知识、技能、经验、人际等，对企业做出贡献；工作越久，获得的薪酬越高。

2. 适合的企业

基于年功的薪酬模式适用于一些传统的以经验决定岗位绩效的行业，如在国有企业分配体制改革中通常会考虑工龄的因素。在企业人才流动率较低，或者实施终身雇佣制的非绝对竞争型企业中，也可考虑应用这种薪酬模式。

3. 实施的基础条件

基于年功的薪酬模式实施的基础条件有：企业外部环境较稳定，人才竞争不激烈；员工有较高成熟度，在稳定的情况下，依旧能努力创新，为企业创造良好业绩。

4. 优点和不足

基于年功的薪酬模式的优点是给员工强烈的稳定感和安全感，通过激励员工持续为企业工作培养员工忠诚度；通过降低人员流失率降低企业人工成本。

基于年功的薪酬模式的缺点是薪酬支付过于刚性，仅以工龄作为考量依据过于单一。此外，这种薪酬模式论资排辈的色彩很浓，在竞争性很强且对能力、绩效等要求日益提高的今天，为了吸引和留住真正有能力的人才，基于年功的薪酬模式需要像其他薪酬模式转变或进行融合。

以上对五种薪酬模式的具体内容分别进行了介绍，下面将这五种模式进行比较，如表 4-7 所示。

表 4-7   五种基本薪酬模式的比较

薪酬模式	付酬依据	特点	优点	缺点
基于岗位的薪酬模式	岗位的相对价值	处于什么样的岗位拿什么样的薪酬	增强内部公平感 激励员工努力取得岗位的晋升	不能及时晋升将挫伤员工的积极性 形式僵硬，灵活性不强
基于绩效的薪酬模式	付酬对象的绩效	薪酬与绩效直接挂钩，绩效越好，薪酬越高	公平性强，激励效果明显 有助于企业文化培育 降低企业人工成本	误使员工形成错误意识，只顾个人绩效 绩效评估难以客观准确，易产生矛盾
基于技能的薪酬模式	员工的技能水平	技能越强，薪酬越高	员工技能不断提升，个体竞争力增强 企业的柔性增强	拓展的技能可能并非企业所需 造成不公平感 并非都能转化为高产出，管理成本高
基于市场的薪酬模式	市场薪酬水平	根据市场薪酬水平并结合自身状况来确定企业内部各岗位的具体薪酬水平	争取到稀缺人才，提高企业竞争力 降低企业人工成本 参照市场薪酬水平，员工外部公平感增强	与市场挂钩，可能对企业造成负担 对市场薪酬数据客观性和员工素质提出了高要求 薪酬差距易造成内部不公平感
基于年功的薪酬模式	员工工龄	工龄与工资同步增长	员工稳定感、安全感增强 员工的忠诚度高，人员流失率下降，降低企业人工成本	过于刚性且考量依据单一论资排辈色彩浓厚，在竞争性的环境下易失效，造成年轻有为的人才流失

从表 4-7 可以看出，这五种基本的薪酬模式都各有其优缺点以及适用的环境，没有哪一种薪酬模式是普遍适用的。在实际应用当中，企业需要综合考虑很多因素，岗位、绩效、技能、市场、年功可能都有所体现，但在不同的企业不同的岗位上，侧重点可能是不

同的，如销售类多采用基于绩效的薪酬模式、职能管理类多采用基于岗位的薪酬模式等。当前的环境要求企业有权变的思想，能既考虑外部因素同时结合企业自身状况，选择适合企业的薪酬模式，有的情况下也会对某两种或以上的薪酬模式进行整合。例如，基于岗位的薪酬模式中也通常考虑外部市场的薪酬水平；又如，基于技能的薪酬模式下也会综合考虑具备该技能的人才的市场稀缺度，以此确定合理的薪酬水平。

➤ 本章小结

薪酬管理是人力资源管理中十分重要的一环，而薪酬体系设计又是薪酬管理中极其重要的内容。进行薪酬体系的设计的目的包括：①吸引和激励人才；②为员工提供基本保障；③对员工价值的肯定；④提高企业的凝聚力。而薪酬体系设计中需要遵循的原则包括公平性、竞争生、激励性、经济性、合法性、可操作性和灵活性。

薪酬体系设计参考的模型是布朗德战略导向的薪酬管理体系模型，该模型的分层是从战略、制度、技术三个角度进行的：战略层面描绘了企业的愿景与使命对薪酬体系设计的影响；制度层面描绘了薪酬体系设计的具体内容；技术层面描绘的是薪酬体系设计所采用的技术和方法。本章中战略的思想体现在整个内容当中，技术和方法的内容在薪酬体系设计流程的小节里有所体现。最重要的是制度层面的内容，包含了薪酬体系设计的全部具体内容，本章对薪酬体系设计的目的和原则、薪酬体系设计的策略、薪酬体系设计的模式做了详细阐述。

薪酬体系的设计流程包括前期准备阶段、中期设计阶段和后期实施阶段。准备阶段进行岗位分析、岗位评价、薪酬调查、薪酬定位等工作；中期设计阶段包括薪酬政策、薪酬结构、薪酬体系的导入和基本工资的确定、津贴管理、奖金管理、薪酬计算等内容；后期实施阶段包括薪酬支付、薪酬调整、薪酬管理等内容。

薪酬体系设计策略就是指企业在进行薪酬体系设计的过程中，综合考虑外部薪酬状况和企业战略后所采取的策略，分为薪酬水平设计策略和薪酬结构设计策略。薪酬水平设计策略是指企业依据市场的薪酬水平和竞争企业的薪酬水平，对本企业薪酬水平进行设计时采取的策略。薪酬水平的设计策略分为四种，即市场领先策略、市场跟随策略、成本导向策略、混合薪酬策略。薪酬结构设计策略即确定各薪酬条目比例的策略，主要有高弹性薪酬策略、高稳定薪酬策略、调和型薪酬策略。具体采用何种策略依实际情况而定，并非一成不变。

薪酬模式的设计即薪酬的标准形式设计，企业进行薪酬模式的设计时，要考虑的是企业期望导向员工何种行为，并使这种导向可以通过薪酬模式体现。五种基本的薪酬模式分别为基于岗位、绩效、技能、市场和年功的薪酬模式。它们有各自的主要依据和导向的行为、适合的企业和岗位、实施的基础和关键环节、优点和不足。

➤ 本章关键词

设计流程；薪酬水平；薪酬结构；薪酬模式

➤ 本章思考题

1. 薪酬体系设计的目的是什么？
2. 薪酬体系设计要遵循哪些基本原则？
3. 简述薪酬体系设计流程。
4. 薪酬体系的设计策略是什么？
5. 简述薪酬体系的几种主要模式。

案例讨论

康贝思公司的薪酬体系

康贝思公司是一家在 20 世纪 90 年代中期成立的集研发、生产、销售为一体的民营家电企业。主要产品为燃气用具、厨房电器、家用电器等家电产品。自成立以来，公司抓住市场机遇，以贸易科技为先导，高起点、高标准地引进国内外先进的燃气具生产技术和工艺，严格按照质量标准组织生产，通过建立自有营销渠道网络进行产品营销。经过十余年发展，公司现有员工 1000 多人，总资产达 8 亿元，净资产达 3 亿元，年销售额达到 10 多亿元。但是后来，公司出现产品开发跟不上消费者需求变化和开发周期过长、向客户提供产品不及时、生产成本与竞争对手相比居高不下、销售业绩停滞不前现象。为了应对新环境对公司产生的影响，康贝思公司和当前大多数企业一样，也推行了战略重组、流程优化、组织精简等变革措施，以期提升企业的经营业绩。然而，迄今为止，令人遗憾的是上述努力均未取得预期的效果。

康贝思公司以前的薪酬制度是以管理职务等级标准建立的，公司薪酬项目主要包括三部分，即基本工资、绩效工资和福利。这种以管理职务等级标准为基础来确定薪酬的内部等级体系的方式，主要考虑的是岗位的职务高低、管辖范围、决策权力等。

康贝思公司所有岗位按照管理职务等级划分为 12 个等级，一个职务等级对应一个薪酬级别——一岗一薪。基本工资和绩效工资总额水平由管理职务等级确定，所有岗位上二者的比例是一样的，为 90/10；工资等级要得到晋升必须要在管理职务上获得提升，一旦员工在职务上得不到升级，其基本工资基本上不会发生变化，除非公司进行员工工资普调。

康贝思公司每个月通过进行员工绩效考核来确定他们的绩效工资，主要集中对生产和销售人员进行考核，考核是由员工的直接上级决定，人力资源部进行复核和归总。考核主要是从工作态度、工作任务和出勤率三个方面来确定员工的绩效等级。绩效考核结果共分为三级，即一等(优秀)、二等(称职)、三等(不称职)，其相应等级的考核系数为 1.1：0.9：0.7；并采取强制分布法将员工考核一、二、三等的比例控制在 10%：60%：30%范围内。每年年底公司会对员工一年的绩效进行一次归总性评估，评选出具有卓越贡献的员工并给予特别奖励，自实施以来，最多一次获得特别奖励的员工也没有超过 5 人。

薪酬项目组合为：基本工资＋绩效工资＋福利；

状态：固定＋浮动＋固定；

比例：60%＋40%＋(福利占工资总额20%)。

基本工资的确定方法：

- 以职务等级标准进行确定，等级越高工资水平越高；
- 反映职务高低、管辖权、预算决策权的职位等级标准是工资等级体系建立的基础；
- 工资水平是基于内部职务高低，而不是考虑外部工资水平；
- 每一等只有一级，共有 12 个等级，其平均差距为 25%左右，最高与最低工资差 14 倍多；
- 工资增长依据职务晋升实现；
- 基本工资每月固定发放，与员工的出勤有关；
- 绩效工资——绩效工资占基本工资的 11%左右；
- 绩效工资获取依据员工的绩效考核结果对于的等级系数决定；
- 绩效认可——绩效考核由上级依据员工的工作态度、工作任务和出勤进行考核；
- 考核结果等级的系数按等级分为一等(优秀)1.1、二等(称职)0.9、三等(不称职)0.7；
- 绩效等级得到严格控制，员工考核一、二、三等的比例控制在 10%：60%：30%范围内；
- 在年底对特别优秀的极个别员工给予特殊奖励；
- 公司为表现优异的员工颁发总经理奖；

·公司总经理为了调动员工工作积极性，在薪酬之外实施了总经理奖励制度，由总经理依据公司阶段工作任务安排进行奖励，奖励方式是以现金进行，额度为 200 元至 1000 元不等，其实施对象主要是部门负责人以上级别人员。

最后公司在内部进行了一次民意调查，调查结果清晰地反映出几个问题：除了高层以外，员工大多数不清楚公司的战略和目标，更不知道应如何有效实施战略，以及公司战略和自己有什么关系；公司在实施变革后，员工工作责任发生变化，但薪酬还是老样子；员工薪酬的升降只与职务等级有关；员工的薪酬获取虽说以绩效考核确定，但绩效考核又缺乏相应的客观标准，基本上全由上级说了算；等等。

思考题：

1. 康贝思的薪酬体系是以什么为主建立的？在建立薪酬等级时采用的是什么方法？

2. 康贝思公司的薪酬体系有什么问题吗？如果有，应该如何改进？

资料来源：文宗瑜 . 2007. 薪酬体系构建与薪酬模型设计案例教程[M]. 北京：经济管理出版社

参考文献

拜厄斯 L，鲁 L. 2004. 人力资源管理[M]. 李业昆译 . 北京：人民邮电出版社 .

陈清泰，吴敬琏 . 1998. 公司薪酬制度概论[M]. 北京：现代出版社 .

高良谋 . 1997. 试行企业经营者年薪制存在的主要问题[J]. 中国工业经济，（4）：57-62.

胡宏峻 . 2004. 富有竞争力的薪酬设计[M]. 上海：上海交通大学出版社 .

李新建 . 2003. 企业薪酬管理[M]. 天津：南开大学出版社：180-188.

李新建，蒙繁强，张立富 . 2004. 企业薪酬管理概论[M]. 北京：中国人民大学出版社：247-249.

李严峰，麦凯 . 2002. 薪酬管理[M]. 大连：东北财经大学出版社 .

李中斌，曹大友，章守明 . 2009. 薪酬管理理论与实务[M]. 湖南：湖南师范大学出版社 .

诺伊 R A，霍伦拜克 J，格哈特 B，等 . 2001. 人力资源管理：赢得竞争优势[M]. 刘昕译 . 北京：中国人民大学出版社 .

孙金利 . 2004. 薪酬管理[M]. 天津：天津教育出版社 .

文宗瑜 . 2007. 薪酬体系构建与薪酬模型设计案例教程[M]. 北京：经济管理出版社 .

第五章

职位评价及基于职位的薪酬体系

引导案例

如何衡量职位价值高低

B企业是沿海某省一家高速发展的综合性企业，该企业一直声名显赫。在为该企业咨询时，我们发现了一个有趣的现象：该企业愿意当看车员的人非常多。是不是看车员有崇高的政治荣誉，由此可以通往总经理的宝座？事实上，看车员仅仅是看护自行车、汽车而已，绝无加官晋爵的可能；是不是看车员工作条件舒适宜人？看车员虽有凉亭为伴，风吹不着，雨打不着，但毕竟不如坐办公室吹空调舒服。而且该职位也绝不是能锻炼人，让人迅速成长的职位。那究竟是什么原因使人们对该职位趋之若鹜呢？原来，看车员工作轻松，没有风险和压力，最重要的是工资不少拿，和一线业务人员、研发人员工资差不多，所以人人愿当看车员。

与人力资源部经理交流此问题时，又引出了他一肚子的苦水：原来该企业工资相对较高，但高低收入相差不大，主要在资历、学历、劳动条件上有少许差别。很多人都感觉不公平，认为自己拿得少别人拿得多，因此常常有人向人力资源部经理诉苦，如有的业务人员抱怨工作量大、条件艰苦该加薪；而有的司机以"手握生死盘、脚踏鬼门关"来说明其工作危险性，要求涨工资；有的管理100人的经理因为和管理10个人的经理拿差不多的薪酬而牢骚满腹……凡此种种，搞的人力资源部经理疲惫不堪，加上他们说的都有些道理，结果谁闹得凶就给谁加工资，由此也招来了更多的抱怨，都说会哭的孩子有奶吃，搞的人力资源部经理里外不是人。

人力资源部经理对此也感到很困惑：薪酬究竟按什么原则来定？每个职位到底该拿多少钱比较合理？同样是经理，职位工作有明显的差距，但如何区分出高低来？高低之间薪酬差多少才是合理？上述有些人的观点明显是谬论，如何解释才能让他心服口服？有没有一种工具能将不同职位不同员工的工资通过公平的比较确定出来？

资料来源：中国人力资源开发网，http://www.233.com/hr/anli/20060710/17110332.html

第一节 职位评价技术

一、 职位评价的概述

1. 职位评价的基本含义

职位评价又称岗位评价,是指以工作分析为基础,了解工作岗位的基本信息并对其进行评价,如岗位的责任大小、岗位涉及的权限、岗位的工作强度、岗位的任职资格等,并按照预定的衡量标准,确定组织中各个职位的相对价值差异的过程。

2. 职位评价的特点

(1)职位评价以对"事"和"物"的评价为中心,而非对人的评价。岗位设置遵循"因事设岗"的原则,岗位存在具有客观性,企业需要何岗位,就设置何岗位。对于职位评价是对客观存在的岗位的评价是同样的道理,职位评价是评价岗位的相对价值,这样,通过同一评价指标的横向对比,职位间价值大小也是可以进行比较的。

(2)职位评价的核心是岗位分类定级,职位评价首先要进行清岗,对岗位进行分类,然后对每类岗位标定级别,级别的大小体现了同类岗位中差异的大小。

(3)职位评价的目标是在组织中实现同工同酬。岗位间所需的责任大小、工作权限、努力程度等都是相同的,那么这些岗位的劳动报酬就是相同的。

3. 职位评价遵循的原则

(1)对岗不对人原则。职位评价的对象是岗位,而非岗位上的员工。

(2)员工参与和认同原则。员工应充分参与到职位评价的过程中,充分发表个人见解,以使职位评价具有公平性、合理性及完整性,并让员工认同职位评价的结果。

(3)一致原则。职位评价选择相同的评价技术工具、相同的评价因素、相同的评价标准,以确保评价的客观公平。

(4)反馈原则。对职位评价的结果,应进行及时反馈。岗位工作增减、岗位技术要求的提高,以及职位评价产生的误差,都应该及时地反映并进行及时的调整。

(5)公开原则。公开主要是指评价结果的公开。

4. 职位评价的作用和意义

(1)职位评价体现了员工承担的工作任务和责任,以此获得相应的报酬,同时反映了职位间的相对价值,是职位薪酬体系设计的基础和依据。

(2)职位评价体现的是组织内职位间的相对价值,是组织整体薪酬体系的重要组成部分,体现了组织内部公平性。

(3)通过职位评价确定岗位等级,可让员工了解自己所从事的岗位在组织中的价值,为员工职业生涯规划和晋升提供了参考依据,以鼓励员工确定目标、提升自己,并促进组织发展。

二、 职位评价的流程

职位评价的具体流程如图 5-1 所示。

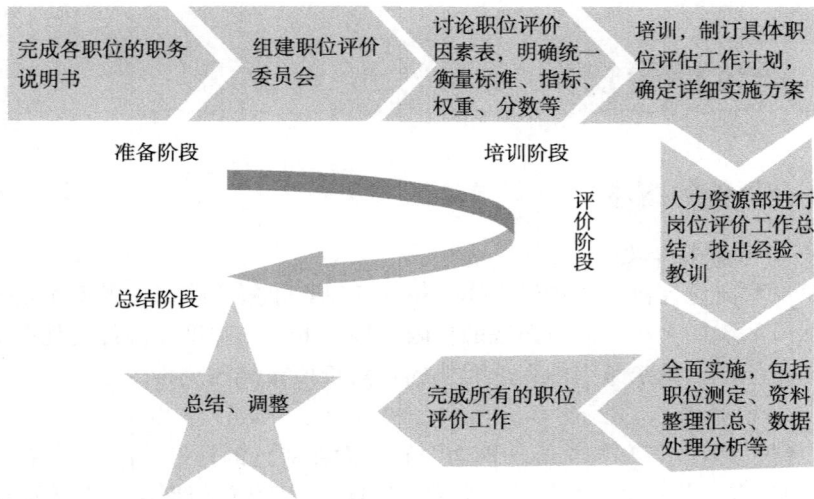

图 5-1　职位评价流程

1. 准备阶段

(1)根据职位评价的目的进行职位分析，完成各职位的职务说明书。职位评价以职位分析为基础，要先进行职位分析再编写规范的职务说明书。

(2)组建职位评价委员会。职位评价委员会一般由 5～12 人构成，主要来自企业的中高层管理者、资深员工代表及工会代表，也可聘请一些外部薪酬专家或统计分析专家。职位评价委员会将员工代表也吸纳进来，这样做的优点是员工代表参与了职位评价的整个过程，使评价结果更能被广大员工认可；缺点是层级较低的员工可能无法理解某些职位对组织的真正价值。职位评价委员会的职责主要有：检查工作描述与工作分析；进行职位评价；处理员工对职位评价结果的申诉。通常规模较大、工作复杂程度高的公司会按照职位系统建立多个评价委员会。

(3)讨论职位评价因素表，确立统一的评价工具，即岗位评价因素和定义分级表。评价指标体系由一组既相互联系又相互独立的评价指标组成，职位评价及薪酬支付的公正与否与指标的选择及权重的确定密切相关，因此在选择评价指标时要慎重。

2. 培训阶段

(1)培训评价人员。在执行职位评价前，评价委员会成员必须接受职位评价的相关理论和实务操作的培训，明确职位评价的目的、所要评价职位的工作内容，理解和掌握职位评价的程序及方法。

(2)试点评价。职位评价委员会选择几个具有代表性的职位，运用已经选择好的职位评价方法对其进行试评价，评价结果向该职位上的员工公开，了解他们对评价的结果是否满意，发现问题并总结经验。

3. 评价阶段

这是全面评价的阶段。按照计划，各部门依次开展、逐步实施，各部门成员全力配合。职位评价委员会的工作方式有两种：一种是集体讨论方式，该方式将所有评委召集在一起，通过讨论直接得出评价结果。其缺点是一些成员迫于压力很难进行独立决策。另一种是反复论证法。首先由各成员独立进行职位评价，并将评价结果以某种形式（如电子邮件、信件、电话）返回；其次在固定地点集中分析所有成员的评价结果，得到评价结果的综合报告，并将其他人的评价结果及综合报告反馈给各个评价成员；最后评价成员根据其他成员的评价结果和综合报告修改自己的评价结果再发送至集中地点。如此反复，直至所有成员都认可评价结果。

4. 总结阶段

对于职位评价所得分数，按照一定顺序排列，就形成了职位评价的成果。依据实际情况确定职位等级（表5-1），对不同等级进行对等规定，使职位评估的结果形成一个相互衔接的完整体系，如规定第一等的第10级与第二等的第1级对等，也可以规定某一等级上技术类员工工资略高于管理类员工。

表 5-1　职位等级表

权限	点值	工勤	文秘	财务	销售	技术员	内部支撑	主管
25	100							
24	960							
23	930							
22	890							
21	850							
20	810							
19	770							
18	730							
17	700							
16	670							
15	640							
14	600							
13	570							
12	540							
11	510							
10	480							
9	450							
8	420							
7	390							
6	360							
5	330							
4	290							
3	260							
2	230							
1	200							

三、 职位评价的方法

1. 职位排序法

职位排序法是一种简单的职位评价方法，该方法依据特定的标准，对各个职位的相对价值进行比较，以确定职位价值大小并进行职位排序。职位评价的方法具体有三种，分别为简单排序法、交替排序法和配对排序法。

1）简单排序法

简单排序法即序列评定法，指评价者凭主观经验简单地按照职位价值的大小将职位由高到低（或由低到高）进行排序，这种评价方法需要多名评价者参与评价。如表 5-2 所示，5 位评价人员分别对 5 个岗位进行简单排序，职位价值最高的序列值为"1"，价值最低的序列值为"5"，然后对表中每个岗位竖排的序列值取平均值，根据平均值对职位进行最终排序。

表 5-2　简单排序法

岗位编号	A001	A002	A003	A004	A005
评价人员 A	1	2	3	5	4
评价人员 B	3	5	2	1	4
评价人员 C	2	3	5	4	1
评价人员 D	2	3	4	5	1
评价人员 E	1	3	4	5	2
总计	9	16	18	20	12
平均序列值	1.8	3.2	3.6	4	2.4
排序	1	3	4	5	2

2）交替排序法

交替排序法是另一种对职位进行排序的方法，首先从所有岗位中选择出两个岗位，一个是评价人员认为最重要的岗位，一个是其认为最不重要的岗位，然后按照相同的方法在剩余岗位中再选出两个最重要和最不重要的岗位，依次类推，直至评价结束。如表 5-3 中的例子，对某公司的 8 个岗位采用交替排序法进行职位评价，这八个岗位分别是 A、B、C、D、E、F、G、H。首先，评价人员根据评价因素的对比，确定岗位的相对价值，综合评价人员排序的平均值，选出 E 是最重要的岗位，B 是最不重要的岗位，所以 E 被排在第 1 位，B 被排在第 8 位；然后在剩余的 6 个岗位中进行选择，则有岗位相对价值最高的 A 和岗位相对价值最低的 H，于是 A 被放在第 2 位，H 被放在第 7 位；如此循环，直到 8 个岗位的次序全部被排出，岗位排序就完成了。

表 5-3　交替排序法

次序	1	2	3	4	5	6	7	8
岗位	E	A	D	G	C	F	H	B

3）配对排序法

配对排序法首先要将每一个需要被评价的岗位分别与其他岗位进行比较，再根据岗位在所有比较中的最终得分确定岗位的次序。评分的标准是价值较高者得 2 分，价值相同者得 1 分，价值较低者得零分。表 5-4 中，6 个岗位分别在水平和垂直两个维度上进行排列，"2"表示水平维度上的岗位比垂直维度上的岗位价值高；"1"表示水平维度上的岗位与垂直维度上的岗位价值相等；"0"表示水平维度上的岗位比垂直维度上的岗位价值低。对每个方格所对应的岗位进行相同比较后，得分最多的行所对应的岗位最重要，其次是得分第二多的行所对应的岗位，则在表 5-4 中，最重要的岗位是A，最不重要的岗位是 B。

表 5-4　配对排序法

岗位	A	B	C	D	E	F	总计
A	—	2	1	2	2	2	9
B	0	—	0	0	1	0	1
C	1	2	—	0	0	1	4
D	0	2	2	—	1	2	7
E	0	1	2	1	—	2	6
F	0	2	1	0	0	—	3

资料来源：康士勇，林玳玳 . 1998. 工资理论与管理实务［M］. 北京：中国经济出版社

4）职位排序法的步骤与优缺点

职位排序法的步骤：①确定需要评价的岗位；②收集岗位资料、信息、数据，进行工作分析；③确定评价要素，评价人员根据评价要素进行岗位评价；④选择一个或几个具有代表性的岗位，把需要评价的岗位与代表岗位进行比较；⑤汇总得到各岗位的总分以及岗位的平均分数，并对岗位进行排序；⑥依据岗位排列次序对岗位相对价值进行确定。

职位排序法的优缺点：排序法的优点是简单易行，具有一定的可信性，省时省力，费用较低，容易与员工进行沟通。它的缺点也比较明显，评价时评价者的主观意识会严重影响评价结果，而且只能模糊地评价出岗位间的排列次序，而岗位间具体的差距有多大，就不能量化了。如果职位较多，该评价方法并不适用，一般情况下，15 种职位可能是使用职位排序法的一个上限。若有 n 个职位，那么比较的次数就是 $n(n-1)/2$。

2. 职位分类法

职位分类法即职位分级法，起源于 20 世纪 20 年代的美国。其基本思想是：首先建立职位等级标准；其次将各个职位与标准分别进行比较并归到各个级别中去；最后根据不同等级的职位对技能和责任的不同要求，划分出一套等级系统。职位分类法的关键是建立职位级别体系，主要包括确定等级的数量并为每一个等级建立定义和描述。职位分类法广泛运用于公共部门、行政事业单位及企业中，尤其是存在技术类工作的组织中。

1）职位分类法的操作步骤

职位分类法的操作步骤如图 5-2 所示。

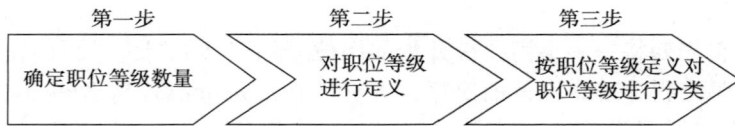

图 5-2　职位分类法的操作步骤

第一步，确定职位等级数量。按照企业的组织架构及职位设置情况，设计相应的职位等级。等级设置通常考虑两个因素：一是职位等级与组织架构的关系。通常情况下，扁平的组织等级少，传统的组织等级多。二是注意协调不同职位和工作系列中的层级设置，表5-5 中的等级数量是 10 级。

第二步，对职位等级进行定义。职位等级的定义较为宽泛地描述了职位的内涵，它指明可以分配到本等级中的这些职位上的工作所需的技能或职位承担者所应具备的特征。职位等级定义的编写可以较为复杂也可以较为简单，但一般需要阐述不同等级上职位的主要特征，包括职位内容简介、所具备的知识水平与技能水平、所承担的责任、所接受的指导与监督等(表5-5)。

表 5-5　职位分类法举例：某工程公司的职位分类系统

工作等级	各工作等级中的工作类型	
10 级	首席执行官	
9 级	副总裁	
8 级	高级经理	
7 级	中层经理	等级分类定义举例
6 级	专业 3 级	1 级：办公室的一般支持性职位
5 级	专业 2 级	办公室的一般支持性职位通常向一线主管人员或者部门管理人员汇报工作。这些职位通过完成下列任
	主管级职位	务为其他职位提供综合性支持服务，如操纵办公室一些常规设备(如传真机、复印机、装订机等)、文
4 级	专业 3 级	件存档、邮件归类及传递等。这些职位一般要遵守标准的办事程序，且要处理一些日常性事务。一些
	技术 3 级	非常规性事务和问题一般由主管人员或相关人员来
	职员/行政事务 3 级	处理。这些工作的从事者需要具备基本的办事知识，且需了解办事的一般程序
3 级	技术 2 级	
	职员 2 级	
2 级	技术 1 级	
	职员 1 级	
1 级	办公室的一般支持性职位	

第三步，按职位等级定义对职位进行等级分类。根据职位说明书将相应的职位等级进行匹配，将这些职位分配到一个与该职位的总体情况最贴近的职位等级中去。依次类推，直到所有的职位都被分配到相应的等级中。

2)职位分类法的优缺点与使用范围

职位分类法的优点是灵活性大，简单易行，适合需要明确划分职位等级的大型组织，当有职责变动或需要新增岗位时，工作就比较简单了。

职位分类法的缺点是它毕竟是一种定性的职位评价方法，没有进行严格的因素分解和定量分析。如果职位类别太少，要区分职位的价值就很难；如果职位类别太多，定义各种职位等级就会非常复杂且往往缺乏客观性。

3. 因素比较法

因素比较法是职位排序法的进一步发展，侧重于对同一类型岗位的评价，首先确定列出体现各岗位价值的因素，对因素进行比较，其次把各因素得分相加得出平均值，来确定职位的相对价值。

因素比较法包括如下具体步骤。

（1）确定报酬要素，以此为评价的基础，其一般包括五个方面，即智力条件、工作技能、工作责任、身体条件、工作环境条件。

（2）每类岗位选择一个具有代表性的岗位，把相似岗位的评价因素与代表性岗位的评价因素进行比较，一个因素一个因素地进行评定。

（3）确定各代表岗位的各报酬要素的工资分别是多少，然后相加得出最后工资。

（4）把需要评价的岗位按照相应的各报酬要素与代表岗位的各报酬要素相比较来确定各报酬的工资，然后相加。如表5-6所示，在所有列出的工作中，将程序分析员以外的工作都定为代表性岗位，以代表性岗位为基准来评价被评价组中其他工作的级别。假设委员会要评价程序分析员的工作，委员会认为这项工作比系统分析员工作具有更少的精神需要，但比程序设计员精神需要多。对技能等其他4个因素及所有被评价的工作重复此过程，将每个岗位的5个因素估价值进行加总，从而得到这一岗位的总价值。

表 5-6　因素比较法举例

价值/元	精神	技能	体能	责任	工作条件
1000	系统分析员			系统分析员	
900	程序分析员				
800	程序设计员			程序分析员	
700		数据录入员		程序设计员	
600		控制台操作员			
550	控制台操作员	程序设计员			
500		程序分析员		控制台操作员	
400	数据录入员	系统分析员	数据录入员		数据录入员
300		系统分析员		数据录入员	控制台操作员
200		程序设计员			系统分析员
100		程序分析员			程序分析员
0		控制台操作员			程序设计员

由表5-6可知，程序分析员的总价值为

精神 900＋技能 500＋体能 100＋责任 800＋工作条件 100＝2400(元)

因素比较法的优点是：它是根据每个岗位的报酬要素一一评定的结果，具体得出了每个报酬要素的评价，对确定岗位间的相对价值具有重要作用；需要注意的是报酬要素的确定一定要谨慎，要选择在不同岗位间具有代表性的要素，同时根据市场环境和组织内部环境的变化适时调整报酬要素，以确保客观、全面地评价职位的价值。

4. 要素计点法

要素计点法是 20 世纪 90 年代以来比较流行的一种职位评价方法，它被称为职位评价的第一量化方法。其基本原理是：根据工作的相对价值来比较每一个特定的职位或工作；因工作性质不同而不能直接进行比较的工作或职位，则需寻找不同质工作中的同质要素进行比较；再选出职位族中那些具有代表性的同质要素，并将其分为次要素和程度要素；以计点的方式来衡量这些要素的价值，构建职位和薪酬等级结构。

要素计点法最基本的特征是：①报酬要素体系；②要素等级的可量化；③权重反映各要素的相对重要性。每个职位所分配的总薪点数取决于其相对价值，即其在组织报酬等级结构中的相应位置。

1)要素计点法的操作步骤

要素计点法的操作可以划分为以下几个步骤(图 5-3)。

图 5-3　要素计点法的操作步骤

第一步：进行工作分析。

用于分析的是各类职位中有代表性的职位，也就是基本职位。这些职位的内容是定义报酬要素、给要素评分及确定权数的基础。这些工作需要详细的工作描述和工作分析。

第二步：确定报酬要素。

报酬要素是指工作中组织重视，有助于追求组织战略、实现组织目标的那些要素。因此，报酬要素是组织愿意为之支付一些具有可衡量性的质量、特征、要求或结构性的因素，其实际上存在于在多种不同的职位中。例如，北京大学纵横管理咨询公司提出的职位评价方法中，报酬要素分为四类，即责任、技能、努力和工作条件。这些要素可以被称为一级要素，需要对其内涵进行严格的界定。

企业确定什么样的报酬要素，即向员工传递了什么样的企业价值观，同时也反映了企业的战略。例如，上汽通用五菱公司提出"创造质量和成本领先的微小型车"这一战略，企业价值观念包括"客户满意、团队合作、学习创新、高效务实"，那么报酬要素就应该包括成本控制、质量控制、顾客关系等，其中对产品创新、维系顾客关系有较大责任的职位的价值就相对较大。那么当企业战略方向发生变化时，报酬要素也应该做出相应的变化，从而引导员工的工作行为，使之符合组织的总体战略。同样的，当某些报酬要素不再支持业务战略时，就应将其剔除。

不同类型的公司会根据自己的公司战略和价值观设置不同的报酬要素。例如，上海福克斯波罗有限公司对操作类职位序列进行职位评价时确定了 11 项报酬要素，即教育程度、独立工作能力、经验、脑力或视力要求、体力要求、材料或产品责任、设备或工艺责任、对别人的工作所负责任、对别人的安全所负责任、危险性、工作环境条件等；而其对管理类职位序列进行职位评价时确定了 9 项报酬要素，即管理能力、解决问题能力、创造能力、分析能力、经济责任、独立工作能力、适应能力、工作经验、教育程度。表 5-7 是某高科技企业选取一级报酬要素的例子。

表 5-7 某高科技企业一级报酬要素定义表

名称	定义
对企业的影响	指本岗位的工作结果对企业的影响程度
解决问题	指本岗位经常面临且需解决的专业业务问题的复杂性及创造性
责任范围	指赋予本岗位责任职权的大小及其履行职责进行沟通和工作联系的范围大小、所需岗位专业知识的内容和水平
监督	指该岗位必须指导、培养人员从事专业工作与学习，并对其工作学习情况负有管理与考核的责任
知识经验	知识：指从事本岗位工作所必须具备的基本学校教育及通过其他进修渠道等所获取的知识 经验：指从事本岗位工作所必须具备的在专业工作实践中积累并获得的知识
沟通	不仅是信息传递与理解的过程，也是情感交流的过程，通过一定的沟通技巧、沟通频率和内外条件要素，进行思想情感交流或探讨问题的解决方法，从而更好地达到工作目标
环境风险	指本岗位工作所处环境中对人员的有害影响和潜在危险程度以及工作场所接触有害环境的概率

第三步：分解报酬要素。

分解报酬要素是指将一级报酬要素分解为二级报酬子要素。例如，某生产企业的劳动技能要素分解为专业知识、学历，作业复杂程度，预防、处理事故复杂程度，操作技能四个二级指标；劳动责任要素分解为经济效益责任、质量责任、原材料消耗责任、安全责任四个二级指标；劳动强度要素分解为脑力消耗疲劳程度、体力劳动强度、作业姿势、工时利用率和工作班制四个二级指标；劳动环境要素分解为作业条件危险性、噪声危害、有害有毒危害三个二级指标，具体见表5-8。

表5-8　某生产企业报酬要素分解表

一级报酬要素	二级报酬子要素	二级报酬子要素定义
劳动技能	专业知识、学历	评价岗位对专业、技术理论知识方面的要求
	作业复杂程度	评价岗位操作工艺的复杂程度和岗位间协调要求
	预防、处理事故复杂程度	评价岗位对预防事故和处理事故所具备的能力水平要求
	操作技能	评价岗位操作的技术复杂程度及对技能的积累程度要求
劳动责任	经济效益责任	评价岗位劳动对经济效益的影响程度
	质量责任	评价岗位劳动对最终产品的责任大小
	原材料消耗责任	评价岗位劳动对物质消耗的影响程度
	安全责任	评价岗位劳动对安全生产的影响程度
劳动强度	脑力消耗疲劳程度	评价岗位劳动者的脑力消耗强度和疲劳程度
	体力劳动强度	评价岗位劳动者的体力消耗强度
	作业姿势	评价岗位劳动者的劳动姿势对生理器官的疲劳程度的影响
	工时利用率和工作班制	评价岗位劳动时间的利用程度和工作班制对劳动者的体力影响
劳动环境	作业条件危险性	评价岗位对劳动者或他人可能引起的危险程度
	噪声危害	评价岗位劳动者接受噪声影响对其身体健康的危害程度
	有害有毒危害	评价岗位劳动者接触有害有毒气体、粉尘物对其健康的影响

第四步：确定报酬要素的档次及分档标准。

分解报酬要素后，就需要界定每一种报酬要素的各种不同等级水平。每一种报酬要素的等级数量是由组织内部所有被评价职位在该报酬要素上的差异大小决定，差异程度大，划分的报酬要素等级就多，反之差异程度小，划分的等级就少。例如，一家企业的所有岗位在工作条件上的差异不是很大，那么工作条件这一报酬要素可能划分三个等级就足够了。但是如果是在一个不同职位的工作条件差异很大的组织中，工作条件也许需要划分为五个甚至更多的等级才能反映出不同职位在该报酬要素上的差异。表5-9～表5-12分别给出了某生产企业对专业知识、学历，操作技能，作业复杂程度，预防、处理事故复杂程度四个报酬要素的不同等级所进行的界定。

表5-9　某生产企业报酬要素(专业知识、学历)的等级界定

等级	等级界定
等级1(10分)	了解本岗位专业理论知识，具备初中以上学历
等级2(15分)	熟悉本岗位专业技术理论知识，了解相关工种的一般技术理论知识，具备初中以上学历

续表

等级	等级界定
等级3(20分)	要求较高的岗位专业技术理论知识，了解相关工种主要技术理论知识，具备高中或技工学校以上学历
等级4(25分)	要求很高岗位专业技术理论知识，较全面了解相关工程技术理论知识，具备高中或技工学校以上学历

表5-10　某生产企业报酬要素(操作技能)的等级界定

等级	等级界定
等级1(5分)	技术操作技能要求简单
等级2(15分)	技术一般，操作技能要求一般，需要半年以上熟练期
等级3(30分)	技术操作比较复杂，操作技能要求较高，需要1年以上实习期
等级4(45分)	技术复杂，操作技能要求高，需要2年以上实习期

表5-11　某生产企业报酬要素(作业复杂程度)的等级界定

等级	等级界定
等级1(10分)	操作工序单一，工作物对象简单
等级2(25分)	操作工序较多，工作物对象难度一般，需交叉配合作业
等级3(35分)	操作工序多，工作物对象难度大，在多工种交叉作业中起关键作用

表5-12　某生产企业报酬要素(预防、处理事故复杂程度)的等级界定

等级	等级界定
等级1(0分)	预防、处理事故的技术能力没有专业要求
等级2(5分)	预防、处理事故的技术能力要求一般
等级3(10分)	预防、处理事故的技术能力要求较高
等级4(15分)	预防、处理事故的技术能力要求高

第五步：确定各报酬要素权重系数。

一般是以百分比的形式来表示报酬要素在总体薪酬要素体系中的权重。报酬要素权重既能代表不同报酬要素对企业价值贡献的程度，也能反映企业对各要素重视程度的差别。首先，确定一级报酬要素的权重，表5-13中一级报酬要素的权重分别为对企业的影响40%、解决问题20%、责任范围10%、监督10%、知识经验5%、沟通5%、环境风险5%；然后，确定每一个二级报酬于要素在一级要素中的权重：基本影响60%、成长促进40%；复杂性50%、创造性50%；工作独立性40%、工作内容广度40%、知识广度20%；人数30%、下属素质40%、层次类别30%；知识40%、经验60%；沟通频率30%、沟通技巧40%、内外要素30%；环境条件60%、工作风险40%，而二级报酬子要素在整个评价方案中的总权重就等于它在二级要素中的权重乘以一级要素的权重，如基本影响的总权重为40%×60%＝24%。

表 5-13　某高科技企业职位价值模型

一级报酬要素	权重/%	分值/分	二级报酬子要素	权重/%	分值/分
对企业的影响	40	400	基本影响	60	240
			成长促进	40	160
解决问题	20	200	复杂性	50	100
			创造性	50	100
责任范围	10	100	工作独立性	40	40
			工作内容广度	40	40
			知识的广度	20	20
监督	10	100	人数	30	30
			下属素质	40	40
			层次类别	30	30
知识经验	5	50	知识	40	20
			经验	60	30
沟通	10	100	沟通频率	30	30
			沟通技巧	40	40
			内外要素	30	30
环境风险	5	50	环境条件	60	30
			工作风险	40	20
合计	100	1000	—	—	1000

资料来源：冉斌.2004.薪酬设计六步法[M].北京：中国经济出版社

常用的确定报酬要素权重的方法有三种，即经验法、德尔菲法和层次分析法。

（1）经验法。评价人员依据过去的经验或者共识来进行决策。此方法要求评价小组相互讨论，进而确定不同报酬要素的权重。

（2）德尔菲法。给每位专家发放加权咨询表，再统计所有专家计算的每个报酬要素的权重系数。

（3）层次分析法。可将报酬要素分解成若干层次，在此基础上，对薪酬因素进行两两对比和逐步分析，并引入1～9标度法描述其重要程度。如此，每个报酬要素的得分为1～9，计算所有报酬要素的总分，最后用每个报酬要素的得分除以总分即可计算出每个要素的权重。

第六步：对各档报酬要素进行点数配置。

组织不仅要确定各报酬要素所占的权重，还要为职位评价体系确定一个总点数或总分，如1000点、800点或600点等。总点数的确定要以能够准确、清晰地反映不同职位之间的价值差异为原则，当被评价的职位数量较多且价值差异较大时，则总点数相对较大；反之，总点数可以相对较小。例如，在表5-14中，我们将总点数设为1000点，一级报酬要素的分值可以通过总点数与所赋予的权重相乘得出，如"对企业的影响"的分值为 1000×40％＝400 分。二级报酬子要素的分值则由一级报酬要素的分值乘以二级报酬子要素在一级报酬要素中的权重得到，如"基本影响"的分值为 400×60％＝240 分。

表 5-14　某高科技企业职位价值模型

一级报酬要素	权重/%	分值/分	二级报酬子要素	权重/%	分值/分	级数	各等级分值/分				
							1	2	3	4	5
对企业的影响	40	400	基本影响	60	240	5	48	96	144	192	240
			成长促进	40	160	5	32	64	96	128	160
解决问题	20	200	复杂性	50	100	5	20	40	60	80	100
			创造性	50	100	5	20	40	60	80	100
责任范围	10	100	工作独立性	40	40	5	8	16	24	32	40
			工作内容广度	40	40	5	8	16	24	32	40
			知识的广度	20	20	5	4	8	12	16	20
监督	10	100	人数	30	30	5	6	12	18	24	30
			下属素质	40	40	5	8	16	24	32	40
			层次类别	30	30	5	6	12	18	24	30
知识经验	5	50	知识	40	20	5	4	8	12	16	20
			经验	60	30	5	6	12	18	24	30
沟通	10	100	沟通频率	30	30	5	6	12	18	24	30
			沟通技巧	40	40	5	8	16	24	32	40
			内外要素	30	30	5	6	12	18	24	30
环境风险	5	50	环境条件	60	30	5	6	12	18	24	30
			工作风险	40	20	5	4	8	12	16	20
合计	100	1000	—		1000						

企业通常会采用算术法计算每一种报酬要素在内部不同等级上的点数。例如，在表 5-14 中，我们将界定每一报酬要素中的最高等级，即此处第 5 级的点数为该报酬要素在评价系统中的总点数，再把第 5 级的点值除以 5，则可获得该报酬要素不同等级间的点值差，将第 5 级的点值依次减去点值差，就可获得第 4 级、第 3 级、第 2 级、第 1 级的点值。例如，"基本影响"要素的第 5 级分值为 240，其第 4 级分值为 240－240/5＝192，第 3 级分值为 192－240/5＝144，第 2 级分值为 144－240/5＝96，第 1 级分值为 96－240/5＝48。

还有一种方法为几何法，即首先确定不同要素等级之间的点值比率差（假设比率差为 a），再将第 5 级的点值依次除以 $1＋a$，就可以获得第 4 级、第 3 级、第 2 级、第 1 级的点值。

第七步：运用报酬要素分析和评价每一个职位。

上述步骤是职位评价的前期准备部分，即为职位评价提供一套标准。进行实际职位的评价时，评价者需考虑被评价的职位在每个既定的报酬要素上实际所处的等级，并根据这一等级代表的点数确定其在该报酬要素上的点数。在得到被评价职位上所有报酬要素的点数之后，再进行点数加总，得到该职位的最终评价点数。

第八步：对所有职位进行排序。

当得到所有职位的评价点数，按照点数高低进行排序后，再将职位划分等级，制成职位等级表。表 5-15 给出了某公司部分职位进行职位评价后的职位排序的结果。

表 5-15　某公司部分职位的职位排序

职级	职位名称	职位评价点数
18	市场经理	694
17	财务经理	619
16	人事经理	587
15	总经办主任	526
14	项目经理	449
13	会计主管	419
12	物流管理专员	408
11	系统分析员	359
10	市场专员	344
9	初级法律顾问	297
8	人事专员	269
7	秘书	242
6	公共关系专员	221
5	薪酬专员	199
4	供应主管	185
3	设备采购专员	168
2	出纳	147
1	司机	124

2）要素计点法的优缺点

要素计点法的优点主要有：较准确地确定相对价值，评定的准确性高，充分体现定量分析；还可以对评估数据进行系统性的分析；评估的结果易转化为薪资级别；具有一定的精确性和连续性。

要素计点法的缺点主要有：工作量大且操作过程较为复杂，为了对要素理解达成共识，需提前与员工进行充分的沟通。对于规模较小的企业，要素计点法可能会使简单问题复杂化，不如非量化的方法实用。

5. 海氏评估法

海氏评估法是在 1951 年由美国著名的工资专家艾德华·海开发的，并以其名字命名。

海氏评估法又称"指导图表-形状构成法",是以要素计点法为基础开发的具体职务评价方案,也是当前国际上使用最广泛的职位评估方法之一。它能够量化不同职能部门中不同职务之间的相对价值并进行比较。这一评估系统将所有职位所包含的付酬要素抽象归纳为三大要素,即知能水平、解决问题能力和风险责任,而每个付酬要素又由数量不等的子要素构成(表5-16)。

表 5-16　海氏评估法三要素定义及其子要素构成

因素	知能水平			解决问题能力		风险责任		
维度	专业知识	管理诀窍	人际关系技巧	思维环境因素	解决问题难度	行动自日度	行为后果影响	风险责任
等级数	8	5	3	8	5	9	4	4
具体措施	1. 基本的 2. 初等业务 3. 中等业务 4. 高等业务 5. 基本专门技术的 6. 熟练专门技术的 7. 精通专门技术的 8. 权威专门技术的	1. 起码的 2. 有关的 3. 多样的 4. 广博的 5. 全面的	1. 基本的 2. 重要的 3. 关键的	1. 高度常规 2. 常规性的 3. 半常规性 4. 标准化的 5. 明确规定的 6. 广泛规定的 7. 一般规定的 8. 抽象规定的	1. 重复性的 2. 模式化的 3. 中间型的 4. 适应性的 5. 无先例的	1. 有规定的 2. 受控制的 3. 标准化的 4. 一般性规范的 5. 有指导的 6. 方向性指导的 7. 广泛性指导的 8. 战略性指导的 9. 一般性无指引的	1. 间接后勤 2. 间接辅助 3. 直接分摊 4. 直接主要	1. 微小 2. 少量 3. 中级 4. 大量

结合以上三个要素,并根据相应的标准,海氏评估法对所评估的岗位进行评估打分,从而获得每个岗位的评估分,岗位评估分＝知能得分＋解决问题得分＋应负责任得分。其中知能得分和应负责任得分都是绝对分,而解决问题得分是相对分(百分值),经过调整后,最后得分才是绝对分。

利用海氏评估法评估三种主要付酬因素时,还需考虑各岗位的"形状构成",确定该因素的权重,并据此计算各岗位的相对价值总分,以完成岗位评价活动。所谓职务的"形状"主要由知能和解决问题的能力相对于岗位责任的影响力的对比与分配来决定,如图5-4所示。

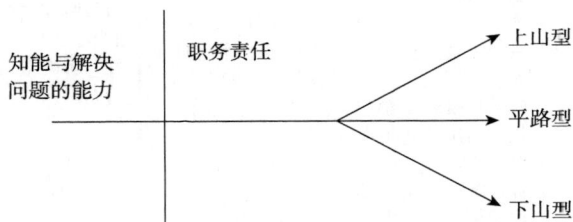

图 5-4　职务形态构成图

从这个角度去观察，企业中的所有岗位可分为三种类型。

(1)上山型。此类岗位的责任比知能与解决问题的能力重要，如公司总裁、销售经理、负责生产的干部等。

(2)平路型。此类职务的知能和解决问题能力与责任并重，如会计、人事等职能干部。

(3)下山型。此类岗位的职责不如知能与解决问题能力重要，如科研开发人员、市场分析干部等。

根据三种职务的职务形态构成，分别赋予三种职务三个因素不同的权重，即分别给三种职务的知能与解决问题的能力和责任因素赋予相应的百分数权重，综合加总时，根据企业职位的具体情况分别赋予不同的权重。

四、 职位评价的方法比较

职位评价的方法包括职位排序法、职位分类法、因素比较法、要素计点法（海氏评估法是对要素计点法的发展）。这四种方法具有各自的使用场所、各自的优缺点，应根据组织的具体情况来确定使用哪种方法。其中前两种方法属于非量化的方法，后两种方法属于量化的方法。这四种评价方法的比较见表5-17。

表5-17 四种评价方法比较表

方法	比较的方法	实施的步骤	优点	缺点	适用企业
职位排序法	职位间的比较	查阅需要进行评价职位的职位说明书；依据职位说明书对本职位进行评价、排序	本方法比较简单，容易实施，容易理解；实施起来省时省力	易受评价人员主观感受的影响，缺乏客观性；只能粗略地评价出职位的顺序，但具体岗位间的价值差距无法量化	本方法适用于规模较小的企业
职位分类法	被评价职位与代表性职位之间的比较	根据职位分析进行岗位分类；与代表性职位比较	本方法灵活性大，简单易行	不能明确地划分等级；岗位评价存在主观性；岗位间的相对价值不明确	本方法适用于大型组织，而且具有明确的岗位划分
因素比较法	职位间的比较	确定报酬要素；选择几个具有代表性的岗位；确定这些岗位的各报酬要素的工资分别是多少，然后相加得出最后工资；把需要评价的岗位按照相应的各报酬要素与代表岗位的各报酬要素相比较来确定各报酬的工资，然后相加	本方法比较易行，并且能准确地明确岗位间的相对价值	对报酬要素的选择和比较具有主观性，影响最后的评价结果	本方法适用于经常调查并掌握市场薪酬变化的企业

续表

方法	比较的方法	实施的步骤	优点	缺点	适用企业
要素计点法	需评价职位与代表性职位之间的比较	进行职位分类；确定职位评价要素；确定各职位要素的等级和等级标准；确定要素指标的权重和权数；对各指标进行评分，然后相加	本方法可以避免评价时主观因素的影响；可以量化，具有相对的客观性；可以明确岗位间的相对价值	评价要素选择、权重、权数具有主观性；工作量大	本方法适用于大中型企业，以及对岗位划分、岗位评价精确度要求高的企业

五、 职位评价与薪酬的关系

职位评价分数与薪酬之间存在一定的对应关系，可以是线性或是非线性的，如图5-5所示。

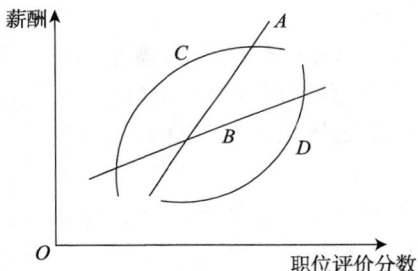

图 5-5　职位评价与薪酬的比例关系

图5-5中四条线均表示工作评价分数与工资间存在正相关，即随着评价分数的增加工资也增加，同时也说明工资越高，职位的相对价值越高。

其中 A 和 B 两条直线反映了工作评价分数与工资间存在着线性关系，即正比例关系，A 直线比 B 直线斜率大，说明 A 直线的薪酬等级差距比 B 直线的薪酬差距大，起到的激励性作用也大。组织在现实操作中应注意斜率过大易产生贫富差距过大，斜率过于平缓则不利激发员工的工作积极性。

其中曲线 C 和曲线 D 是非线性关系，曲线 C 在前半段上升比较迅速，说明在职位评价分数较低（职位较低）时，评价分数微小变化会引起薪酬较大变化，能够鼓励等级低的员工努力工作；后半段比较平缓，说明职位评价分数越高（职位等级越高），薪酬水平增加越慢甚至不再增加。曲线 D 前半段比较平缓，薪酬增加一点就可以产生激励效果；后半段比较陡峭，说明职位越高，需要增加更多的薪酬才可以产生激励作用。

第二节　基于职位的薪酬体系

一、 基于职位的薪酬体系的概念

基于职位的薪酬体系是指对每个职位价值进行评价，以此作为基础构建的支付薪酬的方法和制度。

基于职位的薪酬体系主要是以职位价值为评价指标，考虑员工所承担的工作与责任，使担任的职位与获得的待遇相匹配。事实上，完全基于职位的薪酬体系很少见，企业所采用的基于职位的薪酬体系往往以考虑职位价值为主，同时还会结合个人能力、工作绩效等指标。所以，某职位的薪酬并非一个薪酬点，而是有一定灵活性的薪酬区间。

二、 基于职位的薪酬体系的优劣势

基于职位的薪酬体系是一种确定员工基本薪酬的传统制度，其最大特点在于其只考虑职位的价值因素而较少考虑人的因素。这种特点决定了其在应用中既有利也有弊。

基于职位的薪酬体系的优势包括如下几个方面。

(1)体现按劳分配原则，真正意义上实现同工同酬，具有相对公平性。这种公平性主要体现在两个方面：一是基于职位的薪酬体系是以岗位价值评价为基础的，体现的是岗位之间的相对价值，做到了内部公平；二是企业确定薪酬水平时，以同行业或同区域的社会薪酬水平为参考，做到了外部公平。

(2)操作简单，管理成本低。基于职位的薪酬体系不仅实际操作简单，而且有利于企业按照职位系列进行薪酬管理，提高管理效率，降低管理成本。

(3)便于推行。基于职位的薪酬体系比较直观，容易向员工讲解、便于理解，所以很容易被接受和推行。

(4)便于一体化管理。基于职位的薪酬体系与职位体系及工作目标结合紧密，便于实施企业内人力资源一体化管理。

基于职位的薪酬体系的劣势包括如下几个方面。

(1)缺乏激励性。由于薪酬与职位是息息相关的，若员工感觉到晋升无望，就会出现消极怠工的现象，薪酬的激励作用降低，特别是对于能力强而职位低的员工的激励性不够。

(2)缺乏可变性。由于一般情况下职位是相对稳定的，基于职位的薪酬也保持着相对稳定。这种体系下的薪酬不会因为环境的变化而产生较大的增减变动，这样就不利于企业对多变的外部环境做出迅速反应，企业薪酬体系与外部环境脱轨，从而可能对员工产生负激励作用。

三、 基于职位的薪酬体系的应用范围

目前我国广泛运用的三种薪酬体系主要是基于职位的薪酬体系、基于能力的薪酬体系和基于绩效的薪酬体系。这些薪酬体系有各自不同的特点，因而企业在选择时要充分考虑其应用范围，有针对性地设计和选用，否则就容易进入薪酬管理的误区，薪酬体系运用不当。薪酬体系的应用范围主要由岗位性质和岗位特点来决定。企业的职位主要有管理类、销售类、研发类、生产类等，企业的职类性质主要分为能力导向、过程导向及结果导向。而基于职位的薪酬体系一般针对那些能力和业绩难以区分和界定的岗位，主要应用于过程导向的岗位，如管理岗位、行政工勤类岗位、部分专业管理岗位等。

四、 基于职位的薪酬体系的应用条件

基于职位的薪酬体系的特点及应用范围决定了其特定的应用条件，企业在对该体系加以应用前必须充分考虑是否满足这些条件，以保证合理高效地利用该薪酬体系。企业采用基于职位的薪酬体系，应当满足下述前提条件。

（1）明确工作分析，建立系统、清晰的职位体系。企业要采用基于职位的薪酬体系时，必须以工作内容为依据，明确划分出所有的职位，以使各职位的工作内容、所需的知识经验和能力都明确具体，同时不会出现职位之间的重复交叉。在职位具备了工作分析的条件后，还要保证企业有清晰系统的职位体系。

（2）员工的胜任能力。因为职位薪酬严格按照职位价值来定薪，所以员工具备的能力应与职位所需的能力相匹配，契合职位价值，保证薪酬公平性，以防出现由于员工能力低于职位要求的能力而正常工作无法按时保质完成，员工却多获利，最终影响企业效益。或是员工的能力超出职位所要求的能力，就会引起员工不满，工作积极性下降甚至优秀员工流失，导致企业人力资源的损失。

（3）工作内容保持相对稳定。如果工作内容经常发生变化，就会引起一系列连锁反应。首先工作难度和工作要求发生变化，相应地对员工的知识、技能和经验要求也会发生变化，进而导致职位价值发生变化，之前的基于职位的薪酬体系就会脱离当前变化了的实际情况。

五、 基于职位的薪酬体系的设计步骤

基于职位的薪酬体系的设计主要分为四个模块（图 5-6），即工作分析、职位评价、薪酬调查、薪酬决策。

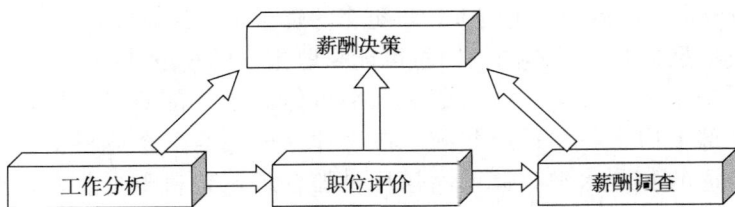

图 5-6 基于职位的薪酬体系设计的四个模块

1．工作分析

工作分析就是客观描述并研究组织中各个岗位职务的工作内容和职务规范（任职资格）。工作分析的过程基于所需工作分析的目的之上，明确目的后，运用适当的方法搜集资料，由专业人士进行资料的整理、分析、研究，编写工作描述与工作规范，形成岗位说明书。运用其到人力资源管理其他各项工作之中，进行反馈与修订，不断完善，以形成最终准确的基础性资料，即岗位说明书。

2．职位评价

第一，组建职位评价委员会。对职位评价因素表进行讨论，确定统一的评价工具，即职位评价因素及定义分级表。第二，对评价人员就相关职位评价进行培训。第三，对典型

的职位进行试点评价。第四，进行全面评价。第五，对于职位评价所得分数按照一定顺序排列，就形成了职位评价的成果。

3. 薪酬调查

一般情况下，进行职位评价后，企业还需对外部市场的薪酬水平做调查，以便获得相关信息，为确定本企业的薪酬战略提供依据。薪酬调查主要是根据企业特点了解特定行业及领域内，相关企业的薪酬战略、薪酬设计、薪酬结构、薪酬水平等信息。经过市场调查后形成的薪酬体系更合理、更有效。不同企业选择的调查程度不同，有的复杂、有的简单，企业根据自身需求选择调查方式。外部市场调查的一般步骤为选定相关市场、确定调查范围、搜集资料、进行资料分析。

4. 薪酬决策

薪酬决策这一阶段包括两个方面的内容，即薪酬水平战略和薪酬结构。

(1)薪酬水平战略。不同的公司有各自的薪酬战略，薪酬战略依据本企业薪酬和外部薪酬水平的差异关系主要可以分为领先薪酬战略、紧跟薪酬战略、滞后薪酬战略、综合薪酬战略四种。

领先薪酬战略是指本企业的薪酬水平高于外部平均薪酬水平。采取这种薪酬战略的主要目的是吸引新员工，激励和稳定原有的员工队伍，以此为基础把握市场时机，使企业得以快速发展。该种战略比较适合发展中的企业，但人力资本的成本会较大。

紧跟薪酬战略是指本企业的薪酬水平与外部平均薪酬水平相同或相近。采取这种薪酬战略的企业往往利用除薪酬外的其他方面的优势与企业竞争，而在薪酬方面保持市场平均水平的保险策略。这种战略所带来的人力资本压力不会太大，同时薪酬方面不会太失吸引力。

滞后薪酬战略是指本企业薪酬水平低于外部平均薪酬水平。企业采用此种战略的主要目的是节省人力资本，以得到可用资本，将更多的资金用于其他方面的投资，获取高利。

综合薪酬战略是指企业对不同的职位可能采取不同的薪酬战略。某些职位薪酬水平可能低于外部平均水平，某些职位的薪酬水平可能高于外部平均水平，某些职位的薪酬水平可能与外部平均水平相近或相同。在这种综合战略下企业根据不同职位的具体情况来确定其合适的薪酬水平，针对性强且更加合理，有利于企业取得更好的效果和获取更大的利益。

每个企业所面临的情况不同，在选择本企业的薪酬战略时，企业应根据自身具体情况和外部的竞争环境来选择适合企业发展的薪酬战略。

(2)薪酬结构设计。薪酬结构是同一组织内员工的各种薪酬比例及其构成。通过工作分析、职位评价、薪酬调查及薪酬战略定位，我们基本确定公司每个岗位的工作价值、职位级别、市场薪酬水平。在设计薪酬结构时，往往要综合考虑五方面因素：职位等级、个人的技能和资历、工作时间、个人绩效和福利待遇。而在工资结构中与之相对应的分别是基本工资、技能工资、加班工资、绩效工资及福利。

六、 基于职位的薪酬结构设计

1. 薪酬结构的概念及基本构成

我们从狭义和广义两个角度来定义薪酬结构的概念，狭义的薪酬结构是指在同一组织内不同职位或不同技能的员工之间薪酬水平排列的方式，体现的是一种纵向的等级关系，包括薪酬等级的数目、薪酬级差、等级区间以及级差决定标准。广义的薪酬结构比狭义的薪酬结构范围更广，还包括各种薪酬形式之间的比例关系，如基本薪酬、可变薪酬与福利薪酬之间的比例关系等，这种关系也被叫做薪酬组合。

我们通常以"薪酬结构线"来表示薪酬结构的这种关系与规律。企业通过市场薪酬调查，并将之与本企业薪酬结构进行比较，作为薪酬调整的依据。一个典型的薪酬内部等级结构如图 5-7 所示。

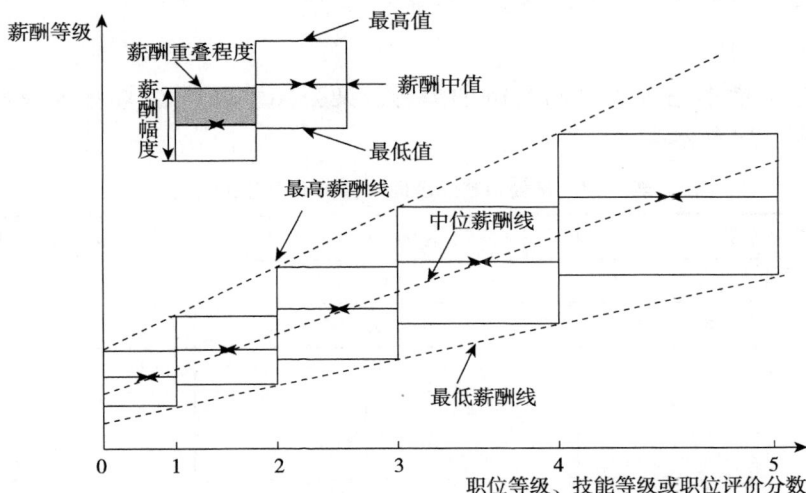

图 5-7 企业薪酬结构图

图 5-7 描绘了薪酬结构的基本构成，即薪酬等级、薪酬趋势线（最高薪酬线、中位薪酬线、最低薪酬线）、薪酬水平（薪酬幅度、薪酬中值、最高值、最低值），以及薪酬等级间的交叉重叠程度（薪酬重叠程度）等。薪酬趋势线由两部分构成，即薪酬级差和薪酬宽度。

1）薪酬等级

薪酬等级是指同一组织中不同职位或技术等级的不同薪酬标准而形成的梯次结构，体现的是薪酬等级数目与各等级之间的关系（表 5-18）。

表 5-18 某企业薪酬职等划分

职类		管理类	技术类	专业类	行政事务类	工勤类
职层	职等					
核心层 A	G10					
	G9					
	G8					

续表

职类		管理类	技术类	专业类	行政事务类	工勤类
职层	职等					
中间骨干层 B	G7					
	G6					
	G5					
	G4					
基层 C	G3					
	G2					
	G1					

资料来源：陶莉，张力.2007.薪酬管理[M].北京：清华大学出版社

2）薪酬级差

薪酬级差是指不同等级之间薪酬的差异。某公司薪酬等级共有 8 级，极差均为 12.5％，如表 5-19 所示。

表 5-19　某公司薪酬区间中值的等级分布情况

薪酬等级	区间中值/元	级差/%
1	1825	12.5
2	2053	12.5
3	2310	12.5
4	2599	12.5
5	2923	12.5
6	3289	12.5
7	3700	12.5
8	4162	12.5

资料来源：孙金利.2004.薪酬管理[M].天津：天津教育出版社

3）等级宽度（薪酬幅度）

在实际薪酬管理中，每个薪酬等级对应单一的薪酬值，在薪酬等级中最高薪酬水平和最低薪酬水平之间存在着差额，即为每一薪级可能支付薪酬的范围，即为薪幅。薪幅的下限为等级起薪点，上线为顶薪点，即最低薪酬和最高薪酬，薪酬结构线穿过每个等级上的点连成的线即为薪酬趋势线。

4）相邻两个薪酬等级之间的交叉与重叠关系

在薪酬结构中，相邻两个薪酬等级之间往往会出现交叉与重叠关系，如图 5-8 所示。

2. 薪酬结构的设计

薪酬结构设计有二维定义，一个维度确定的是纵向等级关系，主要包括薪酬等级数目、薪酬等级级差、等级区间的划分与薪酬区间设计等内容；另一个维度确定的是横向的

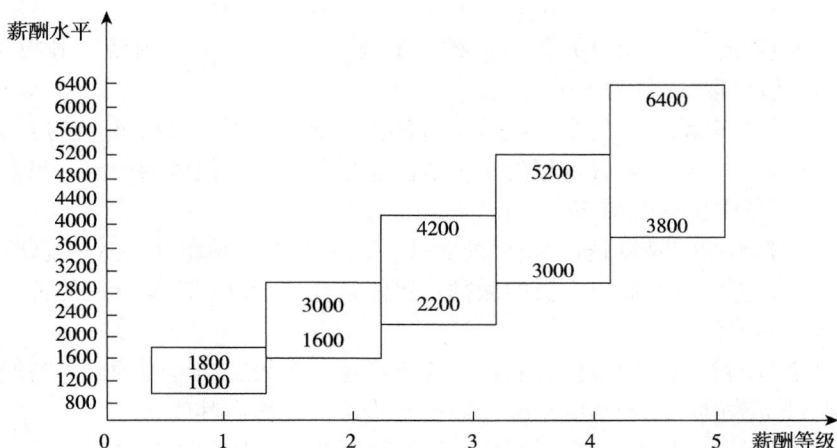

图 5-8　薪酬变动区间

资料来源：孙金利．2004．薪酬管理[M]．天津：天津教育出版社

薪酬种类组合关系，即不同薪酬形式之间比例关系的设计。

1）薪酬等级数目的设计

在确定薪酬等级数目时，岗位价值评估所获得的职位层级一般可与薪酬等级相同。但往往需要考虑企业的规模、性质与组织结构（规模越大、纵向等级结构越明显的企业，薪酬等级相对越多）、职位系列内工作的复杂程度差别（同一职位系列内工作的复杂程度差别越大，薪酬等级数目相对越多）、薪酬级差（当薪酬总额一定时，薪酬等级与薪酬级差成反比关系，级差越大，则薪酬等级数目越少）以及行业特征等因素，还要相应地调整职位层级以得到薪酬等级。

一般情况下，中小企业将薪酬等级设置在 7 到 10 级之间，而国内如太和顾问等的专业人力资源咨询公司，则将薪酬等级划分成 20 到 25 级不等。在为深圳某科技公司进行薪酬结构设计时，我们将其薪酬等级划分为 22 级。

目前，企业的薪酬等级结构逐渐呈宽带化发展趋势，即薪酬等级数目减少，薪酬等级之间的薪酬幅度变大，同一薪酬等级内的薪酬差距变大。

2）薪酬等级级差的设计

在设计等级级差前，一般先要确定最高与最低薪酬等级的中位值。

对最高与最低薪酬等级的中位值进行设计时，不仅要以职位评估的结果为参考，还需考虑其他因素，如最高与最低等级工作复杂程度的差异、当地政府规定的最低工资标准、市场具有可比性的薪酬水平、企业支付能力以及企业的发展阶段等。

级差百分比是表示薪酬等级级差的一个重要指标，其值等于两等级薪酬中位值的差额除下一级的薪酬中位值。

常用的等级级差主要有等比级差、累进级差、不规则级差等，下列办法是获得等比级差的方法之一。

确定薪酬等级最高中位值与最低中位值后，用下列公式来计算出各职位等级的"薪酬系数"，以确定各等级的级差：

$$\ln\beta_i = (i-34) \div \ln A$$

其中，β_i 表示对应于第 i 级职位的薪酬系数；A 为薪酬常量；i 表示薪酬等级数（职位等级数），$i \geqslant 34$，假设取 34 级为最低一级。

得到最高与最低薪酬等级的中位值后，将其代入上式，可以求出 A 值的大小。

再运用上述公式，可求得各等级的中位值。连接各等级中位值的中点，可获得"薪酬曲线"，该曲线上各中位点的斜率等于 β_i。

上述公式计算出的结果将是一条"J"型曲线，该种薪酬曲线的优点是在总薪资成本相对较低的前提下，更注重对高层人员的激励，更注重高层管理和决策行为的价值。

3）薪酬区间的设计

在确定每个薪酬等级的中位值之后，需要确定这一等级变动范围的最高与最低值。薪酬变动比率衡量了薪酬区间变动的指标，通过下式可以计算出其值：

薪酬变动比率 ＝（最高薪酬值－最低薪酬值）÷最低薪酬值×100％

一般说来，薪酬等级越高，则薪酬变动的比率越大。较低的职位等级对企业价值的贡献较少，企业对其技能、经验要求相对也较低，同时发展空间更多；而高职位等级晋升难度较大，则需通过薪酬的较大变动来认可该类职位等级上员工的贡献。

企业进行薪酬决策时，可能会依情况来确定不同薪酬等级的薪酬变动比率。较低的薪酬等级，其薪酬变动比率为 20％～50％；而适用于高层管理者或专家的较高薪酬等级，其薪酬变动比率为 50％～100％（表 5-20）。

表 5-20　不同职位类型及其薪酬变动比率

薪酬变动比率	职位类型
20％～25％	生产、维修、服务等职位
30％～40％	办公室文员、技术工人、专家助理
40％～50％	专家、中层管理人员
50％以上	高层管理人员、高级专家

4）薪酬区间内部结构的设计

薪酬区间的内部结构一般有两种类型，一种是开放式的薪酬范围，主要限定最低、中位及最高值，员工的薪酬水平可任处于等级范围中。

另一种则是除最低、中位及最高值以外，限定了一系列"薪阶"，一般称做某一职等所对应的"薪级""薪档"等。例如，在深圳某科技公司项目中，将薪阶设计为 7 档；在深圳日海公司项目中，对应于不同的薪酬等级，内部薪级由 6 级到 11 级不等。

涉及位于该薪酬等级的任职者适合内部哪个"薪阶"的问题，就需要测评任职者的"岗位胜任度"。按照测评结果（相应的分数），将任职者归入相应的"薪阶"等级。此处不再展开对岗位胜任度的评估因素设计的说明。

5）薪酬区间重叠度的设计

同一薪酬结构中，相邻薪酬等级间的薪酬区间往往会有交叉重叠的现象，以"薪酬重叠度"来表示薪酬等级的交叉重叠程度，其计算公式如下：

薪酬重叠度＝（下一级高位薪酬－上一级低位薪酬）÷下一级薪酬幅度×100％

设计薪酬重叠度，其假设前提为：在下一个薪酬等级上的技能较强、绩效突出的员工与在上一个薪酬等级低位员工(如新晋级员工)相比，其对企业的贡献相对更大。

一些人力资源专家认为，薪酬重叠度一般适合控制在50%之内。在实际设计时，往往在30%左右。

6)薪酬组合模式的确定

薪酬组合指的是基本薪酬、可变薪酬与福利薪酬之间的比例关系，也称做"工资结构"。

例如，艾森哲公司的一个薪酬咨询项目中设计的薪酬激励体系包括固定收入、年度奖励和长期激励收入三个部分，即总收入＝固定收入＋变动收入＝(福利＋工资)＋(年度绩效奖励＋长期激励)。

七、 基于职位的薪酬体系常见模式

在实际运用中，企业所采用的基于职位的薪酬体系常见的模式主要有两种，即职位薪酬制和职务薪酬制。

1. 职位薪酬制

职位薪酬制是目前在企业中普遍应用的薪酬形式之一。它是企业根据所评价的员工的职位价值确定的计酬方式。根据不同的标准，职位薪酬制又可以进一步划分为不同的薪酬制度。

(1)若以职位关系的表示方法为依据，职位薪酬制可以分为职位等级薪酬制、职位薪点薪酬制以及职位系数薪酬制。

职位等级薪酬制是指根据职位价值对各职位进行排序，然后进行分类和划分职位层次与等级，最后根据划分的职位等级来划分对应的薪酬等级的薪酬制度。表5-21说明了职位等级、薪酬等级、薪酬标准三者的关系。

表 5-21　企业的职位等级薪酬表

职位层级	职位等级	职位名称	薪酬等级	薪酬标准
高级职位	九级	总经理	九等	10 000
	八级	副总经理	八等	8 000
中级职位	七级	市场部经理	七等	7 000
	六级	财务部经理	六等	6 000
	五级	人力资源部经理	五等	5 000
		行政部经理		
低级职位	四级	市场研发主管	四等	4 000
		业务经理		
	三级	财务会计主管	三等	3 000
		成本会计主管		
		薪酬管理专员		
	二级	招聘专员	二等	2 500
		业务员		
		出纳		
	一级	行政助理	一等	2 000

职位薪点薪酬制是指以职位价值评价为基础，根据评价结果来确定每个职位的薪点，

每个薪点与点数的乘积就是确定的薪酬额。例如，某公司经过职位评价后所定的人力资源部的经理薪点是2000，市场研发主管的薪点是1500，招聘专员的薪点是1000，如果每个点是2元，由此可得：人力资源部的经理的工资是4000元，市场研发主管的工资是3000元，招聘专员的工资是2000元。

职位系数薪酬制的本质与职位薪点薪酬制基本相同，只是用职位系数来代替每个职位的薪点。每个系数与定额的乘积就是确定的薪酬额。

（2）若以职位对应薪酬标准的多少为依据，职位薪酬可以划分为一职一薪制和一职多薪制。所谓一职一薪制是指每个职位对应一个具体薪酬，如业务经理所对应的工资标准是4000元。而一职多薪制是指每个职位对应一个薪酬区间，企业会根据不同员工具备的能力、经验等，在其薪酬区间内灵活合理确定出员工薪酬标准。例如，业务经理对应的薪酬区间是3000～5000元，某业务经理因为工作能力强、业绩突出，该名业务经理的薪酬标准被定为4500元。可见一职一薪制与一职多薪制的本质区别在于一个对应确定薪酬标准，一个对应薪酬区间。相比而言，一职多薪制更加灵活、合理。

2. 职务薪酬制

所谓职务，是指人们在某一职位上所应完成的工作任务和所应具备的任职资格。职务与职位的关系：一组主要职责相似的职位构成了职务，如经理。职务薪酬制是根据员工在企业中所担任的职务而确定的计薪方式。因此，对于工作内容不同，但职位等级相同的职位，按职务薪酬制确定的薪酬额基本相同。也可以说，职务薪酬制是一种简化了的职位薪酬制。这种薪酬制度对等级性比较分明的企业适用，在有些国有企业、政府机关、公共事业中比较常见。

职务薪酬制的划分方式与职位薪酬类似，可以分为职务等级薪酬制、职务薪点薪酬制以及职务系数薪酬制；以职务对应薪酬标准的多少为依据，可以划分为一职一薪制和一职多薪制。表5-22对某公司职务等级与薪资系数进行了对照。

表 5-22　某公司职务等级与薪资系数对照表

职务等级	薪资系数
公司级正职	16.8
公司级负职	16.2
部门正职	16.4
部门副职	15.8
……	……
清洁工	1.8

八、 基于职位与其他要素结合的薪酬体系

前面提到，在实际应用中，企业往往不会采用完全的基于职位的薪酬体系，而是结合其他评价指标来建立更为灵活、合理的薪酬体系。在实际中较多采用的是基于职位与能力结合的薪酬体系和基于职位与绩效结合的薪酬体系。

1. 基于职位与能力结合的薪酬体系

基于职位与能力结合的薪酬体系是指以基于职位的薪酬体系为主，同时结合能力要素设计薪酬体系。这种薪酬体系是目前在企业中应用最多、最常见的薪酬体系，主要有三种表现形式。

1) 增加技能工资单元形式

增加技能工资单元是指在构建基于职位的薪酬体系时适当考虑绩效行为能力，设置技能工资单元，如就学历、职称等设立相关标准，设置工资标准，作为薪酬体系的一个单元。

2) 薪酬宽带形式

所谓宽带薪酬设计，是指在组织内部用少数跨度较大的工资范围来替代原有数量较多而跨度小的工资范围，将原有较多的薪酬等级压缩到只有几个级别，取消原有的狭窄工资级别带来的工作间明显的等级差别。宽带中的"带"意指工资级别，宽带则指工资浮动范围比较大。一般来说，每个薪酬等级的最高值与最低值之间的区间变动比率要达到100%及以上。一种典型的宽带薪酬结构的薪酬级别可能不超过4个，每个薪酬等级的最高值与最低值之间的区间变动比率则可能达200%～300%。

构建体系时以基于职位的薪酬体系为主，同时结合能力要素设计薪酬宽带。企业需要根据员工的具体工作能力，在员工所在职位的薪酬范围内确定员工的具体薪酬。例如，某企业人力资源薪酬管理专员的薪酬范围为3000～4500元，能力很强的薪酬管理专员的工资标准定为4500元，而能力较弱的薪酬管理专员的工资标准定为3000元。

3) 特殊补贴形式

特殊补贴形式是一种较常见的工资加补贴的薪酬结构。特殊补贴是指与能力相关的知识、技能等方面的补贴，如学历补贴、专业技能补贴、技术补贴、专家补贴等。

2. 基于职位与绩效结合的薪酬体系

基于职位与绩效结合的薪酬体系是指以基于职位的薪酬体系为主，同时结合绩效要素设计薪酬体系。其常见的形式也有三种。

1) 增设绩效单元的形式

该形式即将绩效加入原有的基于职位的薪酬单元，也可以说是对职位薪酬单元的拆分。薪酬总额由两部分构成，一部分是基于职位价值的固定发放部分，另一部分是基于绩效考核的变动发放部分。

2) 增设奖金单元部分

其原则与增设绩效单元相似，薪酬总额由基于职位价值的固定发放部分和奖金奖励部分组成。增设部分包括团队奖金和个人奖励，个人奖励可按月度、季度及年度划分。

3) 年末加薪

年末加薪是指在年末，根据员工业绩变现增加1～3个月的薪酬。

由以上三种形式可以看出：在基于职位与绩效结合的薪酬体系中，职位的基础工资都是固定的，基于绩效的薪酬主要表现为非固定的绩效奖金和绩效工资。绩效奖金和绩效工资都是与工作绩效相挂钩，绩效好的员工所获得的奖金和绩效工资相对较高，绩效较差的员工所获得的奖金和绩效工资相对低一些。绩效工资一般都是按月发放的，而绩效奖金有月度奖金、季度奖金、半年度奖金及年度奖金等发放形式。

基于职位与能力或绩效结合的薪酬体系是对完全基于职位价值薪酬体系的改进和优化。充分考虑了员工胜任能力、员工绩效等问题。其具有更好的激励作用，同时也更有利于企业对人力资本的合理使用，有利于企业取得高效率和高效益。

案例

AL 公司职位薪酬体系设计

AL 公司创立之初，公司只有 5 名员工，办公面积仅 224 平方米，经过五十余年的发展，公司已在全球 94 个国家和地区设有分公司，全球员工人数超过 1 万人，根据 2004 年 11 月《福布斯》杂志公布的排名，AL 母公司安达高公司全球 62 亿美元的营业额，全球私人企业排名第 19 位。其营销人员人数超过 360 万人，在全球 50 个家居与个人用品制造企业中位列第 4，公司总资产已达 380 亿美元。公司的组织结构是典型的职能型组织结构，总部包括销售部、人力资源部、行政部、财务部、生产部、储运部、市场部、业务部、政府事务部和公关部。公司组织结构如图 5-9 所示。

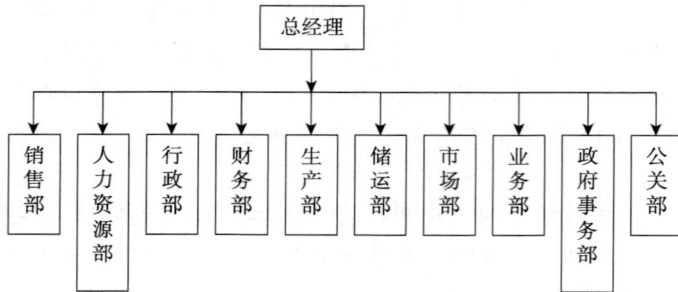

图 5-9　AL 公司组织结构

1. 职位评价

部分岗位说明书列举如表 5-23～表 5-25 所示。

表 5-23　销售经理岗位说明书

岗位名称	销售经理	所在部门	销售部
直接上级	高级销售经理	直接下级	销售主任
职责概述：负责产品推广和销售工作，以及与代理商和客户的联络，本销售区域内售后服务联络工作			
职责描述：			
(1)协助上级建立公司产品销售渠道，对市场需求进行分析、销售预测，制订销售计划和指标 (2)参与协助制定公司渠道产品价格体系和产品促销计划 (3)熟悉公司理念及产品，了解客户需求，能够为客户提出个性化的解决方案 (4)发展并维护客户关系，达成销售目标 (5)根据销售项目督促检查，按照公司销售工作流程，积极协调售前、售中及售后的相关问题			

续表

职权：

(1)有对产品推广方案计划的建议权
(2)有对区域销售制度执行的检查权和监督权
(3)有对区域销售渠道和客户关系维护和管理的跟踪权
(4)有对下属销售专员工作的指导权和考核权

工作协作关系：

内部协调关系	协调与本部门领导及公司相关人员的工作关系
外部协调关系	协调与客户的工作关系

任职资格：

教育水平	大学本科以上学历
专业	营销等相关专业
经验	三年以上营销相关工作经验
知识	(1)对市场营销工作和行业状况有较深刻认知 (2)有良好的市场判断能力和开拓能力，有极强的组织管理能力
技能技巧	(1)熟练使用一般办公软件操作系统 (2)演讲及沟通技能
培训经历	市场营销培训、产品知识培训、服务技巧培训、公司内部管理培训

工作条件：

工作环境	一般在室内工作，环境较好、较舒适，经常出差
工作时间	比较忙碌、会经常加班、工作压力较大

表 5-24 客户服务经理岗位说明书

岗位名称	客户服务经理	所在部门	销售部
直接上级	市场总监	直接下级	客户服务主管

职责概述：负责客户服务部的整体运营，包括各分店及客户的售前、售中、售后服务

职责描述：

(1)参与公司营销策略的制定
(2)积极配合销售部门开展工作
(3)建立并维护公司售后服务体系
(4)组织制定售后服务人员行为规范并督导贯彻执行
(5)建立售后服务信息管理系统(客户服务档案、质量跟踪及反馈)
(6)与质量部门沟通产品质量信息并提出改善意见
(7)组织客户服务系统对客户产品实施技术升级服务

职权：

(1)本部门员工考核权
(2)部门员工调薪建议权
(3)售后服务人员任免建议权

续表

工作协作关系：	
内部协调关系	协调本部门内各主管、业务部、市场部、销售部的工作关系
外部协调关系	协调与政府机关、竞争对手的工作关系
任职资格：	
教育水平	本科以上学历
专业	市场营销、公共关系、管理学等相关专业
经验	3 年以上相关工作经验
知识	(1)熟悉现代礼仪管理知识 (2)了解财务、法律等方面的相关知识
技能技巧	(1)熟练使用一般办公软件操作系统 (2)较强的组织协调能力和沟通能力 (3)较强的写作能力，能准确完成工作计划、总结以及相关文件的编制、修改
培训经历	服务顾问、在场经历、客户便利的服务
工作条件：	
工作环境	办公室、市场
工作时间	实行每周 40 小时的标准工时制

表 5-25　销售代表岗位说明书

岗位名称	销售代表	所在部门	销售部
直接上级	市场总监	直接下级	客户服务主管

职责概述：负责产品推广和销售工作，以及与代理商和客户的联络，本销售区域内售后服务联络工作

职责描述：

(1)负责指定区域的市场开发、客户维护和销售管理等工作
(2)负责所属区域的产品宣传、推广和销售，完成销售的任务指标
(3)制订自己的销售计划，并按计划拜访客户和开发新客户
(4)搜集与寻找客户资料，建立客户档案
(5)协助区域销售经理制定销售策略、销售计划，以及量化销售目标
(6)制定销售费用的预算，控制销售成本，提高销售利润
(7)做好销售合同的签订、履行与管理等相关工作，以及协调处理各类市场问题
(8)接待来访客户，以及综合协调日常销售事务

职权：

(1)对指定销售区域销售方案的建议权
(2)对指定销售区域客户维护和管理权

工作协作关系：

内部协调关系	与本部门领导及公司相关人员的工作关系
外部协调关系	与客户的工作关系

续表

任职资格：	
教育水平	本科以上学历
专业	营销等相关专业
经验	一年以上营销相关工作经验
知识	管理和营销的基本知识
技能技巧	(1)熟悉市场营销工作 (2)熟悉零售运作模式 (3)有地区销售网络和销售关系
培训经历	公司企业文化、产品常识、销售技巧
工作条件：	
工作环境	一般在室内工作，环境较好、较舒适
工作时间	比较忙碌、偶有加班

2. 要素等级点值界定

报酬要素等价划分为 5 级，如表 5-26 所示。

表 5-26 报酬要素等级点值界定

报酬要素	合计	等级				
		1	2	3	4	5
责任因素	800	160	320	480	640	800
知识技能因素	400	80	160	240	320	400
岗位性质因素	400	80	160	240	320	400
工作环境因素	400	80	160	240	320	400
总计	2000					

3. 职位点数评价

列举部分岗位评价见表 5-27。

表 5-27 职位点数评价

职位要素	责任因素	知识技能	岗位性质	工作环境	总点数
总经理	480	150	130	80	840
行政经理	420	137	130	137	824
销售部经理	380	106	120	100	706
储运部经理	380	106	100	115	701
行政专员	340	85	90	90	605
销售代表	320	75	75	60	530
保安	300	80	60	60	500

4. 职位点数汇总表

如表 5-28 所示，本公司职位薪酬要素点值范围为 500～840，按职位点数以 100 点为限对职位进行初步分组，确定职位等级划分为 5 级，点数跨度为 100。

表 5-28　职位点数汇总表

序号	职位	总点数
1	总经理	840
2	行政经理	824
3	销售部经理	706
4	储运部经理	701
5	行政专员	605
6	销售代表	530
7	保安	500

5. 职位等级界定

如表 5-29 所示，本公司的职位等级共有 5 级。

表 5-29　职位等级界定

职级	薪点范围	行政类	销售类	财务类	生产控制类	其他类
1	900 以上	总经理				
2	800～900	行政经理				
3	700～799		销售部经理		储运部经理	
4	600～699	行政专员				
5	500～599		销售代表			保安

6. 薪酬水平的确定

公司职级共有 5 级，每一级的薪酬水平分为 5 档，从 1 级到 5 级的薪酬水平档差分别为 1000 元、500 元、250 元、150 元、150 元，如表 5-30 所示。

表 5-30　薪酬水平的确定　　　　　　　　　　　　单位：元

职级	一档月薪	二档月薪	三档月薪	四档月薪	五档月薪	档差月薪
1	4500	5500	6500	7500	8500	1000
2	4000	4500	5000	5500	6000	500
3	3000	3250	3500	3750	4000	250
4	2500	2650	2800	2950	3100	150
5	1200	1350	1500	1650	1800	150

➤ 本章小结

职位评价又称岗位评价，是指以工作分析为基础，了解工作岗位的基本信息并对其进行评价，如岗位的责任大小、岗位涉及的权限、岗位的工作强度、岗位的任职资格等，并按照预定的衡量标准，确定组织中各个职位的相对价值差异的过程。

职位排序法是一种简单的职位评价方法，该方法依据特定的标准，对各个职位的相对价值进行比较，以确定职位价值大小并进行职位排序。职位评价的方法具体有三种，分别为简单排序法、交替排序法和配对排序法。

职位分类法的基本思想是首先建立职位等级标准，其次将各个职位与标准分别进行比较并归到各个级别中去，最后根据不同等级的职位对技能和责任的不同要求，划分出一套等级系统。职位分类法的关键是建立职位级别体系，主要包括确定等级的数量并对每一个等级进行定义和描述。

因素比较法是职位排序法的进一步发展，侧重于对同一类型岗位的评价。首先确定列出体现各岗位价值的因素，对因素进行比较，其次把各因素得分相加得出平均值，来确定职位的相对价值。

要素计点法最基本的特征是：①报酬要素体系；②要素等级的可量化；③权重反映各要素的相对重要性。每个职位所分配的总薪点数取决于其相对价值，即其在组织报酬等级结构中的相应位置。

薪酬结构可以从狭义和广义两个角度来定义，狭义的薪酬结构是指在同一组织内不同职位或不同技能的员工之间薪酬水平排列的方式，体现的是一种纵向的等级关系，包括薪酬等级的数目、薪酬级差、等级区间以及级差决定标准。广义的薪酬结构比狭义的薪酬结构范围更广，还包括各种薪酬形式之间的比例关系，如基本薪酬、可变薪酬与福利薪酬之间的比例关系等，这种关系也被叫做薪酬组合。

➤ 本章关键词

职位评价；报酬要素；职位排序法；职位分类法；因素比较法；要素计点法；薪酬结构

➤ 本章思考题

1. 岗位评价有哪些方法？如何选择？
2. 职位排序法的种类有哪些？
3. 基于职位的薪酬体系有哪些优缺点？
4. 简述要素计点法的具体步骤。
5. 职位薪酬有哪几种常见模式？

案例讨论一

某公司职位评价案例

A公司在进行了职位分析，获取职位信息以后，着手进行职位评价，以确定职位的相对价值。

为合理地确定职位相对价值，A公司成立了以人力资源部经理为首的职位评价小组，并邀请外部专家参与职位评价过程。在外部专家的建议下，A公司采用了国际通行的国际职位评估（international position evaluation）作为职位评价的工具，为保证职位评价工具的科学性，职位评价小组没有对职位评价方案进行修正。

A公司共有80多个岗位，有管理类、技术类、营销类三种职位类别，职位评价小组从中选择了约30个岗位作为标杆，标杆岗位的选择是按照纵向的职位等级进行选择，没有考虑横向职位类别的因素。

A公司采取了三方评价的方式，即上级评价占40%、专家评价占30%、员工个人评价占30%。职位评价方案下发后，立刻在员工中引起了较大的反应。首先，由于事先没有进行培训，员工根本不理解进行职位评价的意义和作用；其次，由于职位评价方案过于专业，员工很难对各种描述准确把握，经过一番争论，大家渐渐对职位评价失去了信任；最后，由于个人对方案中的表述理解不一样，每个人对自己职位的评价都超出了常理，最为可笑的是公司行政文员对自己岗位的评价得分居然超过了行政人事总监。

通过这种方式收集的职位评价数据当然不能使用,只有放弃。采取人力资源部门会同直接上级评价和专家评价的方式确认职位的价值。在这一评价的过程中,遇到了一个致命的问题:技术类职位的评价结果平均水平低于管理类职位,这一结果显然和公司倡导的薪资分配向技术人员倾斜的导向不相符合,而按照这一结果所得的薪酬显然不利于留住这些核心人员。

人力资源部门通过七拼八凑,最终还是确定了职位评价方案的初稿。

职位评价方案一经出台,立刻在员工中引起轩然大波,员工纷纷将自己职位的结果与其他职位进行对比,然后通过正式或非正式渠道向公司反应。职位评价小组经过仔细审查,发现确实有很多职位之间横向对比有很大的出入,在职位评价的各维度上,各职位也缺乏可比性,甚至出现在"沟通"维度上,人力资源部文员的得分比营销部主管还要高,这些显失公平的地方,成为本次职位评价最为薄弱的被攻击环节,直接导致了职位评价的最终失败。

思考题:

1. A公司职位评价过程中出现了哪些问题?为什么本公司的职位评价最终会失效?

2. 在职位评价中,员工应有多大的参与程度,是不是应完全公开透明?

3. 技术类职位应如何确定其报酬水平?

4. 职位评价的适用范围是什么?

案例讨论二

泰斗网络公司的三种岗位薪酬体系

泰斗网络公司是一家网络服务商,成立于1998年,现有员工200多人,多数员工都是在某一领域富有专长的专家,80%的技术人员都具有博士学位,公司新产品年更新率达到30%。是什么样的利益回报有如此巨大的吸引力,致使大批优秀人才对泰斗网络公司投入如此大的热情呢?答案就是泰斗网络公司的薪酬水平和薪酬构成。

在泰斗网络公司有三个重要的岗位,即项目管理、研究开发和系统工程。

这三个岗位总体薪酬水平都比较高,年度平均总薪酬均超过10万元。公司的高利益回报在这三种从业人员的薪酬水平上得到充分体现,如表5-31所示。

表5-31　各岗位年薪总额

岗位名称	薪酬范围(年)
研究开发经理	23万~29万元
系统工程经理	15万~20万元
项目管理经理	11万~14万元

从表5-31可以看出,在薪酬总体水平比较高的基础上,对于不同性质的岗位,薪酬水平也存在一些差距。项目管理人员平均薪酬水平最低,系统工程人员收入相对较高,研究开发人员的薪酬最高。这也从侧面反映出了泰斗网络公司对不同岗位人员的重视程度的差异。这种薪酬差异是由该公司系统集成业的行业特点决定的。

泰斗公司主要靠技术服务和提供解决方案获利,因此,对岗位技术水平要求的高低对薪酬有直接影响。对于研究开发人员,他们的贡献在于通过技术研究和技术实践为公司积累技术资本,是保持公司长期、稳定发展的基础,是增强公司市场竞争力的前提。对于系统工程人员,主要通过具体的工程实施和技术支持保证工程项目的顺利执行,但往往使用成熟的技术工具,在技术上没有太多研究突破。至于项目管理人员,工作中已经包含部分行政管理的成分,技术含量最低,因此其薪酬水平低于研究开发和系统工程人员。表 5-32 揭示了上述三个岗位薪酬构成的成分及其比重。

表 5-32　各岗位薪酬构成及其比重

单位:%

岗位名称	基本现金	补贴	变动收入	鼓励
系统工程经理	71	2	18	9
研究开发经理	81	2	6	11
项目管理经理	80	2	10	8

从薪酬构成比例来讲，不同性质的岗位差异明显。最突出的特点是系统工程人员的固定现金收入比例明显低于项目管理和研究开发人员，而变动收入比例却最高。这是由各个岗位所承担的工作任务的不同性质决定的。

系统工程人员的工作任务是完成整个工程的实施，工程周期可能是几周、几个月，甚至跨年度。在实施过程中可能会出现种种问题，从而导致企业受到损失。企业的通用做法是减小系统工程人员的固定收入比例，加大奖励作用的变动收入比例，用来激励员工通过努力保证工程项目的顺利实施，有效降低项目执行的风险性。相反，对于研究开发和项目管理人员，工作失败的风险性比较小，因此，通过增加固定收入的办法可起到留住员工的作用。

在过去 10 年中，IT 业得到了长足的发展，IT 业的精英们更是以深厚的知识背景和行业经验为企业创造了可观的经济效益，同时他们也理所当然地获得了高额的经济回报。与此同时，作为新兴的、快速发展的行业，IT 业的人才竞争十分激烈，人员流动频繁，这给很多企业提出了挑战。

泰斗网络公司根据不同岗位的技术特点，综合考虑了薪酬规模、构成成分、各成分的比重等方面，设计出科学合理的薪酬体系，极大地刺激了各岗位工作人员的主观能动性，为企业的发展做出了贡献。

那么什么是薪酬呢？薪酬是一个综合概念，是企业因使用员工劳动而付给员工的钱或实物。凡是具备如下特征的都属于薪酬的范围：基于对组织或团队的贡献；这种报酬被认为是具有效用的。

薪酬分为直接薪酬和间接薪酬两大类：一是直接薪酬，是企业为员工提供现金形式的有形利益，主要由工资、奖金、津贴和补贴构成，工资是员工的主要薪酬，又可称为基本薪酬，而奖金、津贴和补贴是辅助薪酬。此外，红利和酬金也可以看做特殊的劳动薪酬。二是间接薪酬，是企业为员工提供非现金形式的有形奖励，主要是指各种福利和社会保障，一般包括健康保险、带薪休假和退休金等形式。

由上述概念可以看出，合理的薪酬体系是一个企业吸引人才、保留人才的重要手段。

思考题：

1. 泰斗网络公司的差异化薪酬有什么特别之处？

2. 泰斗网络公司的薪酬体系和薪酬结构为企业带来了什么？

3. 如何在企业经营管理过程中实施这种差异化的薪酬体系和薪酬结构？

参考文献

陈筱芳 . 2008. 人力资源管理[M]. 北京：清华大学出版社 .

胡昌全 . 2006. 薪酬福利管理[M]. 北京：中国发展出版社 .

相正求，花军刚 . 2008. 薪酬设计与实施[M]. 上海：华东理工大学出版社 .

郑晓明，吴志明 . 2008. 工作分析实务手册[M]. 北京：机械工业出版社 .

第六章

能力评价及基于能力的薪酬体系

年薪 20 万元聘木匠

木匠现在越来越吃香了。日前，在京城红木家具界赫赫有名的北京元享利硬木家具有限公司首开先河，打破传统木匠几百元的工资标准，一口开出年薪 20 万元的"天价"来招聘具有绝活的木匠，打造红木家具精品。这不仅让一些木匠师傅们乐开了花，更成为家居产业行业普遍关注的热门话题。

据了解，近两年社会就业人员的整体工资虽然有了很大提高，但对于技术含量不是很高的木匠行业来讲，七八百元的月工资水平相当普遍，高工资也不过两三千元，如今元享利却将木匠的月工资水平一下提到近两万，和一些金领贵族的待遇不相上下，实在让人感到意外。但中国硬木家具业的专家告诉记者，中国红木家具的整体工艺现状水平还很落后，正宗明清式家具可以使用数百年还坚固精美，而现在生产的很多红木家具使用一两年就裂缝脱榫，这关键在于工艺水准还没达到。一些红木家具甚至是粗制滥造，实际上是对极为珍稀的红木资源的破坏与浪费。所以出 20 万元年薪招聘具有工艺"绝活"的木匠来做红木家具合乎情理，这样才能真正使红木物尽其用、人尽其才。

据了解，元享利硬木家具有限公司目前有较高专业技能的木匠师傅 18 人，其中最高年薪 8 万元。如今元享利煞费苦心出 20 万元招聘更高工艺水准的木匠师傅，可见其要生产我国最好的、最精致的红木家具的良苦用心。据悉，元享利高薪招木匠的事在业内引起了轩然大波，已有不少能工巧匠纷纷前往为高薪而一展拳脚，并已有 3 个人通过初试。有专家称："元享利高薪招木匠有望促进我国红木家具的整体技术水平，使我国有限的硬木资源的价值得到更好的体现。"

资料来源：百度文库，http://wenku.baidu.com/view/691cff7b27284b73f242503e.html

第一节 能力评价技术

一、能力的概述

"能力"包含了技能、知识和个性特征，是一个有层次的结构体。能力薪酬的能力并不是人们所理解的一般意义上的能力。严格意义上说，它是指为实现某种特定业绩而表现出的有利行为的能力。对于不同的能力水平，能力薪酬也呈现出不同的表现形式，主要由技能工资（skill-based pay）、知识工资（knowledge-based pay）、胜任力工资（competency-based pay）和基于任职资格的工资（qualification-based pay）组成。这四种能力薪酬的特征以及各自适用的人群如表 6-1 所示。

表 6-1 能力薪酬的特征和适用人群

能力薪酬	侧重点	能力来源	能力构架	使用范围
技能工资	关注相对具体的技能和知识	具体的工作要求和技术要求	基于技能的深度和广度的模块	技术工人及从事单一工作的专业技术人员
知识工资		与培训密切相关，关注员工的学习效果	基于培训的学分体系	技术工人及专业管理、服务和研究人员
胜任力工资	关注相对核心和抽象的素质和潜质	与组织的使命、愿景、价值观、战略密切相关，关注员工的胜任特质和深层动机	基于文化和战略导向的胜任力模型	中高层管理者和知识白领
基于任职资格的工资	综合经验、技能、知识、素质等能力因素	与任职资格体系相关，薪酬与职业发展密切联系	基于综合的任职资格体系	专业性的管理类、技术类和服务类人员

能力薪酬的"能力"应具备以下特征：①能力以"人"或组织成员为载体，包含技能、知识、行为特征以及其他个人特征。②能力具有组织专属性的特征，它依附于特定的组织，即一种能力只能在适合它的组织中才能展现出它的高价值。③员工之间绩效水平的差异能以能力的差异来准确衡量。Hay Group 是一家全球性的管理咨询公司，它提出了"冰山模型"（图 6-1），认为能力是由知识、技能、自我认知、人格特征和动机五大要素组成。知识和技能在水面上，属于冰山的显性部分；自我认知、人格特征和动机在水面下，属于冰山的隐性部分。

（1）知识，是指一个人在某一领域所掌握的各种信息，如薪酬管理的专业知识，运用办公软件处理文档等。

（2）技能，是指针对某一活动的熟练程度，通常通过学习获得，如机械操作、推销产品的能力等。

（3）自我认知，是指对自己的身份、个性及个人价值观所形成的自我概念，如他们在公司中的地位到底是什么，是领导者、激励者还是普通员工。

（4）人格特征，是指个体以既定的方式行事的性格倾向，具有相对稳定的特点，如有

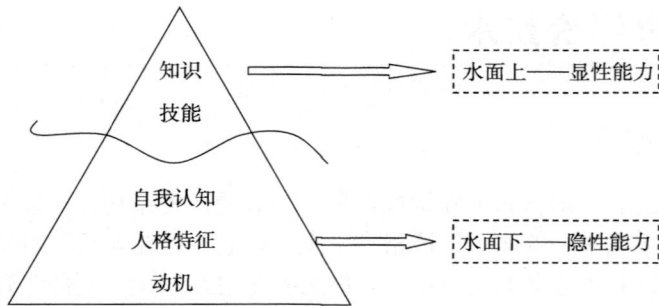

图 6-1　能力的"冰山模型"

人喜欢冒险，而有人则是保守主义者。

（5）动机，是指推动、指导个体行为朝向关于成就归属或者权力等目标进行的动力，如一个人追求名誉或是想获得某种权利等。

在冰山模型中，发展底层维度的能力难度相对较高，因为能力位于底层，难以直接观察，也相对稳定。而位于上层的能力同具体工作的相关性较高，专用性较强，属于显性能力。

二、　能力评价的方法

能力评价是能力薪酬体系设计的关键一环。在企业中能力评价的一般流程为：首先在招聘中对新员工的能力加以测评，如符合企业要求，即聘为试用员工；反之，则辞谢。其次当试用员工通过试用期，就需要进行初次能力评价，确定的职等对应相应的薪等，如不通过则解聘。然后定期对员工进行能力评价，以便确定员工能力和等级的晋升。若通过则晋级，若未通过，要对该员工进行相应的教育和培训，培训之后，再次进行能力评价。最后，依此进行不断的循环，其流程如图 6-2 所示。

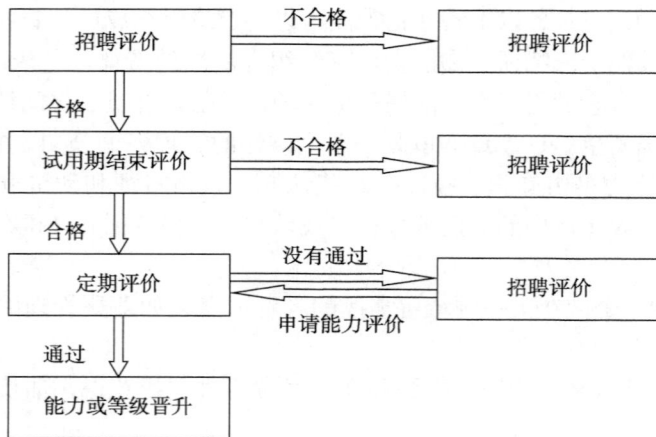

图 6-2　企业中能力评价流程

能力评价的具体办法主要有纸笔测验法、面试法、360 度评价法以及评价中心技术。

1. 纸笔测验法

标准化的纸笔测验一般有预先设定好的测验题目、答卷及详细的答题说明。测验题目一般以客观题居多，也有不少主观题。整个纸笔测验系统还包括记分系统、解析系统、常模以及信度、效度和项目分析数据。通常运用如知识与技能测验、智力测验、人格测验、成就测验、能力测验、动机测验、兴趣测验等多种测量工具，从多方面进行测量，然后进行综合分析、全面评价。纸笔测验方便、经济、客观，测评结果易被接受和信服。但是，纸笔测验较为程序化，只能收集到测验中所考察的信息，不能完全避免受考试技巧和猜测因素的影响。另外，难以测试表达能力、操作能力、决策能力、未来潜力等能力也是纸笔测验存在的局限性。

2. 面试法

面试是通过对应试者素质进行考察来进行人员选拔的一种测试活动。它主要通过考官与应试者面对面观察、交谈或是置应试者于特定的情境中对其进行观察来考察应试者的性格态度、待人接物的方式、知识、能力、工作经验等素质，并以此为依据进行人员选拔。面试主要由应试者、评委、测评内容、实施程序、面试结构这五大要素构成。按照面试的结构化程度可将面试分为结构化面试、半结构化面试、非结构化面试。结构化面试是指对面试的构成要素统一制定标准和要求；半结构化面试对面试的构成要素部分做统一要求，其余不做统一要求；非结构化面试则对面试的构成要素不做任何规定。根据三种面试方式的特点，可知结构化面试更加客观、有效性更高。半结构化面试和非结构化面试简单，容易组织，但由于主考官随意性较大，效度偏低。

3. 360 度评价法

360 度评价法是指评价者对被评价者工作过程中表现出的实际能力进行多角度、全方位的评价。评价者主要由上级、下级、自己、同事、客户组成。作为一个合格的评价者，首先要客观公正；其次要对被评价者职务性质、工作内容有相近的了解；最后要明确评价标准，能够直接近距离观察被评价者的工作，熟悉其工作表现。基于 360 度评价法的员工能力评价，信息广泛全面，能够全方位多角度地对被评价者进行评价，考核评价也更全面、客观。另外误差小也是 360 度评价法的一个优点。因为 360 度评价法的考核者不仅来自不同的层面，而且每个层面都有若干名考核者，考核结构是其平均值，可以有效防范个人偏见和评分误差。与其他评价法相比，360 度评价法操作简单、可靠性高。因此，企业更愿意选择 360 度评价法来进行员工能力评价。表 6-2 提供了一个公司运用 360 度评价法的员工能力评价表。

表 6-2　某公司员工能力评价表

指标	权重	等级	描述	上级评定得分(40%)	同级评定得分(30%)	下级评定得分(20%)	本人(10%)	加权得分
A		1(100 分)						
		2(80 分)						
		3(60 分)						
		4(40 分)						
		5(20 分)						

续表

指标	权重	等级	描述	上级评定得分(40%)	同级评定得分(30%)	下级评定得分(20%)	本人(10%)	加权得分
B		1(100 分)						
		2(80 分)						
		3(60 分)						
		4(40 分)						
		5(20 分)						
C		1(100 分)						
		2(80 分)						
		3(60 分)						
		4(40 分)						
		5(20 分)						
D		1(100 分)						
		2(80 分)						
		3(60 分)						
		4(40 分)						
		5(20 分)						

4. 评价中心技术

评价中心技术是一种包含多种评价方法和方式的测评活动。它是将被测评者置于特定的模拟情境中，要求被测评者按要求完成该情境下的管理工作。在被测试者按照情境处理问题的过程中，主试者采用多种评价手段观察被测评者的心理、行为表现，测评和评价被测评者的能力和综合素质。这种测试的核心是情境模拟，同时使用多种测评的手段，它是对过去多种测评方式的必要补充。人们普遍认为，心理测验过于抽象，并且只是对一些心理品质进行测试，测出来的结果与实际并不完全一致，这就给心理测验的实践应用造成了一定的影响。面试主要依据的是面试考官的主观判断，也是把测评结果建立在一些似乎与工作绩效毫无关系的信息基础之上。实践证明，用评价中心技术选拔职业管理人员有很高的信度和效度水平。评价中心采用的评价技术有无领导小组讨论、公文筐测验、角色扮演、案例分析和管理游戏等。但有学者认为，虽然评价中心是效度最高的一种能力评价方式，然而其成本较高，所以可用性较低。

第二节　技能薪酬体系

一、　技能薪酬体系的内涵和特点

技能薪酬体系是相对于岗位薪酬而言的，具体是指企业以员工所具备的与工作相关的技能以及知识的深度和广度为依据支付薪酬的报酬制度。采用技能薪酬体系的公司在考虑岗位价值的同时，还要根据员工的工作技能支付薪酬，而且当员工技能水平上升时，其薪酬将上涨。技能薪酬促使员工不断提高技能，关注自身发展，促使优秀的专业人才专心从事本职工作。

与岗位薪酬相比，技能薪酬更具有竞争优势。当员工的薪酬随着其技能水平的上升而上升时，员工就会更加主动提高自身技能，以此提高自身收入，与此同时企业的核心竞争力得到增强，企业人力资源的整体素质得以提高。技能薪酬方案适用于规模较大的企业，这些企业在提供培训机会方面更具优势。美国《财富》杂志上的 500 家大型企业中有近 50% 的企业已经对部分员工实行了技能工资管理体系。在微软，以技能为基础的薪酬管理制度正逐步取代传统的以岗位或职务为基础的薪酬管理制度。

二、 技能薪酬体系的类型

技能薪酬体系的类型可以划分为两种，即深度技能与广度技能。

1. 深度技能

深度技能表现在能力的纵向结构上，是通过在某一专业领域的不断学习、积累而形成的知识和技能。在员工知识积累初期，员工能胜任相对简单的工作，如工作场地的清洁整理、设备的维护保养等一些易于操作的体力活动；随着知识的积累、技能的提高，员工能从事运用复杂技能的工作，如运用经过严格培训的体力操作或运用相关行业知识提出技术改造措施和改善方案的脑力活动的工作。这种深度技能的培养使员工在某项技能上不断提高，鼓励员工成为该领域的专家。

2. 广度技能

广度技能表现在能力的横向结构上，它要求员工不仅掌握本职位的工作技能，同时还具备完成其上游或下游职位的多种一般性技能。广度技能的培养使员工掌握多种技能，鼓励员工成为通才。某公司广度技能等级划分如表 6-3 所示，最初该公司生产过程中有 4 个不同的职位，分别是原料处理工、配制工、灌装工、包装工，在公司改换使用以技能为基础的薪酬制度时，这四种职位重新组合成三种范围较广的类型——A、B、C 三种操作工。C 型操作工是一个初入级的职位，当 C 型操作工通过测试性工作表明其掌握了原料处理工技能后，他就有资格进行 B 型操作工职位的培训。多掌握一种工作技能就能增加相应数额的薪酬。A 型操作工能胜任所有职位，包括原料处理工，所以得到的是 A 型操作工应有的薪酬。

表 6-3　某生产企业广度技能薪资方案

工作制度			
以职位为基础	以技能为基础		
原料处理工	技能 C	技能 B	技能 A
配制工			
灌装工			
包装工			

三、 技能薪酬体系实施的前提条件

企业在进行薪酬体系设计之前，应当首先从战略的角度出发，思考自己是否适合采用技能薪酬方案，以及在多大范围内采用这一薪酬方案。然后再开始技能薪酬体系的设计。

当组织从传统的职位薪酬体系向技能薪酬体系过渡时，有必要对原有工作流程进行审视和再造。技能薪酬体系带来的并不仅仅是薪酬决定方式的改变，它同时伴随着组织中的工作流程再造。传统的职位薪酬体系强调每个员工做好自己分内的工作，不必关注其他人的工作。而在实行技能薪酬体系的组织中，企业不再强调每个员工只完成自己职位说明书中界定的工作内容，而是要求员工拥有完成多项不同工作的技能。与技能薪酬体系相适应的工作方式鼓励员工不断学习新的技能，引导员工从工作流程的角度看待自己所从事的工作。它适应了工作丰富化、扩大化的要求。职位薪酬体系和技能薪酬体系分别对应的工作方式如图 6-3 及图 6-4 所示。

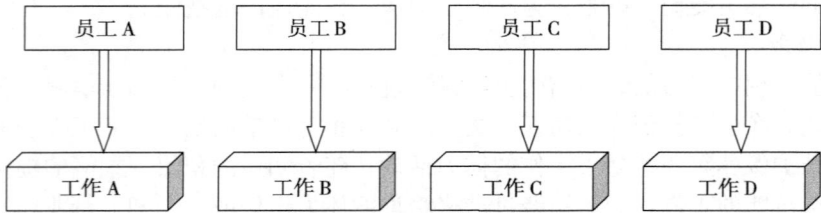

图 6-3 职位薪酬体系下的工作方式

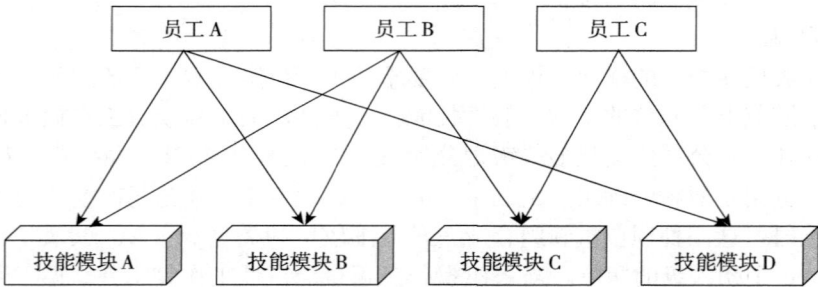

图 6-4 技能薪酬体系下的工作方式

企业通过工作流程分析可以发现哪些工作流程需要重新设计，哪些工作环节需要强调员工的技能。企业经过工作流程的审视与再造之后，就可以初步确定哪些工作岗位需要采用技能薪酬方案。

四、 技能薪酬体系的设计流程及步骤

技能薪酬体系的设计步骤主要有五步：第一步是建立技能薪酬计划设计小组；第二步是进行工作任务分析与评价；第三步是确定技能模块；第四步是技能模块定价；第五步是技能分析、培训与认证。这一流程我们用图 6-5 来描述。

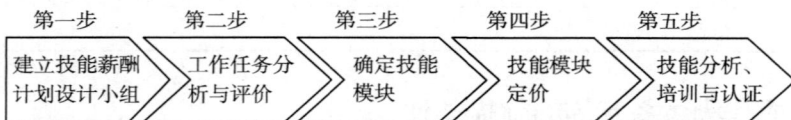

图 6-5 技能薪酬体系设计流程

1. 建立技能薪酬计划设计小组

技能薪酬计划设计小组共由三个分组构成，分别是由企业的高层管理人员组成的委员会、由将要执行技能薪酬计划的部门员工和来自人力资源管理部、财务部、信息管理部的代表组成的小组，由员工、员工上级、人力资源部代表、外部专家、具备工作流程知识的人组成的专家组（表6-4）。设计小组的规模由准备采用技能薪酬计划的每一类职位的数量决定，某一类职位的员工数量越多，设计小组中所包含的这类职位的员工数量越多。一般情况下，设计小组成员人数不少于5人。

表 6-4　技能薪酬计划设计小组人员构成

	三个分组	每个分组人员构成	任务
技能薪酬计划设计小组构成	指导委员会	高层管理人员	确保技能薪酬计划的设计与组织总体薪酬管理思想与长期经营战略保持一致 制定技能薪酬计划设计小组的章程 对设计小组的工作提供指导 审查和批准最终的技能薪酬设计方案 批准和支持技能薪酬计划的沟通计划
	设计组	执行计划的部门员工；人力资源部、财务部、信息管理部部门代表	制订具体技能薪酬计划
	主题专家	员工、员工上级、人力资源部代表、外部专家、具备工作流程知识的人员。	对方案设计过程中涉及的各种技术问题提供信息和资源

2. 工作任务分析与评价

以技能为基础的薪酬结构需要一种方法来确定组织为了成功所需要的各种不同的技能，这建立在对员工所要完成的工作进行准确描述和深入分析的基础上，即进行工作任务分析。工作任务分析的第一步是按照一定的格式和规范进行工作描述，然后根据任务描述得出要达到一定绩效水平所需要的技能层次。需要注意的是，这里的任务描述无须特别详细，只要强调所要完成的工作和完成这些工作所需要的必要行为就可以了。工作任务描述的内容用5W1H来概括。

Why——为什么要做这项工作？描述工作的目的。

What——这项工作要做什么？简要概括工作包含的活动。

Where——在什么地方工作？描述工作的地点。

When——在什么时间工作？介绍行动的时间。

Who——对谁做？描述行动的对象。

How——怎么做？详细说明完成工作的方法、原材料及指南。

完成工作任务分析后，需要从两个维度对工作任务进行评价，分别是评价工作任务的重要性和工作任务的难度，然后据此重新编排任务信息，对工作任务进行组合，为下一步技能模块的确定打下基础。图 6-6 描述了工作任务评价的两个维度。

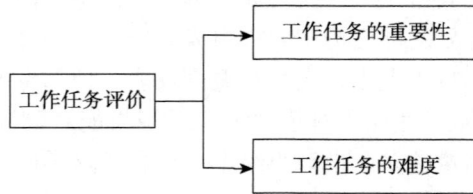

图 6-6　工作任务评价的两个维度

1）工作任务的重要性评价

该评价用来确定工作任务对于完成工作目标是不是重要的以及工作任务是不是在工作现场完成的。在进行工作任务重要性评价时，各评价者根据表 6-5 中的评分标准，对各项待评价的工作任务打分，最后将各评价者的评分结果汇总填入表 6-6，根据评价者对每项任务的评分，计算每项任务重要性得分的平均值和标准差，该平均值就是评价者认定的工作任务的重要性程度，标准差代表不同的评价者对工作任务重要程度评价结果的离散程度，标准差的数值越小，表明这一评价结果的可信度越大。

表 6-5　工作任务的重要性及难度评分标准表

等级尺度	重要性	难度
0	不执行该项任务	不执行该项任务
1	有点重要	简单任务
2	一般重要	一般难度
3	比较重要	有一定难度
4	很重要	很困难
5	非常重要	非常困难
6	极其重要	极其困难

表 6-6　工作任务重要性评价表

工作任务	评价者 1	评价者 2	评价者 3	评价者 4	评价者 5	平均值	标准差
①							
②							
③							
④							
⑤							
⑥							
⑦							

2）工作任务的难度评价

该评价用来确定完成某项工作任务的困难程度。在制定技能薪酬方案时，它主要被用在确定技能水平上。工作任务难度评价方法和重要性评价方法相同，将评价结果和平均值和标准差的计算结果填入表 6-7 中。

表 6-7　工作任务难度评价表

工作任务	评价者 1	评价者 2	评价者 3	评价者 4	评价者 5	平均值	标准差
①							
②							
③							
④							
⑤							
⑥							
⑦							

　　对工作任务评价的两个维度的评分标准和评价表可以根据企业不同情况进行调整。

　　在外部专家的协助下进行工作任务评价后，评价小组根据评级结果对工作任务进行组合，以便将组合好的工作任务模块分配到不同的技能等级中去，每个技能等级包含几个难度或重要性相近的技能模块。对工作任务进行组合的方法有两种，即统计方法和观察方法。统计方法是指通过要素分析的方法，运用难度或者重要性两者中的至少一个评价要素对工作任务进行分组。但是这种方法需要大量对统计学有比较深刻理解的专家参与，操作难度较大。观察方法是指由受过训练的工作分析专家和主题专家一起将工作任务分配到不同的组别中。

　　3. 确定技能模块

　　技能模块是指员工按照既定的标准完成工作任务而且必须能够执行的工作任务单位。我们可以根据技能模块中所包含的工作任务对技能模块进行等级评定。表 6-8 是一家制造企业技术人员的技能模块。

表 6-8　某制造企业技术人员技能模块

等级	能力标准	技能要求
三级技能： 技术专家	从事该任务的员工具有高水平的专业知识、判断能力和应变能力	对零部件进行再加工 解决质量问题 编写设备专用的程序系统 执行高级计算机功能 装配转子 装配和拆卸专门的零部件 确认质量问题
二级技能： 熟练工人	从事该任务的员工具有中等水平的专业知识、判断能力和应变能力	在已有的设备上进行生产流水操作 检验零部件的规格一致性 维护设备 运用企业要求的系统订购测量仪器、原材料及道具 安排生产日程并编制派工表 检查液压位和设备是否准备就绪 使用精确的衡量仪器和手工工具 按职业安全和卫生法规以及公司的标准操作起重机

续表

等级	能力标准	技能要求
一级技能：学徒	从事该任务的员工具有一定的技术知识，完成日常事务类的工作任务	读取游标卡尺 阅读派工表 输入维护工作单 记录所要求的数据 检查材料是否完好

企业在确定技能等级时可参考以下四种模式。

1）阶梯模式

它主要根据技能深度来确定技能等级，即技术难度越高，技能等级就越高，强调专业知识、技能、经验深度的发展。例如，技能等级为一级的工程师需要根据自己所掌握的有限的原理和概念解决有限的问题，在此过程中受到严密监督；三级工程师会对范围广泛的问题进行有效解决，处于一般性的监督之下；六级工程师需要运用或开发先进的科学技术，独立解决问题。

2）技术单元模式

它适用于在同一工作簇内强调技能广度的发展。例如，公司的一名员工掌握了堆货的技能，他可以评为一级员工；如果他又学会了打包工和检验工的技能，他可以评为二级员工；进一步他又学会了装配工和铆工的技能，他可以评为三级员工。

3）工作点累积模式

它鼓励员工扩展技能完成不同工作簇的工作。这种模式适用于灵活多变的小型公司。公司可以根据需要设置几项与企业核心竞争力密切相关的技能，员工掌握了这些技能就可以提升自身的技能等级。这种模式可以引导员工改变自身的技能和知识结构，从而推进企业核心竞争力的建立。

4）跨部门模式

该模式鼓励员工掌握公司其他部门的关键技能。员工所掌握的其他部门的关键技能越多，其技能等级就越高。这种模式能帮助公司适应多变的竞争环境，当某些部门因为临时性或偶然性人手短缺时，可以从其他部门抽调具备相关技能的员工补上，可以帮助公司应对产品和服务需求的季节性波动。

企业不管采取哪种模块确定技能等级，技能等级过多会使管理成本增加，员工难以理解。技能等级过少则区分度不强，员工也会觉得技能等级提升的希望渺茫，使激励效果不明显。技能等级的数量由工作任务的性质决定，一般来说，3～5个等级比较合适。

4. 技能模块定价

技能模块的定价就是确定每一个技能单位的货币价值。虽然这一操作步骤的重要性得到了广泛承认，但至今也没有一种标准的技能等级定价方法，即不存在一种能够将技能模块和薪酬联系在一起的标准方法。尽管如此，在对技能模块定价的时候，任何组织都需要做两个基本决定：一是确定技能模块的相对价值，二是构建技能模块定价的机制。在通常情况下，我们按照下列几个方面的维度来确定技能模块之间的相对价值。

（1）失误的后果。发挥失常所导致的财务、人力资源等方面的损失越严重，说明这项技能越重要。

（2）工作的价值。技能对于完成组织认为非常重要的那些工作任务的贡献程度。

（3）完成工作要求需要达到的基本水平。学习一项技能所需要的基本的数学、语言以及推理方面的知识。

（4）操作水平。工作中所包含的各种技能的深度和广度，其中包含平行工作任务和垂直工作任务。

（5）监督责任。监督责任是指在该技能等级上涉及的领导能力、解决问题的能力、培训能力以及协作等的范围大小。

然而在实际操作中，公司不会对每个技能模块进行定价，而是根据一定的规则确定员工的技能水平，再根据对技能水平的整体评估确定员工的薪酬。例如，某公司工程师的技能水平划分为4个级别，每个级别对应的薪资水平如图6-7所示。

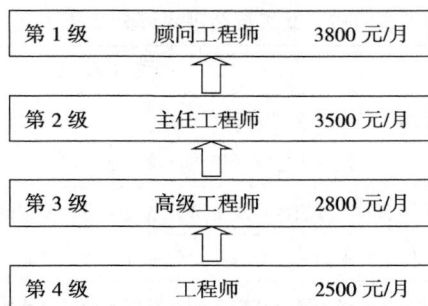

第1级	顾问工程师	3800 元/月
第2级	主任工程师	3500 元/月
第3级	高级工程师	2800 元/月
第4级	工程师	2500 元/月

图 6-7　某公司工程师的技能水平划分及其薪资水平

5. 技能分析、培训与认证

技能薪酬计划的最后一个环节是对员工进行技能分析，然后根据技能结果确定员工的培训需求，拟订培训计划并实施培训，最后对员工进行技能认证，确定员工的技能水平。图6-8提供了技能薪酬计划最后环节的实施步骤。

图 6-8　技能薪酬计划最后环节的实施步骤

1）技能分析

技能分析用于确定员工现有的技能水平，以360°评价法为基础构建技能评价模型（图6-9）对员工的技能进行评价，分别让员工的直接上级、同事、下属和客户，分别对员工进行技能评价，各类评价者将评价结果反馈给员工的上级。

评价者在进行技能评价时，可以根据表6-9的评分标准对员工的某一项技能打分。该表将员工的技能水平划分为7个等级。0级技能的员工是指那些技能非常差，完全不能独立完成该项任务的员工。达到1级技能的员工是指掌握了最简单的几项技能，但还不能有效胜任该项工作的员工。达到最高级6级技能的员工是指能以卓越的技能和优秀的成果给

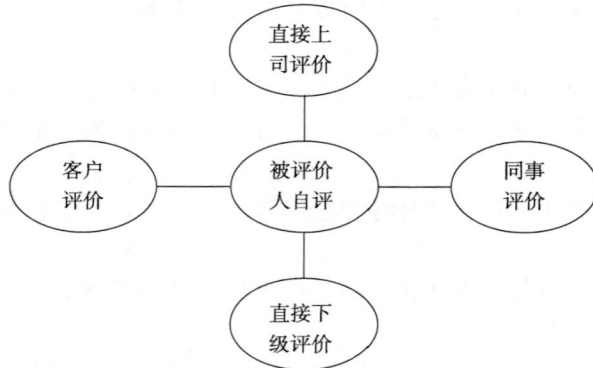

图 6-9　360°技能评价模型

企业带来直接经济(社会)效益的员工。

表 6-9　员工技能等级评分标准

等级尺度	员工技能等级
0	技能非常差，完全不能独立完成该项任务
1	掌握了最简单的几项技能，但还不能有效胜任该项工作
2	掌握了胜任该岗位所要求的部分技能，还有部分技能待进一步提高
3	基本掌握了胜任该岗位所要求的大部分技能，但都处于普通状态
4	掌握了胜任该岗位所要求的绝大部分技能，而且有些方面已经比较出色
5	完全掌握了胜任该岗位所要求的各方面技能，而且非常优秀
6	以卓越的技能和优秀的成果给企业带来了直接的经济(社会)效益

资料来源：冉斌.2004.薪酬设计六步法[M].北京：中国经济出版社

2)技能培训

员工的技能培训中很重要的一环就是根据培训需求信息制订完善的培训计划。完善的培训计划需要对与工作相关的各项技能进行分析，从而确定培训需求，培训需求的确定有时还应该扩展到一些需要得到提高的其他方面(如数学、语言、推理、人际关系、合作沟通能力)。可以使用的培训方法有很多，如在职培训、公司内部培训、师傅辅导计划、工作轮换、供应商提供培训、大学培训等。

下面我们举一个公司涂装线员工技能培训计划的例子，该公司采取公司内部培训的方式，培训周期设定如表 6-10 所示，公司在综合考虑场地、教具、器材的情况并保证每个人的培训效果的情况下，被培训人每批次控制在 35 人以下，如果被培训人经考核达不到核心技能标准要求，需要进行重新培训。

表 6-10 某公司涂装线员工技能培训计划表

序号	培训项目	周期	培训内容
1	工艺基础知识	5 天	理论授课
			现场对照讲解
			交流答疑
			工艺基础知识闭卷考试
2	行为规范	1 小时/天	安全三级教育
			劳保用品穿戴
			安全通行
			安全疏散
			防火、灭火演习
			清洁度管理
3	核心技能线下培训	7 天	喷漆教具培训
			PVC 教具培训
			检查教具培训
			线下车身操作
			喷漆、PVC、检查单项训练板考核
4	核心技能在线培训	15 天	本岗位安全培训
			在线车身培训
			伴产操作
			首台质量确认
			多车型混流操作
			个人节拍内操作
5	8000 台辆份验证	约 30 天	质量验证
			技能验证
			体能验证
			节拍验证

资料来源：http://wenku.baidu.com/view/088c882c2af90242a895e581.html

3）技能等级认证

实施技能薪酬计划的最后一个环节是设计一个能够确定员工技能水平的技能认证计划。该计划应该包含三个要素，即认证者、认证所包含的技能水平，以及员工通过何种方法表现自己具备某种技能水平。

在技能认证计划中，认证者可以来自内部，也可以来自外部。内部认证者主要是员工的上级和同事以及员工所从事领域的专家。通常情况下，在技能薪酬计划中都会组织这样一个认证委员会，因为这种由委员会进行技能评级与仅仅由上级来主持的技能分析和评价相比,更加客观和公正。外部评价主要是指一些由大学、商业组织以及政府发起的考试和认证计划。这些外部认证机构通常也是比较公正和客观的。但是由于外部评价者缺乏对员工所处工作环境的了解可能会导致评价失真。此外,员工在工作场合以外的地方获得了某种知识和技能可能并不意味着他一定能够将其运用到企业具体工作环境中去。

在技能认证完成以后,企业每隔一段时间还应对员工的技能进行重新认证,这样才能保证员工保持原有的技能水平并且在实际工作中运用这些技能。此外,随着技术的进步,技能要求本身也会发生变化,有的技能可能已经过时,有的技能标准需要提高。所以企业要根据自身技术水平的变化情况对技能标准进行调整,以适应新的工作要求。

第三节 能力薪酬体系

一、 能力薪酬体系的内涵和优缺点

1. 能力薪酬体系的概念

能力薪酬体系是指员工的基本薪酬水平由其所拥有的与工作相关的能力或是任职资格来确定。员工的薪酬、晋升直接与其能力的高低挂钩。能力薪酬体系的设计以能力高的员工一定能取得高的绩效为假设条件,因此员工会意识到自己的绩效会随着自身能力的提高而提高,从而薪酬也会得到提高。

2. 能力薪酬体系的优点和缺点

1)能力薪酬体系的优点

能力薪酬体系的优点主要表现在以下几个方面。

第一,组织的劳动力队伍能力不断增强,员工的发展机遇不断增加。能力薪酬体系使得员工与其工作相关的能力不断提高,而且公司也会重用这种能力,因此会达到员工个人与组织双赢的局面。

第二,鼓励员工以积极的态度规划自己的职业发展。基于能力的薪酬体系使员工认识到其自身的发展是受自己控制的,因此员工就会持续不断的学习,积极提升发展自己,开展自我管理,有效控制自己的职业发展方向。

第三,提高组织竞争力。能力薪酬体系促使员工为提高自身能力不断学习,形成了学习型组织的氛围。员工与组织共同成长,建立起学习型组织,提高组织的竞争力。

第四,能力薪酬体系更支持扁平型的组织结构。员工队伍中能力越高,需要的监督管理就越少,那么就可以减少管理层级,使组织趋向于扁平化。扁平化的组织结构流程短,可灵活面对公司上级和外部客户,反应灵活。

2)能力薪酬体系的不足之处

能力薪酬体系存在的一些潜在问题主要表现在以下几个方面。

第一,忽略组织战略和企业文化而空谈能力。许多企业在建立能力模型和能力薪酬体系的过程中,不考虑企业当前的战略规划,脱离企业的文化和氛围,而单纯针对岗位来开发能力模型。这样,即使得到了能力模型和能力薪酬体系,也只是没有扎实基础的空中楼阁。

第二，太注重结果。构建完整的能力薪酬体系和能力模型成本高、周期长。一些企业，特别是国内企业寻求捷径，急于求成，采取一些替代方法直接确定员工能力模型，使得能力薪酬体系的效果大打折扣。

第三，采用不合理的绩效标准。确定合理的绩效标准是构建能力模型的首要任务，合理的绩效标准应该符合企业发展要求，不同的企业应有所不同。

第四，测量和检验方法不完善。在对各因素的测量过程中，过于依赖国外的测量工具，对其进行生搬硬套。在检验阶段，注重对模型内部结构进行检验而忽略了外部变量。

第五，忽视实际运用中的适应性。能力模型和能力薪酬体系建立后在实际应用中缺少专业指导，再加上来自企业内外部的阻力，导致其流于形式，缺少在实际应用中的适应性。

二、能力薪酬体系设计的基本流程

能力薪酬体系设计的基本流程（图 6-10）包括以下四步：第一步，建立设计小组；第二步，对工作进行分类，确立一个职业群体或者工作单元，划分出职类、职种与职层；第三步，构建能力模型；第四步，评价员工能力，将能力与薪酬挂钩。

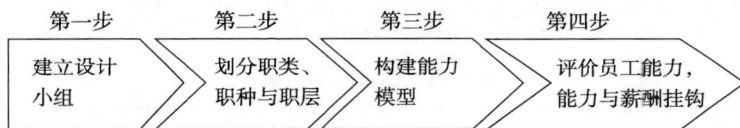

第一步	第二步	第三步	第四步
建立设计小组	划分职类、职种与职层	构建能力模型	评价员工能力，能力与薪酬挂钩

图 6-10　能力薪酬体系设计的基本流程

（一）建立设计小组

能力薪酬体系设计流程的第一步与技能薪酬体系设计流程的第一步相同，员工能力的评价方法在本章第一节已经介绍过，这里不再赘述。

（二）划分职类、职种与职层

能力薪酬是根据员工在工作中表现出的能力来确定其薪酬，为此应该对员工的能力分级定义，制定标准。企业现存职位体系中有很多职位，每个职位有不同的规范，对每个职位上任职人员的胜任能力进行分级和编写标准是不切实际的，同时也使得标准过于复杂，缺乏操作性。因此，首要任务是将所有职位划分为不同职类、职种与职层，针对不同的职类、职种与职层编写不同的能力标准。

1. 职类、职种

1）职类、职种划分的目的

员工的晋升和发展犹如赛跑，而职类、职种的划分就像为其设定的跑道。员工通过被提拔到更高的职位，工资水平得到提高，实现职业的晋升和发展。

2）职类、职种划分标准

在进行职类划分时，主要从任职者所需知识要求、技能要求、工作责任的相似性等角度对职位进行粗略划分。再针对不同职类，以更详尽的标准将本职类中的职位划分为不同的职种。职类、职种的划分模式如表 6-11 所示，具体范例如表 6-12 和表 6-13 所示。

表6-11　职类、职种划分模式

职位	划分职类	划分职种
所有职位	职类 A	职种 A-A
		职种 A-B
	职类 B	职种 B-A
		职种 B-B
		职种 B-C

表6-12　职类划分范例

职类	划分要素
管理类	对企业经营与管理系统的高效运行和各种经营管理决策的正确性承担直接责任
技术类	对企业产品和技术在行业中的先进性承担直接责任
作业类	对产品产量、质量和生产成本承担直接责任
市场类	对企业产品的品牌及市场占有率承担直接责任
专业类	对为行政管理系统提供的专业资讯与参谋及管理服务的质量承担直接责任

表6-13　职种划分范例

职类	职种	划分要素
专业类	计划统计	对集团计划的合理性与数据的及时、准确、完整承担直接责任
	财经	对资金运营的安全与效益承担直接责任
	人力资源开发	对人力资源结构优化、能力提升承担直接责任
	人文管理	对企业文化建设与传播承担直接责任
	风险防范	对构筑风险防范体系及预警系统的有效运行承担直接责任
	专项研究	对企业中专项研究的专业性与准确性承担直接责任
	专项管理	对新设及待发育的宏观管理的专业性承担直接责任
	事务	对日常事务处理的及时性与准确性承担直接责任

2. 职层

1) 职层划分的目的

员工职层的划分使得企业明确员工的相对重要性，在人力资源管理上做出侧重，在对企业经营绩效有关键作用的人才上花更多的精力。

2) 职层划分标准

职层划分主要从任职者所需知识、技能水平，所担责任大小这几个角度进行，其中员工所担责任是决定性因素。职层划分有一个基本原则，即企业规模越大职层划分越少，但针对某个企业，所有任职者应该分多少层次并无绝对要求。同时职层的划分还需考虑企业的组织结构、原有的管理习惯等实际情况。表6-14提供了职层划分范例。

表 6-14　职层划分范例

职层	划分标准
高层	依据环境变化，把握企业经营方向，主持设定企业战略目标或某一业务发展目标，主持设计规划和改进业务系统，组织实施业务领域的创新（如事业领域创新、产品创新、市场创新等） 培养后备继任者以及中坚人才
中层	参与企业或某一专业领域的规划设计，依据企业战略规划要求，站在战略和业务系统的高度和角度建立所在业务系统的业务标准及作业规范，监督、判断和指导下属或下级的业务工作，落实企业和部门的目标，不断研究和开发业务技术与方法；开展工作方法创新和技术创新，不断提高所在部门及业务系统的运行效率 指导下属或下级的职业生涯设计，培养下属或下级的核心专长与技能
基层	在各自的岗位上严格执行业务标准，熟练掌握业务技术和方法，依据标准独立完成工作任务；能够对工作方法进行技术革新

3. 划分步骤

1）职类、职种与职层的划分

首先对员工的职业发展设定"跑道"，即进行职类、职种的划分，将所有的职位归纳进不同的职类和职种中。由于每个职种对企业的重要程度不同，因此其"跑道"也长短不一。基于职能的工资体系，无论员工职层是否改变，只要在本职种内自身能力得到提高，薪酬水平就会随之提高。

2）确定合理的任职资格体系

任职资格是指针对某一职位，员工必须具备相应的能力或条件才可承担。任职资格越高，员工所具备的条件与能力越高。

3）划分职种薪等区间

从企业对不同职种所应具备的知识、技能、行为标准等因素的价值判断出发，展现各个职种与职层、薪等的对应关系，如表 6-15 所示。

表 6-15　职种薪等区间

职类	职种	薪等区间								
		1	2	3	4	5	6	7	8	9
职类 A	职种 A-A								*	*
	职种 A-B						*	*	*	*
职类 B	职种 B-A			*	*	*	*	*		
	职种 B-B					*	*	*	*	
	职种 B-C			*	*	*	*			

注：* 指位于该区间

4）设计薪点表

在职能工资制中，员工的收入水平用薪点表示。薪点越高，其薪酬水平越高。薪点表样式参见表 6-16。

表 6-16　薪点表

等级	……	六等	七等	八等	九等	十等	……
1 级	……	1200	1700	2200	2700	3500	……
2 级	……	1550	2200	3000	3700	5000	……
3 级	……	1900	2700	3800	4700	6500	……
4 级	……	2250	3200	4600	5700	8000	……
……							

（三）构建能力模型

1. 核心能力

核心能力是为保证企业成功所需要的技能和能力的关键领域，它支持企业战略，为企业创造价值。潘汉尔德和哈默认为核心能力是"组织中的积累性学识，特别是关于如何协调不同的生产技能和有机结合多种技术流派的学识"。这些知识、协调和有机结合具有价值性、异质性、难以模仿或替代性等特点，是企业获取竞争优势的源泉。核心能力往往来自企业的使命、价值观和业务战略等。Wright、Drnford、Smell 指出，在不同战略导向下的企业核心能力存在差异。通用电器公司的 3 个战略目标是全球化、产品服务和六 E，相应的核心能力是 4 个"E"，即 energy（精力旺盛）、energize（鼓舞士气）、edge（有锐气，制定强硬的决策）和 execute（执行，转化为目标结果）。尽管如此，Zingheim 和 Schusoer 研究表明：大多数企业是从相同的核心能力清单中选择其核心能力。该能力清单包括 18 种核心能力，它们是主动性、人际交流沟通、顾客与服务定位、影响与冲击、组织意识、网络工作、指导能力、团队与合作精神、培养他人的精神、团队领导才能、技术专业知识、信息搜索、善于分析的思考、构思性思考、自我控制、自信心、业务定向、灵活性。

2. 能力群和能力指标

能力群和能力指标的确定是能力评价的基础。能力群是把每项核心能力转化为行动，能力指标是表明每个能力群内各能力水平的可观察行为。通过能力指标可以较直观地界定出特定职位所需的行为密度、行为强度、行为复杂度以及需要付出的努力程度。只有能力可测量和可观察，并转化成相应的能力指标，能力薪酬方案才会显示出许多潜在的优势。表 6-17 列举了一家公司关于沟通能力的行为表述及其等级划分。

表 6-17　某公司关于沟通能力的行为描述及其等级划分

等级	行为描述
A—1	平时不注重沟通，遇到冲突与矛盾以强权或回避来解决；习惯以自我为中心的思维模式；缺少全方位思考，缺少协调与沟通
A—0	了解沟通的作用，与工作中的各方都有比较好的关系；遇到问题与冲突时愿意体谅与理解别人，能及时回复一部分信息；略懂得聆听的艺术，愿意以制度方式明确沟通职责

续表

等级	行为描述
A+1	与工作中的各方保持密切联系与良好关系；能够体谅和理解他人，愿意就具体情况做出调整与妥协；愿意就对方疑问做出及时的回应，确保信息的准确表达；倾向于以制度的形式明确沟通职责；懂得倾听的艺术
A+2	企业内部的桥梁，有着卓越的协调能力，能与上下级良好沟通，并妥善处理好之间的关系，促进其相互理解，获得他们的支持与配合

能力分析的结果是形成能力分解模型。能力分解模型可以提供鉴别能力、定义关键能力和确定能力指标的概念基础，在此基础上展开员工能力评价。

3. 能力模型

能力模型是任职者为完成工作或者是为取得高绩效必须具备的一系列不同能力要素的组合，主要包括动机表现、个性、社会角色、知识技能等。能力模型是开发基于能力的薪酬体系的基础。不同的战略导向或是不同行业中，企业薪酬发放的能力组合各不相同。一个组织根据它的需要和目标来采用不同类型的模型。以下是四种主要的模型。

1）核心能力模型

此模型用来获取组织作为整体所需要的能力，经常与组织的使命、远景和价值相一致。它适应于组织的所有层级以及工作职责。明确与组织的核心价值相联系的行为是很有帮助的。图 6-11 是北京力鼎创新管理咨询咨询有限公司为中国系统集成和 IT 服务业企业构建的核心能力模型。

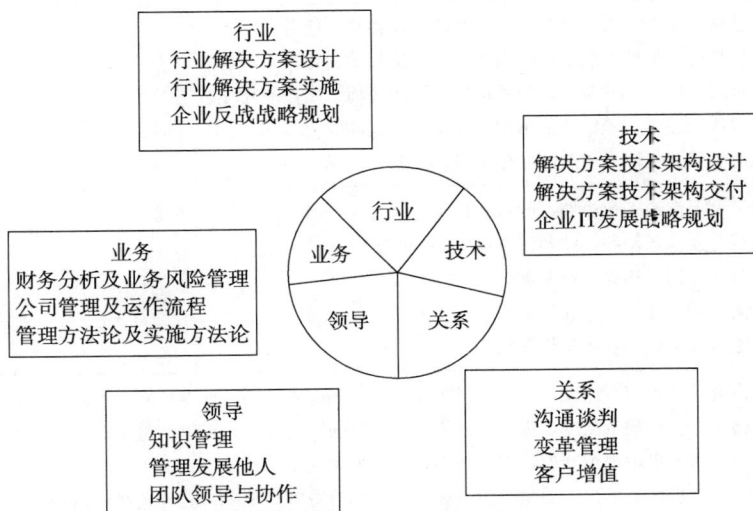

图 6-11　系统集成和 IT 服务业企业核心能力模型

资料来源：http://guanli.100xuexi.com/hp/20100602/detaild1101320.shtml

2）职能能力模型

此模型是围绕关键经营职能——财务、营销、信息技术、制造等而建立的。它适应于职能内的所有员工，而不论其水平如何。作为一种能力模型，职能方法的优势在于它的集中化。

3）角色能力模型

此模型适用于个体在组织中所扮演的特殊角色（技师、经理等），而不是他的职责。一个具有代表性的模型也许包括来自财务、营销、制造和其他方面的经理人员。由于是跨职能的，一个角色能力模型可以特别地应用于基于团队的组织中。团队领导受一组能力的支配，团队成员则受另一组能力的支配，并且还带有相当的重叠。表 6-18 展示的是某公司团队领导人员的能力模型。

表 6-18　某公司团队领导人员的能力模型

核心能力	评价标准
岗位技能	·具有高超的岗位技能，丰富的经验，能够从容处理好本岗位工作中复杂、困难的问题（8分） ·具有较丰富的经验、娴熟的岗位技能，能够较好地完成任务，属于出色的人才（6～7分） ·具有岗位相关的经验、技能，能够完成任务（5分） ·经验、技能基本能够满足工作需要，但需要加强（4分） ·缺乏相关岗位技能，工作经常遇到障碍（0～3分）
问题解决	·对事物、指示、问题的理解、判断能力很强，办事严谨、周到，措施得力，能够及时有效解决问题（8分） ·办事严谨、周到，能够及时有效解决问题（6～7分） ·能够独立解决问题（5分） ·能够解决问题，但经常需要支持（4分） ·解决问题的能力较差，易出错，需要上司事事躬亲（0～3分）
学习适应性	·刻苦钻研技能，勇于接受、适应新的工作挑战、任务（8分） ·钻研技能，能够有效适应不同的环境、工作的变化（6～7分） ·有学习钻研技能的意识，能够适应不同的环境、工作的变化（5分） ·学习能力较差，难以适应不同的环境、工作的变化（4分） ·无心学习，无法适应新的工作挑战、任务、责任（0～3分）
协作性	·善于上下沟通平衡协调，能自动自发与人合作，出色完成任务（8分） ·乐意与人沟通协调，顺利达成任务（6～7分） ·能与人合作，达成工作要求（5分） ·协调不善，致使工作受到影响（4分） ·无法与人协调，致使工作无法进行（0～3分）
责任感	·严格遵守公司规章制度，服从上级指令，有很强的责任心，办事可靠，可以放心交代工作（8分） ·严格遵守公司规章制度，服从上级指令，有较强的责任心，可以交付工作（6～7分） ·遵守公司及班组规章制度，有责任心，能如期完成工作任务（5分） ·纪律性、责任心不强，偶尔有擅自离开岗位和浪费时间现象，需有人督促（4分） ·纪律性较差，无责任心，无故缺勤，时时督促亦不能如期完成任务（0～3分）

4）职位能力模型

此模型是四种模型中适用范围最狭窄的，因为它只适用于一个单一的职位，这种模型所针对的通常是在一个组织中有很多人从事的那一类工作。

此模型主要针对如一家寿险公司针对寿险营销人员开发的能力模型。图 6-12 显示的是某 IT 公司产品经理这一职位的能力模型。

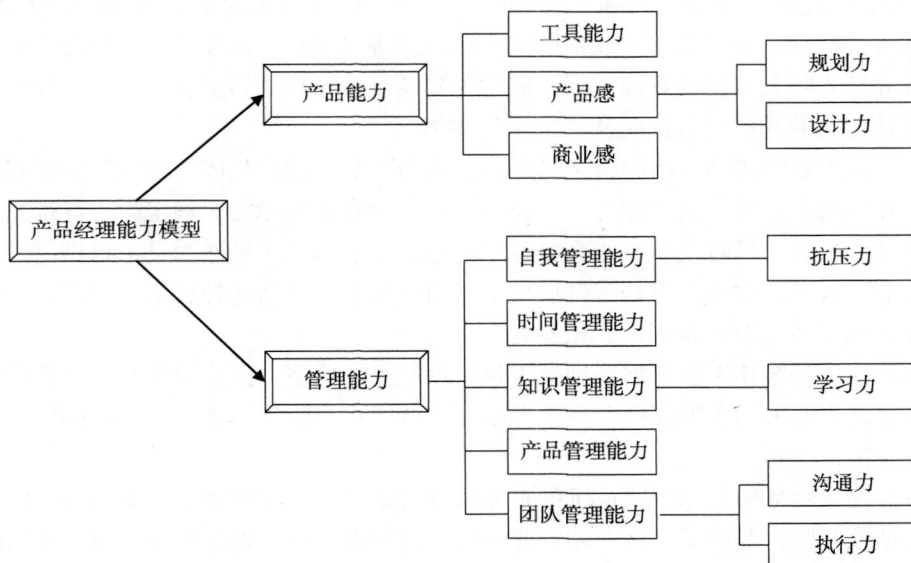

图 6-12　某 IT 公司产品经理能力模型
资料来源：http://www.alibuybuy.com/posts/26147.html

（四）能力与薪酬挂钩的基本形式

企业在评估能力和薪酬之间的关系时，通常可以采用四种基本形式。

第一种，在职位评估中体现能力，将职位价值跟薪酬直接挂钩。采用这种方法进行评估时，既加大了能力的权重又说明了能力的重要性。

第二种，在职位薪酬的同一工资等级内部体现能力，将薪酬同个人能力部分挂钩，即员工的职位工资等级根据职位评价结果来确定，同一工资等级内部的工资档次依据能力评定结果确定。

第三种，将薪酬胜任能力挂钩，也就是将个人角色与薪酬挂钩。角色确定员工做什么事、需要什么能力。

第四种，将薪酬和能力直接且完全挂钩，也就是说，个人的薪酬直接取决于个人能力，忽略了员工做了什么事。

能力对薪酬的影响程度大小并不是固定不变的，薪酬设计是权变的，因此企业可以根据具体情况来选择适合的方式。但是，每种方式都在操作上存在难点。第一种方法的难点在于如何准确地确定能力种类和划分适当的权重；第二种和第四种的难点在于很难客观地对能力进行等级划分，员工的认同性不高，易流于形式；第三种的难点就是过于灵活，很难做到同工同酬，容易导致工资膨胀，且产生与法律冲突等现象。所以企业要对这些方面给予更多的关注。

（五）有效实施能力薪酬体系的注意事项

为有效地实施能力薪酬体系，需要注意以下几个方面。

首先，要明确能力薪酬体系是以人为本的管理思想观念，是薪酬体系的一种表现。对能力的强调不能仅局限于此，还要结合招聘、晋升、绩效管理等整个人力资源管理系统。企业根据自身特点、企业文化和战略因素采用该薪酬体系时，需要将个人能力有效地融入招聘甄选和绩效等人力资源管理过程。同时还要结合当今科技高速发展、知识加快更新的背景，评估能力的基础模型也应及时修订和调整。

其次，能力薪酬体系实施的最终目的是让能力生效，促进从能力到绩效的实现，所以重点是企业如何有效运用这些能力。企业必须结合自身的实际需要确定能力评价要素，建立合适的能力模型。同时企业应建立综合型的培训开发体系，虽然为员工提供培训势必会造成人力资源成本的增加，但是培训后员工能力的增长会抵消这种成本。因此，建立的培训和开发体系必须与能力薪酬体系相配套。

再次，能力薪酬体系要合理利用员工每一种能力的价值，因此对人力资源管理工作有额外要求，这需要人力资源部门花费较多精力。若因自身管理不善，能力薪酬体系优点则可能难以发挥。

最后，还要明确的是，建立系统的整体薪酬方案时，不仅要确定基本薪酬，同时还要紧紧结合绩效奖励、福利等，这样才能使得这几者相得益彰。根据调查发现，采用能力薪酬体系的企业中，结合员工的能力和业绩进行设计方案的有 70%，有的企业还进行传统的职位评定。

➤ 本章小结

"能力"包含了技能、知识和个性特征，是一个有层次的结构体。能力薪酬的"能力"应具备以下特征：①能力以"人"或组织成员为载体，包含技能、知识、行为特征以及其他个人特征。②能力具有组织专属性的特征，它依附于特定的组织，即一种能力只能在适合它的组织中才能展现出它的高价值。③员工之间绩效水平的差异能以能力的差异来准确衡量。

技能薪酬体系是相对于岗位薪酬而言的，具体是指企业以员工所具备的与工作相关的技能以及知识的深度和广度为依据支付薪酬的报酬制度。采用技能薪酬体系的公司在考虑岗位价值的同时，还要根据员工的工作技能支付薪酬，而且当员工技能水平上升时，其薪酬将上涨。技能薪酬促使员工不断提高技能，关注自身发展，促使优秀的专业人才专心从事本职工作。

为有效地实施能力薪酬体系，需要注意以下几个方面。首先，要明确能力薪酬体系是以人为本的管理思想观念，是薪酬体系的一种表现，但是对能力的强调不能仅局限于此，还要结合招聘、晋升、绩效管理等整个人力资源管理系统。其次，能力薪酬体系实施的最终目的是让能力生效，促进从能力到绩效的实现，所以重点是企业如何有效运用这些能力。再次，能力薪酬体系要合理利用员工每一种能力的价值，因此对人力资源管理工作有额外要求，这需要人力资源部门花费较多精力。最后，还要明确的是，建立系统的整体薪酬方案时，不仅要确定基本薪酬，同时还要紧紧结合绩效奖励、福利等，这样才能使得这几者相得益彰。

➤ 本章关键词

纸笔测验法；面试法；360度评价法；评价中心技术；技能薪酬体系；深度技能；广度技能；能力薪酬体系；职业群体；能力模型

本章思考题

1. 能力评价的方法主要有哪些?
2. 技能薪酬体系的类型分为哪两种?
3. 简述技能薪酬体系的设计流程。
4. 在实施能力薪酬体系的过程中应注意什么问题?

案例讨论

LC公司软件研发人员薪酬体系设计

一、原研发人员薪酬

LC公司是中国最大的通信应用软件的开发商之一,研发人员的薪酬体系实行以岗位为基础的工资体系,基本工资和晋升均根据岗位来定。LC公司原研发人员薪酬如表6-19所示。

表6-19 原研发人员薪酬　　　　　　　　　单位:元/月

岗位	总薪资
高级软件开发工程师	8500
高级硬件工程师	7500
高级测试工程师	7000
高级系统工程师	4500
中级软件开发工程师	4000
中级硬件工程师	2500
中级系统分析工程师	1900
中级测试工程师	1500
初级硬件工程师	1400
初级软件开发工程师	1350
初级测试工程师	1200
初级系统分析工程师	1000

原有的薪酬结构及比例如表6-20所示。

表6-20 原有的薪酬结构及比例

薪酬结构	占总薪酬的比例/%
岗位工资	85
考评工资(含奖金)	12
福利	3

考评工资主要按绩效考核成绩评定,其绩效考核方法采用直接上级领导主管评分的方式决定员工的绩效考评分数。技术研发人员基本可以拿到全额的考评工资。员工福利主要是按照国家规定比例缴纳法定福利的社会统筹费,包括养老保险、失业保险、医疗保险、工伤保险、生育保险、交通意外保险,以及住房公积金。但比例仅占员工总薪酬的3%。

二、LC公司研发人员薪酬体系再设计

1. 确定组织核心能力

LC公司将其使命归纳为:为社会提供优质完善的信息产品和信息服务,发展民族信息产业。核心

价值观是：时刻满足用户需求，为客户提供优质完善的服务；依靠团队合作精神达到我们共同的目标；信任和尊重个人，鼓励个人进取心；在商务活动中坚持诚信和正直；不断创新，寻求更高目标。

LC的能力体现在组织管理能力、技术开发能力、客户服务能力等方面。企业的核心业务是技术研发能力，正是因为有这样的能力，公司才成功研发出计费、认证、网管等系列具有自主知识产权的软件产品。

公司技术研发能力的实现主要依赖于产品技术中心。产品技术中心的研发人员只有通过不断地加强技术和产品研发能力，才能支撑公司的战略，为公司创造价值，保持技术和产品的领先。

2. 构建员工能力模型

由于个人学历、从业知识技能水平以及工作经验在很大程度上决定了员工的能力水平，因此，有必要将研发人员按照一定的标准进行初步划分，确定同一层次研发人员的能力素质模型。

公司产品研发中心人员初步划分为高级研发人员、中级研发人员和初级研发人员，具体的划分标准如表6-21所示。

表6-21　任职资格要求表

等级	工作经验	学历	知识技能评定
高级研发人员	5年	本科及以上	90分以上
中级研发人员	3年	本科及以上	70分以上
初级研发人员	1年	大专及以上	60分以上

在将能力与薪酬挂钩时，就是首先以任职资格要求作为确定薪酬等级的依据，其次根据能力等级对应划入相应的等级。能力模型如图6-13所示。

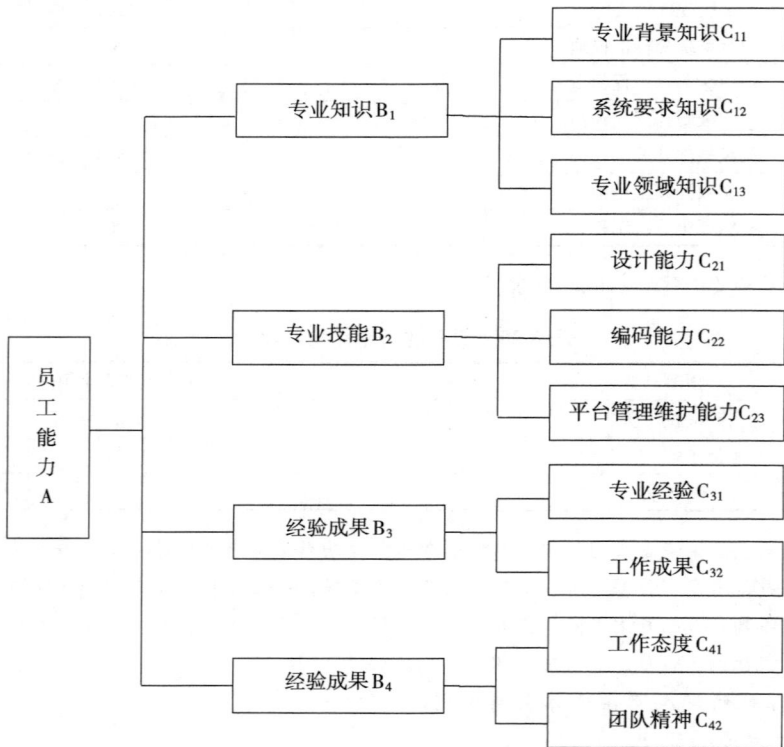

图6-13　能力评价指标体系

以上的能力评价指标是具有代表性的最能反映 LC 公司研发人员能力的指标。以下对一级指标和二级指标进行定义，见表 6-22。

表 6-22　一级指标和二级指标定义

一级指标	一级指标定义	二级指标	二级指标定义
专业知识	满足从事工作所需要的专业知识	专业背景知识	对专业知识具有较为深入的了解，可以提供解决方法，以便工作开展
		系统要求知识	了解或掌握产品研发项目、复用组件研发项目和技术预研项目所需知识
		专业领域知识	了解或掌握公司产品知识，能够根据公司的需要，了解公司业务
专业技能	满足从事工作所需要的专业技能	设计能力	具有进行需求分析、应用架构设计、数据模型设计、处理逻辑设计、设计工具使用的能力
		编码能力	具有数据库平台编码、应用服务器平台编码、Windows 客户端平台编码、Browser 客户端平台编码的能力
		平台管理维护能力	具有主机服务器平台、数据库平台、应用服务器平台、Web 服务器平台的管理维护能力
经验成果	有相关从业经验，有解决问题的能力	专业经验	在行业或专业内有相关工作经验或知识结构
		工作成果	提供富有竞争力，并令客户满意的解决方案
行为方式	以饱满的热情对待工作，在别人遇到困难时能主动予以协助	工作态度	工作兢兢业业、任劳任怨，对待工作任务或临时事务尽心尽力，不相互推诿
		团队精神	对团队工作保持高度的热情，能够在攸关企业和团队整体利益的紧急时刻，为了保证整体目标的实现，不计较个人的利益得失

3. 确定能力要素权重

能力模型建立后，运用层次分析法确定员工的能力要素的权重。以中级专业人员为例，运用层次分析法确定的一级指标及二级指标权重的计算结果具体如表 6-23 所示。

表 6-23　中级专业人员的能力评价指标权重

一级指标		二级指标	
名称	权重	名称	权重
专业知识	0.17	专业背景知识	0.03
		系统需求知识	0.09
		专业领域知识	0.05
专业技能	0.29	设计能力	0.17
		编码能力	0.08
		平台管理维护能力	0.04
经验成果	0.47	专业经验	0.19
		工作成果	0.28
行为方式	0.07	工作态度	0.05
		团队精神	0.02

4. 能力评价，划分能力层级

通过运用层次分析法得出 LC 公司中级研发人员能力评价指标的组合权重，根据分析结果对各项能力指标设置分值范围。在实际考核过程中，采用 360 度评价法对研发人员的能力进行评价。通过无记名的方式，在上级、下级和同级之间征询对被测人员的意见，按一定要素评价或综合评价，360 度评价的各个评价要素分别为专业背景知识、系统需求知识、专业领域知识、设计能力、编码能力、平台管理维护能力、专业经验、工作成果、工作态度和团队精神十个二级能力评价指标，按能力等级打分。上级所占权重为 50%，同级所占权重为 30%，下级所占权重为 20%。各评价方在给出能力评价指标具体分数后，将其数值分别与相应的能力评价指标权重相乘，然后累加，最后根据各评价方所占权重加权求和，得该员工的总分数，如表 6-24 所示。

表 6-24　能力等级评定

二级指标	权重	等级	描述	评定得分	加权得分
专业背景知识	0.03	1	掌握全面的专业知识，可以提供完善的解决办法，以便于工作开展		
		2	对专业知识具有较为深刻的了解，可以提供完善的解决办法，以便于工作开展		
		3	具有较多的专业知识		
		4	对专业知识一般了解		
		5	了解简单的专业知识		
系统需求知识	0.09	1	熟练、全面地掌握产品开发项目、复用组件研发项目和技术预研项目所需各种知识		
		2	掌握产品开发项目、复用组件研发项目和技术预研项目所需知识		
		3	有较多的产品研发项目、复用组件研发项目和技术预研项目所需知识		
		4	了解产品开发项目、复用组件研发项目和技术预研项目所需知识		
		5	只了解部分产品开发项目、复用组件研发项目和技术预研项目所需知识		
专业领域知识	0.05	1	全面掌握公司产品知识，能够根据公司的需要，提出满意的解决方案		
		2	掌握公司产品知识，能够根据公司的需要，了解公司业务		
		3	有较多的公司产品知识		
		4	了解公司产品知识		
		5	了解部分公司产品知识		
设计能力	0.17	1	熟练进行需求分析、应用架构设计、数据模型设计、处理逻辑设计以及熟练使用设计工具		
		2	较好地掌握需求分析、应用架构设计、数据模型设计、处理逻辑设计、设计工具使用		
		3	具有进行需求分析、应用架构设计、数据模型设计、处理逻辑设计、设计工具使用的能力		

续表

二级指标	权重	等级	描述	评定得分	加权得分
设计能力	0.17	4	了解需求分析、应用架构设计、数据模型设计、处理逻辑设计、设计工具使用		
		5	只能对需求分析、应用架构设计、数据模型设计、处理逻辑设计、设计工具使用中的部分内容进行设计		
编码能力	0.08	1	熟练掌握数据库平台编码、应用服务器平台编码、Windows 客户端平台编码、Browser 客户端平台编码的能力，能很好地完成各种平台的编码工作		
		2	具有较好的数据库平台编码、应用服务器平台编码、Windows 客户端平台编码、Browser 客户端平台编码的能力		
		3	可以完成数据库平台编码、应用服务器平台编码、Windows 客户端平台编码、Browser 客户端平台编码		
		4	较全面地了解数据库平台编码、应用服务器平台编码、Windows 客户端平台编码、Browser 客户端平台编码		
		5	只了解数据库平台编码、应用服务器平台编码、Windows 客户端平台编码、Browser 客户端平台编码中的部分知识		
平台管理维护能力	0.04	1	具有熟练管理维护上机服务器平台、数据库平台、应用服务器平台、Web 服务器平台的能力		
		2	具有较强管理维护主机服务器平台、数据库平台、应用服务器平台、Web 服务器平台的能力		
		3	具有管理维护主机服务器平台、数据库平台、应用服务器平台、Web 服务器平台的能力		
		4	可以管理维护主机服务器平台、数据库平台、应用服务器平台、Web 服务器		
		5	只能管理维护主机服务器平台、数据库平台、应用服务器平台、Web 服务器平台其中的一部分		
专业经验	0.19	1	在行业或专业内工作时间长，具有很丰富的从业经验，能解决实际问题，满足户需求		
		2	具有丰富的从业经验，能提出方案和办法		
		3	有从业经验，能够将经验应用到日常工作中		
		4	有一定的从业经验，能简单应用		
		5	无经验，被动服从他人		
工作成果	0.28	1	拥有开创性的成果，能够提出富有竞争力，并令客户满意的解决方案		
		2	拥有较多的工作成果，成功的案例较多		
		3	有一些工作成果及成功的案例		
		4	成功的案例较少		
		5	没有成功的案例		

二级指标	权重	等级	描述	评定得分	加权得分
工作态度	0.05	1	工作兢兢业业、任劳任怨，对待工作任务或临时事务尽心尽力完成，不推诿		
		2	能够主动承担分外的工作，并认真完成		
		3	在工作任务不能完成的情况下，能主动加班		
		4	偶尔找理由不加班，但在领导督促下能完成工作任务		
		5	经常找理由不加班，怨言较多		
团队精神	0.02	1	对团队工作保持高度的热情，能够为了保证整体目标的实现，不计较个人的利益得失		
		2	团队工作较积极、主动，团队意识强		
		3	团队工作基本能完成，但有时并不主动，有一定的团队意识		
		4	被动地完成团队工作，团队意识较为薄弱		
		5	基本没有团队意识，以自我为中心		

根据得分结果，将 LC 公司研发人员中级研发人员分为四个等级，如表 6-25 所示。

表 6-25 研发人员能力等级表

等级分类	层级	层级分类
高级研发人员	1	90 分以上
	2	80～89 分
	3	80 分以下
中级研发人员	1	90 分以上
	2	80～89 分
	3	70～79 分
	4	70 分以下
初级研发人员	1	90 分以上
	2	80～89 分
	3	80 分以下

5. 能力与薪酬挂钩

本案例软件研发人员薪酬设计，采用 85% 基本工资＋12% 奖金＋3% 福利的薪酬结构。研发人员的基本工资由员工任职资格等级和员工的能力共同决定，即根据任职资格等级对应入等，再根据能力等级对应入级。由于 LC 公司的企业文化、团队文化、沟通文化、绩效文化与宽带工资设计的基本理念相一致，因此，在将能力与薪酬挂钩时，选择宽带薪酬结构非常合适。表 6-26 给出了不同研发人员能力与薪酬的对照表。

表 6-26　能力薪酬对照表　　　　　　　　　单位：元/月

等级分类	层级	基本工资
高级研发人员	1	11 300
	2	8 000
	3	4 700
中级研发人员	1	4 850
	2	3 900
	3	3 000
	4	2 100
初级研发人员	1	2 000
	2	1 460
	3	920

资料来源：马进.2009.LC 公司研发人员薪酬体系设计[D].南京理工大学硕士学位论文

思考题：

(1)LC 公司软件研发人员原有的薪酬体系有何不妥？

(2)经过再设计之后的薪酬体系弥补了原有薪酬体系的哪些不足？

(3)经过再设计之后的薪酬体系是不是最完美的，如果不是，还有哪些可改进之处？

参考文献

津海姆 P.2004.打造 500 强企业的薪酬体系[M].北京爱丁文化交流中心译.北京：电子工业出版社.

刘昕.2007.薪酬管理[M].北京：中国人民大学出版社.

米尔科维奇 G T，纽曼 J M.2002.薪酬管理[M].董克用译.北京：中国人民大学出版社.

冉斌.2004.薪酬设计六步法[M].北京：中国经济出版社.

王凌峰.2005.薪酬设计与管理策略[M].北京：中国时代经济出版社.

第七章

绩效评价及基于绩效的薪酬体系

固定工资制还是佣金制?

秦先是一家中日合资企业的销售员。作为日语专业大学毕业生的他,在大学里就是一个很有自信和抱负的学生,他梦想着能在事业上有所成就。

秦先一开始对销售员的职业挺满意,因为这家公司与别的公司不一样,他们给销售员的是固定工资而不是销售佣金,并且固定工资也挺高。尤其是对于刚毕业的他来说,拿佣金肯定肯定比别人少得多。

随着秦先对销售业务的熟悉,以及与客户的关系越来越融洽,他的销售额渐渐上升了。到了第三年,他算了算自己应该进入公司销售员的前 20 名之列了。又过了一年,根据秦先与同事们的接触,他估计自己当属销售员中的冠军了。不过公司的政策是不公布个人的销售额,也不鼓励相互比较,所以他还不能很有把握地说他一定能够坐上第一把交椅。

2004 年 9 月初,秦先就完成了比前年提高了 25% 的销售定额。10 月中旬,日方销售经理召集他去汇报工作。听完他用日语做的汇报后,经理对他格外客气,祝贺他取得的好成绩。

但临走时,经理对他说:"咱公司要再有几个像你一样棒的销售明星就好了!"秦先想说些什么,却又匆匆地走了。

2005 年,公司把他的定额又提高了 50%。虽然达到目标的难度加大了,但根据自己的经验,他预计自己的定额到 10 月中旬准能完成。但令他苦恼的是,一贯的固定工资使他的热情已经大减。因为他听说本市另有两家也是中外合资的化妆品制造企业都搞销售竞赛和奖励活动。其中一家是总经理亲自请最佳冠军到大酒店美餐,而且这家公司内部还发行公司通讯小报,让人人都知道个人的销售排名,表扬每季和年度最佳销售员。

想到自己公司的这套做法,秦先就特别生气。在刚来公司时,他干得不怎么样,较高的固定工资的确不错，但如今的他渴望的是销售佣金。

一开始秦先曾经去销售经理那里谈了自己的看法，建议给他实行佣金制。不料销售经理回绝了他，因为在日本的母公司里一贯如此，这是本公司的企业文化决定的。

不久，秦先被一家竞争对手公司挖去了。

资料来源：郑晓明.2011.人力资源管理导论[M].北京：机械工业出版社

第一节　绩效评价技术

绩效考评也即绩效考核或业绩考评，针对企业中每个职工所承担的工作，应用多种科学的定性及定量的方法，考核并评价职工行为的实际效果及其对企业的贡献或价值。绩效考评以通过考核来提高企业每个员工的工作效率为目的，最终实现企业的目标。

绩效评价技术是现代组织重要的管理工具。有效的绩效评价技术既可以确定员工对组织的贡献和不足，也能为人力资源管理提供决定性的评估资料，从而完善组织的反馈机制，提高员工的工作绩效，更能激励员工士气，也为公平合理地酬赏员工提供依据。绩效考评是一个负责的系统，在进行绩效考评时需要根据考评的目的、对象的工作性质和内容选择合适的绩效考评方法。下面介绍实践中一些应用较为广泛且具有一定科学性的方法。

一、目标管理法

目标管理（management by objectives，MBO）源于美国管理专家德鲁克（Peter Drucker），他在 1954 出版的《管理的实践》中首次提出此概念。德鲁克强调在管理过程中应该遵循一个原则，即每一项工作都需为组织的总目标服务，员工的工作绩效则按照其为实现总目标所做的贡献大小来确定。

1. 目标管理的含义

目标管理，也即成果管理，是指组织的最高层领导依据组织面临的形势和社会需要，制定出一定时期内组织经营活动所要达到的战略目标，进而依层实现，要求下属各部门主管人员以至每个员工根据上级制定的目标和保证措施，形成一个目标体系，并依据目标的完成度来考核每一位管理者和员工个人的绩效。总而言之，目标管理就是让企业的管理人员和员工亲自参与到工作目标制定的过程，并在工作中实行"自我控制"，努力实现总体目标的一种管理制度。

有效的目标管理系统要求：

（1）目标应该是可量化、可测量的，应尽量避免无法测量或无法核对的目标，如维修流程的修理数量和返修比率、信贷部门的利润总额和利润率等。

（2）目标应既具挑战性，又具可实现性。富有挑战性的目标更能激发员工的工作热情，鼓励员工选择具有挑战性而经过努力又能实现的目标。

（3）目标描述应清晰、简洁、无歧义。表 7-1 为优劣工作目标描述的比较。

表 7-1　工作目标描述比较

不好的工作目标描述	较好的工作目标描述
使产量最大化	在以后的三个月中增加 10% 的产量
减少缺勤现象	使每位员工平均每年缺勤不超过 3 天
减少原材料浪费	浪费的原材料不超过 2%
提高产品质量	每 100 个单位产品中的次品不超过 2 个

2. 目标管理法的实施步骤

目标管理在绩效评估中的实施以 PDCA 模式为依据，其中 P(plan)——计划，确定活动方针和目标，制定活动规划；D(do)——执行，根据已知的信息，实现计划中的内容；C(check)——检查，总结执行计划的结果，明确效果，找出问题；A(action)——行动，对检查出的问题进行处理，总结失败教训，并进行下一个 PDCA 循环。目标管理法的实施步骤为：

(1)制定公司战略目标与实施方案；

(2)组织总目标在部门间分解；

(3)准确陈述员工要完成的工作目标；

(4)制订实现这些目标的行动计划；

(5)让员工实施行动计划；

(6)工作绩效评价及反馈；

(7)必要时采取行动措施；

(8)为未来确立新的目标。

目标管理方法的具体步骤可以表示为图 7-1。

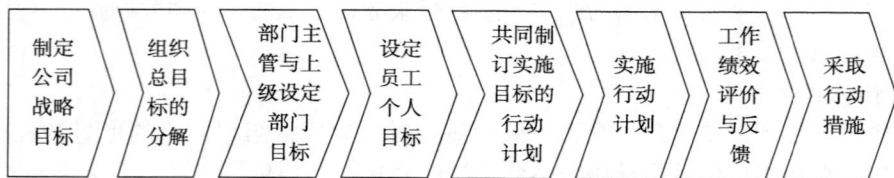

图 7-1　目标管理法实施步骤

3. 目标管理法的优缺点

目标管理法的主要优点：

(1)有利于监控和引导员工行为，使员工行为与组织整体目标一致。

(2)绩效反馈及时且客观，员工可以了解组织对他们的期望，并能有效激励员工为达到组织的重要目标而尽最大努力。

(3)员工参与目标的制定过程，提高员工的工作积极性、主动性和创造性。

(4)促进上下级之间的沟通，减少工作中的冲突和紊乱，改善组织内部的人际关系。

(5)目标管理可操作性较强，且实施成本较低。

目标管理法的主要缺点：

(1)没有具体指出实现目标所需的行为，不能提供有效的指导。

（2）目标管理倾向于短期目标，员工可能会牺牲长期目标而去实现短期目标。

（3）绩效标准是相对的，没有为相互比较提供共同的基础。

目标管理法并非用目标去控制员工，而是用目标去激励下级，从而能够更好地实现总目标。目标管理法的管理方式包含四个要素，即明确目标、参与决策、规定期限和反馈绩效。

目标管理法是一种以结果为导向的考评方法，即基于实际产出，以考评员工的工作成效和劳动结果为重点。这种绩效考核方式关键在于用可观察、可测量的工作结果制定出衡量员工工作绩效大小的标准，并以此为依据来考核员工，使员工个人目标与组织总体目标保持一致，从而避免管理者花费过多的精力在与实现组织目标无关的事情上。表 7-2 是某推销员目标管理的考评表。

表 7-2　某推销员目标管理的考评表

目标项目	计划目标	完成情况	完成率％
销售电话拨打次数	100	104	104
接触新客户数目	20	18	90
批发销售 17 号新产品的数量	30	30	100
销售 12 号产品的数量	10 000	9750	97.5
销售 17 号产品的数量	17 000	18 700	110
客服投诉/服务电话	35	11	31.4
成功完成销售函授课程的数量	4	2	50
每月底在一天内完成销售报告的次数	12	10	83.3

二、关键绩效指标法

1. 关键绩效指标法的含义

关键绩效指标（key performance indicator，KPI）即进行组织内部流程的输入端和输出端的关键参数的设置、取样、计算、分析，并最终形成流程目标式量化管理的绩效指标。KPI 可以使各个部门主管明确各自部门的主要责任，并以此为基础，制定相关的业绩衡量指标。

KPI 是衡量企业战略实施效果的关键指标，以建立一种机制为目的，将企业战略转化为内部过程和活动，从而不断增强企业的核心竞争力并持续地获得高效益，使评价体系不仅成为激励约束手段，更成为战略实施工具。

2. 关键绩效指标的设计步骤

（1）明确企业的战略目标及使命，利用头脑风暴法和鱼骨分析法等方法找出企业的业务重点。这些业务重点既是企业的关键业务领域，也是评估企业价值的标准。

（2）确定企业级 KPI，用头脑风暴法找出企业关键业务领域的 KPI。

（3）分解部门级 KPI，各系统的主管对企业级 KPI 在相应部门进行分解，确定相关的要素目标，分析绩效驱动因数（技术、组织、人），确定实现目标的工作流程，分解出各系统部门级 KPI，确定评价指标体系。

（4）细化 KPI，确定各职位业绩衡量指标。各系统的主管和部门的 KPI 人员一起将部门 KPI 进一步细分，分解为更细的 KPI 及职位的业绩衡量指标，这些业绩衡量指标就是员工考核的要素和依据。

（5）设定评价标准，主要围绕三个问题，即"评价什么""被评价者怎么做""做多少"。

（6）审核关键业绩指标。

（7）确定数据来源。

3. 关键绩效指标的设计原则

在设计关键绩效指标时，必须符合 SMART 原则。

（1）具体性（specific），绩效考评要切中特定的工作指标，不能笼统；

（2）可衡量性（measurable），绩效指标是数量化或者行为化的，验证这些绩效指标的数据或者信息是可以获得的；

（3）可实现性（attainable），绩效指标在付出努力的情况下可以实现，避免设立过高或过低的目标；

（4）现实性（realistic），即制定的绩效指标是实实在在的，是可以被证明和观察的；

（5）时效性（time-based），对完成特定的绩效指标都有特定的日期期限。

KPI 法符合"二八原理"。在一个企业的价值创造过程中，存在着"20/80"的规律，即20％的骨干人员创造企业 80％的价值；在每一位员工身上"二八原理"同样适用，即 80％的工作任务是由 20％的关键行为完成的。因此，必须抓住 20％的关键行为，对之进行分析和衡量，这样就能抓住业绩评价的重心。

4. 关键绩效指标法的优缺点

KPI 法的主要优点：

（1）KPI 把目标的制定直接和企业的战略连接到了一起，是对企业战略总体目标的层层分解，然后通过 KPI 指标的整合和控制，使员工绩效行为与企业目标要求的行为相吻合，有力地保证了公司战略目标的实现。

（2）KPI 进行策略性的指标分解，使公司战略目标成了个人绩效目标，员工个人在实现个人绩效目标的同时，也是在实现公司总体的战略目标，达到两者和谐，公司与员工共赢的结局。

（3）有利于各级管理者充分了解自身及所管部门在组织战略实施中的位置和权责。KPI 体系是针对整个组织系统的，本部门承担的 KPI 代表着本部门对整个企业的价值，有利于管理者更好地着眼大局。

KPI 法的主要缺点：

（1）KPI 法虽然强调了一套与战略实施紧密相关的关键业绩指标体系对组织整体战略实施的重要性，但却没有能进一步将绩效目标分解到企业的基层管理及操作人员。

（2）KPI 更多是倾向于定量化的指标，这些定量化的指标是否真正对企业绩效产生关键性的影响，如果没有运用专业化的工具和手段，是很难界定的。

（3）KPI 过分地依赖考核指标，而没有考虑人为因素和弹性因素，会产生一些考核上的争端和异议，KPI 并不是针对所有岗位都适用。表 7-3 是北京××通信设备制造有限公司部分岗位 KPI 的考评表。

表 7-3　北京××通信设备制造有限公司部分岗位 KPI 考评表

岗位	KPI(A)	目标(B)	权重(C)	计算方法
生产主管 KKDQ-04-063Z	生产计划的完成率	80%	50%	$A/B\times100\times C$
	生产作业计划的准确率	90%	30%	$A/B\times100\times C$
	工作失误影响生产	0	10%	每次扣2分
	被投诉次数	0	10%	每次扣2分
物料控制员 KKDQ-04-065Y	物料需求准确性	95%	60%	$A/B\times100\times C$
	库存水平合理	90%	20%	$A/B\times100\times C$
	物料需求不准确导致停运	0	10%	每次扣2分
	物料需求不准确导致积压	0	10%	每次扣2分
计划员 KKDQ-04-066Y	计划完成率	100%	50%	$A/B\times100\times C$
	计划准确性	90%	30%	$A/B\times100\times C$
	工作失误影响生产	0次	10%	每次扣2分
	内部客户投诉	0次	10%	每次扣2分

资料来源：北京××通信设备制造有限公司绩效考核管理咨询项目建议书. 2002-04-05. http://wenku. baidu. com/link? url=-9CJeKoGN08F6oT3MxHSoN9 _ Q _ yjN9iQusuPmcJfuob5iZY1 _ SrPs0PLCu4L4zk6IdRkoo8xs2FDqhDxjGMaFsp7POBTTW8swjkWzY4ive&.pn=50

三、平衡计分卡法

1. 平衡计分卡的含义

平衡计分卡(the balanced score card，BSC)是指通过财务、客户、内部流程、学习与发展四个维度相互之间因果驱动关系的发展战略轨迹，实现绩效考核到绩效改进、战略实施到战略修正的转变，实现组织总体战略目标。平衡计分卡把绩效考核提升到了组织战略层面，是组织战略实施的有效工具。平衡计分卡起源于 20 世纪 90 年代初，由哈佛商学院的罗伯特·卡普兰(Robert Kaplan)和诺朗诺顿研究所所长、美国复兴全球战略集团创始人兼总裁戴维·诺顿(David Norton)提出的一种全新的组织绩效管理方法。

2. 平衡计分卡的内容

平衡计分卡的主要内容包括财务层面、客户层面、内部流程层面、学习与发展层面四个方面。图 7-2 所示为平衡计分卡框架图。

1)财务层面

财务性指标是一般企业常用于绩效评估的传统指标，体现公司的战略及其执行是否有助于增加利润。典型的财务指标有总资产、毛利率、总成本、回款率、销售利润率、资产利润率、收益增长率、股东收益率、现金流量、经济附加值等。

2)客户层面

平衡计分卡使企业将使命和策略落实到具体的与客户相关的目标和要点。时间、质

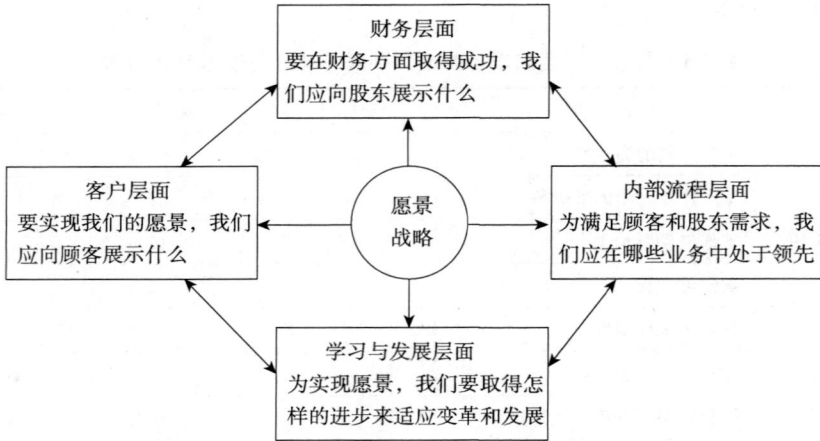

图 7-2　平衡计分卡框架

量、性能与服务、成本是客户最为关心的。企业应明确这四个方面要达到目标，进而将这些目标细化为具体的测评指标。顾客层面的具体测评指标有市场份额、老客户挽留率、客户获得率、顾客满意度、顾客忠诚度、顾客投诉、品牌认同度等。

3)内部流程层面

实现客户和股东价值，都是内部流程有效运作的结果。内部流程绩效考核应以对客户满意度和实现财务目标影响最大的业务流程为核心，并能够尽可能创造出全新的业务流程。常用的内部流程指标有产品质量、测评开发创新、劳动生产率、每笔交易平均成本、顾客需求反应时间、顾客数量、生产计划、生产周期、项目完成指标等。

4)学习与发展层面

学习与发展的目标支撑着其他三个方面的宏大目标，驱使着记分卡上述的三个方面获得卓越成果。公司创新、提高学习的能力与公司绩效是息息相关的。只有持续地开发新产品、为顾客创造更多价值并提高经营效率，才能开发新市场，增加收入，创造更多的股东价值。常用的学习与发展指标包括提供新服务收入的比例、员工满意度、关键技能的发展、领导能力的发展、员工建议数等。

表 7-4 为美国 Metro Bank 的平衡计分卡评价指标。

表 7-4　美国 **Metro Bank** 的平衡计分卡评价指标

财务指标	顾客指标	内部运作指标	学习、创新与成长指标
(1)投资报酬率； (2)收入成长率； (3)储蓄服务成本降低额； (4)各项服务收入百分比	(1)市场占有率； (2)与顾客关系的程度； (3)现有顾客保留率； (4)顾客满意度调查	(1)各产品或地区的利润与市场占有率； (2)新产品收入占总收入比例； (3)各种营销渠道的交易比率； (4)顾客满意度； (5)每位推销员潜在顾客接触次数； (6)每位推销员的新客户收入额	(1)员工满意度； (2)每位员工的平均销售额； (3)策略性技术的训练成果； (4)策略性资讯提供率； (5)银行激励制度与员工个人目标相容的比率

3. 平衡计分卡的实施流程

平衡计分卡的实施流程主要包括阐明远景；确定评价标准；处理、分析及分解数据；制定措施；实施及反馈五个步骤，如图 7-3 所示。

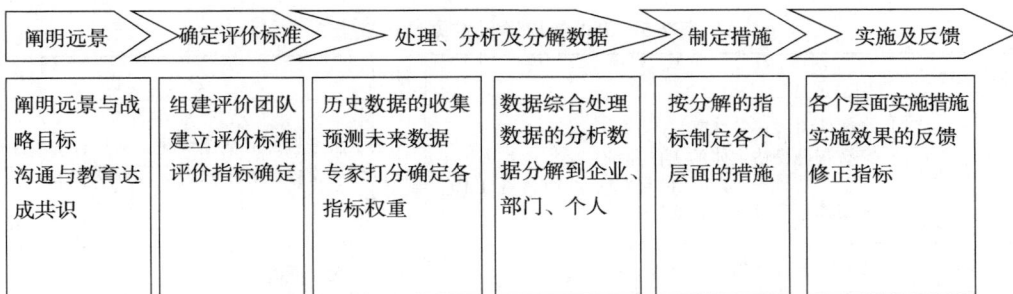

阐明远景	确定评价标准	处理、分析及分解数据	制定措施	实施及反馈
阐明远景与战略目标 沟通与教育达成共识	组建评价团队 建立评价标准 评价指标确定	历史数据的收集 预测未来数据 专家打分确定各指标权重	数据综合处理 数据的分析数据 分解到企业、部门、个人	按分解的指标制定各个层面的措施	各个层面实施措施 实施效果的反馈 修正指标

图 7-3　平衡记分卡的实施流程

资料来源：江积海，宣国良 .2003. 专题：如何使用平衡计分卡[J]. 企业研究，(12)：26-32

4. 平衡计分卡的优缺点

平衡计分卡的主要优点：

(1)在组织的财务结果和战略目标之间建立联系以支持业务目标的实现。平衡计分卡将上层管理的远景目标分解成一些具体的考核指标，员工根据这些具体的考核指标来规范自身行为，从而实现远景目标与员工具体行为相结合，个体和集体相统一。

(2)弥补过去企业只关注财务指标的考核体系的缺陷。财务指标以过去信息为依据，无法评价企业未来发展潜力；而平衡计分卡中的非财务指标能够衡量企业未来的财务业绩。

(3)实现多方面的有机协调和平衡，如战略管理和战术管理的平衡、财务指标与非财务指标的平衡、组织内部与外部人员的平衡、结果性指标与动因性指标的平衡。

平衡计分卡的主要缺点：

(1)难以实施，要求企业有明确的组织战略，高层管理者具备分解和沟通战略的能力和意愿。中高层管理者具有指标创新的能力和意愿。

(2)建立指标体系困难，如如何建立非财务指标体系、如何确立非财务指标的标准以及如何评价非财务指标。

(3)指标数量过多，难以明确指标间的因果关系，难以分配各指标权重；较大的实施成本，企业要综合考虑财务、客户、内部流程、学习与成长四个层面战略目标的实施，并针对每个层面制定详细而清晰的目标和指标。

四、 360°反馈评价法

1. 360°反馈评价的内涵

360°反馈评价，即多角度反馈评价或全面反馈评价，让与被评价者工作关系密切相应人员，如上级、同事、下属等匿名参与对被评价者的评价，与此同时，被评价者也需要对自身进行客观评价；专业人员收集所有的评价，将其与自我评价进行对比反馈，让被评价者对自己有更深入的了解与认识，帮助其提高自身能力水平和工作业绩。

各评估主体对被评价者有不同的信息获得渠道和认识，评价较为客观，但受主观因素的影响，各参与评估的主体又具有不同的优缺点（表7-5）。在绩效评估实施中，应综合分析、合理组合各评估主体，从而提高评估效果。

表7-5　360°参与评价主体的优缺点

评估主体	优点	缺点
上级	对评估内容比较熟悉； 容易获得评估主体的工作业绩； 利于有效地发现员工的优缺点，使其在工作、规划各方面更加切合实际	无法了解考核外的员工情况，不具有全面性； 评价标准受评价者个人因素影响较严重，标准不统一
同事	接触频繁，评估更加客观全面； 利于提高工作热情和协作精神； 利于发现深层次问题、提出改进方向	工作量大，耗时多； 个人因素影响较大，不利于正确客观地进行评价
自我	自我认识与剖析更客观； 利于增强参与意识，从而调动工作积极性； 利于对问题等达成共识、降低抵触情绪	易于高估自己； 易于夸大成绩、隐瞒失误； 善于为自己寻找借口，积极开脱
下级	利于管理的民主化； 使员工有认同感，从而调动积极性； 利于发现上级工作的不足，使其改进工作方式； 形成对上级工作的有效监督，使其在行权时有所制衡	易受自身岗位与素质影响，无法从大局出发进行评价； 为了取悦，一味讲优点忽略缺点，评价不全面； 上级为了获取好的评价，对下级管理过于松散
相关客户	受外界因素影响小，评价更全面真实； 利于强化服务意识、提高服务能力； 利于挖掘顾客需求并发现自身不足	操作难度大； 耗时久、成本高； 评估资料不易取得

资料来源：惠调艳，赵西萍．2003.360度绩效考评[J].企业管理，8：53-55

2. 360°反馈评价的方法

在进行360°反馈评价时最常用的是问卷法，其中问卷的形式有两种：①等级量表形式，即给评价者提供5分等级或7分等级，评价者根据实际情况选择相应分值；②开放式问题，即由评价者自己写出评价意见。在进行360°反馈评价时可以综合采用两种问卷形式。对于问卷内容，我们可以选择与工作内容相关性比较强的，也可以选择共性问题或者广泛、综合性问题。

目前常见的360°反馈评价问卷中通常采用等级量表形式，或是将等级量表与开放式问题综合运用，问卷的内容也比较偏向于一些综合性较强的问题，这更有利于360°反馈评价法的实施，可以降低成本。这种问卷形式最大的不足在于问卷的内容不能与公司的战略目标、文化以及具体职位的工作情景密切结合，很难对调查结果进行充分的解释和利用，削减了360°反馈评价的效果。为了使评价的结果更具有目的性，更好地服务公司发展需求，在设计问卷之前，公司会尽量充分考虑其战略目标、文化，并结合具体职位。但是，这对人力资源部门的专业性提出了较高的要求，并且需要花费较高的成本。

在实际工作中，公司通常采用的是将外部购买的问卷与自身编制的问卷进行整合的方法，即通过组建的专家小组，将外部问卷与具体职位情况结合，选择关联性比较强的问题，然后根据所评职位的具体分析新增一些与工作情景相关的问题。采用该种方式能够有效降低运作成本，保证问卷与评价职位有较高的关联度。表 7-6 列举了某公司 360°测评体系结构。

表 7-6　某公司 360°测评体系结构表

评价项目	二级评价项目	测评方法
工作态度评价	民主测评方式	上级、下级、同级、客户
素质测评 （管理人员测评） （普通人员测评） （招聘人员测评）	知识技能测评	纸笔、操作测试、资格证书认定
	职业人格测评	纸笔试卷
	管理风格测评	纸笔试卷
	胜任特征测评	行为事件访谈
	高级管理能力测评	评价中心
绩效考评	每月工作量完成率	每月报表累计统计
	季度、年度考评	上级、下级、同级、客户评价表
	特殊业绩与贡献	特殊记录或嘉奖

资料来源：孟庆伟.2007.人力资源管理通用工具[M].北京：清华大学出版社

3. 360°反馈评价法的优缺点

360°反馈评价法的主要优点：

(1)测评角度全方位，它综合了各方面的信息反馈情况，降低了主观因素对考评结果的影响，提高了信息的可靠性。

(2)使员工由完全被动改为积极主动，提高了员工工作的参与性和积极性。

(3)对员工的贡献与全面发展有更深入的了解与认识。

(4)通过内外部、上下级的共同参与，使质量管理更加全面深入地进行。

(5)通过周围人的评价，让被评价者对自己的认识更加全面和具体，促进其职业生涯成长与发展。

360°反馈评价法的主要缺点：

(1)评价者是被评价者关系较为密切的人，有可能相互串通作弊。

(2)不同维度的评价存在一定的矛盾，使管理不易把握。

五、关键事件法

1. 关键事件法的含义

关键事件法（critical incident method，CIM）是客观评价体系中的形式之一，它是1954 年由美国学者伯恩斯（Baras）和福莱诺格（John C. Flanagan）共同研究与发展的成果。这种方法主要是主管人员记录下级的绩效指标中的重要事件，在季度或半年度考核时与下属讨论分析，对其绩效水平进行考核的一种方法。其中，关键事件一般是指对整个工作起着决定性作用，或者对工作结果造成巨大影响的行为、事件。

2. 实施关键事件法的主要步骤

(1)岗位关键事件的识别。识别岗位的关键事件是关键事件法的关键，其对调查人员专业素养、专业技能要求非常高，一般非专业人士很难在短时间内有效识别出关键事件。关键事件法的根本是具体确定岗位关键事件，我们需要确保在识别过程中不出现过大偏差失误，以免造成结果的不准确性。

(2)信息记录。在调查的过程中调查人员要及时记录以下信息：①导致关键事件发生的前提因素是什么？②哪些是导致关键事件发生的直接、间接原因？③分析关键事件发生的过程与背景。④员工在其中的具体表现。⑤指出关键事件发生后的后果。⑥员工对关键事件的具体表现。

(3)对信息进行整理、分析和归纳。对上述信息进行详细的记录后，对信息进行分类整理，并进行详细的分析，最终归纳出该岗位的主要特征、如何进行控制管理以及员工的工作表现情况等。

在采用关键事件法时应特别注意：选择岗位时要具有代表性，该岗位的关键事件不可太少；在语言表达上要言简意赅、清晰准确；对关键事件的调查次数不可过少，要兼顾事件的正反两面，进行全面分析。

3. 关键事件法的优缺点

关键事件法的主要优点：

(1)研究过程强调集中在职务上的行为，注重行为的可观察性和可测量性。

(2)该种职务分析方式能够确定每个关键行为的利益和作用。

(3)为绩效评价与反馈结果提供了可靠的论据。

(4)考核时间跨度一般较长，一般是依据整个年度而不是一时的具体表现。

(5)对关键事件的记录是一个动态的长期过程，持续的记录有利于获取一份关于员工如何消除不良绩效的具体实例，有利于以后新员工培训工作的进行。

关键事件法的主要缺点：

(1)在信息收集、确认、整理、分类、概括及归纳过程中需要花费大量的时间与精力。

(2)在关键事件法中往往会遗漏"平均绩效水平"，只是明确事件的有效或无效，这很容易忽略中等绩效水平的员工，因此全面的职务分析工作就不能顺利进行。

(3)对于关键事件的定义，不同的管理人员的界定有所差异。

六、 行为锚定等级评价法

1. 行为锚定等级评价法的含义

行为锚定等级评价(behaviorally anchored rating scale，BARS)法，即行为定位法，于20世纪60年代，由美国学者史密斯(P. C. Smith)和德尔(L. Kendall)创立。它是量化考评方法之一，评分度量相同职务中可能出现的各种典型行为，并建立一个锚定评分表来对员工的实际工作行为进行打分考评。此方法结合关键时间评价法与量化等级法的优点，从优到次进行不同等级量化。

2. 行为锚定等级评价法的步骤

(1)确定相应岗位，对其进行分析，并对关键事件进行识别，让相关人员简单明确描述优良和劣等绩效的关键事件。

(2)建立评价等级。明确定义相关事件的对应指标,并进行等级划分,评价等级一般分为5~9级。表7-7给出了一个客户服务行为锚定等级考评表。

表7-7 客户服务行为锚定等级考评表

等级	评价标准
7	把握长远盈利观点,与客户建立战略伙伴关系
6	关注顾客潜在需求,起到专业参谋的作用
5	为顾客而行动,提供超长服务
4	个人承担责任,能够亲自负责
3	与顾客保持紧密而清晰的沟通
2	能够跟进顾客回应,有问必答
1	被动的客户回应,拖延和含糊的回答

资料来源:张建国,曹嘉晖.2009.绩效管理[M].成都:西南财经大学出版社

(3)对关键事件重新加以分配。邀请另外一组比较了解调查岗位的管理人员来重新对关键事件进行识别和重新分配,确定最终的关键事件,选择最合适的绩效指标,并给出绩效指标体系。

(4)对关键事件进行再次评定。由第二组人员根据相应指标对关键事件进行排序,根据绩效考核标准,确定其划分的合理性和有效性。

(5)建立最终的工作绩效评价体系。

3. 行为锚定等级评价法的主要优缺点

行为锚定等级评价法的主要优点:

(1)更精确地考量员工的绩效水平。由于参与锚定评价设计的人较多,对岗位能够有一个更加全面的认识,专业技术性更强,故评定的精确性也就更高。

(2)绩效考评标准更加明确。精确表述,通过行为与评价表的对应,精准评定关键事件等级,让绩效考评标准更具体。

(3)良好的反馈功能。管理者可以通过评定表上具体的描述,寻求更多相关资料和信息。

(4)具有高度连贯性与信誉度。考评者在测量时,有统一的标准,能够保证绩效考评的连贯性和可靠性。

行为锚定等级评价法的主要缺点:

(1)在确定评定标准时较为复杂,参与人数多,实施费用高。

(2)对于一些与绩效考核表述对应关系不明确的复杂工作缺乏清晰定位,导致管理者无法按照等级评价表进行评定。

七、 图尺度考核法

1. 图尺度考核法的含义

图尺度考核(graphic rating scale,GRS)法指的是在图尺度评价表中列举众多与绩效

相关的特征要素(如质量、创新能力等),以及特征要素相对应的绩效等级(十分不满意、不满意、一般、满意、非常满意),然后对被考核者进行打分的一种评价方法。在进行绩效考核时,首先根据下属员工的具体情况从每一项评价要素中选择出最符合其绩效状况的对应分数值,其次将所得分数分值进行汇总,即得出该员工最后的工作绩效评价结果。

对绩效评价标准进行更深层次的分析,探寻更清晰、具体的评价体系,是许多工作组织的关注重点。

2. 图尺度考核法的步骤

(1)列出相关岗位的对应关键绩效指标并分别对其重要性进行等级划分评定,对于等级的评定一般采取渐升式和渐降式两种中的一种。

(2)主管人员从每一个评价因素中选择最符合被评价员工工作绩效状况的等级或相应分值。

(3)将各个因素所得分值进行汇总,得出最终的绩效评价分值。

表 7-8 是一家制造公司所采用的图尺度考核法等级的例子。对于每一特性,它都是通过五分制进行等级划分评定。

表 7-8　图尺度考核评法例表

绩效维度	评价尺度				
	优秀	良好	中等	需要改进	不令人满意
知识	5	4	3	2	1
沟通能力	5	4	3	2	1
判断力	5	4	3	2	1
管理技能	5	4	3	2	1
质量绩效	5	4	3	2	1
团队合作	5	4	3	2	1
人际关系能力	5	4	3	2	1
主动性	5	4	3	2	1
创造性	5	4	3	2	1
解决问题能力	5	4	3	2	1

注:表中各绩效要素大多数指标都是非常重要的。请你对这些绩效要素进行评估,并将相应的分数圈起来

资料来源:诺伊 R A,霍伦贝克 J R,格哈特 B. 2001. 人力资源管理:赢得竞争优势[M]. 刘昕译. 北京:中国人民大学出版社

3. 图尺度考核法的主要优缺点

图尺度考核法的主要优点:

(1)可以设置较多的评价等级或分值,考核内容较为全面。

(2)能为每一位雇员提供一种定量化的绩效评价结果。

(3)易于操作,开发成本较小,且实用于组织中的全部或大部分工作。

图尺度考核法的主要缺点:

（1）判断绩效的准确性不够。由于岗位或者项目绩效指标没有精准定义，评估者自身操纵性较强，使结果的准确程度不高。

（2）不能有效指导行为。图尺度考核法只能提供考评的结果，但是无法了解分析产生此种结果的具体原因，无法做到对症下药，提高工作行为的有效性。

（3）不能提供一个良好的机制以提供具体的、非威胁性的反馈。

八、排序法

1. 排序法的含义

排序法通常通过优劣或者劣优的方式，对员工的工作绩效在整个公司进行总体排序，最终确定其等级或者名次。在确立比较标准时，我们可以通过某一具体指标，如出勤率、次品率等，也可以根据具体情况，对员工综合行为进行比较分析。

2. 排序法的分类

排序法主要分为简单排序法和交替排序法两种。

简单排序法（simple ranking method，SRM），即对具体对象依据某一既定标准进行简单统一排序。

简单排序法操作方便，能够克服趋同性并避免宽严误差，但是此方法一般只适用于5~15人的情况，人数过多会影响其准确性，而且要求是相同或者相似岗位，因此它的适用范围较为狭窄，不适合公司整体方面应用。

交替排序法（alternative ranking method，ARM）是指根据工作绩效评估结果，分别找出最优秀的员工和绩效评估结果最差的员工；接着从剩下的员工里继续找出最优秀的和最差的员工，以此类推，根据绩效评估将所有员工进行整体排序的方法。具体情况如表7-9所示。

表7-9　交替排序法排序表

考评组织：	考评人：	考评时间：
评价等级最高的员工		
1		11
2		12
3		13
4		14
5		15
6		16
7		17
8		18
9		19
10		20
		评价等级最低的员工

资料来源：孟庆伟.2007.人力资源管理通用工具[M].北京：清华大学出版社

排序法适合规模较小、员工人数不多的组织，交错排序法尤其适合一个团队内履行同一职责的员工。

九、 强制分布法

1. 强制分布法的含义

强制分布法(forced distribution method,FDM)也称为"强制正态分布法""硬性分配法",该方法是根据正态分布原理,即"中间大、两头小"的正态分布规律,预先确定评价等级以及各等级在总数中所占的百分比,然后按照被考核者绩效的优劣程度将其强制列入其中某一等级。它适用于工作绩效难以通过数量来衡量的工作。

例如,要求考核者将10%的人评定为最高分那一级;20%的人评定为次高分那一级;40%的人评定为居中的那一级;再将20%的人评定为次低分那一级;最后将10%的人评定为最低分那一级(图7-4)。

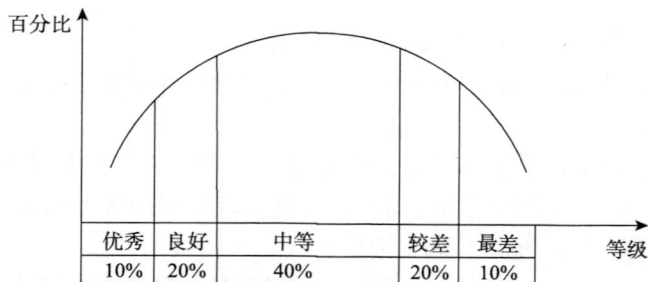

图7-4 强制分布法图

资料来源:张建国,曹嘉晖.2009.绩效管理[M].成都:西南财经大学出版社

2. 强制分布法的步骤

为了能够有效地将对员工的个人的激励和对集体的整体激励结合起来,并克服强制分布考评法的弊端,可以采用团体考评制度来改变硬性分配方式。实施该种考评方法的基本步骤可以简要概括为:

(1)首先要确定 A、B、C、D、E 各个评定等级的奖金分配方式及点数,要注意各个等级之间点数的差别要充分显示出激励的效果。

(2)各个部门的管理者和员工对除自己以外的其他员工根据业绩考核标准体系相应地进行百分制评分。

(3)对每个员工的评分结果去掉若干个最高分和相应个数的最低分,求出平均分。

(4)将本部门中所有员工的平均分进行加总求和,再除以本部门总人数即求出本部门所有员工的绩效平均分。

(5)员工平均分除以本部门平均分,就可得到每一个员工的标准化考评得分:①若考评分明显大于1,则该员工工作绩效优良;②若考评分为1或非常接近1,则该员工工作绩效中等;③若考评分明显小于1,则该员工绩效不及格或劣等。一些企业为了加强管理人员的权威性,通常会将管理者的考评结果与员工团体的考评结果进行加权平均计算,得出每一位员工的最终考评结果,但是此时管理者的权重不宜过大。其中,管理者可以根据以往员工考核结果的离散程度来确定考评等级的数值界限,这种计算标准分的方式可以有效地确定被考评者的考评结果分布形式。

（6）根据每一位员工的考评等级确定相对应的奖金点数，并计算出本部门奖金的总点数；再结合可分配的奖金总额计算出每个奖金点数相应的金额数，从而确定每一位员工的奖金数额。其中，根据主要人员的相互考评来确定各个部门的奖金总额。

由于评价的过程中评价者的主观因素对评价结果有很大的干扰，为了鼓励每位员工能够客观地评价自己的同事，可以对排列次序和最终结果相近的员工等级进行一定的提升。此外，为了稳定员工的工作情绪，员工的考评结果不可当期公开，奖金发放额度也应保密。但是对于各个部门的考评结果应该公开，有利于部门之间的良性竞争。

3. 强制分布法的主要优缺点

强制分布法的主要优点：

（1）等级清晰、操作简便，适用于被考核人员较多的企业或部门。

（2）考核结果整体上呈现出正态分布形式，有利于减少考核人主观因素引起的误差。

（3）有利于企业的控制管理，特别是对于一些采用员工淘汰机制的企业，其激励和鞭策功能更加明显。

强制分布法的主要缺点：

（1）无法适用于被考核群体样本不够大或者群体绩效状态明显不符合所设定分布的情况。

（2）仅仅是量化的过程，很难具体地比较员工之间的差别，在诊断工作中出现问题时很难提供准确可靠的信息。

十、　配对比较法

1. 配对比较法的含义

配对比较法（paired comparison method，PCM）是将所有员工分别进行配对比较，根据员工在整个配对比较过程中获得优秀的次数多少来评定相应名次。该方法具有较强的相对性，也使考核方式更细致具体，其特点主要是，员工需要根据每一个相同的考核指标相互进行配对比较，考核指标的多少直接决定了比较的次数。表7-10列举了一个应用配对比较法的例子。

表 7-10　配对比较法

员工姓名	A	B	C	D	E	得分总数
A	—	1	1	0	1	3
B	0	—	1	0	1	2
C	0	0	—	0	1	1
D	1	1	1	—	1	4
E	0	0	0	0	—	0

配对比次数的一般表达公式为

$$比较次数 = [n \times (n-1)]/2$$

其中，n 表示被评估员工的个数

由表7-10可以得出如下考核结论：5 名员工按绩效从优至差的次序为 E、A、B、C、D。

相对于其他绩效考核方式，配对比较法需要消耗较多的时间，随着公司的管理幅度增大、规模扩张，这种方法的弊端也愈发明显。具体说明，如果一个上级需要对 10 名下级进行绩效考评，根据一般表达公式，配对比较次数为 45（即 $10×9/2$）。假若人数增加至 15 人，比较的次数将升至 105 次，因此，管理幅度与规模的扩大将极大增强考评的复杂性。

2. 配对比较法的主要优缺点

配对比较法是通过两两比较从而得出排列次序，其比较更为充分，得到的评估结果也更可靠和有效，能够有效地挖掘每个员工的潜质和存在在明显不足之处；但其操作较为复杂，仅适合人数较少的情况。

第二节　绩效薪酬

一、绩效薪酬概述

1. 绩效薪酬的概念

绩效薪酬又可以称为与绩效相关的收入、绩效报酬或绩效工资方案（pay-for-performance），是近年来西方国家运用较为广泛的一种员工薪酬管理方案，同时它也是组成企业激励计划的重要部分之一。

绩效薪酬以科学管理理论和激励理论两大理论为基础。泰勒在 20 世纪 40 年代就已经提出过金钱是刺激员工的主要因素。他表示，要想达到经营和产出最大化，需要从组织的角度来建立一种报酬体系，使得员工的收入水平随着个人产出的不同而不同。为此，他建议企业利用收入机制来激励员工，使之为企业做出更多贡献。

绩效薪酬分为广义绩效薪酬和狭义绩效薪酬。其中，广义绩效薪酬是指个人、团队、公司之间的业绩和薪酬的相互联系，薪酬的制定可以依据个人、团队和公司业绩的变化进行灵活变化；狭义的绩效薪酬是指员工的个人表现及业绩与薪酬之间的关系，薪酬的多少取决于员工自身的表现和业绩。可以说，员工薪酬的多少一定程度上是由他们自己的工作表现和业绩来确定的。

2. 绩效薪酬的特点

（1）将员工薪酬收入与个人业绩挂钩；

（2）激励效果最直接、最好的一种薪酬方式；

（3）根据工作成果大小给付薪酬；

（4）变化幅度可以较大，不受限制，使用灵活性高；

（5）刚性较低，合理的变动可以带来正面的激励效果；

（6）激励作用可以在较短时间内体现出来。

二、绩效薪酬的表现形式

绩效薪酬制度是由计件工资演变而成的，但它并不等同于一般意义上的工资与产品数量相挂钩的工资形式，而是一种基于科学的工资标准与管理程序的工资体系。它最基本的特征是将员工的薪酬收入与个人业绩相挂钩。业绩是一个综合性概念，其内涵比产品数量和质量更为宽泛，除了产品数量和质量以外，它还包含员工对企业的其他贡献。企业给员工支付的业绩工资虽然也包括基本工资、奖金和福利等，但彼此并不互相独立，而是有机地结合在一起。根据所支付基础的不同，绩效薪酬可分为组织绩效薪酬、团队绩效薪酬和个人绩效薪酬。

（一）组织绩效薪酬

组织绩效薪酬是根据组织的整体绩效来确定薪酬发放的薪酬计划。组织通常根据关键绩效指标的完成情况来确定整个企业的绩效薪酬发放额度。在确定了薪酬额度之后，企业再确定发放对象和分配方式。通常，这项绩效薪酬主要是针对那些对整体业绩产生重大影响的人员，如中高层管理人员、专业技术人员、市场营销人员等。组织绩效薪酬的优点是将薪酬与企业整体绩效紧密联系在一起，引导员工关注企业的整体利益。同时企业可以根据经营状况来调整薪酬的多少，避免产生太大的财务压力。

通常情况下，企业根据其利润指标的完成情况来确定组织绩效薪酬基数，然后根据其他几个关键指标的完成情况来确定能够发放的薪酬比例。例如，某公司年初设定的利润目标是 5000 万元，假如该企业在年终完成了该利润目标，全体员工就分享企业利润的 10％，将这 500（5000×10％）万元的利润作为组织绩效薪酬的基数。接着该企业再根据其关键成功因素提炼出另外几个关键指标，包括销售计划完成率、产品优良率、安全责任事故的控制率等。如果这些关键指标的考核结果达到 S 等（远远超过绩效期望），那么全体员工就能获得 500 万元的 150％作为报酬；如果达到 A 等，那么全体员工就能获得 500 万元的 120％的报酬。随着考核结果的下降，薪酬发放的比例会逐步减小。

绩效薪酬分配包括三种不同方式：

第一种方式是以参与人员的职位评价点数为依据进行分配，即人员 A 获得的绩效薪酬＝A 所在职位的职位评价点数×（绩效薪酬总额/参与人员总的职位评价点数）。

第二种方式是以参与人员的职位等级为依据进行分配，如参与人员分别位于三个职位等级，其分配的相对比例为 6：5：4，那么可以先用薪酬总额除以总的分配人数，求出平均薪酬，三个职位等级人员分别得到平均薪酬的 1.2 倍、1 倍、0.8 倍。

第三种方式是以参与人员的绩效水平为依据进行分配，如参与人员的绩效水平分布在 S、A、B、C、D 五个等级，那么他们所分配的相对比例分别是平均薪酬的 150％、120％、100％、80％和 60％。

上述三种方式中，前两种主要考虑参与人员的职位和工作性质不同所造成的贡献差异，第三种方式则主要考虑参与人员的绩效差异所造成的贡献差异。

（二）团队绩效薪酬

团队绩效薪酬是根据团队或部门的绩效来决定其薪酬发放的计划。团队绩效薪酬有多种形式，主要包含利润分享计划和收益分享计划。

利润分享计划是将公司或某个利润中心所得利润的一部分在员工之间进行分配的计划。它把员工薪酬与企业总体财务绩效联系在一起，有助于促使员工关注企业的整体经营成果，而不是仅仅关注个人的行为和工作结果。此外，利润分享计划也让企业在薪酬方面拥有更大的灵活性，企业可以根据利润的高低来调整薪酬的发放。

收益分享计划是一种团队激励计划，它是企业将因成本节约、生产率提高、质量改善等所带来的收益给员工分享。著名的斯坎伦计划、拉克计划等都属于收益分享计划。员工按照设计好的收益分享公式，根据团队或部门的工作绩效而获取薪酬。收益分享计划是由部门或团队的工作绩效决定的，相比利润指标而言，成本、质量、生产率等指标更容易被员工认可为自己的行为所能控制。员工更清楚自己的努力与获得薪酬之间的关系，因而它比利润分享计划的激励作用更强。而且，员工分享的收益是员工自己节约出来的，并不会对企业整体利益产生影响。但是，收益分享计划仍然没能把个人薪酬和绩效联系起来，可能导致"搭便车"现象的发生，影响团队中优秀成员的积极性。

（三）个人绩效薪酬

个人绩效薪酬计划是以员工个人的工作绩效为依据来确定其薪酬的数量。个人绩效薪酬主要有两种模式：一种是由个人工作成果直接决定薪酬的模式，如销售人员的佣金制和生产人员的计件工资制。另一种是由员工绩效考核的结果来确定其薪酬的模式。个人绩效薪酬根据员工间个人绩效的差异来决定薪酬的数量，激励员工努力工作提高绩效以获得更多的报酬。但是个人绩效薪酬计划同样有很大的缺陷：一是员工个人的绩效往往难以准确衡量。工作的完成通常是分工合作的结果，准确度量每个人的贡献十分困难。二是个人奖励计划可能会带来员工之间的内部竞争，从而破坏团队合作，最终便会影响部门或团队的整体绩效。三是员工可能只关注短期绩效的增长，而忽略学习新的知识和技能，也不愿创新和冒险，这将影响员工和组织的长远发展。

个人绩效薪酬制度主要包括三种形式，即计件制、计效制和佣金制。

1. 计件制

计件制主要包括简单计件制、泰勒的差别计件制以及梅克里多计件制几种形式。

1）简单计件制

公式：

$$应得工资 = 完成件数 \times 每件工资率$$

这种方法把工作报酬和工作效率挂钩，能够有效地激励员工在工作中更好地表现，员工的产品数量越多收入也会越多，这样员工将减少偷懒，更加勤奋地工作。

2）泰勒的差别计件制

该计件制需要先确定标准与要求，再以员工所完成情况为依据有差别地支付计件工资。

3）梅克里多计件制

该计件制主要是把不同的工人分为三个等级，工资率随着等级的降低依次递减10%。处在中等以及劣等的工人将得到合理的报酬，而优等的工人则会相应获得额外的补助。

2. 计效制

由于计件制将注意力更多地放在产品数量上，忽视了产品的质量问题，因而又引入计效制。计效制也有多种形式。

1）标准工时制

该制度根据节省出的工作时间来计算员工应得的工资。如果工人的生产效率比标准要求高，则根据超出部分的百分率来给予不同比例的奖金。

2）哈尔西奖金制

哈尔西奖金制的特点是工人与公司共同分享所节约的成本，一般情况下是按照五五分成，如果工人在标准时间之内提前完成工作，那么他将获得所节约工时工资的一半作为奖金，其计算公式如下：

$$E=T\times R+P\times(S-T)\times R$$

其中，E 为收入；T 为实际完成时间；R 为标准工资率；P 为分成率；通常取 50%；S 为标准工作时间。

下面我们用一个例子来说明哈尔西奖金制。

若某工人工资率为 25 元/工作时，预计用 4 个小时可完成工作，但他在 3 个工作时内完成了工作，则他的收入是

$$E=25\times3+50\%\times(4-3)\times25=87.5(元)$$

同时，我们还会发现，公式中 $P\times(S-T)\times R$ 部分（即奖金）可能会大于 $T\times R$ 部分（即日薪），只要 $P\times(S-T)>T$，即 $S>3T$，也就是说如果工人实际所需时间是预计标准时间的 1/3 时，他的奖金就会比日薪要多。

3）罗恩制

罗恩制的薪酬水平不固定，依据节约时间占标准时间的百分比而定，计算公式是

$$E=T\times R+[(S-T)/S]\times T\times R$$

下面举例加以说明。

某工人实际完成工作耗时 6 个工作时，预计完成该工作的标准时间为 8 个工作时，每个工作时的工资率为 20 元，那么该工作的工资是

$$E=20\times6+[(8-6)/8]\times20\times6=150(元)$$

当实际工作时间相当于标准工作时间的一半时，所获薪酬与哈尔西奖金制相同。

3. 佣金制

佣金制又包括以下几种形式。

1）单纯佣金制

对于销售人员来说，单纯佣金制是一种具有高风险同时又富有挑战性的制度，其计算公式是：

$$收入=销售产品数量\times每件产品单价\times提成比率$$

例如，小王所在的 A 公司是以单纯佣金制来计算工资，推销产品提成比率为 5%，如果推销出 200 件单价为 100 元的产品，那么小王的收入＝200×100×5%＝1000 元。

2）混合佣金制

还是在上例中，对小王而言，如果每个月都要推销这么多产品十分困难，因此他又投

靠到另一家每月支付 500 元底薪的 B 公司。其中，B 公司的推销员工资计算公式如下：

$$收入＝销售产品数量×每件产品单价×提成比率＋底薪$$

尽管提成率略低，仅为 4％，但每月能保证 500 元的收入，同样是销售 200 件单价是 100 元的产品，小王的收入＝200×100×4％＋500＝1300 元。

3）超额佣金制

C 公司的产品卖得很红火，其推销员的薪酬是这样计算的：

$$收入＝（销售产品数量－定额产品数量）×每件产品单价×提成比率$$

也就是说，推销员必须要完成一定数额以后才会有收入，如某月销售了 600 件单价 100 元的产品，而该月的定额销售总额是 200 件，提成比率为 4％，那么收入＝（600－200）×100×4％＝1600 元。

从上述三种不同的佣金制中我们可以发现，通常企业应该根据不同的产品销售状况来制定相对应的员工激励制度，如此，才能以最少的薪酬支付水平达到最大的激励效果。

佣金制的优点是明确地将薪酬与绩效挂钩，因此，销售人员会更加努力地扩大销售额以获取更多的薪酬，这将有利于企业扩大市场份额。此外，佣金制的计算方法简单，很容易被销售人员理解，可以降低管理和监督成本。但是，这种支付方式也存在一定的弊端，它可能会使销售人员一味注重提高销售额，从而忽视对长期顾客的培养，使其不愿意推销相对而言难以推销的产品。另外，市场具有风险性，会将企业风险转嫁到销售人员的身上，从而导致销售人员收入极不稳定。

三、 绩效薪酬方案的设计与实施

（一）绩效薪酬设计的原则与目标

绩效薪酬设计的最基本原则就是通过激励员工个人提高其绩效水平从而提高整个组织的绩效水平，即通过绩效薪酬的多少来传达企业预期收益目标的信息，从而激励企业所有员工去朝这个目标努力；使企业更加关注目标实现结果以及企业文化、企业价值观；使高绩效的员工获得与其绩效相对应的高薪报酬；确保员工的工资因绩效的不同而不同。

在制定绩效薪酬的过程中要时刻铭记企业的发展目标。绩效薪酬设计是以员工的绩效努力与薪酬之间的关系为基础建立的，以提高企业的绩效和生产力为关键目标，同时把个人绩效薪酬作为一种企业变革手段，对企业价值观进行良性改变。

（二）绩效薪酬设计的基础——绩效薪酬策略

企业在对薪酬策略进行考量的过程中，将如何体现战略性放在考虑要素的第一位，即如何让薪酬体系来驱动企业实现其短期、中期、长期目标；其次是激励性，即如何体现出员工干好干坏、干多干少的差异，如何让员工顺从企业不断发展的要求而自觉地提升自身素质；最后是职责性，即如何让企业不仅是依照目前的行政级别而是真正做到依照该职位对企业的实际贡献来确定薪酬。图 7-5 为绩效薪酬策略机理图。

（三）绩效薪酬方案的设计

绩效薪酬方案的设计由五个步骤构成，如图 7-6 所示。

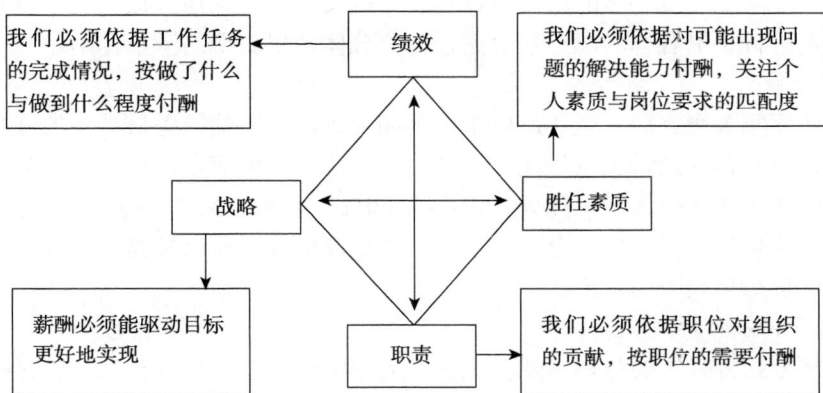

图 7-5　绩效薪酬策略机理图

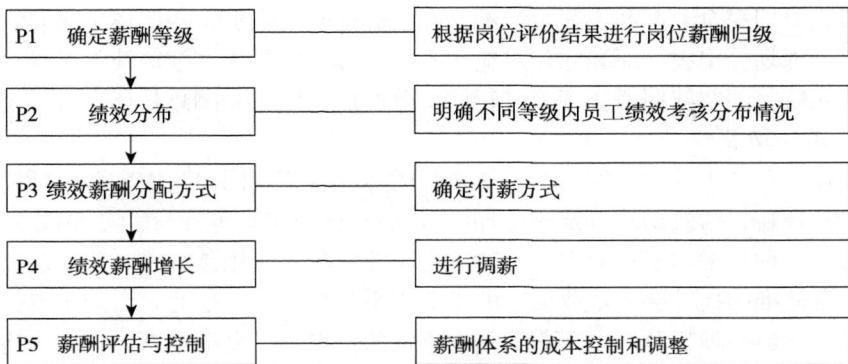

图 7-6　绩效薪酬方案设计步骤

1. 确定薪酬等级

薪酬等级是指企业依据绩效评估中对员工考核结果所划分的等级层次，它既与具体的绩效指标和标准相关，也与企业考核的评价主体和方式存在一定的联系；在对员工绩效进行公正、客观评价基础上，绩效考核的等级以及等级之间的差距都将对员工绩效薪酬的分配造成很大的影响。因此，在设计绩效等级的过程中，企业还需考虑绩效薪酬对员工的激励程度，等级过多会导致差距过小，对员工的激励力度会减弱；反之，等级过少将导致差距过大，影响员工对绩效薪酬的预期，可能使员工失去向上的动力。

薪酬等级的确定分为基于企业外部和基于企业内部的薪酬等级。例如，根据企业内部薪酬水平，将员工基本薪酬分为 Q1、Q2、Q3 三个层次；根据企业外部薪酬水平又可以将员工基薪酬分为一、二、三、四四个分位，并确定各个分位的薪酬额。

例如，李明作为某企业资深人力资源经理，如果该公司执行的是纯粹的薪点工资制，那么李明所对应的工资就是每月固定的 6400 元，假如在薪点工资的基础上融入宽带设计，可以激励李明更进一步提升自己的胜任素质。通过不断努力，他可能会进入优秀区，享受9920 元的月工资，而薪酬基数又是跨级别重叠的，这就意味着李明在享受优秀区工资时，其月收入的待遇有可能会接近或者超过部分岗位副总经理的收入。如此，可以使得基于岗位、绩效、胜任素质三位一体的薪酬设计理念得以实现，而且还打破了现阶段企业简单地依据管理级别进行工资晋升的单一薪酬路径，充分体现出薪酬的激励作用。

2. 绩效分布

确定企业薪酬等级之后，企业还应了解不同等级内员工绩效考核结果的分布情况，即在每一个等级内所包含的员工数量或所占员工百分比；一般而言，员工绩效结果的分布大致符合正态分布，10%～20%为优秀，中间占60%～70%，后10%左右是差。绩效分布对员工的绩效结果进行了区分，有效地消除了绩效评估各方业绩模糊的现象，从而避免了被评价对象评价结果趋中的现象。

3. 绩效薪酬分配方式

绩效薪酬分配方式主要是指绩效薪酬在个人或团体中怎样进行分配，包含两种常见分配类型。一种是绩效薪酬的分配与个人工资标准直接挂钩；另一种是绩效薪酬首先在团体层面上进行一次分配，之后再以个人业绩为依据进行第二次分配。其中第二种分配又分为两种分配形式，即完全分配和不完全分配，完全分配是指在员工与团体中企业计提的绩效薪酬总额将全部划分出去，而和它相对应的不完全分配则是指在控制绩效薪酬总量的基础上，员工与团队之间在依照考核等级进行层次分配后的绩效薪酬总量还会有一定的剩余。

4. 绩效薪酬增长

不同企业针对员工绩效薪酬的增长所执行的标准各不相同，其中主要包括岗位调动调薪、职务晋升调薪、绩效调薪以及资历提高(任职资格或工龄等)调薪等。绩效薪酬存在两种增长方式，一种是增加工资标准，一般而言企业在具体运用该方式时所采取的策略也有所不同。工资标准的提升会使企业员工的工资水平长久提高，如此，增加工资标准逐渐成为了员工对薪酬的一种权利，由于薪酬具有刚性的特点——易上难下，该方式将不利于企业薪酬的灵活决策。另外一种方式为一次性业绩奖励，即企业将给予达到企业业绩标准及以上的员工一次性的奖励，这样一来可以在数量上与企业当期收益挂钩，一方面对员工具有一定的激励作用，另一方面也有利于企业薪酬的灵活决策。

5. 薪酬评估与控制

对竞争市场进行比较，分析薪酬和绩效的相互联系，计算投资与回报，评估薪酬的战略性以及劳动力成本控制。

四、"波浪式滑梯"绩效薪酬模型

为加大对员工的激励力度，得到绩效薪酬的"波浪式滑梯"模型，如图7-7所示。

"波浪式滑梯"模型是指设定一系列的调节系数以调整不同任务完成率区间内的奖金提成率，从而加强对高绩效员工的正强化激励力度以及低绩效员工的负强化激励力度。在每一个任务完成率区间内，绩效薪酬的实得额与任务完成率成正相关的线性关系；当业绩完成率从较低的一个区间提升到较高区间时，因为调节系数的作用，奖金提成率会发生跳跃式的增长，员工获得较高的回报；当业绩完成率在较低的区间时，因为调节系数的作用，奖金提成率受到严重影响，员工受到较大力度的扣罚；当业绩完成率达到了某一限定值，奖金实得额不再继续增加，而是保持一个定值(最高实得奖金额)。

它的计算公式为

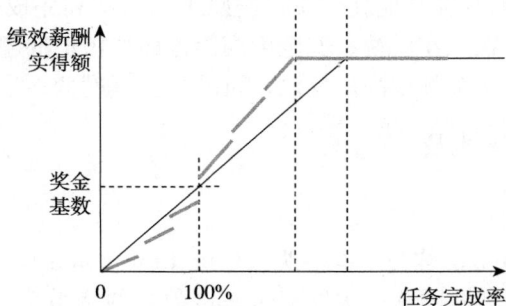

图 7-7 绩效薪酬的"波浪式滑梯"模型

$$Q=\begin{cases} W \times A \times \lambda, & W \leq 100\% \\ A+(W-1) \times A \times \lambda, & 100\% < W \leq W_{限定值} \\ A+(W_{限定值}-1) \times A \times \lambda_{max}, & W > W_{限定值} \end{cases}$$

其中，Q 为绩效薪酬实得额；W 为任务完成率；A 为奖金基数；$W_{限定值}$ 为任务完成率的最高限定值；λ 为调节系数。

"波浪式滑梯"模型的优点是：

第一，奖金总额存在上限，最高为 Q_{max}（$Q_{max}=W_{限定值} \times A \times$ 总人数），符合项目约束条件；

第二，在一定的任务完成率区间内，个人实际所得奖金和个人的业绩正相关，具有激励作用；

第三，体现出激励的二八原则，充分考虑了不同业绩完成率员工的差异，对高业绩员工具有较高激励力度，对低业绩员工具有较大处罚力度，符合项目目标要求。

第三节　奖金

一、奖金的含义及特征

奖金是指企业在达成或超出企业目标时或者由于某种特殊事项（如技术创新、工艺等）而向员工支付的激励性报酬。它是企业以货币的形式对员工在工作中创造的超过工作定额的成果给予的补偿，它具有与其他薪酬形式不同的特征。

（1）动态性。奖金的发放不是固定不变的，而是根据员工创造的额外成果的大小决定发放的标准、范围和发放周期，并随着企业的经营发展状况，奖金制度也不断地调整，从而有针对性地进行激励，有效降低薪酬成本。

（2）货币性。奖金是以货币的形式发到员工手中的一种物质激励方式。货币激励具有直观性特点，满足员工的物质需求，提高员工工作积极性。

（3）多样性。根据不同的发放对象、发放标准，奖金有不同的类别，如企业想要奖励员工在某一方面对企业的贡献而设置出勤奖、质量奖等；根据奖励对象的不同，奖金可分为个人奖和团队奖；按照奖励期限的不同，奖金可分为一次性奖励和定期奖励等。

（4）激励性。奖金能够弥补其他薪酬模式按照工作时间和完成数量决定工资发放标准的缺点。它能够反映员工在工作质量、安全生产等方面所做出的超额贡献。其激励机制更加明显：员工的贡献大，奖金额度高；反之，贡献少，额度低；没有贡献，即没有奖励。

二、 奖金的主要形式及其运作

（一）成就奖金

成就奖金（merit bonus）也称为一次性奖金（one-time bonus），是指根据绩效考评结果向完成特定工作目标的个人和团队一次性支付一定数量的货币薪酬。其典型形式有月奖、季奖和年度奖。

1. 年度奖金

年度奖金又称年终奖，是一次性支付给员工的成就奖金。它的目的在于考核员工的工作成绩，作为奖惩、升职、调迁、退职等的依据，了解并评估员工的工作精神面貌以及潜在能力以作为今后培训发展的重要参考。

1）年终奖金的发放形式

（1）保证分红（guaranteed bonus）：现如今很多外企都采取 13 薪、14 薪或者更多，这与员工之前的表现以及公司的业绩好坏无关，公司为了感谢员工一年来的"辛苦劳作"，只要该员工在年底未离职，就可以享受到，如同一种福利。它的发放是公开的全员共享，其具体数值和每个人的基本工资水平相联系。

（2）可变奖金（variable bonus）：如按照公司业绩结果以及个人年度绩效评估结果为基础来发放的绩效奖金，发放数额和比例存在差异性。一般采取公开发放的方式，如某一级别的目标奖金（即公司表现和个人表现均符合目标时所对应的奖金）等同于几倍的基本工资（另外越高级别的人其奖金占总收入的比例越高），不过不同企业处理员工具体的绩效评价结果的方法亦不相同，可以公开，也可以不公开。

（3）红包：一般情况下取决于老板，更多的是民企老板，其发放规则并不固定，也不公开。通常和员工与老板的亲疏程度、老板对员工的印象好坏、资历深浅以及贡献大小等有关。

现阶段我国大多数企业采取的都是第二种方式（可变奖金），也有部分企业同时还采取了第三种方式。

2）年终奖金计算

年终奖金发放的总数额，是以工资以及该年度考绩为基础计算出来的。其计算公式如下：

$$年终奖金＝奖金基数×系数$$

绩效考核要坚持公平公正的原则，奖金基数一般以全薪为基准计算，全薪包括基本工资、津贴、福利等。图 7-8 展示了华为公司的年度奖金考核方式。

2. 月/季度奖金

月/季度奖金与年度奖金的原理一样，只是奖金发放的时间以月或季度为期限定期发放。其发放的形式也是与基本薪酬联系在一起的。这种奖金方式适用于业绩受季节影响较大的企业，既能够保证激励的及时性，又能够达到成本的有效控制。下面以部门和员工

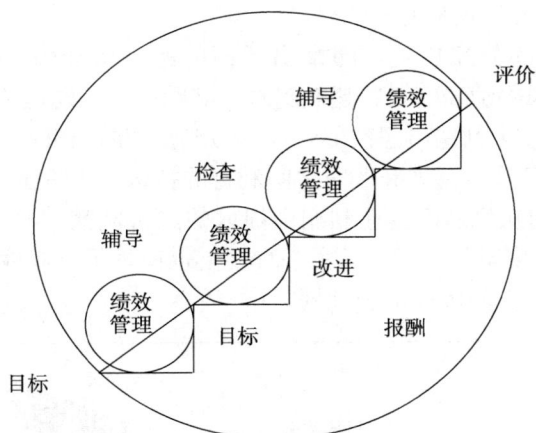

图 7-8　华为公司年度奖金考核方式

资料来源：华为公司中文网

月/季度奖金的计算方法为例作简单介绍①。

（1）部门间季度奖金平均单价计算：

$$部门间季度奖金平均单价 = \frac{公司季度奖金基准额}{\sum（部门季度奖金基准额 \times 部门季度绩效评价系数）}$$

（2）各部门应得季度奖金总额的计算：

$$季度奖金总额 = 奖金基准额 \times 绩效评价系数 \times 奖金评价单价$$

（3）部门内季度奖金评价单价计算：

$$部门内季度奖金平均单价 = \frac{本部门应得季度奖金总额}{\sum（员工个人季度奖金基准额 \times 个人季度绩效评价系数）}$$

（4）员工实际应得季度奖金的计算：

$$季度奖金总额 = 奖金基准额 \times 绩效评价系数 \times 奖金评价单价$$

（二）股权奖金

股权奖金是指企业或事业单位在招聘人才时给予的认购股票权证，待员工实现认购股票后所得到的与股票实际价值的差价收入，实际上是任职受雇单位给予员工的物质奖励（简称股权奖金），常运用于高技术单位，如招聘网络人才、通信人才等。股权激励是一种员工与股东之间共担风险的机制，它是公司吸引人才、防止高管跳槽的有效激励手段。美国的 *Fortune* 杂志显示，现阶段在美国排名前一千位的公司当中，有 90％ 的公司均已对其管理人员采取的股权激励。

1. 股权奖金的发放

股权奖金一般是在企业高管受聘、升职以及业绩评估阶段发放，股权的数量根据要达到的目标来确定。

$$股权分数 = 期权薪酬的价值/（期权行使价格 \times 5 年平均利润增长）$$

① 资料来源：刘昕 . 2009. 薪酬管理［M］. 北京：中国人民大学出版社

2. 基于业绩基础的股权模拟奖金计划

企业可以设定一定的分配比例，即拿出超额的经济增加值（economic value added，EVA）中的一部分资金来奖励经营者：超额越多，奖励越多；同时奖励的增加又将在某种程度上让经营者更有意愿去创造出超额 EVA，该分制一方面分析了考核目标设定的科学、合理性，另一方面又保证了经营者和股东之间利益的挂钩，也称做"EVA 股权模拟奖金计划"。其中，EVA，是指从税后净营业利润中提取的经济利润（包括股权和债务的所有资金成本），它是公司业绩度量的指标，从另一程度上也衡量了企业创造的股东财富的多少。图 7-9 给出了美国邮政总署的股权奖金计划。

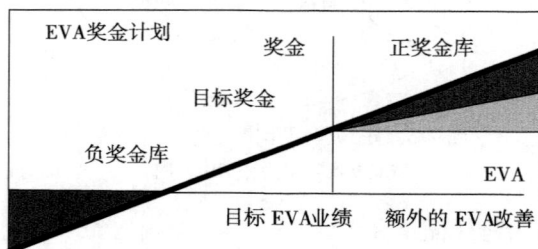

图 7-9 美国邮政总署股权奖金计划
资料来源：无忧会计网，http://www.51kj.com

三、 奖金分配方法

奖金的分配方法主要有计分法和系数法，这两种方法的计算依据不同。前者是依据员工绩效评价的结果计算奖金分配额，后者是根据岗位系数计算奖金分配额。

1. 计分法

记分法是先规定各项奖励条件的分数，有定额员工按照超额完成情况进行评分，无定额员工按照任务完成情况评分，最后按照奖金总额计算出每位员工的奖金额。其计算公式为

$$个人奖金额 = \frac{企业奖金总额}{\sum 个人考核得分} \times 个人考核得分$$

简而言之，计分法技术首先计算出每个超额部分的单位奖金值，然后再确定每个员工的分数，二者相乘就得出奖金数额。

2. 系数法

系数法是指按照岗位进行劳动评价，再根据不同岗位贡献大小计算出岗位得奖系数；最终根据个人完成任务情况，按系数进行分配。其计算公式为

$$个人奖金额 = \frac{企业奖金总额}{\sum (岗位人数 \times 岗位系数)} \times 个人岗位计奖系数$$

例如，企业有七个岗位等级，每个岗位等级有一个岗位计奖系数，根据每个人在各自岗位等级上任务完成情况进行奖金额分配；企业预计当月奖金发放总额为 2 万元，则个人奖金额分配情况见表 7-11。

表 7-11 系数奖金分配法

岗位等级	人数/人	奖金系数	单位奖金额/元	岗位奖金总额/元
1	1	1.3	485.9	486
2	2	1.2	448.6	1346
3	8	1.1	411.2	3290
4	10	1.0	373.8	3738
5	12	0.9	336.4	4037
6	15	0.8	299.0	4485
7	10	0.7	261.7	2617

资料来源：李新建.2003.企业薪酬管理[M].天津：南开大学出版社

第四节 特殊绩效薪酬

一、 特殊绩效薪酬概述

1.特殊绩效薪酬的概念

特殊绩效薪酬，又名特殊绩效认可计划，侧重于对员工超额绩效和周边绩效的奖励。其依托绩效奖励计划而制定关于特殊业绩的特殊奖励，根据各个公司的营销、收益、成本、规模而制定，核心是绩效和奖励挂钩。绩效是绩效，奖励是奖励，同时再依托绩效的体制，建立特殊绩效的认可标准，如海尔公司，对销售人员的提成，是由消费者消费时对销售人员评分，根据分值服务满意度实施嘉奖的一种特殊薪酬和经营战略计划。

2.特殊绩效薪酬的作用

(1)确保目标实现、强化绩效卓越者以及已经表现出来的理想行为、对员工的服务和需要表示认可等。特殊绩效薪酬是对员工超额绩效和周边绩效的极大肯定，具有很强的针对性，能够弥补正规的绩效薪酬的激励效果。

(2)改善全部报酬系统的自发性和灵活性。利用特殊绩效薪酬认可员工的全面绩效能够持续激励那些做出特殊绩效的员工。

(3)增加员工在报酬系统中的参与机会。特殊绩效薪酬体现了以人为本的观念，提供了符合员工主观意识的薪酬模式。

(4)帮助奖励与组织价值观和文化相一致的行为，强化企业的战略目标。特殊绩效薪酬能够让员工发挥更大的自主性和创造性。在传统薪酬制度不能满足员工激励条件的基础上，提高企业活力，保持动态竞争能力。

(5)实现报酬系统成本有效性的最大化。特殊绩效薪酬的形式多样，可以利用与其他薪酬模式的组合对薪酬成本进行有效控制。

二、 特殊绩效薪酬的设计

1. 确定特殊绩效薪酬的目标

特殊绩效薪酬目标的确定是特殊绩效薪酬设计的基础和前提。其设计主要针对员工在周边绩效和超额绩效方面所做出的奖励，如在能力开发缩短劳动时间等工作投入方面设置特殊绩效奖励，或者以员工在提高生产量与销售量、新市场与新产品开发等工作产出作为特殊绩效薪酬奖励目标。

2. 决定特殊绩效薪酬的种类和数量

特殊绩效薪酬可分为三大种类，即正式认可计划、非正式认可计划和日常认可计划。企业根据自身情况确定每个种类下面的具体薪酬奖励的名称和数量。种类的设置应能够突出反映先进员工在特殊绩效方面做出的努力；数量的选择也应考虑企业成本控制，不能盲目设置。

3. 确定奖励对象

特殊绩效奖励的对象主要分为两大类，即超额绩效和周边绩效。

(1)超额绩效，是指员工远远超出工作要求和政策岗位范围的优秀业绩和特殊绩效行为，往往属于短期的异常绩效表现，如销售人员在5月份超额完成当月销量，授予"销售明星"称号。

(2)周边绩效，是指在工作过程中显现出来的绩效行为，很难以成果形式对其进行独立评价，不同于任务绩效，如个人纪律、同事间的勉励、良好的人际关系、工作责任感等。

4. 决定绩效奖励的类型和水平

在确定奖励对象之后，接下来要选择奖励的类型，即是采用货币型奖励还是非货币型奖励。货币型奖励能够满足员工的物质需求，对于企业中低层人员来说能够起到很好的激励效果，但是当物质得到一定满足之后，如企业中层和高层领导人，现金奖励已不能满足其需求，他们更多在意自身精神上的满足和自我价值的实现，这个时候采取提供培训、大会表彰等非货币激励方式更加具有激励效果。同时，对于货币型激励的额度要加以考虑，确定不同的奖励水平。

5. 决定奖励时机

与一般绩效薪酬类似，特殊绩效薪酬的奖励时机也要体现及时性与强激励性等特征。一般有以下三种奖励的时机选择方式：①固定时间，如年末或者新年期间；②不规则时间，如选取创造周边绩效和特殊绩效的时间作为奖励的时机；③特定时间，如重大项目完成之际，对企业有重大意义和影响的时刻等。

三、 特殊绩效薪酬的种类

1. 出勤奖

出勤奖是为了鼓励员工连续出勤行为所设立的奖项。员工缺勤将直接影响到企业的连续性生产，产生质量以及成本问题。例如，一些汽车制造企业由于高缺勤率不得不使用大量的临时工，不仅成本上升，质量也得不到保障。因此，提高出勤率已成为许多企业努力的目标。美国通用汽车公司的出勤奖计划规定，如果员工一个季度没有缺勤，将获得 50 美元奖励；如果员工全年没有请假或缺勤，将额外获得 300 美元奖励。

2. 工作年限奖

工作年限奖是对那些为企业长期服务的员工设立的奖项。一些企业利用工作年限奖来留住员工，提高员工忠诚度。工作年限奖的设置特别关注时间因素。例如，某网络公司高层发现三个年头是技术人员离职高峰期，为了解决这个问题，公司专门针对三年以上工龄的员工设计了一套增加假期和持有股票的特殊绩效薪酬计划，并取得了良好效果。

3. 伯乐奖

伯乐奖是给那些为企业推荐或培养优秀员工的企业管理人才而设计的奖项。一些研究表明，员工推荐成为企业招聘人才的重要手段之一。一些企业专门奖励推荐优秀人才的行为，对那些热衷为企业推荐、发现和培养优秀人才的管理者给予特殊奖励。例如，华为设立了"伯乐奖"以激励全体员工引荐人才，规定每引过一人将会获得 500 元奖励。

4. 员工建议奖

员工建议奖指的是企业为鼓励员工积极提出合理化建议而支付的奖金，有数据显示，在美国，平均每人每年仅向公司提出一到两个建议，日本就不一样，平均每名员工每年都会向公司提出数以百计的建议。员工的合理化建议使公司节省了大笔资金，公司效益也得到大大提高，而员工自身所需的奖金的回馈和精神上的鼓舞相对较少。员工的合理化建议能显现出员工把企业当做家的企业文化，增强企业凝聚力，提升员工主人翁意识，正因如此，当前很多公司都开始设立员工建议奖这项奖金，来激励和表彰那些为公司做出贡献的员工。

5. 其他特殊绩效薪酬奖励形式

其奖励形式还包括：①奖励一次性度假；②召开表彰会表彰员工；③对取得重大流程改善员工授予股票；④在公司刊物上刊登成功员工照片及事迹；⑤奖励一次部门聚餐来庆祝完成一项绩效计划。

四、 特殊绩效薪酬的审查与评价

组织进行特殊绩效认可计划的审查和评价应当把握好以下几个方面的问题。

1. 计划的应用是否到位

有关特殊绩效认可计划的重要问题之一是这一计划的运用不足。在很多组织中，实施特殊绩效认可计划的机会有很多，条件也很成熟，但是管理者只是偶尔使用这种手段来激励员工，并没有将这一计划放在经常考虑的层面上。

经常与员工进行沟通，在组织内刊上发布有关员工认可的信息，在管理人员的会议上将特殊绩效认可计划的实施情况作为例行的讨论问题之一等做法都可以提高计划的运用水平。

2. 所提供的认可报酬对员工来说是否具有价值

如果某一特殊绩效认可计划最终失败了，其中原因之一是员工认为组织提供的报酬没有价值。例如，当员工迫切希望与家人或朋友共进晚餐时，组织安排所有员工聚餐的做法可能会引起员工的反感。要解决这一问题，做好经常性的调查是一个好办法。

现在，很多企业都在加强自己的内部网络建设，组织在发布某一认可计划的信息时，可以随时请员工表达自己的意愿，简单地做个统计就会有效地避免上述问题。另外，提供报酬组合也是一个不错的选择，组织对员工的贡献可以给出很多价值相等的报酬，员工可以按照自己的偏好进行选择。

3. 绩效认可的决策程序是否过于复杂

很多组织由于结构过于复杂，特殊绩效认可计划的决策程序也相当烦琐。而最简单的计划往往是最有效的，因此，在处理有些问题时，可以忽略一些不必要的步骤。例如，非正式和日常的绩效认可计划只需在必要的范围内得到批准或者是无须得到批准就可以运用了。

4. 员工对货币型绩效认可的态度

组织在实施货币型特殊绩效认可计划时，如果没有与员工之间进行很好的沟通，员工可能会对这部分货币认可在整个报酬体系中的地位产生疑惑。组织应该让员工明白货币型绩效与其他薪酬构成之间的差异。当然，在有些情况下，使用非货币认可来替代货币型认可往往是很有效的。

5. 计划是否和组织的经营战略目标保持一致

组织的所有计划都应该和其整体战略保持一致，因此，对计划和战略之间的一致性进行经常性的检验是非常必要的，以确保绩效认可计划能够将组织的真实意图告知员工。有些时候，检验的结果可能意味着组织需要重新设计自己的绩效认可计划。

6. 普通员工和经理人员在绩效认可中的公平性

经理人员和员工之间应该保持相对的公平性，如果员工认为组织在公平对待方面做得不好，任何绩效认可计划都可能没有效果。在基本薪酬和绩效奖励方面，经理人员得到的待遇要远远高于普通员工，因此在特殊绩效认可计划上，组织可以通过奖励的公平性给予员工一些心理上的安慰。

7. 计划是否缺乏信度

很多组织的绩效认可计划实施效果不好的原因之一是计划缺乏信度，甚至有的时候，员工会将组织的某些绩效认可计划看成是走形式。其根本原因是员工没有参与到决策过程中来，或者组织的决策由于信息不充分出现障碍，反而对绩效较差的员工给予了奖励。

解决这一问题首先要明确计划为什么缺乏信度，是没有明确的奖励规定？计划的设计不科学还是没有管理层的支持？抑或是其他原因？一旦找到问题之所在就要尽快加以解决，在有些情况下甚至可以完全推倒原有的绩效认可计划，重新设计。

➤ 本章小结

绩效评价技术是当今企业不可或缺的管理工具。有效的绩效评价技术，不仅能确定每位员工对组织的贡献或不足，更可以在整体上对人力资源的管理提供决定性的评估资料，从而可以改善组织的反馈机能，提高员工的工作绩效，更可以激励员工士气，也为公平合理地酬赏员工提供依据。

绩效考评是一个负责的系统，在进行绩效考评时需要根据考评的目的、对象的工作性质和内容选择合适的绩效考评方法。绩效考评的方法主要有目标管理法、关键绩效指标法、平衡计分卡法、360°反馈评价法、关键事件法等。

　　绩效薪酬分广义和狭义两种类型，广义上是个人、团体或公司的业绩和薪酬之间存在一定的联系，薪酬受个人、团体和企业业绩变化的影响，它具有灵活的弹性。狭义层面上的绩效薪酬是指员工个人的行为和业绩与薪酬之间的联系，员工的行为表现和业绩不同，薪酬也将随之发生变化，员工自身的业绩和行为很大程度上取决于员工自身，因此，通过对员工自身薪酬总量水平高低的控制，进一步达到薪酬对业绩调控的目的。

　　奖金是企业在达成或超出企业目标时或因为一些特殊事项（如技术创新、工艺等）而向员工支付的激励性报酬。它是企业以货币的形式对员工在工作中创造的超过工作定额的成果给予的补偿，它具有动态性、货币性、多样性、激励性的特征。

　　特殊绩效薪酬，又名特殊绩效认可计划，侧重于对员工超额绩效和周边绩效的奖励，是依托绩效奖励计划而制定的关于特殊业绩的特殊奖励。

　　特殊绩效薪酬的作用体现在五个方面：一是确保目标实现、强化绩效卓越者以及已经表现出来的理想行为、对员工的服务和需要表示认可等；二是改善全部报酬系统的自发性和灵活性；三是增加员工在报酬系统中的参与机会；四是帮助奖励与组织价值观以及文化相一致的行为，强化企业的战略目标；五是实现报酬系统成本有效性的最大化。

➤ 本章关键词

　　绩效评价技术；绩效薪酬；目标管理法；关键绩效指标法；平衡计分卡法；360°反馈评价法；关键事件法；行为锚定等级评价法；图尺度评价法；排序考评法；强制分布法；配对比较法；绩效薪酬；奖金；特殊绩效薪酬

➤ 本章思考题

　　1. 绩效评价技术有哪些？

　　2. 绩效薪酬与职位薪酬、能力薪酬有何区别？

　　3. 如何设计绩效薪酬方案？

　　4. 绩效薪酬的表现形式有哪些？

　　5. 何谓特殊绩效薪酬？

◯ 案例讨论一

大港油田公司绩效薪酬体系

　　大港油田公司是中国石油集团公司下属的一个从事石油天然气勘探、开发的特大型石油企业。员工队伍规模 12 000 人，管理和专业技术人员占 40%，平均年龄在 33.5 岁左右。油气勘探范围跨津、冀、鲁 25 个区、市、县，总面积 18 700 平方千米。现已开发建设了 21 个油气田，形成了年产原油 400 万吨、天然气 3.8 亿立方米的生产能力。在全国陆上 21 个油气田中列第六位。在全国最大的 500 家工业企业中列第 59 位。

　　大港油田公司依靠科技进步，深化探区油气富集规律、成油条件研究，油田勘探水平不断提高，形成了自己独特的勘探技术优势。尤其是 1998 年，公司大胆实施风险勘探，使千米桥潜山勘探取得了战略性突破，发现了亿吨级地质储量。同时，经过长期的开发实践，大港油田公司在老油田重建地质模型技术上达到了国内领先水平，在深层油藏的开发配套技术、聚合物驱油配套技术、复杂断块油田开发配套技术、凝析油气田开发配套技术等方面具有较高的水平和雄厚的实力。

　　截止到 1999 年年底，大港油田累计探明石油地质储量 9 亿吨，探明天然气地质储量 367 亿立方米。累计生产原油 1.06 亿吨，生产天然气 135 亿立方米，为国家经济的发展提供了有力支持。在三十多年的开发建设中，大港油田还先后支援了四川、华北、辽河、冀东、渤海等油田的建设，带动了津冀地区的经济发展，为天津和滨海化工基地的形成奠定了基础，为气化天津做出了巨大贡献。近些年来，大港油田公司与美国的路易斯安那勘探公司、阿帕契公司进行了滩海地区风险勘探，与加拿大泛华公司进行了未动用储量开发。

1. 现行基本工资制度

现行工资制度是中国石油集团公司在 1992 年开始改革实行的岗位技能工资制度。岗位技能工资制度以按劳分配为主、效率优先、兼顾公平为原则，主要以职务和工龄为标准来决定薪酬水平，同时，干部、工人身份的界限明显。目前，正在不断采取补丁措施完善激励机制。

薪酬总额构成项目包括技能工资、岗位工资、工龄工资、副食补贴、野外津贴、交通费、洗理费、书报费以及教师补贴、回民补贴等。

其中，技能工资共设 23 个等级、46 个工资标准，对管理人员、专业技术人员和操作人员分别设置适用区间；辅助特殊政策包括一线专业队种岗位年限浮动工资制度、一线岗位附加工资制度等。

工龄工资不分社会工龄和本企业工龄，是企业按照员工的工作年数，即员工的工作经验和劳动贡献的积累给予的经济补偿。工龄工资是企业分配制度的一个重要组成部分，虽然金额不是很高，但工龄工资的作用不可小觑。

各种津补贴包括野外津贴、油田津贴、书报费、驾驶津贴等十几项，标准每月 2 元至 21 元不等；奖金不分岗位和职能，标准每月 150 元。

以上项目均由中国石油集团公司统一确定调整方案、执行统一的运行管理制度。从 1999 年以后一直维持原结构、原标准、原办法，未有根本性调整。项目构成比例分析如图 7-10 所示。

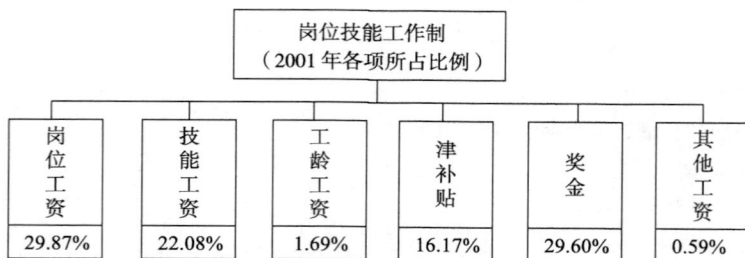
图 7-10　工资构成情况

档案工资平均水平 1999～2001 年这三年中档案工资平均水平一直维持在每月 1560 元左右（包括应扣缴的各种保险和住房公积金），如果扣除各种保险和公积金一般在每月 900 元左右。

2. 内部分配制度

工资总量控制按内部员工队伍规模和基本档案工资标准逐级实施计划管理、当期审批核准制度。工资总量的奖金部分与业绩考核挂钩兑现，但由于工资总量来源有限、员工岗位标准不明确、业绩指标体系不健全，形式上的考核兑现并没有起到实质的激励作用。各单位考核分配力度不均衡，效果不明显。

问题：大港油田公司现行工资分配制度存在哪些问题？应如何构建其业绩薪酬体系？

资料来源：杜文发.2004. 大港油田公司业绩薪酬体系研究[D]. 西南石油学院工程硕士学位论文

案例讨论二

奖励的管理——山花煤矿奖金分配风波的启示

山花煤矿是一个年产 120 万吨原煤的中型矿井。该矿现有职工 5136 人，其中，管理干部 458 人，占全矿职工的 8.9%。1990 年全矿职工在矿井领导的带领下，团结一心，努力奋斗，取得了生产和安全的大丰收。特别是在安全方面，100万吨原煤生产死亡率降到了2人以下，一跃跻身于同行业的先进行列。至此，上级主管部门特拨下50万元奖金，奖励该矿在安全与生产中做出贡献的广大干部和职工。

在这50万元奖金的分配过程中，该矿袁军矿长代表矿行政召集下属五位副矿长和工资科长、财务科长、人事科长和相关科室的领导开了一个"分配安全奖金"会议。袁矿长首先在会上发言，他说："我矿受到上级的表彰是与全矿上下广大干部和职工群众的齐心协力、团结奋斗分不开的。奖金分配上嘛，应该大家都有份，但是不能搞平均主义，因为每个人的贡献有大小，我看工人和干部就该拉开距离，如工人只是保证自身安全，他们的安全工作面不大。而干部不但要保证自身安全还要负责一个班组、区、队，或一个矿的安全工作，特别是我们这些头头还在局里压了风险抵押金，立了军令状，不但要负经济责任，同时要负法律责任。为此在奖金分配上不能搞平均，应该按责任大小、贡献多少拉开档次。如果奖金分配不公，就会打击干部和工人的工作积极性。为了防止干好干坏一个样，干多干少一个样的现象，我认为这次分奖金应该拉开几个档次，我和财务科长初步商量了一个分配方案，算做抛砖引玉吧！请大家讨论一下，下面就请王科长向大家介绍一下具体方案。"

王科长说："奖金总额是50万元，要想各方面都照顾到是不可能的，只能定出个大致的档次，主要分五个档次，矿长1000元，副矿长900元，科长800元，一般管理人员400元，工人一律50元。这样分下来，全矿处级干部13人，科级干部130人及各类管理人员307人，职工4678人，刚好分均。"袁矿长接着说："就这五个档次，大家发表一下意见。"

过了一会，主管生产的冯副矿长说："我原则上不同意这个分配方案，这样虽能鼓励大家努力工作，只是工人这个档次50元太少了，并且不论什么工种都是50元，这太不公平了吧！我们既然反对平均主义，就要工人与干部都不能搞平均主义，最好把工人的奖金也拉开档次，否则工人的积极性怕是要受到影响，不利于今后工作任务的完成。"

安检科陈科长心里想，我具体主管安全，责任不比你矿长小，奖金倒要少200元，与其他科长拿同档次奖金，这不是太不公平了吗？于是便开了腔："要说安全工作，全矿大大小小几百条巷道我都熟悉，天天都在和安全打交道，处理安全事故每次都到现场，但有些人一年没下几天井，安全工作不沾边，奖金反倒不少，我建议多来一个档次，六个档次。"

陈科长的发言马上引起了人事科长、财务科长等科长的极为不满，于是大家你一言我一语地说开了。最后袁矿长做了总结性的发言，他说："今天这个会大家讨论得很热烈，意见各不一致，为了统一思想，我把大家的意见归纳为两条：第一是怕工人闹意见影响生产；第二，多拉开些档次，要说闹意见，不论怎样分都会有人闹意见，如有些与安全工作无关的人，我们一视同仁地给点，按理说照顾到了全矿职工，就会使意见相对小一些，要说影响生产，我们现在实行的岗位责任制，多劳多得，不劳就不该得，至于多拉档次，我看就不必了，多拉一个档次，就会多一层意见，像安检科陈科长这样的个别特殊情况，我们可以在其他方面进行弥补，这个方案我看今天就这么定了，请财务科尽快把奖金发下去，散会。"

奖金发下后全矿显得风平浪静，但几天后矿里的安全事故就接连不断发生，先是运输区运转队的人车跳轨，接着三采区割煤机电机被烧，随后就是开拓区冒顶两人受伤。袁矿长坐不住了，亲自组织带领工作组到各工队追查事故起因，首先追查人车跳轨事故，机车司机说钉道工钉的道钉松动，巡检维修不细心。而钉道工说是司机开得太快，造成了跳道，追来查去大家最终说出了心里话，他们说："我们拿的安全奖少，没那份安全责任，干部拿的奖金多，让他们干吧。"还有一些工人说："老子受伤，就是为了不让当官的拿安全奖。"一段时间矿里的安全事故仍然在不断发生，最终矿行政虽然采取了一些措施，进行了多方面的调整工作，总算把安全事故压下去了，山花矿区从前那种人人讲安全、个个守规程的景象不见了。

思考题：

请剖析山花煤矿的奖金激励制度，说明其为什么不能起激励作用。如果你是矿区负责人，你认为怎样做是最合理、有效的？

参考文献

拜厄斯 L，鲁 L. 2004. 人力资源管理［M］. 李业昆译. 北京：人民邮电出版社.

陈凌芹. 2004. 绩效管理［M］. 北京：中国纺织出版社.

金萍. 2006. 薪酬管理［M］. 沈阳：东北财经大学出版社.

李新建. 2003. 企业薪酬管理［M］. 天津：南开大学出版社.

李新建，蒙繁强，张立富. 2004. 企业薪酬管理概论［M］. 北京：中国人民大学出版社.

李中斌，曹大友，章守明. 2009. 薪酬管理理论与实务［M］. 湖南：湖南师范大学出版社.

林筠. 2006. 绩效管理［M］. 西安：西安交通大学出版社.

孟庆伟. 2007. 人力资源管理通用工具［M］. 北京：清华大学出版社.

诺伊 R A，霍伦贝克 J R，格哈特 B. 2001. 人力资源管理：赢得竞争优势［M］. 刘昕译. 北京：中国人民
　　大学出版社.

孙金利. 2004. 薪酬管理［M］. 天津：天津教育出版社.

袁庆宏. 2009. 绩效管理［M］. 天津：南开大学出版社.

张建国，曹嘉晖. 2009. 绩效管理［M］. 成都：西南财经大学出版社.

郑晓明. 2011. 人力资源管理导论［M］. 北京：机械工业出版社.

郑瀛川. 2006. 绩效评估兵法［M］. 厦门：厦门大学出版社.

Maddux R B. 2001. 有效的绩效评估［M］. 王哲，张珺译. 广州：中山大学出版社.

第八章

员工福利与管理

星巴克：浸泡着浓浓亲情的薪酬福利

有人说，星巴克公司的崛起之谜在于咖啡中有一种特殊的材料——人情味。在长期经营过程中，星巴克公司自始至终都贯彻着这一特殊的核心价值。它起源于人，最终又反馈到人。除了让人受益终身的"非常培训"之外，其薪酬与福利设计，似乎也浸泡着星巴克公司特有的"咖啡味道"。

与零售业其他同行相比，星巴克公司的雇员工资和福利都是十分优厚的。同时，星巴克公司每年都会在行业内做一个薪资调查，在经过研究与分析之后，几乎每年都会为员工加薪。特别值得一提的是，在霍华德·舒尔茨收购星巴克公司的第二年，也就是 1988 年，公司还为那些每周工作超过 20 小时的兼职员工购买了全额医疗保险，当时的费用为每人每年 1500 美元，这在同行业内是非常少见的举措。为此，时任美国总统比尔·克林顿(Bill Clinton)还特意邀请舒尔茨到白宫的椭圆形办公室做客，专门讨论有关医疗保险的问题。一个有趣的细节是，当舒尔茨步入赫赫有名的椭圆形办公室时，首先映入他眼帘的是这样一个温馨的场景——在总统的办公桌上，赫然放着一个带有醒目的星巴克绿色"美人鱼"图案的咖啡杯，里面热气腾腾的咖啡香气扑鼻、蒸气袅袅。

除了优厚的薪酬与额外的医疗保险之外，星巴克公司还对员工家里的老人与小孩提供一定的补贴，尽管钱不多，但会让员工感到公司对他们无微不至的关心。

对此，星巴克公司董事会主席霍华德·舒尔茨是这样解释的："从表面上看，这样高的薪酬和福利无疑加大了公司的运营成本，但它能减少人才的流失率，节省公司的培训与招聘开支。更重要的是，那些长期为公司服务的员工非常熟悉老顾客的口味，能够调制出顾客喜爱的咖啡，这是公司得以生存和发展的基础，也是星巴克公司长期以来所追求的服务理念。如果这些顾客熟悉的员工走了，那些老顾客也有可能随着流失"。

资料来源：周施恩.2010. 世界顶级公司人力资源管理实操详解[M]. 北京：中国纺织出版社

第一节　员工福利概述

一、　员工福利的概念

20 世纪 90 年代，约翰·E. 特鲁普曼(Tropman)初步提出了较完整的整体薪酬计划，他认为基本工资、附加工资、福利工资、工作用品补贴、额外津贴、晋升机会、发展机会、心理收入、生活质量和个人因素应该作为薪酬的一个整体来研究。当今薪酬管理的主流思想认为，员工福利在人力资源战略中占据着十分重要的战略地位，甚至被作为战略落地的工具，它与基本工资、奖金共同构成薪酬体系的三大支撑。

美国薪酬管理权威专家米尔科维奇教授总结了员工福利的两大特点：①它是员工报酬构成的一大部分，薪酬体系中不能缺少员工福利的内容；②它与工作时间并不直接相关，而是与人头相关，这一特点使其与基本薪酬和变动薪酬相区别，且对企业雇佣模式的设定提出了要求。

从类别角度界定，美国著名薪酬管理专家马尔托奇奥将员工福利这种边缘薪酬(非货币薪酬)分为非工作时间报酬(如假期)、服务(如日托补助)、保障计划(如医疗保险)三类。

从实施时机和目的界定，《加拿大福利计划》定义福利为薪酬中保障和提高补偿性收入的因素，并以下三种方式实施：①提供医疗或金融风险防范以保障员工正常收入；②以利润分享形式实现员工收入或个人资产；③改善工作环境，提供多项服务或税收优惠以提高员工满意度。

中国人民大学劳动人事学院文跃然副教授也对员工福利进行了定义，认为员工福利是一种非现金的、间接支付的、普惠的、非劳动所得的补偿性的报酬，是总报酬中十分重要的构成部分。

以上定义各有特点，归纳起来本书对员工福利定义如下：

(1)它与员工工作时间无关，与工资、奖金的计算方式相区别，同时它是一种非劳动收入，与员工个人贡献无关；

(2)它的类别多样，包括假期、服务、保障计划等，大多为非现金收入，难以直接计算和衡量；

(3)它通常是间接支付的，与工资、奖金可以在当期内直接获得相区别；

(4)它是普惠的，几乎所有员工都可以享受到，甚至成为制度化的内容。

二、　员工福利的特点

与其他形式的报酬相比，员工福利具有四个主要的特点。

1. 补偿性

员工福利是在员工为企业工作，履行劳动义务的前提下，对其进行的物质性的补偿。

2. 补充性

员工福利能弥补经济性报酬的不足，故作为员工工资收入的补充形式出现，它将不能以货币形式支付的劳动报酬通过非货币形式体现。同时它也弥补了按劳分配制度造成的个体不平等，有效缓解生活富裕程度差别。

3. 均等性

员工福利是普惠的，是几乎所有正式员工都可以享受的待遇，体现了一种机会均等和利益均沾的特性。但实际企业中也存在有针对性的福利，如针对企业高级经理和有突出贡献的核心员工，企业提供住宅、专车、旅游、度假等高档福利待遇，以此作为一种激励手段。

4. 多样性

员工福利的形式并不固定，既可以用现金形式支付，或通过实物、假期、各种服务等体现，也可以采用多种形式组合的方式，其中以实物福利最为普遍。由于福利比其他报酬形式复杂，故它的计算和衡量存在难度。

三、　员工福利的功能

员工福利的支付造成了更多的企业人工成本，且随着福利的重要性和其在薪酬整体中的比重增大，企业成本进一步增加。那这种开支是不是应该去掉呢？答案是绝对否定的。实际上，提供员工福利给企业带来的利是远大于弊的。员工福利具有以下功能。

1. 有助于人力资源管理的实现和企业战略目标的达成

好的福利制度对企业吸引和保留所需员工起到重要作用，同时能激励员工更加积极主动地工作。员工福利的内容里，包含了改善工作环境和提供各项服务和税收政策等，这些都能较大地提升员工满意度。员工福利虽不能直接改善员工工作绩效，但必定能通过提升员工满意度对员工绩效产生积极的影响。此外，福利政策的改变能在一定程度上影响人才流动，有助于企业战略转型中人力资源管理和企业战略目标的实现。

2. 鼓励员工之间的合作

员工福利与其他薪酬形式的很大区别在于，它并不按个体计算或衡量，由于它普惠、平均的特性，不会引起员工任何的收入不公平感。从这个角度来看：员工福利十分适用于团队薪酬的支付形式，这种平均鼓励了员工之间的相互合作。

3. 员工福利是影响企业劳动力雇佣决策的重要因素

员工福利是正式员工可以共享的内容，而临时工一般享受不到。当企业在员工福利上花费的成本过高，便会影响企业雇佣决策，考虑在人员招聘时雇佣部分临时工来替代正式员工工作。随着员工福利的重要性和比重的增加，它成为了薪酬管理人员关注的重要内容，在中国法律体制下，也成为影响企业劳动力雇佣决策的重要因素。

4. 员工福利能够传递企业的文化和价值观

员工对企业的文化和价值观产生认可感是十分重要的，这决定了员工能否努力工作，为达成共同的企业目标贡献力量。企业普遍重视其文化和价值观的培养，员工福利也是能够传递企业文化和价值观的重要内容。企业重视员工福利，就是重视企业环境，重视对员工的关怀，员工福利也能体现企业管理特色，有助于创造良好的组织氛围。成功的企业往往都十分重视企业的文化和价值观的塑造，且为员工提供了丰富的、有吸引力的且充分反映其价值观的福利计划。

第二节　员工福利构成

员工福利由法定福利和企业福利两种类型（表 8-1）构成，法定福利是依据国家政策、法律、法规确定的福利，企业福利是企业依据自身情况确定的福利。

表 8-1　员工福利的构成

福利计划		具体内容
法定福利		养老保险、失业保险、工伤保险、医疗保险、生育保险、住房公积金（俗称"五险一金"）
企业福利	保障性福利	企业年金计划或补充养老金计划、企业补充医疗计划、企业出资的员工意外伤害保障、人寿保障、员工个人财产保险等
	非经济性福利	生产性福利设施、文体旅游、咨询服务、劳动保护、工时缩短、员工参与管理等
	经济性福利	额外金钱收入、带薪休假、超时酬金、住房性福利、交通性福利、饮食性福利、住房低息贷款、教育培训性福利等

一、法定福利

1. 法定福利的定义

顾名思义，法定福利是国家通过法律、法规、政策等规定的强制性的福利，企业务必向员工提供，主要包括各类社会保险和住房公积金等，通常有养老保险、失业保险、工伤保险、医疗保险、生育保险这五类社会保险，与住房公积金合称为"五险一金"，此外，法定假期也属于法定福利。表 8-2 给出了法定福利的一些基本构成。

表 8-2　法定福利的构成

法定福利	社会保险	养老保险、失业保险、工伤保险、医疗保险、生育保险
	法定假期	法定节假日、公休假日
	住房公积金	

2. 法定福利的主要内容

1）养老保险

养老保险是针对达到国家规定的解除劳动义务的劳动年龄界限或因年老丧失劳动能力退出劳动岗位的劳动者，而实行的保障其基本生活的社会保险险种，是社会保障系统的重要内容之一。我国目前的养老保险分为三个部分，即基本养老保险、企业补充养老保险和个人储蓄性养老保险。这三个部分中仅前两项——基本养老保险和企业补充养老保险是员工福利内容，且仅基本养老保险是法定福利内容，而个人储蓄性养老保险则是个人行为，与企业不相关。养老保险由社会统筹账户和个人账户相结合模式实行，一般单位支付20％，个人支付8％。

2）失业保险

失业保险是针对因失业而暂时中断生活来源的劳动者而实行的一种为其提供物质帮助的社会保险制度。失业保险资金来源主要有单位和个人缴纳的失业保险费、财政补贴、基金利息和其他资金（滞纳金等）。来自于个人、单位和国家的失业保险费全部纳入失业保险基金，统一调度发挥功能。大部分单位和劳动者都必须缴纳失业保险（单位缴纳2％，个人缴纳1％），且大部分劳动者都可以在失业时获得失业保险。

3）医疗保险

医疗保险是针对生病或受伤的劳动者，为其提供必要的医疗服务或经济补偿而建立的社会保险险种。医疗保险由国家强制实施，且在五大险种中与劳动者最息息相关。几乎所有用人单位及其职工都要参加基本医疗保险，基本医疗保险资金由单位和个人共同缴纳（单位缴纳6％，个人缴纳2％），医疗保险费用由统筹基金、单位和个人按一定比例共同承担。

4）工伤保险

工伤保险是针对在生产、工作中受到事故伤害或患上职业病的劳动者及其亲属，为其提供物质帮助（如医疗救治、经济补偿、生活保障等）而建立的社会保险险种。这种保险制度遵循三个原则，即无过失补偿、互惠互济、个人不缴费。这三条原则的含义分别是：受伤害的劳动者必然会得到一定的经济补偿，且补偿直接出自工伤社会保险机构；工伤保险金来自于强制征收所得，通过合理再分配有效解决社会问题；不同于前三种保险制度，工伤保险员工个人不缴纳任何费用，单位缴纳0.8％。

5）生育保险

生育保险是针对怀孕、分娩的女性劳动者，在其正常中断劳动期间，为她们提供物质帮助和生活保障而实行的社会保险制度。这种保险制度通常通过现金补助和实物补给实现。生育保险筹集资金过程遵循"以支定收，收支基本平衡"原则（针对企业），但不超过企业工资总额的1％，员工不缴纳。女性劳动者生育费用由企业缴纳费用建立的生育保险基金支付，超出规定时超出部分员工自行承担。此外，生育保险基金也支付女性劳动者产假期间应得的生育津贴，具体计发参照企业上年度员工平均工资。

6）住房公积金

住房公积金是为解决员工住房问题、建立住房保障而形成的长期住房储金，由员工与所在单位共同缴存，归员工个人所有。员工（或所在单位）缴存的住房公积金数额计算公式为：该员工上年度月平均工资×员工（或所在单位）住房公积金缴存比例（缴存比例不得低于该员工月平均工资的5％）。以下情况时，员工可支取住房公积金：以该员工或配偶名义购房建房、房租超出该员工工资收入5％的部分、工作变迁到外市、大中型装修、员工离退休、移民并改变国籍。

3.法定福利的特点

1）强制性

法定福利是通过立法规定的福利，法律本身具有强制性，因而法定福利也是强制实施的，用人单位和个人都必须依法参险，并按时缴纳相应的保险费，否则可能会被追加滞纳金或追究法律责任。五大险种中，数工伤保险强制性最强。

2）保障性

社会保险是针对特殊时期的劳动者人群，因他们暂时失去生活来源，而为他们提供基本生活保障建立的。社会保险的保障对象是劳动者，达到条件的劳动者均可享受相应的保险待遇。社会保险保障范围与经济发展水平相关，在法定范围内实施。

3）互济性

各种社会保险都具有互济的特性，"取之于民，用之于民"，体现的是风险分摊、互助互济的思想。通常都是向单位或个人强制征收保险费建立保险基金，再通过调度再分配运用到社会中去。

4）差别性

社会保险虽然作为福利是普惠式的，但在具体享受保险待遇上具有差别。这种差别通常来自于个人工龄、工资和缴纳的保险费的不同。

5）防范性

社会保险费来自于社会筹集并普遍用于建立社会保险基金，用来防范风险，以备不时之需。在劳动者遇到劳动风险时，能及时为其提供基本生活保障。

二、 企业福利

1．企业福利的定义

企业福利是企业内部依据企业自身状况自主向员工提供的各种补充性报酬和服务，用来迎合员工内在需求。

2．企业福利的内容

（1）依据具体内容的不同，企业福利分为保障性福利、经济性福利和非经济性福利三种。

保障性福利：以提供生活保障为主要目的的企业自主福利，如企业年金计划或补充养老金计划、企业补充医疗计划、企业出资的员工意外伤害保障、人寿保障、员工个人财产保险等。

经济性福利：除基本工资和奖金外提供的金钱或实物类的福利内容，旨在进一步增加员工收入和减轻员工经济负担，如额外金钱收入、带薪休假、超时酬金、住房性福利、交通性福利、饮食性福利、住房低息贷款、教育培训性福利等。

非经济性福利：非金钱或实物形式的企业自主福利，以提供服务或改善工作环境为主，如生产性福利设施、文体旅游、咨询服务、劳动保护、工时缩短、员工参与管理等。

（2）依据对象和享受的范围不同，企业福利分为全员性福利和特殊群体福利两种。

全员性福利，即企业全体成员都可享受到的企业福利，通常福利都属此种，如工作餐、节日礼物、健康体检、带薪年假等，全员共享。

特殊群体福利，即特殊群体才能享受的福利，有针对性和区别性。这些特殊群体通常为企业做出特殊贡献，如技术专家、管理专家等高端员工，企业为方便其工作或彰显其身份提供包括住房、汽车等福利项目。

第三节　员工福利管理

一、　员工福利计划含义

员工福利计划的概念比较笼统，指的是除工资、奖金外员工福利报酬的一揽子计划。通常员工福利计划需要综合考虑以下问题：响应法律要求；确立福利受众资格；合理的福利结构和福利项目；福利的支付水平；福利资金筹集和合理分配使用；国家、雇主、员工三者的保险费用分担问题；员工福利管理形式。福利设计旨在提高员工工作效率，受我国法律环境和管理习惯的影响，我国福利设计存在不足，但在逐渐加大重视福利设计的自由性。

好的员工福利计划能使企业和员工双向获益。从企业的角度，员工的内在需要得到满足，满意度和工作效率进一步提高，既吸引外部优秀人才的同时又留住内部优秀员工，企业的竞争实力进一步加强；从员工的角度，薪酬管理更加人性化，基本生活得到进一步保障，有助于员工安心工作，此外，股权、期权等福利项目还可以帮助员工获得额外收入。好的员工福利计划通常符合以下标准，即恰当的、可支付的、易理解的、可操作的、灵活的。说明好的员工福利计划与其他企业相比具有竞争性又不会造成企业经济压力；企业支付得起；能被员工清楚理解；福利计划切实可行；能迎合各类员工的不同需求，可选择。

二、　常见的员工福利计划

1. 弹性福利计划

福利提供的实际过程中，不同员工由于年龄、性别、婚育状况等的不同，对福利项目的偏好各有不同，此时如果企业硬性规定福利项目内容，既不能迎合员工实际需求，又浪费了企业成本，违背了福利的本质意义。弹性福利计划由此应运而生。弹性福利是在企业根据员工工资、家庭状况等设定福利限额的前提下，员工从企业提供的福利菜单上选择适合自己的福利项目，因而弹性福利计划也称"自助餐式福利计划"或"菜单式福利模式"。有的企业还会实行员工参与制订福利计划，弹性的福利设计理念愈发彰显。

弹性福利计划的主要类型如表 8-3 所示。

表 8-3　弹性福利计划的主要类型

自助型弹性福利	企业提供原有固定福利可选择，若不满意，另有多样化的福利项目像菜单一样陈列出来，员工在确定福利限额和福利物品定价后，完全自由地在福利菜单上选择搭配自己满意的福利组合。若福利组合价值低于原有固定福利，则可得到差额补偿或"储蓄"利息；若福利组合价值高于固定福利，则可适当预支或用部分薪酬抵扣
套餐型弹性福利	企业提供多种福利套餐，每种套餐内容固定，员工可选择某一种套餐，而不能自行单项组合
专用账户型弹性福利	员工每年可拨出一定的税前收入用做福利专用账户，来选购福利项目，不过要求必须当年使用，且不能兑换现金，不能挪作他用
核心加选择型弹性福利	核心福利部分是固定的，另外还有部分福利是可以在限额范围内自由选择的

弹性福利计划具有以下优点：

　　(1)福利项目的多样性使福利计划更具适应性。由于个体化差异的存在，每个员工都会有自己的福利项目偏好。例如，年龄层越低的员工可能越偏好经济形式直接支付的福利项目；年龄层越高的员工可能越关注养老保险、医疗保险类的福利项目；抚养人数越多的员工可能越偏好企业为其提供家属津贴、假期等福利项目。单一的福利计划众口难调，起不到应有的作用，弹性福利计划就是为了迎合不同员工的不同需求而存在，提高员工的满意度。

　　(2)降低企业不必要的福利成本。福利属于企业的一项支出，如果不能发挥预想的作用，就会造成浪费。弹性福利计划为员工提供选择空间，这样一来企业就可避免为员工提供他们不需要的福利，有助于节省成本。

　　(3)弹性福利计划是合理范围内的弹性。福利计划具有弹性，福利项目可供选择，但并不是毫无限制、任意选择的。企业根据员工的薪资状况、家眷因素等设定福利限额，这使得福利计划在灵活的同时更具有合理性。

　　弹性福利计划也存在如下缺点：

　　(1)给福利管理带来难度。员工需求虽然有相似的，或许能归纳成某些种类的福利项目，但福利项目种类较过去还是明显增多了。员工自由选择空间的加大给具体的福利实施也带来了难度，统计、核算以及管理的工作量都大幅度增加，消耗了更多的福利管理成本。

　　(2)员工可能出现非理性选择行为。在福利限额内为达到金额最大化，员工可能盲目选择一些本身不需要的福利项目，造成浪费。同时也可能出现考虑不周而盲目透支现象。

　　(3)福利项目不集中，规模效应减弱。员工可以进行自由选择，可能出现福利项目不统一的情况，减弱了规模效应，增加企业福利购买成本。

　　虽然弹性福利计划存在不足，但较之以前的福利计划具有很大进步，正是因为弹性福利计划十分人性化，兼顾照顾了员工多样的需求和节省了企业成本，所以这种双向获益的福利计划被越来越多的企业关注和采用。

　　2. 员工健康计划

　　员工健康计划也是常见的福利计划，通常包含人身健康保险计划、健康咨询及心理咨询等内容。员工健康计划不是为了治疗疾病，而是属于预防性的福利计划，旨在改变员工可能导致身心健康问题的行为。提供健康福利计划可以降低企业的医疗花费，增强企业的生产力和凝聚力。

　　健康计划分消极的健康计划和积极的健康计划两种。消极的健康计划并不代表有害，但主要靠员工自己去发现所存在的健康问题，并积极解决，改正不良行为，这样往往收效甚微。积极的健康计划除了从意识上改变员工的健康观念外，同时会为员工提供实际性的帮助，鼓励并协助他们改正不利于健康的行为。积极的健康计划常用指导和跟踪的形式，有时会为员工制订个人健康计划，设立合理的训练目标，甚至提供专门的咨询顾问，对表现好的员工还会给予适当的奖励，以促使其配合健康计划的实施。

　　尽管消极的健康计划成本更低，也更容易管理，但积极的健康计划更具有实践意义并取得更好的效果，所以被认可程度更高。

三、 员工福利设计

1. 员工福利设计原则

1）公平性原则

员工福利设计既应该满足外部公平性也应该满足内部公平性。从企业外部来看，企业福利水平一般应设计得不低于社会平均福利水平和行业平均福利水平，且企业福利水平在社会和行业福利水平分布上的大致位置与企业发展状况和实力直接相关，这样企业的福利水平才能设计得具有外部公平性。

内部公平性包括无差异性的内部公平和有差异性的内部公平。前者指的是在与员工职位、工资、服务年资等无直接联系的福利内容上，应使内部员工间无差别，享受福利待遇水平一致。后者指的是虽然员工间实际所得福利存在差别，但由于确定福利的依据是相同的，如员工人寿保险额度的计算方式是员工年薪乘以固定倍数，养老金的依据是服务年资，所以仍然是公平的。

2）报酬性原则

很多项员工福利内容被看做员工的"未来工资收入"，包括工伤津贴、失业保障等，福利和薪酬越来越密不可分。

3）系统性原则

福利相对于薪酬管理中的其他内容并不是一个孤立的概念，员工福利设计也无法独立进行。福利是薪酬管理的一环，薪酬又是人力资源管理的一环，环环相扣，设计员工福利必须综合考虑其他环节，在大的战略背景下来展开，才能避免盲目性，且为企业人力资源的战略设计作贡献。

同时，员工福利本身包含复杂的内容，类别也很丰富，从经济性的到非经济性的，从货币到实物。企业为支付员工福利花费的成本大多属于沉没成本，福利标准也只会日渐升高，所以员工福利设计是企业进行薪酬设计时需要系统考虑的问题。

4）成本最小化原则

员工福利计划涉及的成本有两部分，一是福利项目本身带来的成本（如各类津贴、设施购买等），二是进行福利计划管理会花费的成本（如福利计划管理人员薪酬、实物福利的保管费等），二者共同构成员工福利计划总成本。那么，在进行员工福利设计时需综合考虑两部分成本，尽量达到二者相加总成本最小。福利是为了进一步提高员工满意度存在的，达到此目的的福利项目花费才是有价值的成本，否则只会造成成本浪费，所以企业着重迎合员工实际需要的精简的福利计划才能使福利项目本身成本最小。如果仅达到福利项目成本低，但福利管理难度加大，造成不必要的管理成本，也是得不偿失的。最好的情况是员工福利标准得到提高的同时其管理费用在下降。

2. 员工福利设计要点

1）企业战略分析

企业管理的所有内容都要响应企业战略，员工福利管理也不例外。企业在不同时期有不同的战略目标，则相应阶段的福利设计应当是有所不同的。并且，社会经济发展形势和劳动力市场的变化对现在的企业福利设计方案提出了新要求，只有顺应时代变化、跟进战略需求的福利管理才能取得成功。

"竞争战略之父"迈克尔·波特提出了企业三大基本外部战略,分别是低成本战略、差异化战略和目标集聚战略(图8-1)。外部战略定位的不同造成了人力资源管理侧重的不同,进而影响员工福利计划的设计和管理。

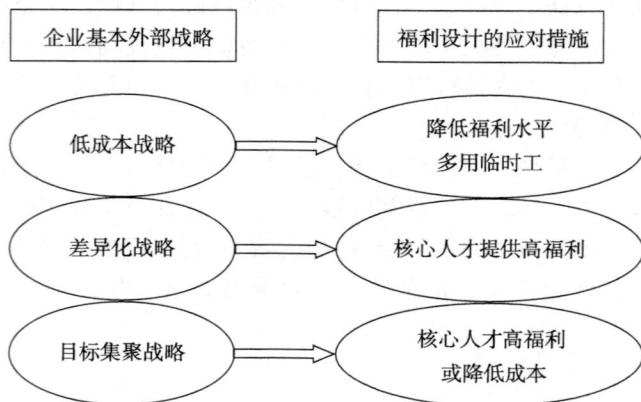

图 8-1　基本外部战略的福利设计思想

2)员工需求调查

福利是为了进一步提高员工满意度而存在的,故只有真正满足员工内在需求、符合员工期望的福利设计才是有价值的、高效的。除一些固定的福利项目不可变更外(如法定福利),其他福利项目特别是一些激励性的福利项目,与员工需求的联系愈发紧密。要设计出优异的福利计划,进行员工需求调查必不可少。

3)福利项目设立的效率性与导向性

具体福利项目的设立中,法定福利是刚性的、强制性的,一般不能随意变更内容,且企业必须设立。其他福利项目的设立则相对灵活,应在做到效率性的同时又具有导向性。要做到高度的效率性,要求福利项目设立具有针对性,企业应将不同员工及不同的员工福利需求进行分类,针对性地制订福利计划,这样才能最大限度地产生保障或激励作用;同时,福利计划中的缺陷或重复会降低其效率,应将它们找出并予以更正。员工福利与员工利益紧密相关,虽然福利设计是为了给员工提供生活保障,提高员工满意度,但是企业的最终目的仍是激励员工努力工作,所以企业具体想导向怎样的员工行为,应该通过具体的福利项目体现,因此,福利项目设计应具有明确的导向性。

4)定期诊断更新

福利计划不能一成不变,随着外部环境的变化和企业的发展,福利计划应发生合理的适应性改变。例如,企业发展初期支付的员工薪酬水平不高,额外获得的每月几十元的津贴也能对员工起到激励作用,但在企业发展到一定阶段、员工薪酬水平大幅度提高后,这种津贴就是九牛一毛,员工也不会为之所动,这时更高的津贴或其他形式的福利才能满足当下的员工新的需求。灵活的福利计划能使组织更加具有生机与活力。当企业对员工福利计划进行了更新时应及时将变更信息告知员工,并保持定期诊断评估。

四、员工福利的实施

1. 确定福利项目

福利项目的确定是员工福利实施的基础环节，不同企业为其员工提供的福利项目会有所不同。企业应该为员工提供哪些福利项目，取决于员工有哪些内在需求，所以在实施福利计划前可进行员工需求调查。由于个体的差异，不同员工会产生不同的需求，这种需求差异通过马斯洛需求层次理论可以理解。需求差异的存在使得企业为满足员工的不同需求必须设立多样化的福利项目。而具体操作中，要满足员工的所有需求并不实际，福利项目设立过多既会减弱规模效应又会盲目增加企业成本，所以在确立具体福利项目前，会从员工需求调查中进行筛选，汇聚成切实可行的福利项目。此外，福利项目还应该恰到好处地迎合员工的关键需求，更好地发挥激励作用。

2. 确定福利限额

企业为员工提供的福利是有限的，福利限额即员工所能获得福利的上限。不同员工由于对企业的贡献程度不同，所获得的报酬会存在差异，福利也是如此，企业通常依据员工的薪资、年资、家眷因素等设定福利限额。一种福利限额的表示形式是看福利占基本工资的比例，如按照 6：2：2 的比例发放基本工资、奖金和福利时，可说福利限额即为基本工资的 1/3。用基本工资为基准表示福利限额，既直观又具有说服力，原因在于基本工资将员工的职位和个人因素均考虑在内，直观体现出员工对企业的价值贡献，所以基于基本工资确定福利限额十分公平。

3. 确定提供福利的形式

福利的形式有很多种。福利项目像菜单一样陈列出来，员工在确定福利限额和福利物品定价后，完全自由地在福利菜单上选择搭配自己满意的福利组合，这样的形式为"自助餐式福利"。企业提供的是多种福利套餐，每种套餐内容固定，员工可选择某一种套餐，而不能自行单项组合，这种形式为"标准组件式福利"。员工每年可拨出一定的税前收入用做福利"专用账户"，来选购福利项目，不过要求必须当年使用，且不能兑换现金，不能挪作他用，这样的福利形式称为"弹性支用账户式福利"。还有一种，核心福利部分是固定的，另外还有部分福利是可以在限额范围内自由选择的，这种称为"核心外加式福利"。

"自助餐式福利"的优点在于其具有较高的灵活性，自由搭配更好地迎合了员工个性化的需求，但也由于员工福利项目选择的自由，这种形式的福利计划存在操作困难和管理困难的缺点，常带来烦琐的行政工作。"标准组件式福利"较之"自助餐式福利"更容易管理，同时套餐内容固定，企业可以大规模购买有限的几种福利项目，规模效应有效地降低了企业成本消耗，但套餐的形式使福利计划灵活性降低，员工只能选择 A 餐或 B 餐，无法自由选择具体内容。"弹性支用账户式福利制度"的优点是不用缴税，在需要的时候再用账户自由购买福利项目，缺点是"专款专用"，不能次年使用，也不能兑换现金或在福利范围外使用。"核心外加式福利"的灵活性最差，但企业通过固定核心福利掌握了控制权，员工只能在此之外少量选择。

福利提供形式的灵活性越强，越能更好迎合员工多样化、个性化的需求，福利发挥出来的作用越大。但过分追求灵活性会造成企业薪酬管理难度加大，企业成本增加。具体使用哪种福利形式，取决于企业的实际经济状况和管理能力，采用越灵活的福利形式，就会对企业管理能力提出越高的要求。

4. 建立沟通渠道

福利计划的实施过程中，有效的沟通必不可少。如果精心设计的福利计划不能为员工所理解，员工就无法体会企业对员工的心意和在福利管理上的付出，难以显示福利计划的优越性，这样福利计划就更难以有效实施。沟通渠道的建立就是为了让员工清晰地了解到企业为其提供了怎样的福利内容，以及这种福利待遇具有怎样的市场价值。

沟通包括事前、事中和事后三个阶段。事前沟通可以通过员工需求调查体现，企业在制订福利计划前对员工的需求和期望进行了解，通过沟通获得的信息能更好地指导具体福利计划的建立，使其更具针对性。事中沟通发生在福利计划执行过程中，企业可以通过编写福利手册对员工进行各项福利计划的传达，同时在福利计划执行时，需沟通具体福利项目该如何购买，这类的沟通对福利计划的有效执行至关重要。事后沟通发生在福利计划实行之后，福利计划制订者、执行者以及员工就福利计划实施中出现的问题进行沟通，及时改正并制订修订方案。

沟通的形式可采用问卷调查、访谈、小组会议等，以方便高效等特点为选择的主要考虑。

5. 建立监督协调机制

监督协调机制的功能是督促福利计划的实行，对福利计划中存在的问题能及时诊断和反馈，制订福利修订方案，同时还可以处理福利计划实施过程中的信息发布、意外纠纷等问题。

第四节　企业年金计划

一、企业年金的含义

企业年金，也称职业养老金计划，是在国家养老金强制实施的条件下，由国家宏观指导，企业结合自身经济情况，自愿为员工提供的补充性的养老保障。企业年金可看做第二养老金计划，作为辅助性的养老金计划，与基本养老保险、个人储蓄性养老保险共同组成了我国多层次的养老保险制度体系，并在人力资源管理中发挥着重要作用。随着养老制度的发展，补充性养老计划形式也层出不穷，企业年金的意义越来越重大，故被企业广泛应用，成为战略福利体系的一部分。

企业年金属于福利，但又与一般福利相区别，主要的不同点体现在三个方面。

（1）普通福利发生在当期内，而企业年金发生在未来，属于未来消费，是在退休之后才可以享受的福利待遇；

（2）普通福利内容多与需求直接相关，不以个体身份、级别为区别，属于普惠式的，主要讲求公平；而企业年金与企业经济效益、个人贡献等直接相关，工资、年资等的不同会导致企业年金的不同，企业年金主要讲求的是效率；

（3）普通福利多通过建立基金再分配使用，而企业年金是直接发生的，属于一次分配的内容。

由此可见，企业年金属于福利计划又高于普通福利计划，它使员工福利进一步提高，帮助解决了福利实施中的部分难题，使企业凝聚力增强。

二、　企业年金计划的类型

第一，根据依靠法律的程度进行分类，企业年金有自愿性企业年金和强制性企业年金两种类型。

（1）自愿性企业年金。美国、日本等国家，国家负责制定基本政策、法律、法规等起引导和辅助作用的立法，并制定基本规则，企业自主选择参加与否；选择参加补充保险的企业，必须合法合规经营运作；具体方案的选择、待遇水平的确定、基金模式的确立由企业自行负责；企业员工可参与缴费，也可不参与。

（2）强制性企业年金。澳大利亚、法国等国家，国家通过制定法律强制实施保险制度，法律覆盖范围内所有企业都必须为其员工办理相应的保险；具体方案的选择、待遇水平的确定、基金模式的确立都是由国家进行规定，企业无法选择。

第二，根据资金来源和运作模式的不同来分类，企业年金有缴费确定制和收益确定制两种。

（1）缴费确定制企业年金，简称 DC 计划。主要形式为建立个人账户，企业和员工按比分担缴交保险费，员工个人缴纳较少或不缴，也可看做企业以固定形式向员工退休基金或储蓄基金捐款。它不决定员工最终获得的养老金数量，只是确定缴纳额。员工退休时所得的实际养老金由基金的缴纳额及其投资收益决定。这种类型的企业年金具有以下四个基本特征：①简单容易操作，流程十分透明化；②缴纳水平可依据企业经济形势动态调整；③企业与员工缴交的保险费均无征税，投资回报还可以享受减免税；④员工独自承担相应的投资风险，原则上，企业除定期缴交保险费外不担负其他保险金给付义务。

DC 计划的优点有：①操作简便，责任清晰，雇主只需按预估养老金数额确定其缴费率，并不承担以后准确数额的养老金义务及相关责任，精算的责任可由人寿保险公司担负，与雇主无关；②养老金全部纳入员工个人账户，对员工产生极强的吸引力，即使在退休前终止养老金计划，员工也可以自行决定如何处置其账户余额；③DC 计划下，若养老金计划终止可不参加再保险，且当员工遭遇重大经济困难需终止养老金计划时，是不用担负任何责任的。

DC 计划也存在以下不足：①员工个人账户中的养老金数额决定了其退休时能领取到的实际养老金，因此不同年龄阶段的员工参与进养老金计划，在退休后所获养老金水平会有明显差异；②投资环境的变化和通货膨胀的出现对个人账户里的养老金影响重大，若通货膨胀持续，投资收益低迷，养老金反而可能贬值；③DC 计划建议员工退休时一次性领取完全部养老金并终止养老保险关系，但一次性领取高额的养老金通常伴随着要支付高的所得税率；另外，DC 计划的养老金完全不同于社会保障计划的养老金，不同养老金替代比率容易出现过高或过低现象。

（2）收益确定制企业年金，或称 DB 计划。这种计划下，员工退休所得的养老金数额是确定的。它包含确定养老金数额的一系列准则，会清楚说明如何计算出最终领取的养老金数额，以及如何确定员工应缴纳养老费占其年薪的比例。DB 计划下，员工退休能领取的养老金取决于员工薪酬的高低和员工工龄。体现在计算公式上为：员工退休养老金＝员工个人退休前若干年的平均工资×系数×工龄。其中，员工个人退休前若干年的平均工资作为计算基数，可以用退休前那年的工资或 2～5 年内的平均工资表示，系数由员工工龄决定。

DB 计划具有以下基本特征：①收入替代率可以固定，那么员工所得企业年金就比较稳定，不会有大幅度波动；②基金的积累数额和水平受实际工资水平影响；③由于员工所得养老金比较稳定，故社会经济波动的风险由企业承担；④员工工龄达 10 年及以上才有资格享受养老金待遇，且享受到的养老金额通常设定了上限和下限；⑤员工未退休前不能预支本计划下的养老金，若发生工作流动也不能转移，意外死亡的情况下，员工本人的养老金不能转给家属，只能以一次性支付一定数额的抚恤金作为补偿。表 8-4 给出了两种不同类型企业年金的比较。

表 8-4　企业年金类型比较

类型	收益确定制企业年金（DB 计划）	缴费确定制企业年金（DC 计划）
筹资方式	员工退休能领取的养老金取决于员工薪酬的高低和员工工龄，再通过预测整体的养老金支付额决定应筹集多少养老资金	企业和员工按比分担缴交保险费，且全部进入员工个人账户，养老金的发放金额按退休时员工个人账户的资金积累确定
支付方式	养老金从员工退休开始发放一直到员工及其配偶死亡才停止	建议员工退休时一次性支取全部保险金，也可以分次进行，直到个人账户全部取完为止
投资风险承担者	企业	员工

三、 企业年金计划的设计与管理

1. 资金筹集

我国普遍推行的是缴费确定制企业年金计划，即缴纳保险费的时候企业和员工按比分摊。这种计划的执行都靠企业和员工共同协商完成，二者的保险费分摊比例也是通过集体协商来确定。

《企业年金试行办法》的第 8 条中明确规定："企业缴费每年不超过本企业上年度职工工资总额的十二分之一。企业和职工个人缴费合计一般不超过本企业上年度职工工资总额的六分之一。"换算即有企业缴纳的企业年金费最多为企业上半年度员工总工资额的 8.33%，与员工个人缴纳部分相加后最多为企业上年度员工总工资额的 16.6%。实际在我国的企业中，企业年金一般通过外部托管进行，企业和员工缴纳各自负责的保险金部分后，首先被划入企业年金基金的托管人账户上，由受托人负责企业年金基金的管理，而不是直接归入员工个人账户。财务部门和人力资源部门配合完成保险金从企业和员工处的收取工作。

现今我国企业主要采取的缴费计算方法有下面五种。

1）企业效益与员工工龄确定缴费法

企业年金计划与个人储蓄性保险配合实行，企业缴纳年金费与员工缴纳个人储蓄性保险费成比例。其中个人储蓄性保险是指员工个人自愿参加并自行决定投保金额的保险项目。员工个人储蓄性保险费缴纳额度可超过企业缴费最大值。

企业每月都为员工进行企业年金缴费，缴费额度由企业缴费基数和员工工龄决定，关系式如下：

$$Y=a+bX$$

其中，Y 代表企业每月年金缴费额；a 代表根据企业经营效益确定的缴费基数；b 代表工龄系数；X 代表员工工龄。

下面举例来对此公式进行理解。例如，企业缴费基数为 10 元，某员工工龄为 20 年，工龄系数为 1 元，那么企业每月年金缴费额＝10 元＋1 元×20＝30 元。企业缴纳年金费与员工缴纳个人储蓄性保险费比例为 1∶1，则若要享受全额企业年金，则个人储蓄性保险费应缴 30 元，而个人实际可缴纳金额是无上限的，但企业按标准支付 30 元即可。

2）企业为员工单方缴费法

企业为员工单方缴纳的企业年金可分为均等的工龄性补充年金和岗位补充性年金两项来缴交。前一项的主要根据是员工工龄的长短，依工龄段划分为若干段来定工龄性补充年金数额；后一项的主要根据是员工所处岗位，依员工的连续工作年限、工作表现、所作贡献来确定岗位补充性年金数额。

3）工资基值法

综合考虑职务、工龄、岗位、老龄补偿等多方面因素，整合出综合系数并制定企业年金的分配标准。企业年金每月储存金额为企业缴存费与个人缴存费相加，其中：

企业缴存费＝企业缴存基数×个人综合系数＋老龄补偿费

个人缴费＝企业缴存费×1/2(或 1/3)

其中，个人综合系数等于职务系数、工龄系数、奖励系数、岗位系数四项相加，企业缴存基数由企业缴费水平决定，职务系数由员工具体职务决定，工龄系数由连续工龄或企业工龄决定，奖励系数针对做过特殊贡献的员工而设定，老龄补偿费从建立企业年金开始到距退休年龄若干年定一个标准(如距离退休年龄少于 5 年、5～10 年、10～15 年分别有不同的标准)。

4）工资比例法

每月纳入员工个人账户的企业年金数额，是将员工一定时期的工资所得乘以固定比例计算得出，或再乘以系数加以调节。员工每月的企业年金要通过参加保险的缴费年限和指数化员工月平均工资来算。

员工缴费年限每增加一年，指数化月平均工资就增长 0.7%，再计算出企业年金金额纳入员工个人账户；企业内员工工龄每增加一年，指数化月平均工资在增长 0.7% 后再增长 0.5%，后经计算出企业年金金额纳入员工个人账户。

年度企业年金总缴费金额＝(企业月缴费金额＋员工个人月缴费金额)×12。其中，12 表示一年有 12 个月，企业月缴费金额＝上年度员工企业年金缴费基值×企业每年的缴费比例×系数一×系数二÷12，上年度员工企业年金缴费基值等于员工个人工资中的基本工资与岗位津贴相加。

5）绝对额分配法

(1)依据企业的工龄划分档次，按一定标准，确定不同档次应缴付的企业年金额，员工也依据对应档次享受企业年金待遇。

(2)依据所作贡献划分档次。企业按薪酬总额的一定比例(通常为 4%)为员工缴纳企业年金,存进员工个人账户。

(3)补充加奖励法。企业在为其员工提供企业年金的基础上,还可为做出特殊贡献的员工额外颁发一次性奖励并存入员工企业年金个人账户。一次性颁发奖励的标准是依据企业上年度某段时间的月平均工资。

在企业年金的缴费水平和缴费方法的确定上一定要结合企业自身情况,不能照搬照抄,要遵循满意而不是最优原则。具体采用哪种缴费方法,要在听取企业相关部门合理意见的前提下,寻找与企业分配特点相适应的方式,还应注意具体的补充或奖励水平上不能高低相差悬殊。

2. 风险管理

进行企业年金风险管理的过程复杂而漫长,其间应着重关注风险管理相关的制度安排和运作效率。

1)信用风险管理

国家应设立严格的制度为投资管理人、账户管理人和受托人的准入与退出严格把关。企业年金的监管机制应对申请机构的资本规模、资信水平、经营业绩、治理结构和人员素质等进行全面核查,严格而详细的监管规则能首先排除掉不够资格的申请机构,降低或避免信用风险的发生。运行过程中违规操作的机构,应予以严厉惩罚甚至取消经营资格。为了防止被取缔的某些违规机构死灰复燃,监管机构应及时建立企业年金从业机构和主要人员的信用档案信息系统,并利用网络渠道与证监会、银监会和保监会及时共享相关信息。企业年金从业机构和人员均具有明确的独立性,这样避免了从业机构之间利益交错的发生,切实保障企业年金受益人的利益。

建立严密的相互制衡机制。投资管理人、账户管理人和受托人间相互依存,互相制约。若托管人发现正常交易程序下投资管理人的已生效的投资指令违法或违规,可及时通知投资管理人,同时报告给受托人和其他相关监管部门。

当企业年金金额较大,应分给较多的投资管理人予以管理,以分摊信用风险。这采用的是损失抑制的方法,即当某个投资管理人出现信用危机时,由于风险分摊,产生的损失也会受到抑制,不会对整个企业年金计划造成大的影响。

2)投资风险管理

对已知风险很大的投资行为明令禁止,直接规避风险。例如,禁止企业年金基金用做贷款和担保等信用交易,禁止投资管理人进行使企业年金基金承担巨大责任的投资等。

确定企业年金中各投资工具的比例并加以规定,限制高风险投资工具的比例(如股票),抑制风险损失。某个投资管理人将所管理的企业年金财产用于投资某企业发行的证券或单只证券投资基金,也属于损失抑制行为。

实施企业年金有计划的风险自留,风险自留也是财务风险管理的一种手段。有计划的风险自留指的是风险管理者预知风险的存在,并估算出会造成的期望损失,但还是决定用自有的或借入的资金弥补损失的行为。企业年金有计划的风险自留形式有:投资管理人每年将收取到的一定数量的管理费用作为建立投资风险准备金,专门用来填补企业年金基金投资亏损；受托人通常将一部分企业年金基金的净收益用做建立风险准备金，专门用来填补投资风险准备金不足造成的重大亏损。

3）综合性风险管理

投资管理人、受托人、账户管理人和托管人均应承担完善分别对应的内部控制制度的责任。内部控制制度是一种基本的风险管理制度，良好的内部控制可以有效化解机构可能遭遇的外部风险，隔断风险传递，进而降低企业年金整体运作风险。

完善信息披露机制。及时进行信息沟通，有利于快速发现并解决从业机构本身存在的问题，可以及早扼杀各种风险因素。每季度和年度工作结束后的有限时间内，按规定受托人要对委托人交付企业年金基金管理报告，账户管理人对受托人也应交付相应企业年金基金账户管理报告，托管人要对受托人交付企业年金基金托管和财务会计报告，投资管理人向受托人交付经托管人核实后的企业年金基金管理报告。同时需建立相关定期审计的制度，对相应报告进行审计，如委托人要通过专业会计师对企业年金财务报告审计后才能确定报告的合理性并作为当事人绩效考核的根据。

建立定期风险评估制度。企业年金可能面临的风险在种类、频率、程度上都处于动态变化中，因而风险管理措施应适时进行调整以动态适应社会、经济、政治环境的变化，则企业年金的受托人要定期进行风险评估，判断现行风险管理措施的适用情况，是否需要改变，进而整理风险评估报告并提交给委托人。

3. 支付管理

企业年金的支付是最后的环节，支付方式的选择会对员工福利满意度产生直接影响。通常企业支付企业年金遵照大数原则，即参考企业员工的经验生命表，用退休前企业年金个人账户积累除以员工退休后的平均余命，得出员工退休后每年或每月所能领取的企业年金额度。

例如，某企业的男性员工的平均寿命为 81 岁，平均退休年龄为 60 岁，则所有男性员工退休后平均余命为 21 年，计算得其每月领取的企业年金＝企业年金年度个人账户积累/21/12。除此之外，还有变额计发、累增和累退计发等多种平均支付方式。

第五节　员工福利的发展趋势

一、　弹性福利

在实际生活中传统的福利难以满足员工多样化的需求，激励效果也不是很理想。因此一些企业开始针对员工的需求来设计福利，这种弹性福利计划逐渐兴起并成为员工福利发展的新趋势。弹性福利也称为"自助式福利"或是"弹性福利计划"，即员工可以从企业提供的一系列福利项目的福利菜单中，按照自己的需求选择福利。弹性福利体现的是一种灵活性，非常强调员工的参与过程。但是实际上实行弹性福利的企业并不会使员工毫无限制地选择自己的福利，他们的选择不是完全自由的。企业会根据员工的薪资水平、家庭背景等设定员工所拥有的福利限额，同时福利菜单上的每一项福利也有金额备注，员工能在自己的限额内自由选择福利组合，除此之外有些还是必选选项，如社会保险等法定福利。

　　企业都是根据自己的薪酬战略来制订弹性福利方案，薪酬战略不同，弹性福利在结构和发放方式上会有很大差异。但是一般是由几种核心福利项目和多种辅助福利项目组成。核心福利项目是基本固定的也是员工必选的项目，辅助福利就是指弹性的部分，员工根据自己的福利限额自由选择。

　　按美国的说法，弹性福利有四种类型——核心外加计划、标准组建计划、工资/薪水下调计划、酬金转换计划。第一种：核心外加计划，它有一个统一的核心项目单，其他的是可以由员工自己选择的。第二种：标准组建计划，标准组建的好处是降低了管理难度，否则选择太多。弹性化福利最核心的部分在于选择权。第三种：工资/薪水下调计划，少要工资多要福利，对个人和企业的好处都是可以避税，对企业来说福利可以归入成本里面。第四种：酬金转换计划，典型的是销售人员，到年底一起发奖金的话，那么大的数额，要交很多税；如果放弃一部分工资而选择福利，这样就可以少交税，福利如一辆车等。它的哲学是，在员工可选择情况下，福利形式支出的效用是最大的。例如，发放3000元钱让员工去旅游，如果没有选择权，即使不去也不能得到钱的时候，没有去的人是有意见的。弹性福利计划的意思不是灵活，而是可以选择，突出的是选择权。

　　实施弹性福利的优势主要有：①员工按照自己的需求选择属于自己的福利套餐，能够很好地体现个性化需求；②强调员工参与、自主选择，促进企业与员工的沟通交流，增强员工与企业间的信任，提高员工工作满意度和工作积极性；③具有成本优势，提高福利成本的投资回报率。同样弹性福利也有缺陷，其主要劣势在于：①福利项目设计有技术难度；②需要更多的行政管理工作的支持。

二、　福利与绩效结合的趋势

　　福利作为一种长期投资，其实是比较难以客观衡量投资回报的。有文章指出，若员工所获福利均等那就没什么意思了，因为福利均等就相当于吃"大锅饭"，不仅不能起到提高员工积极性的激励作用，反而可能养成员工不思进取的消极工作态度。将福利与绩效结合起来能够对福利进行客观的评估，员工通过自己努力可获得高福利，达到激励效果。但是福利与绩效联系起来时，要将其与奖金分开，避免福利奖金化。已有公司在实践福利与绩效结合这一新趋势了。在上海贝尔股份有限公司，员工福利与其工作绩效相结合，以员工的绩效贡献的大小来确定福利的多少，尽量拉大福利之间的差距，旨在激励员工力争上游。

三、　专业化趋势

　　福利专业化是指由专门的人来做福利管理。员工福利的主要目的是提高员工的积极性，起到激励作用。现如今的员工福利不仅仅是福利的购买、发放等事务性工作，更主要的是福利的设计与管理，设计什么样的福利项目，怎样的发放方式能够满足员工需求，达到有效的激励目的。此外，企业是有福利成本的，怎样获得较高的投资回报率、减少福利成本是企业必须考虑的。福利管理正从事务性向战略性发展，因而对专业化的要求越来越高。

四、 福利外包趋势

福利的专业化趋势催生了福利外包的趋势。福利的设计与管理工作专业性较强，需要配备专业的薪酬管理人员。福利外包是将企业的福利管理业务全权交由专业的第三方企业打理，由它们负责企业福利制度的设计、福利产品的购买与发放等。

承担福利外包的企业一般是专门从事人力资源管理、薪酬管理的第三方企业，在福利设计与管理上有娴熟的经验，能够满足外包企业的需求。福利外包能够使企业将人力、物力投入到核心业务上，获得专项上的突破。一般小型公司、虚拟公司会选择福利外包。但是福利外包同样也存在问题，承担福利外包的第三方企业对福利外包企业的了解程度肯定比不上企业内部人力资源部门。所以选择福利外包，需要第三方公司进行深入的调查与沟通。

小案例

宝洁："在家上班"的新福利时代

2007年9月，宝洁中国推出了一项新规定：员工在每周五个工作日中可任选一天在家上班。"尊重休息权"成为宝洁中国管理上的新标向。

宝洁财务部的 Annie Peng 告诉记者："在家办公的那一天我可以远离上班路上的堵车，不用在太阳底下疾走，不用穿职业装，心里真的很轻松！"一度流行的 SOHO 族的生活一下子向宝洁中国的员工近了一大步。

宝洁公司对外事务部新闻媒介关系高级经理吴海蔓向记者透露，"在家工作"新政策其实只是宝洁促使员工"生活与工作"平衡系统中的一部分而已。宝洁有一套系统的弹性工作模型，结合员工的个人选择、个人能力、个人精力管理与雇主的要求，来帮助员工合理机动地安排工作。例如，在宝洁只要保证早上十点和下午四点之间的核心工作时间，其他时间员工可以弹性安排。

"个人离开"假期也是宝洁的一大福利。凡在公司工作超过一年的职员，可以因个人的任何理由，每三年要求一个月，或者每七年要求三个月"个人离开"。

➤本章小结

员工福利是一种非现金的、间接支付的、普惠的、非劳动所得的补偿性的报酬，是总报酬中十分重要的构成部分。

员工福利有如下功能：有助于人力资源管理的实现和企业战略目标的达成；鼓励员工之间的合作；传递企业的文化和价值观；是影响企业劳动力雇佣决策的重要因素。

员工福利由法定福利和企业福利两种类型构成，法定福利是依据国家政策、法律、法规确定的福利，企业福利是企业依据自身情况确定的福利。

法定福利是国家通过法律、法规、政策等规定的强制性的福利，企业务必向员工提供，主要包括各类社会保险和住房公积金等，通常有养老保险、失业保险、医疗保险、工伤保险、生育保险这五类社会保险，与住房公积金合称"五险一金"，此外，法定假期也属于法定福利。

企业年金，也称职业养老金计划，是在国家养老金强制实施的条件下，日国家宏观指导，企业结合自身经济情况，自愿为员工提供的补充性的养老保障。企业年金可看做第二养老金计划，作为辅助性的养老金计划，与基本养老保险、个人储蓄性养老保险共同组成了我国多层次的养老保险制度体系，并在人力资源管理中发挥着重要作用。

➤ 本章关键词

福利；法定福利；企业福利；经济型福利；非经济型福利；员工福利计划；弹性福利计划；员工健康计划；企业年金；福利外包

➤ 本章思考题

1. 简述员工福利的内涵及特点。
2. 法定福利主要包括哪些内容？
3. 简述弹性福利计划的优缺点。
4. 员工福利计划设计应遵循哪些原则？
6. 简述企业年金计划的类型。
7. 员工福利发展有哪些新趋势？

知识补充

常用的二十二种福利菜单

1. 交通补贴：交通费补贴实行以现金按月发放和票据报销两种方式进行补贴。现金按月发放和票据报销都有不同金额的细分项目，员工可以根据个人情况选择适当的细分项目。

2. 午餐补贴：按照实际出勤工作日计发午餐补贴，考勤情况通过指纹考勤系统得出。

3. 通信费补贴：以实报实销和最高限额为原则设计，参考国家通信费用补贴管理规定，设计不同等级，员工可以选择适合等级。

4. 节假日补贴：在劳动节、国庆节和春节等假日进行补贴，补贴额度有不同等级，员工可以根据个人情况选择适合自己的项目。

5. 劳动防护用品发放：为了满足员工工作防护需求，又便于单位核算和管理，可设不同额度的超市购物卡，进行劳保用品补贴，单位不再集中发放劳保用品。特殊劳动保护用品和严重影响安全的劳动防护用品由单位集中采购。

6. 防暑降温费：防暑降温费发放，国家规定部分按照规定发放。根据实际降温需要，提供不同等级防暑降温品，满足职工不同降温需要。

7. 取暖费：国家规定部分按照规定发放，根据实际取暖需要，提供不同等级取暖补贴标准，满足职工不同取暖需要。

8. 水电补贴：物价生活成本越来越高，为提高职工生活水准，提供不同等级水电物价补贴。

9. 住房补贴：依据职称、职务等因素，为职工提供不同等级的住房补贴，解决或缓解职工购房压力。

10. 人身意外伤害保险：为职工提供意外伤害死亡及残疾保险、意外伤害医疗保险、意外伤害住院补贴、航空意外险、疾病医疗保险等，供职工选择，防范风险。

11. 医疗门诊补贴：为了减轻职工负担，保障职工身体健康，提供医疗保险个人补助（可按年龄设不同等级）、床位费补贴、医疗困难补助。

12. 补充养老保险：为提高职工养老水平，提供不同档次补充养老保险，职工根据自身需要选择。

13. 儿童看护计划：为了缓解年轻父母照顾幼儿的困难，建立"儿童看护计划"，对年轻职工提供子女托儿所、幼儿园费用、儿童读物、营养品发放等服务。

14. 老人护理计划：参考儿童看护计划。

15. 健康服务计划：为了保障单位员工身体健康，保障工作进行，为职工提供健康体检、健身年卡等健康服务，可分不同档次，提供不同健身套餐供职工选择。

16. 咨询服务：为使职工更好应对工作和生活压力，建立职工心理援助计划，提供理财咨询、婚姻咨询、心理咨询。

17. 子女奖学金：秉承单位一贯支持教育事业，注重企业的社会责任，提供不同等次奖学金，助取得优异成绩的员工子女一臂之力，把下一代培养成栋梁之才。

18. 购车无息贷款：满足员工购车的需要，提供购车无息贷款，缓解员工购车压力，可根据员工的职位、贡献、工作年限、生活等因素，设计不同贷款等次，可规定最低累计点值。

19. 购房无息贷款：为缓解青年职工购房压力，为员工提供购房无息贷款。可规定服务年限、最低累计点值。

20. 员工奖学金：人才是企业生存发展的根本，对利用非工作时间学习、完成学业的职工，提供奖学金，可按获得学位等级的不同，给予金额不等的奖励。

21. 购书卡：可分不同金额的购书卡。

22. 旅游项目：相对纯粹的现金奖励，旅游更能鼓励员工，更富有凝聚力。可提供不同档次的旅游品种，对档差进行调节，供员工根据自己喜好选择旅游项目。

案例讨论

上海贝尔公司的薪酬福利政策

面对中国科技行业人才短缺、员工流失率居高不下的现象，上海贝尔公司的员工流失率却能长期保持在 5% 左右的这么一个良性的水平上，从而为其在激烈的市场竞争中构筑了一个坚实的人才高地。

上海贝尔公司的工资水平在上海并非拔尖，它是如何吸引人才、留住人才的呢？上海贝尔公司总裁谢贝尔一语道破：一切源于公司激励性的福利政策！

高薪只是短期内人才资源市场供求关系使然，而福利则反映了企业对员工的长期承诺。

在涉及公司整个薪酬架构时，上海贝尔公司以优厚的福利加富有竞争力（而非顶尖水平）的工资为基础，并致力于做好以下几项工作。

1. 将员工培训作为福利薪酬的一种形式

对于企业来说，通过培训能够提高员工的工作绩效、传递公司的经营理念，从而提高企业的凝聚力；而作为员工，通过培训可以不断更新知识技能，使自己的市场价值不断增值，这也是众多企业在培训员工方面投入巨资，而员工对自己进入企业后能接受的培训十分看重的相通之处。

在上海贝尔公司的整个福利架构中，培训是重中之重。上海贝尔公司形成了一整套完善的员工体系。新员工进入上海贝尔公司后，必须经历一个为期一个月的入职培训，紧接着是为期数月的上岗培训；转为正式员工后，根据不同的工作需要，对员工还会进行在职培训，包括专业技能和管理专项培训。

上海贝尔公司还鼓励员工接受继续教育，如 MBA 教育和博士、硕士学历教育，并为员工负担学习费用。另外，上海贝尔公司的各类技术开发人员、营销人员都有机会前往上海贝尔公司设在欧洲的培训基地和开发中心工作，少数有管理潜质的员工还会被公司派往海外的名牌大学深造。各种各样的培训项目提高了公司对各类专业人士的吸引力，也极大地提高了在职员工的工作满意度和对公司的忠诚度。

2. 将绩效评估与福利薪酬挂钩

福利作为一种长期投资，管理上就难在如何客观衡量其效果。在根据企业的经营策略制定福利政策的同时，必须使福利政策能促使员工去争取更好的业绩。否则，福利就会演变成平均主义的"大锅饭"，不但起不到激励员工的作用，反而会助长不思进取、坐享其成的消极工作习惯。

在上海贝尔公司，员工所享有的福利和工作业绩密切相连。不同部门有不同的业绩评估体系，员工的绩效评估结果决定他所得奖金的多少。为了鼓励团队合作，员工个人的奖金还和其所在的团队业绩挂钩。

在其他福利待遇方面，上海贝尔公司也是在兼顾公平的前提下，以员工所做出的业绩贡献为主，尽力拉大档次差距。目的就在于激励广大员工力争上游，从体制上杜绝福利评价主义的弊端。

3. 将与员工沟通作为设计福利薪酬的前提

卓有成效的企业福利需要和员工达成良性的沟通，要真正俘获员工的心，公司首先要了解员工内心的需求。

上海贝尔公司的福利始终设法去贴切反映员工变动的需求。上海贝尔公司员工队伍的年龄结构平均仅为 28 岁。大部分员工正值成家立业之年，购置房业是他们的首选事项。

在上海房价奇高的情况下，上海贝尔公司及时推出了无息购房贷款的福利项目，给员工们在购房时助一臂之力。而且在员工工作满规定期限后，此项贷款可以逾半偿还。如此一来，既替年轻员工解了燃眉之急，也使为企业服务多年的资深员工得到了应有的回报，无形中加深了员工和公司之间的心灵契约。

当公司了解到部分员工通过其他手段已经解决了住房，有意于消费升级，购置私家轿车时，上海贝尔公司又为这部分员工推出购车的无息专项贷款。公司如此善解人意，员工当然投桃报李，对公司的忠诚度也由此得到大幅提升。在上海贝尔公司，和员工的沟通是公司福利工作的一个重要组成部分，详尽的文字资料和各种活动使员工对公司的各种福利耳熟能详，同时公司也鼓励员工在亲朋好友间宣传上海贝尔公司良好的福利待遇。

公司在各类场合也是尽力详尽地介绍公司的福利计划，使各界人士对上海贝尔公司优厚的福利待遇有一个充分的了解，以增强公司对外部人才的吸引力。

问题：

上海贝尔公司还可以在哪些方面做得更好？

参考文献

拜厄斯 L，鲁 L. 2004. 人力资源管理 [M]. 李业昆译. 北京：人民邮电出版社.

仇雨临. 2004. 员工福利管理[M]. 上海：复旦大学出版社.

傅宇. 2007. 弹性福利外包：企业员工福利管理的发展趋势[J]. 科技管理研究，5：204-206.

刘爱军. 2007. 员工福利发展的九大趋势[J]. HR 论坛，2：23-25.

刘大卫. 2010. 薪酬管理[M]. 北京：中国科学文化出版社.

吕英. 2009. 浅议弹性福利计划实施的问题及对策[J]. 大众商务，4：87-88.

文跃然. 2006. 薪酬手册[M]. 北京：清华大学出版社.

闫大海. 2007. 薪酬管理与设计[M]. 北京：中国纺织出版社.

第九章

主要薪酬模式与设计

中小企业销售人员薪酬设计

H 公司是一家以生产绿色食品为主的中型民营企业。H 公司对销售人员采用基本工资加业务提成的薪酬模式，其基本工资根据销售人员的学历进行了如下等级设计：①刚毕业的，学习市场营销专业的大专生，基本月薪 800 元；②有相关工作经验，非市场营销专业的大专学历销售人员，基本月薪 700 元；③有一定工作经验，中专学历的销售人员，基本月薪 500 元。其业务提成为业务量的 5%。

H 公司整体业绩较好，老板和员工的关系也很好，但令人费解的是销售人员跳槽时有发生。其中，有刚进来的新人，也有公司的销售"元老"。很多本来销售业绩很好的销售人员说走就走，许多销售计划因人员的流动而搁浅或被迫中断，公司销售业绩整体下滑。公司人力资源部门的工作人员不得不经常奔波于人才市场或学校招聘会。公司领导层对于这一问题感到困惑。根据对跳槽人员的回放，大部分销售人员对薪酬不满意。

思考题：销售人员的薪酬模式存在哪些问题呢？

资料来源：王伟琴.2004. 中小企业销售人员薪酬设计[J]. 中国人力资源开发，(5)

第一节　管理人员薪酬设计

一、管理人员概述

企业管理人员是指在组织中通过行使管理职能，指挥、协调他人完成工作的人。管理人员分配资源、做决策、指导他人工作以实现组织目标，其工作绩效的好坏对组织的兴衰成败有直接的影响。

管理人员按照不同的分类标准可以分为如下几类。

按其所从事管理工作的领域及专业的不同，可以分为综合管理人员和专业管理人员。综合管理人员是指负责管理整个组织或者组织中某一事业部全部活动的管理者。专业管理人员是指仅仅负责管理组织中某一类活动的管理者。

管理人员按照管理层次和职务高低可分为三类，即高层管理人员、中层管理人员和基层管理人员。

1. 高层管理人员

高层管理人员处于管理层级的最高层，通常不足员工总数的1%。

高层管理人员是对组织管理负全面责任的人。其主要职责是确定组织总体目标，制定实现目标的战略，掌握企业的大方针，就影响整个组织的问题进行决策。高层管理人员需要面向更长期的未来考虑问题，所担负的责任特殊，面临的挑战艰巨。高层管理人员需要对组织的整体经营状况、主要部门的日常运作以及其他一些重要职能负起责任，因此，根据组织整体的可测经营绩效来衡量高层管理人员的工作业绩，是一般企业通常会采用的做法。

2. 中层管理人员

企业中层管理人员处于管理层级的中层位置，是高层管理人员与基层管理人员之间的桥梁，是企业中重要的中枢系统。中层管理人员的主要职责是执行高层管理人员制定的重要决策，监督并帮助基层管理人员做好工作。除此之外，中层管理人员在企业内部的横向沟通和协调上也起着重要作用

3. 基层管理人员

基层管理人员又称一线管理者，在组织的管理层级结构中与高层管理人员各处于遥遥相对的两端，是组织中最低层次的管理者。基层管理人员的主要职责是传达上级的计划和指示，直接给下属作业人员分配工作任务，直接指挥和监督下属作业人员的活动，反映下属的要求，保证任务顺利完成。基层管理人员的工作更侧重于完成短期任务，对其绩效考核与评价主要基于一些短期的绩效指标，但基础基层管理人员一般有着较为广阔的晋升空间。

二、 基层管理人员的薪酬模式

基层管理人员与企业一般员工有着直接而密切的接触，是企业政策的最终执行者和落实者。基层管理人员工作绩效的好坏直接决定组织具体计划的落实和组织目标的实现。基层管理人员对专业技术的要求较高，但对管理知识和技巧的要求相对较低。

基层管理人员的特点决定其薪酬模式如下：

基层管理人员薪酬＝基本薪酬＋奖金＋福利

1. 基本薪酬

在确定管理人员的基本薪酬时，企业会综合考虑各种因素，包括企业规模、企业盈利能力、企业管理层级以及市场基本薪酬水平等。基层管理人员的基本薪酬的确定主要参照基层管理人员管理幅度的大小、绩效水平的提升状况、所管理员工的类型和员工的薪酬水

平等因素。

2. 奖金

基层管理人员的奖金是企业对基层管理人员为企业做的贡献进行的奖励。基层管理人员对组织的贡献体现为绩效水平的提升，如产品质量的提高、生产成本的降低、利润的提高等。奖金的多少根据其对企业贡献的大小，即绩效提升的幅度来确定。奖金的发放充分发挥了激励作用，也有利于改善基层管理人员与所管理的员工之间的关系，拉近他们之间的距离。

3. 福利

基层管理人员福利计划的特点如下。

(1)通常情况下，基层管理人员管理任务重，工作时间长，很少有时间去照顾家庭和子女，因此，要有意识地增加服务性福利项目。

(2)基层管理人员直接面对被管理者，容易产生矛盾，在进行福利设计时要考虑基层管理者的安全需求，如人身伤害保险等。

(3)基层管理人员工作较忙碌且工作内容单一，因此，可以为其增加一些实物性福利项目，也可增加一些机会性的福利，如带薪休假、带家属的旅游等。

(4)基层管理人员长期坚守在岗位上，接触外界相对较少，可以为其提供继续深造学习的机会，或培训、外出考察的机会等。

三、　中层管理人员的薪酬模式

中层管理人员是高层管理人员和基层管理人员之间的桥梁，既要具备高层管理人员应具备的一些管理知识和管理能力，又要具备基层管理人员所要具备的一些专业技术知识。因此，对中层管理人员的薪酬激励既要有长期激励，又要有短期激励，应将两者紧密结合。

根据中层管理人员的特点可确定其薪酬模式如下：

$$中层管理人员薪酬＝基本薪酬＋奖金＋长期激励＋福利$$

中层管理人员的长期激励可以采用非持股多元化年薪模式。中层管理人员的福利待遇一般高于普通员工，福利项目通常包括公司提供的休假及各种福利保险待遇。

四、　高层管理人员的薪酬模式

高层管理人员是企业中的特殊且非常重要的群体，其拥有企业经营的决策权和控制权，企业的经营绩效很大程度上取决于高层管理人员的能力和积极性的发挥。所以高层管理人员的薪酬是企业极其重视的部分，也在企业薪酬总额中占很大比重。要把企业的长期利益和管理者的薪酬紧密联系起来，突出长期激励的作用。所以高层管理人员的薪酬结构中，基本薪酬的比例较小，长期激励的比例较大。

根据高层管理人员的特点，其薪酬模式如下：

$$高层管理人员薪酬＝基本薪酬＋短期激励＋长期激励＋福利$$

1. 基本薪酬

在高层管理人员的薪酬中基本薪酬所占的比重是比较小的。基本薪酬是根据企业上一年度的总的经营业绩以及外部市场薪酬调查的数据来确定的。不同行业，高层管理人员的基本薪酬水平的差别是很大的。

2. 短期激励

对于高层管理人员来说，短期激励主要是指以年终奖的形式出现的短期奖金。这种年终奖金是以企业经营绩效为依据的，可以激励高层管理人员通过有效经营改善自己的薪酬水平。

3. 长期激励

长期激励在高层管理人员薪酬中的比例越来越大，也越来越受到企业的欢迎。这是因为高层管理人员在企业中越来越重要，其绩效直接关乎企业的经营利润；通过长期激励可以在经济上使高层管理人员薪酬与企业的经营目标保持一致，达到共赢的结果。企业中使用的长期激励方式主要是股票期权、延期收入等。

4. 福利

高层管理人员在企业中一般除了享受普通员工所共有的福利外，还有一些特殊福利。因为企业要想留住这些核心人才，单靠发放薪资无法满足其需求的，优渥的福利待遇是不可或缺的。高层管理人员的福利主义有以下几种。

1）在职福利

在职福利包括公司内部福利和外部福利。公司内部福利主要是指为高层管理人员提供舒适的工作环境，如豪华办公室、高级福利餐厅、配车或是专门停车位。外部福利包括为高层管理人员出差时的飞机票、高级宾馆住宿等费用，公司提供住房、免费的旅游、度假等。

2）退休福利

高层管理人员的退休福利包括建立高层管理人员社会保障制度；实施高额退休金计划；在高层管理人员退休后授予其终身荣誉或奖励；允许高层管理人员在离退职后担任公司的名誉董事或者是高级顾问。

以上分别介绍了高层管理人员、中层管理人员和基层管理人员的薪酬模式，对于各层管理人员，其中常见的各类管理人员激励奖酬方式见表9-1。

表9-1　各类管理人员激励奖酬方式

高层管理人员	中层管理人员	基层管理人员
配发股票	购房补贴	工作小组绩效奖金
股票期权	购车补贴	公积金计划
分配红利	外出考察	带薪休假
股票优先认购权	长期服务奖	培训计划
带薪年假	公积金计划	旅游补贴
退休基金	俱乐部会员	结婚贺金
教育基金	带薪年假	年节贺金
子女教育补贴	子女教育补贴	生日贺金
配车计划	医疗保险	部门活动经费
家庭医疗	结婚贺金	
人身保险		

第二节　技术技能人员薪酬设计

一、技术人员的工作特点

专业技术人员是指在企业内部从事专业技术工作，利用专业知识和经验来解决企业经营中的各种技术和管理问题的人员。专业技术人员是一种具有特殊人力资本的劳动者，其工作有着与一般员工工作不同的特点，具体如下。

1. 工作难以监督

技术工作人员的工作往往是创造性的工作，这种创造性经常是思维、思想上的创造性，工作的过程、工作的时间有很大的不确定性，通常是难以对其进行有效监督的。

2. 工作业绩难以测量

专业技术人员的工作是以脑力劳动为主的，其工作通常难度大、时间跨度也比较大，付出很大的辛苦后，短期内还不一定能够有显著成果；或者劳动成果是由多人或多个技术团队合作取得的，因此技术人员的个人业绩往往难以测量。

3. 注重能力的持续提高

专业技术人员最为重要的就是技术知识和技术技能，其有对新知识、新技能的无限渴求。随着技术的突飞猛进和快速更新，专业技术人员必须不断学习以保持技术上的领先水平，否则就会面临淘汰。所以专业技术人员很注重自身技术能力的提高，也看中企业是否具有让其不断学习、提高其技术能力的机会和平台。

正是因为专业技术人员拥有区别于一般员工的特点，薪酬设计应考虑以下因素。

（1）营造一个"尊重科技，尊重人才"的良好的企业文化氛围。企业文化是企业员工认同的，并会在潜移默化中影响员工思想和行为。"尊重科技，尊重人才"的企业文化会使专业技术人员产生归属感，处于愉快的工作环境中，因此更有利于企业的技术创新。

（2）职业管理与薪酬管理的有机结合。员工在进入公司时都有自己的职业生涯规划，企业也可以根据自身的发展为专业技术人员建立职业生涯规划，使员工的职业发展目标与企业整体战略发展目标一致，并制订相应的薪酬管理方案促进目标的实现，使专业技术人员与企业共同成长。

（3）将专业技术人员纳入企业长期激励体系。专业技术人员掌握企业的核心技术资源，替代成本比较高，为减少人员的流失或流动，企业应将专业技术人员纳入其长期激励体系，如在公司机制较为完善的条件下实施股票期权、技术入股等长期激励方式。

二、技术人员的薪酬模式

技术人员的薪酬结构一般为：薪酬总额＝基本薪酬与加薪＋奖金＋福利＋长期激励。

1. 基本薪酬与加薪

专业技术人员的基本薪酬是其总的薪酬的主要部分。专业技术人员的基本薪酬是依靠其专业技术知识和技能的运用而获取的，他们的知识存量和运用知识的熟练度、深度与广度是确定其基本薪酬的依据。

在基本薪酬一定的情况下，专业技术人员的加薪也主要取决于其专业知识和技能的存量，以及知识技能运用的熟练程度。一般而言，随着工龄的增长，专业技术人员的知识和技能不断增长，因此其基本薪酬随着工龄的增长而不断提高。除此之外，专业技术人员还可以通过在企业中获得的学习机会不断地提升知识和技能，进而获得加薪的机会。

2. 奖金

奖金是专业技术人员总薪酬中不可或缺的一部分，但是所占的比重并不是很大。奖金一般在开发出新产品或者有重大知识或技术突破时才会发放，奖金的发放不具有时间上的规律性，可能是几个月也可能是几年才发一次。企业通过发放奖金对专业技术人员的劳动成果予以肯定，也让其分享新产品开发和新技术突破带来的收益。

3. 福利

专业技术人员最大的福利就是拥有继续深造学习和培训的机会，通过培训增加自身的专业技术知识的存量，提高技术知识运用的熟练度、深度和广度，从而获得更高的基本薪酬和加薪机会。对专业技术人员的福利设计可以从以下几个方面入手。

1）海外深造学习

由于自身的职业特点，专业技术人员需要不断进修，以保持知识的新鲜度。因此，每隔一段时间，企业就应该给专业技术人员提供学习的机会。到国外学习是一种对专业技术人员具有很大吸引力的激励手段，出国学习归来往往意味着待遇的提高。

2）自由式福利套餐

技术人员往往是企业的核心知识型员工，注重个性需求，不愿意接受企业既定的福利项目，因此，可以给专业技术人员制定一个自助式的福利套餐，在规定了费用和时间的前提下，自由选择想要的福利项目。这种方式可以有效减少技术人员与企业的矛盾，最大限度地满足员工的多样化需求。

3）加入职业生涯发展规划

专业技术人员专业素养较高，而其他方面的知识有所欠缺。企业可以通过为专业技术人员制定明确的职业生涯发展规划，使专业技术人员明确自己的职业发展方向，促使专业技术人员更好地投入工作中去。

4. 长期激励

1）设立项目完成奖

一个项目从立项、研发到最后成功，是一个漫长的过程，常常需要一两年甚至三四年或更长的时间，如果只注重短期效益，将损害专业技术人员的积极性，所以长期激励的实施显得十分必要。为长期项目设立完成奖，既可以促使专业技术人员专注地完成手头的项目，又能起到吸引和留住科技人才的作用。

2）设立技术效益提成

技术效益提成的设立能够鼓励研发人员结合市场研发产品，提高了技术的市场适应性。技术效益提成的方式有：对那些有重大技术突破的人员授予一次性确定金额的奖励，或者是依据技术转让或与技术转让有关的技术服务、咨询、开发所获得的净收入进行提成奖励。而当该项技术成果成功投产并获得利润后，可以再给予研发人员一定利润比例的奖励。若该技术成功投产后连续获得利润，还可以再给予研发人员一定比例的效益奖励。也就是说，该技术成果的市场化效果越好，技术效益提成就越高。

企业按照研发人员在科研项目中的身份、该科研项目的级别以及该项目所获利润进行提成，如表 9-2 所示。

表 9-2　项目提成率　　　　　　　　　　　　　单位:%

身份	重大项目	重点项目	一般项目
项目负责人	2.5	2	1.8
子项目负责人	1.5	1.2	1
研发人员	1	0.8	0.6

3)核心专业技术人员技术股权

技术股权是指核心技术人员以其拥有的技术作价入股所拥有的股权，与一般意义上的股权不同的是，技术股权专门授予公司的技术骨干，而一般股权可授予公司各类员工。

技术股权是一种有效的长期激励模式，其把员工的收益和公司的利益结合起来，对稳定和激励核心技术人员有重要作用。公司核心技术人员对金钱的需求会日益减弱，适当增加他们的股权或提高其他形式的非现金收入的比重，可以起到更持久的激励作用。

(4)聘请专业技术人员作为顾问

可以聘请离职的专业技术人员做顾问。由于种种原因，专业技术人员不能留在企业中继续为某个具体的项目做出努力，但他仍可以作为企业的顾问，对企业正在进行的项目提出一些建议，使企业受益。

第三节　销售人员薪酬设计

一、　销售人员及其薪酬的含义

1. 销售人员的界定

从广义上讲，销售人员有很多种，根据销售职责、在商品流道链中的位置、解决问题的数量等的不同，可以将销售人员分为如下 7 类:①销售评估人员。其主要负责评估消费者的需要，帮助解决消费者的问题。②内部下订单者。其是指在企业内部接受顾客订单的人员，如站在柜台后的零售店员，他们帮助消费者挑选产品或提供服务。③外部下订单者。其主要负责实地走访消费者并处理订单。④宣传性销售人员。其主要通过促销等宣传活动扩大产品知名度、建立企业信誉。⑤销售工程师。销售工程师的职责是在销售产品及产品使用过程中，为消费者提供技术建议或帮助。⑥实物销售咨询人员。其主要是指针对包括像药品、机械、汽车等最终产品，或配件、原材料等生产资料提供实物销售咨询的人员。⑦非实物销售咨询人员。其是指针对服务、观念等一些无形的产品进行销售的人员。

一般而言，销售人员是指销售开发者，即实物销售咨询人员和非实物销售咨询人员。简单来说，也就是我们通常理解的直接进行销售的人员。这部分销售人员的工作是销售工作中难度最大的，需要销售人员对所销售的产品和顾客群有一定深度的了解，同时需要销售人员具备坚忍不拔的毅力和优秀的口才。

2. 销售人员的工作特征

企业内部的员工行为主要受组织规则的制约和影响，而销售人员的工作除了受组织规则制约，还受市场规则的制约，因此，销售人员的工作面临着更大的不确定性和风险。在工作环境、工作对象、工作过程、工作结果等方面，销售活动与生产活动都有较大不同。

销售人员的工作特征归纳在表 9-3 中。

表 9-3　销售人员的工作特征

工作特征	工作特征的具体描述
工作环境复杂多变	(1)为了更好地说服顾客，达成交易，并形成长期的、良好的客户关系，销售人员必须能够准确分析复杂多变的内部微观环境和外部宏观环境 (2)销售人员面对的内部微观环境包括要全面了解自身企业、客户、竞争者、供应商的情况。外部宏观环境包括政治经济、法律、文化、自然环境等 (3)销售人员所面临的市场环境是多变的，除了要与现有竞争者竞争、维持顾客关系，还得随时应对新进入的竞争者、潜在竞争者以及新的客户需求
工作对象复杂多样	(1)需求多样化。消费者在年龄、性别、性格、受教育程度等方面都有差异性，导致需求各不相同 (2)客户类型多样化，要求销售人员采取多样的销售方式，所以销售人员也必须具备较高的综合素质和能力
工作本身的不确定性、灵活性、高压力性	(1)外部环境瞬息万变，客户需求不断多元化，导致工作的不确定性 (2)销售人员可以根据自己的经验、社会关系等打开自己的销售市场，并且工作时间和地点也是不固定的，具有极大的灵活性 (3)销售人员的工作与企业的销售目标挂钩，企业通常通过销售额、市场占有率、顾客持有率等指标对销售人员进行考核，若没有达到要求，销售人员直接面临被淘汰的结局，所以工作压力大

3. 销售人员薪酬的概念

销售人员的薪酬分为外在薪酬和内在薪酬两种类型。外在薪酬主要是指可量化的货币性报酬，如基本工资、佣金、奖金、退休金、医疗保险等货币性福利，以及公司支付的其他各种货币形式的开支。内在薪酬是指不能以量化的货币形式来衡量的各种奖励，如培训学习的机会、公司的表彰等。

本章所研究的销售人员薪酬是指外在薪酬，即主要探讨基本薪资、奖金、佣金和红利支付等直接的货币性报酬。

二、 销售人员薪酬的影响因素

销售人员薪酬的影响因素包括外部因素和内部因素。销售人员薪酬的影响因素详见表 9-4。

表 9-4　销售人员薪酬的影响因素

销售人员薪酬的影响因素	内部因素	付出的劳动
		职位
		受教育程度
		销售经验
		为企业服务的年限（工龄）
		企业负担能力，即企业的盈利能力
	外部因素	地区差异
		行业间的薪酬水平差异
		劳动力市场的供求状况

1. 付出的劳动

一分辛劳，一分收获，销售人员的薪酬与其为企业付出的劳动密切相关。首先，销售人员只有真实的为企业劳动才会获得工资性收入；其次，销售人员因个体差异而具备的劳动能力大小不同，从而为企业提供的劳动量不同，导致获得的薪酬各不相同。销售人员是否付出劳动决定其能否获得薪酬，其劳动量的大小决定其薪酬的多少。

2. 职位

销售人员职位的高低是以其所能担负的责任的大小为基础的，其所能担负的责任是由个人判断或决定的能力而产生的。根据责权利对等原则，处于较高职位的销售人员拥有的权力较大、责任较大，相对而言获得的利益也较高。因此，处于较高职位的销售人员（如销售经理）的薪酬高于普通销售人员。

3. 受教育程度

销售人员是代表企业直接与客户接触的人员，销售人员的形象即代表企业的形象，销售人员的言行是企业文化层次的体现。因此，为了维护企业形象，体现企业对高文化层次销售人员的渴求，销售人员的基本薪资是与其受教育程度挂钩的。

4. 销售经验

薪酬水平（一般是薪酬中的固定部分）与员工的工作经验有关，工作经验丰富的销售人员能够快速适应市场的变化，为企业带来利润，所以薪酬水平较高。

5. 为企业服务的年限（工龄）

通常情况下，员工是有工龄工资的，工龄较长的员工薪酬较高，这样能够有效地降低员工流动率。薪酬与工龄挂钩能够使长期为企业服务的员工获得存在感，培养其对企业的忠诚度，减少人员流动的可能性，稳定员工队伍。但是高流动性是销售行业的特点，在薪酬方面工龄的影响并不是很大也不能很大，因为这会造成新老员工之间的基本薪酬差异太大，影响内部公平。

6. 企业负担能力，即企业的盈利能力

有的公司（如 Cisco 公司）盈利能力高，其销售人员的薪资与福利水平也居于同行业前列；而我国家电行业利润空间小，其销售人员的平均薪酬就偏低。

7. 地区差异

各地区的基本薪酬水平是与当地的社会经济发展状况成正比的，不同地域的薪酬水平不尽相同，这也导致外派销售人员的薪酬管理比较困难。

8. 行业间的薪酬水平差异

行业不同，薪酬水平不同，如在医药行业和机械行业，销售人员的薪酬比较高。因为这类销售工作需要一定的专业知识或是专业技术的支持，存在行业进入壁垒，不是任何人都可以胜任的。

9. 劳动力市场的供求状况

劳动力市场的供求状况影响薪酬水平。当市场上某些销售人员供不应求即销售人员缺乏时，薪酬水平会提高；相反，当市场上某些销售人员供过于求即销售人员饱和时，薪酬水平会下降。

三、 销售人员薪酬设计的主要模式

1. 纯薪金模式

纯薪金模式，又称固定薪酬模式，是指企业向销售人员支付固定的薪酬，即薪酬与产品销售额、销售数量等反映绩效的指标不挂钩。这种薪酬模式适合于产品或服务销路较好的企业，以及以维护企业形象、维护客户关系为市场策略的企业。

纯薪金模式的优点和缺点如表 9-5 所示。

表 9-5　纯薪金模式的优点和缺点

纯薪金模式的优点	纯薪金模式的缺点
鼓励销售人员致力于维护客户关系、树立企业良好形象	激励作用很弱，可能会挫伤员工的工作积极性和主动性，助长员工的惰性思想
相同岗位的销售人员薪酬水平是一样的，可以减少内部竞争，促进内部合作，有利于形成和谐的工作氛围	难以留住高绩效员工，因为薪酬与员工绩效无关，高绩效员工无法体现其价值
薪酬管理较为简单，易于计算	对销售人员的监管难度较大

2. 纯佣金模式

纯佣金模式，又称纯销售提成模式，是指销售人员的薪酬全部由佣金构成，没有固定薪酬的模式。佣金是根据销售人员的销售业绩和佣金比率来确定的。佣金模式的关键是确定佣金比率，佣金比率的大小取决于产品的销售难易程度、销售价格高低等因素。确定佣金比率的基本目的是保证销售人员达到目标销售额时能够获得目标激励薪酬。

纯佣金模式的计算公式如下：

$$个人收入＝销售额（或毛利、利润）×佣金比率$$

佣金分为三种形式（图 9-1～图 9-4）。

（1）固定佣金模式，即销售人员的佣金（薪酬）与销售额成固定比例。

（2）分段佣金模式，即随着销售单位或销售金额的增加（或减少），佣金比率增加（或减少）。

（3）复合佣金模式，即设置一个销售水平（目标销售额），如果销售单位超过了这个水

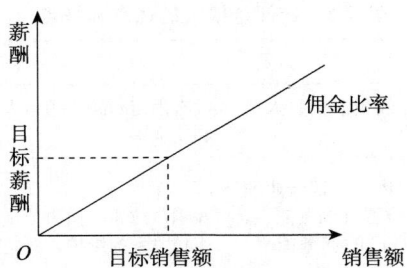

图 9-1　固定佣金模式图

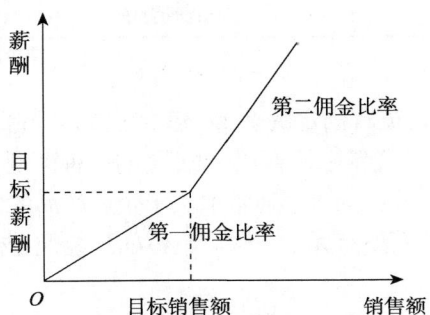

图 9-2　分段佣金递增模式图

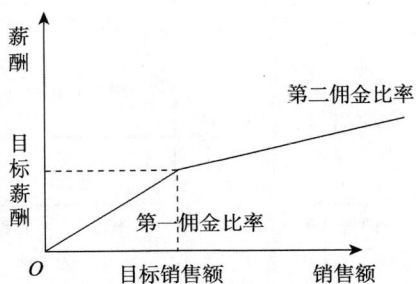

图 9-3　分段佣金递减模式图

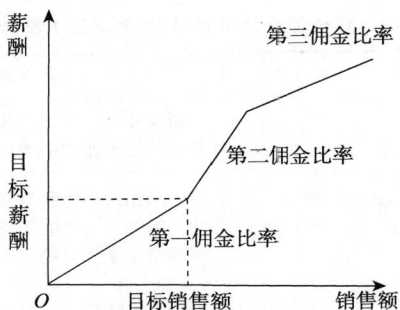

图 9-4　复合佣金模式图

平，超出水平的部分，每销售一个单位的佣金比例增大。

纯佣金模式的优点和缺点见表 9-6。

表 9-6　纯佣金模式的优点和缺点

纯佣金模式的优点	纯佣金模式的缺点
佣金比率往往是比较高的，以便于有效刺激销售人员的工作积极性和主动性，激励作用大	没有固定薪酬，销售人员基本生活没有保障，缺乏稳定性和安全感
纯佣金模式的销售人员承担了所有的风险，销售业绩的好坏直接决定了薪金的多少以及职位晋升的可能性，因此销售人员会努力从各方面提高自己的业务能力，有效地抑制了销售人员的消极和惰性	薪酬单纯地与销售业绩挂钩，不利于诸如客户服务质量、客户关系的维护，对企业的长远发展有一定的负面影响
销售能力决定了薪酬水平，能够充分体现销售人员的价值，能够有效地吸引高绩效人员	销售人员的收入仅与其销售业绩挂钩，可能导致员工之间的恶性竞争

3. 薪金佣金模式

薪金佣金模式是指销售人员有固定的薪酬（基本工资），在此基础上根据销售人员的销售业绩，在期末（可以按月、季或年来核算）发放佣金的一种薪酬模式。佣金通常以销售额一定的百分比来提取，该提成百分比的大小通常取决于企业产品的价格高低、销售量多少以及产品的销售难易程度等。根据薪酬有无上下限，具体的薪金佣金模式如图9-5和图9-6所示。

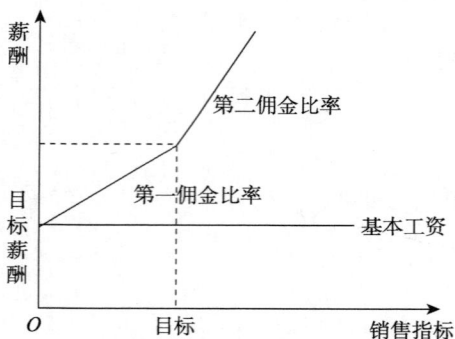
图 9-5　薪金佣金模式 1

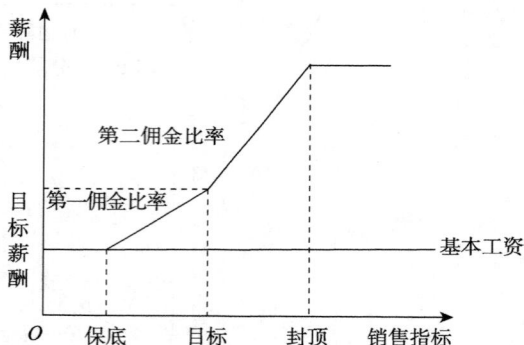
图 9-6　薪金佣金模式 2

薪金佣金模式的主要优点和主要缺点见表9-7。

表 9-7　薪金佣金模式的主要优点和主要缺点

薪金佣金模式的主要优点	薪金佣金模式的主要缺点
体现公平性，销售人员多投入多产出	对新业务人员不利。新业务人员没有良好的客户资源，想拿到高佣金比较困难
激励与约束并存。鼓励和激励销售业绩高的销售人员更积极地工作；约束销售业绩不高的员工，若达不到较好的绩效就不能获取高收入	努力工作未必能获得高业绩。销售工作具有很大的不确定性，销售人员可能在前期投入很多但是并没有回报，工作业绩难以完全由销售人员自己控制
激励有针对性，突出重点，节约企业成本	不利于团队合作。销售人员可能会为取得好的个人业绩，获得较高的收入，而不喜欢团队合作，甚至在团队内部出现恶性竞争的现象

4. 薪金佣金奖金模式

薪金佣金奖金模式下，销售人员不管业绩如何都有基本薪酬，且通过佣金、奖金两种手段同时激励销售人员，提高其工作的积极性和主动性。佣金和奖金作为激励手段，其激励依据和激励目的是不同的。佣金是为了鼓励员工提高销售额，获取产品的市场知名度和占有率；奖金是为了增加企业利润。

与薪金佣金模式相比，薪金佣金奖金模式下销售人员所能获得的佣金在同等条件下较少。薪金佣金奖金模式的奖金模式包括两种常见模式，即梯式奖金模式和比率奖金模式（图9-7和图9-8）。

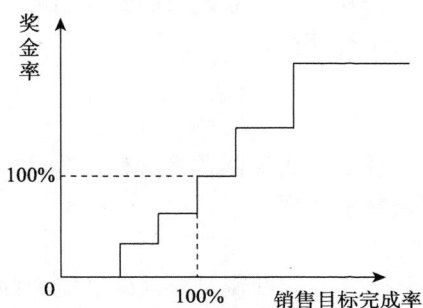

图 9-7　梯式奖金模式　　　　　图 9-8　比率奖金模式

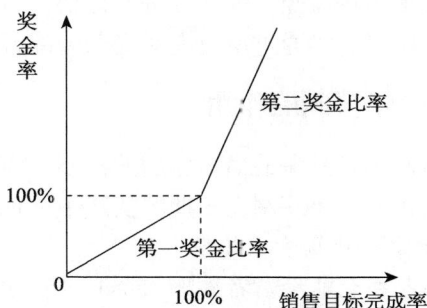

薪金佣金奖金模式的主要优点和主要缺点见表9-8。

表 9-8　薪金佣金奖金模式的主要优点和主要缺点

薪金佣金奖金模式的主要优点	薪金佣金奖金模式的主要缺点
增加了"奖金"项，使销售人员同企业的关系更加紧密，增强销售人员对企业的归属感；奖金一般在年底发放，个人奖金的多少有很大差距，激励销售人员长期努力工作	加大了公司的销售成本并使销售成本变得不可控；绩效考核的指标、佣金比率、奖金比率等难以核定
限制销售人员过于频繁的离职，因为奖金一般是在年底发放，为了获得奖金，销售人员至少需要工作一年时间	
加强团队合作。奖金是当整个销售部门完成销售定额时获得的部门奖金总额，再根据个人绩效进行分配。若整体没有拿到奖金，个人也无法拿到奖金	

第四节　年薪制

一、年薪制的概念

年薪制是以年度为计算单位决定工资薪酬的制度。企业负责人年薪制是以企业一个生产周期即以年度为单位确定企业负责人的报酬，并视其经营成果发放风险收入的薪酬制度。

年薪一般分为两部分，即基本年薪和风险收入。基本年薪主要是根据企业的经营效益、生产经营规模、本地区和本企业职工平均收入水平等因素来确定。基本年薪具有稳定性，主要是为了保障经营者的基本生活，给予经营者一定的安全感。风险收入，即是以基本年薪为基础，根据企业本年度的经营效益情况、经营者绩效、所担风险和职责等确定的利润分享，包括奖金、股票和股票期权等。风险收入具有浮动性，主要是为了调动经营者的工作积极性，使经营者目标与企业所有者目标相一致。年薪制结构中的基本年薪和风险收入的有机构成，一方面保障了经营者的基本生活需要，另一方面增加了经营者收入的不确定性，从而激励与约束了经营者的经营行为。

经营者年薪的确定主要有以下三种方式：①通过利润指标对经营者的业绩进行评估。②通过股票市场对经营的业绩进行评估。对于上市公司而言，股票市场的变动可以反映企业的盈亏状况。③通过所有者对经营者的行为直接进行评估。

二、 年薪制的作用

年薪制不是月薪的简单相加的机制，而是一种较好的将经营者目标和公司目标结合起来的制衡机制。年薪制在长期的实践中体现了其独特的作用。

1. 激发企业负责人热情

年薪制将企业经营者薪酬与企业经营效益挂钩，实行年薪制是对经营者能力的一种肯定，是对经营者付出的一种合理回报，也是对经营者知识和经营能力的一种检验。采取年薪制时，经营者的年薪的支付、管理与一般职工的薪酬的支付、管理是分开进行的，这种管理模式体现了经营者在企业中的地位和作用，对其是一种精神上的激励。在社会主义市场经济条件下，经济利益是人们行为的最大驱动力。企业经营的成败取决于经营者经营决策的好坏和管理水平的高低。通过经济利益上的刺激，企业可以最大限度地激发经营者的聪明才智，提高其积极性。

2. 对经营者人力资本具有补偿作用

经营者的经营管理活动需要其具备高素质的管理才能和丰富的管理经验，经营者投入的人力资本要高于一般职工，其岗位的工作难度和强度也高于一般岗位。年薪制中的基本年薪部分作为经营者的稳定收入，是对其人力资本投资的回报。对经营者的高级人力资本投资给以回报，体现了年薪制对经营者人力资本的补偿作用。

3. 对经营者具有激励和约束作用

年薪制是以企业一个生产经营周期为单位，通过对经营者的经营绩效等指标的考核来确定其收入的薪酬制度，特别是年薪制中的风险收入部分具有极强的不确定性，经营者的利益很大程度上依赖于公司利益的实现，经营者只有积极实现公司利益才能使自己的利益最大化。这一制度安排充分调动了经营者的工作积极性，体现了年薪制对经营者的激励与约束作用。

4. 有利于培育现代职业经理人市场

年薪制对经营者的人力资本给予充分重视，明确承认经营者的劳动是一种特殊人才付出的高水平劳动，充分肯定了经营者的社会价值。年薪制将经营者收入与一般员工收入相分离，使企业经营者成为一种高收入、具有强大吸引力的职业，从而把大量高素质人才引向高收入与高风险并存的公司企业界，使其成为职业经理人。

5. 有利于规范经营者的收入分配

在市场经济条件下，经营者的收入应当符合市场经济的要求，遵循市场经济的基本规律。年薪制一方面承认经营者与一般员工的劳动差别，将经营者收入与公司业绩挂钩，拉开经营者与一般员工的收入差距，较好地补偿了经营者的人力资本投入，一定程度上从根源上避免了经营者的隐形收入和不正当收入。另一方面，年薪制以制度的形式将经营者的收入分配纳入规范化轨道，通过对经营者所担风险、职责及绩效的严格考核，保证了经营者收入的合法、合理，一定程度上杜绝了经营者的非法收入及腐化行为。

三、　国内年薪制的主要模式

不同国家和地区的"年薪制"的模式是各不相同的，我国根据国外"年薪制"的经验和国内企业的具体情况，设计出了适合我国企业的"年薪制"模式，主要包括以下五种。

1. 准公务员型模式

准公务员型模式是借鉴政府行政部门的薪酬模式建立起来的，其薪酬结构较为简单，主要包括基本年薪、津贴和养老金计划，即年薪＝基本年薪＋津贴＋养老金计划。

准公务员型模式的适用具有局限性，它的适用对象主要是在大型企业中具有一定地位的管理人员，如董事长、党委书记、总经理等，尤其是国企领导、临近退休的经营者。这也显示不是所有企业都适用准公务员模式，通常，对社会经济有重大影响的大型国有企业、控股公司等才会采用这种模式。准公务员型模式的年薪制的基本年薪一般是普通员工的 2～4 倍，正常退休后的养老金为我国平均养老金的 4 倍以上，激励作用显著。这种薪酬支付方式与公务员的薪酬支付方式有异曲同工之处，即在职的时候有较高的社会地位和稳定薪资作为激励，退休后有更高的生活保证以约束其短期行为。准公务员型模式的考核指标主要是政策目标实现与否、当期任务完成与否。

2. 一揽子型模式

一揽子型模式的年薪制即薪酬只有单一固定数量的年薪，这是结构最简单的年薪制。一揽子型模式只针对企业经营者一人，具有招标承包的意思，将年薪与企业的经营绩效挂钩，年薪获得者若实现约定目标即可获得协商好的固定年薪。一揽子型模式中单一固定的年薪数量是相对较高的，因为通常处于亏损状况下的国有企业或是问题较严重的企业采取此种模式，它们为了扭亏为盈，设定较高的年薪以激励经营者努力扭转亏损的局面。一揽子型模式的考核指标基本就是年度经营绩效指标，如亏损额、利润、营业收入等。

一揽子型模式激励作用较大，但容易引发经营者的短期行为，可能导致经营者为了获取当期的高额年薪，以牺牲企业长远发展为代价，过度挥霍企业资源。但因为一揽子型模型的年薪与经营绩效挂钩，因此可以通过科学地制订薪酬方案和科学地选择考核指标来约束经营者行为。

3. 非持股多元化型模式

非持股多元化型模式是比较常见的一种年薪制模式，薪酬结构稍为复杂些，薪酬构成是年薪＝基本年薪＋津贴＋风险收入(效益收入和奖金)＋养老金计划。

非持股多元化型模式也是针对公司的经营者或高层管理者而言的，我国多数国有企业或集团企业下属子公司等都在采用这种年薪制模式。这种模式下的考核指标体系比较复杂，基本年薪的确定要根据企业的规模、销售收入、职工人数等指标；风险收入的确定要依据企业的净资产增长率、利润增长率、销售收入增长率等指标，同时还要参考行业平均效益水平。非持股多元化模式也具有一定的激励作用，但是这种模式的激励作用多为短期激励作用，缺乏长期激励作用。

4. 持股多元化型模式

持股多元化型模式的年薪制在近些年不断地发展，薪酬结构较为复杂，薪酬构成为年薪＝基本年薪＋津贴＋（含股权、股票期权等形式的风险收入）＋养老金计划。

持股多元化型模式薪酬计算更为复杂，其基本年薪取决于企业经营的难度和责任，含股权、股票期权等形式的风险收入取决于企业的经营业绩和市场价值。一般基本薪酬应为职工平均工资的2～4倍，风险收入却没有具体的可供参照的参照值，但其与企业在股票市场的价值息息相关，企业股票市场价值提高得越多，经营者获得的风险收入越高。

持股多元化型模式适用于股份制公司，特别是上市公司。这种年薪制具有很好的激励作用，也能有效地约束经营者的行为。因为经营者的风险收入主要是企业的股票期权，企业股票价值高，风险收入就高，整体年薪就高。如此，其将个人利益与企业利益紧密地联系起来，激励经营者与企业共同发展。但是这种模式的年薪制实施起来比较复杂，需要企业具有完善的机制。

5. 分配权型模式

分配权型模式的年薪制适用范围比较广泛，各种类型的企业都能够运用，其薪酬构成是年薪＝基本年薪＋津贴＋（以分配权、分配权期权形式体现的风险收入）＋养老金计划。基本年薪取决于企业的经营难度，依据企业的资产规模、销售收入、职工人数等指标确定，一般是企业职工平均工资的2～4倍；风险收入取决于利润率、利润增长率等经营绩效，但风险收入无法以职工平均工资为参照物，而且必须封顶。

分配权型模式适用于各种类型的企业，包括非上市公司和股份制公司等。分配权型模式的年薪制将股票期权等激励方式引入非上市公司和非股份制公司，是一种理论上的创新，对薪酬制度的建设具有重大意义。

小案例

伊利集团年薪制薪酬体制

享受年薪制薪酬体系的员工，其工作特征是他们的工作业绩以一年的完整经营周期为单位进行评估。这部分员工包括总裁、副总裁（第一层经理人）；党委书记、工会主席、各事业部总经理、集团各部部长（第二层经理人）；各事业部二级经理、总经理助理（第三层经理人）；其他总裁认定可以享受年薪制的高级技术和专业人员。

年薪制薪酬体制的薪酬构成如下。

（1）基本薪资。每年度基本年薪的下限，根据职务评价系数、个人职业能力和社会相应薪酬水平确定，按月支付；年度薪资的上限与个人业绩挂钩，在年终业绩考核以后，根据考核结果确定并予以补足。

（2）年度奖金。根据公司效益，按个人基本薪资的25％～60％计算，具体标准如下：

①第一层经理人，按个人基本薪资的 40%～60% 计算；②第二层经理人，按个人基本薪资的 30%～50% 计算；③第三层经理人，按个人基本薪资的 25%～40% 计算。

（3）中高级经理人特殊福利与发展计划。在国家规定的福利保险以外，根据公司的经济效益和个人对公司的贡献，对中高层经理人提供额外的特别福利、保险、继续教育、境外进修等特别长期奖励计划。具体项目提供和管理方式，参阅公司薪酬管理制度及其他有关规定。

（4）认股期权。在条件成熟的情况下，实现认股期权，旨在确保长期发展过程中激励与约束各级经理人。其基本操作思想为 3+2 方式，即连续担任某一职务 3 年并在其后的 2 年考察期内未对公司的经营造成损害的情况下，以预先商定的价格拥有公司的股票。其标准暂定为总裁 100 万元，其他第一层经理人 80 万元，第二层经理人 50 万元，第三层经理人 20 万元。

资料来源：内蒙古伊利集团股份有限公司薪酬体系设计．http://www.docin.com/p-346857839.html

第五节　宽带薪酬

一、宽带薪酬的含义

宽带薪酬体系（broad banding pay system）出现于 20 世纪 90 年代，是为与企业流程再造、团队导向、能力导向以及组织扁平化等新的管理理念相匹配而设计出来的薪酬体系。

所谓宽带薪酬，按照美国薪酬管理学会的定义，宽带中的"带"指的是薪酬级别，"宽带"则指的是工资的浮动范围比较大，一个"宽带"中最高值与最低值之间的区间变动率达到 100% 以上。与宽带薪酬相对应的就是窄带薪酬，指的是工资级别多而浮动范围小的薪酬模式。窄带薪酬管理模式应用较久，直到现在我国很多企业采用的还都是窄带薪酬管理模式。

宽带薪酬模式区别于传统薪酬模式的最大特点是薪酬等级减少、薪酬浮动范围扩大，除此之外，其还在组织结构、考核因素、薪酬决策等诸多方面不同于传统薪酬，具体区别如表 9-9 所示。

表 9-9　宽带薪酬与传统薪酬的比较

项目　　名称	宽带薪酬	传统薪酬
典型特征	薪酬等级少，薪酬浮动范围大	薪酬等级多，薪酬浮动范围小
组织结构	扁平化、柔性化	金字塔形、等级制
企业文化	学习、参与、协助、强调团队贡献	命令式、控制、强调个人贡献
考核因素	技能、绩效	职位、资历

续表

名称 项目	宽带薪酬	传统薪酬
薪酬决策	部门经理有较大决策权	人力资源部门制定薪酬决策
加薪条件	绩效、技能提升	资历增加、职位晋升
员工职位	有利于横向职位轮换	较长时间停留在一个岗位
薪酬成本	容易控制	不用控制
薪酬弹性	弹性	刚性

资料来源：王文波，李莉，张超. 2009. 宽带薪酬设计探析［J］. 商场现代化，（4）：308-309

二、 宽带薪酬的作用

1. 宽带薪酬模式支持扁平型组织结构

传统的组织结构中组织层级较多，员工有严重的等级观念，信息的上传下达需要经过多层层级。特别是信息由下向上传递的过程会出现拖拉的现象，一旦出现纰漏需要承担责任时，各层级之间可能推卸责任。所以 20 世纪 90 年代后业界出现了一场以扁平组织代替官僚层级型组织的运动，组织扁平化慢慢成为新趋势。宽带薪酬几乎是为扁平型组织量身定做的薪酬结构模式，它减少了薪酬层级，打破了传统薪酬所维护的等级意识，有利于增强企业组织结构的灵活性。

2. 宽带薪酬模式有助于员工个人技能的增长和能力的提高

在传统薪酬结构下，员工薪酬主要是根据自己在企业中的岗位、资历或是在企业中服务的年限来调整的。即使员工能力与高层次的岗位相匹配，但因为没有职位空缺，他也只能在低层次的岗位上获得较低的薪酬。这种情况在事业单位、国企等单位中出现得比较频繁。但在宽带薪酬模式下，在同一个薪酬宽带中工资浮动范围很大，可能比传统五个层级的薪酬浮动范围还大，员工在相似的岗位内因个人知识、能力等的不同而获取不同的薪酬。宽带薪酬将员工的职业发展目标从职位晋升转变为个人能力的提高，促使员工根据企业发展的技能所需不断地提升自身的知识和技能。

3. 宽带薪酬模式有利于职位的轮换

在传统薪酬结构中，员工的薪酬水平是与其所担任的职位严格挂钩的，因此，理论上讲，职位变动必然导致员工薪酬的变动。如果是向更高层级调动意味着薪酬增加，不会遇到阻力；如果是同一层级的调动，因为新职位缺乏安全感且薪资水平不变，员工不大乐意调动；如果向下一层级调动，意味着薪酬减少、职位降低，员工会有很大的抵触情绪，阻力比较大。但在宽带薪酬模式下，将大量不同薪酬等级的职位归纳到同一薪酬宽带中，淡化了职位等级的观念，很可能上级主管和员工处于同一个薪酬宽带，员工对于职位的调动不会出现很大的抵触情绪。而且薪酬是由个人能力来决定的，员工乐于通过岗位轮换来提升自己各方面的能力，以此获取更多的报酬。这样也能够稳定员工队伍，降低员工的流动率。

4. 宽带薪酬模式能密切配合劳动力市场上的供求变化

宽带薪酬结构模式是以市场为导向的，能够根据劳动力市场的供求变化做出迅速的反应，且基本薪酬水平是根据薪酬市场调查数据和企业薪酬地位来确定的。这样不仅促使企业在进行薪酬调整时与劳动力市场的供求变化相配合，增强企业薪酬的外部竞争性，做好薪酬成本控制；同时也促使员工更加关注自身能力的提升以增加在外部市场中的价值。

5. 宽带薪酬模式有利于管理人员以及人力资源管理人员的角色转变

传统薪酬结构的薪酬决策弹性小，基本上按照职位层级确定薪酬层级，然后人力资源部门直接套用薪酬级别发放薪酬，直线经理几乎不需要也没有机会参与薪酬决策。但在宽带薪酬模式下，直线经理有较大的薪酬决策权，主要是关于自己所管理的下属的薪酬的决策参与。因为宽带薪酬模式下每一个薪酬宽带中最高值与最低值之间的区间变动高达100％以上，员工薪酬水平的具体确定有较大空间的变化范围，而直线经理对下属的绩效、水平等更有发言权，能够在薪酬定位上给予中肯的建议。这样做不仅促进直线管理人员与职能管理人员之间的合作沟通，更促进了直线管理人员以及人力资源管理人员角色的转变：直线管理人员实际参与人力资源的职责；人力资源管理人员从庞杂的事事务性的工作中脱离出来，做好直线部门的战略伙伴和咨询顾问的角色。

6. 宽带薪酬模式有利于推动良好的工作绩效表现

虽然宽带薪酬淡化了职位等级观念，对员工晋升激励作用减弱，但是宽带薪酬将薪酬与员工的工作能力和绩效表现相挂钩，更能有效地激励员工提高工作绩效。宽带薪酬模式中部门经理对薪酬具有较大的决策权，能够增强纽织的灵活性，因为部门经理对自己下属的绩效、能力是最有发言权的人，能够比较客观、公正地评判员工表现。这种灵活性使员工更能感受内部的公平性，充满积极工作的动力。此外，宽带薪酬弱化职位、等级观念，促进企业员工的知识分享、团结合作的团队精神；薪酬与能力、绩效挂钩的模式，向员工展现了以绩效、能力为导向的企业文化，这对于提升企业凝聚力、提高企业整体工作绩效是一种非常重要的力量。

三、 宽带薪酬设计流程

企业的宽带薪酬体系的设计应分为如下三个阶段进行。

1. 准备阶段

首先，根据企业的组织结构特点及工作性质选择是否引入宽带薪酬，或者选择适合运用宽带薪酬形式的职务或层级系列。并不是所有企业都适合采用宽带薪酬模式的。采用宽带薪酬模式需要具备以下几个条件：①扁平化的组织结构，宽带薪酬模式薪酬等级少，适合组织层级较少的企业；②健全的管理制度和规范，健全的制度是保证宽带薪酬有效实施必不可少的前提条件；③高素质的直线管理人员，宽带薪酬是以能力和绩效为依据的，只有高素质的直线管理人员才能保证绩效考核的公正和薪酬确定的公平。

其次，根据企业的经营战略、人力资源战略以及企业的发展状况制定切合于企业需要的薪酬战略。薪酬战略是与企业的经营战略、人力资源战略紧密相关的，不同的经营战略下会有不同的薪酬战略方案。因此，企业薪酬体系的设计无论是在薪酬策略的选择、薪酬计划的制订还是薪酬的发放上都应该体现企业战略。

2. 实施阶段

实施阶段就是利用宽带技术建立宽带薪酬体系，主要包括如下几个步骤。

(1)定宽带的数量。首先企业要确定使用多少个薪酬宽带。其实企业到底设计几个薪酬宽带没有明确的规定，一般的企业都是设立 4～8 个薪酬宽带，也有的企业直接根据管理人员和技术人员两种类别设计两个薪酬宽带。通用电气零售商学院财务服务企业使用了 5 个宽带，替代了 24 个级别，并对每个宽带的目标、能力和培训作了明确的要求。但无论怎样分，薪酬宽带之间都只有一个分界点，这个分界点主要出现在工作能力或技能差异较大的地方。

(2)确定职位的相对价值。根据每一职位所包含的内容分进行比较，通过职位评价确定职位的相对价值，能够保证内部的公平性。

(3)把不同的职位合并归类到确定的宽带里。通过职位价值的评估，将不同性质、特点但价值相似的职位归类放入同一宽带里，确定薪酬水平。

(4)确定宽带内的薪酬浮动范围。根据薪酬调查的数据及职位评价结果来确定每一宽带的浮动范围及级差。现行比较常见的做法是将宽带内最低工资等级的最低薪资水平作为薪酬浮动下限，最高工资等级的最高薪酬作为薪酬浮动上限，每级的工资差别一般超过 100%。

(5)宽带定价。设计宽带薪酬时，归类进同一宽带里的可能涉及销售、财会、采购、技术开发等不同工作职位，这些职位价值相似，但是对具体的不同工作的技能要求和能力层次要求是有差异的，所以不同职能工作间存在薪酬差异。所以还要针对同一宽带内不同职能或是职位族的薪酬进行区别定价。

3. 完善阶段

宽带薪酬设计并实施后还需要进行不断的完善，以增强宽带薪酬的灵活性和适应性。后续完善工作主要包括：完善技术进步标准和岗位轮换机制；建立并完善任职资格体系，做好工资评级工作；进行薪酬体系的适时调整等。

(1)完善技术进步标准和岗位轮换机制。首先，为了保证内部公平性，企业内对员工技术、能力水平要有客观公正的标准。其次，要制定完善的岗位轮换机制。宽带薪酬有利于属于同一宽带内的岗位的横向轮换，促进员工不断提高自身知识和技能，但是需要有配套的轮换机制支持。

(2)建立并完善任职资格体系，做好工资评级工作。宽带薪酬体系下直线经理在决定员工具体薪酬时有更大的权利，但可能造成人力成本大幅度上升。美国联邦政府的经验表明，在宽带结构下，薪酬成本上升的速度比传统工资结构快。所以为了有效地控制薪酬成本，企业要建立相应的任职资格体系，做好工资评级工作，营造一个以绩效和能力为导向的企业文化氛围。

(3)进行薪酬体系的适时调整。宽带薪酬设计出来了并不是一成不变的，企业要根据市场环境的变化以及自身企业各方面条件的变化，适时地调整薪酬体系。通过搜集市场、行业、员工等各方面的信息，有效地调整薪酬体系，能够化解不必要的危机。

四、　宽带薪酬体系实施中可能出现的问题和解决措施

1. 存在的问题

宽带薪酬打破了传统薪酬模式，它具有支持扁平化的组织结构、淡化组织等级意识等优势特征，为薪酬管理提供了新思路，但在实施过程中也同样面临着一些问题。

（1）导致人工成本增加。宽带薪酬是按照能力和绩效支付薪酬的，若员工都为了个人薪酬的提升，不断地提升新技能，会导致企业薪资费用总额增加，可能会超出企业承载能力。如果控制不当不仅不能激励员工还会给企业带来沉重的人力资本负担。

（2）导致内部不公平。宽带薪酬以绩效、能力为依据，其是一种很公平的做法，但是其公平是以完善的绩效管理为前提的，若绩效考核不到位会出现吃"大锅饭"现象，员工处于同一薪酬宽带内，干多干少一个样，会感到极度不公平。

（3）晋升激励被大大弱化。员工进入企业除了薪资的需求，还有职业发展需求，他们希望通过晋升来证明自己，但是宽带薪酬结构淡化等级意识，员工争取晋升的动力不强，晋升激励的作用大大弱化。

2. 解决措施

为了解决上述问题，有如下措施。

（1）鼓励员工参与和沟通。让员工参与到宽带薪酬设计过程中，及时全面进行沟通，使员工能够准确理解企业的薪酬决定因素和企业的发展战略。宽带薪酬的设计与实施需要培训开发、绩效管理等管理环节的支持，更需要管理对象——企业员工的支持。特别是在宽带薪酬刚刚引入、实施的阶段，更需要做好与员工沟通的环节。

（2）配套实行员工培训计划和开发计划。宽带薪酬以能力和绩效为支付依据，很突出的一个特点就是促进员工个人技能的增长和能力的提高，这给员工的个人发展和职业生涯规划提供了很大的弹性。企业在实施宽带薪酬时，根据员工职位的需求配套制订培训计划和开发计划，为员工提供自我发展的机会，弥补职位晋升动力不强的缺陷。

案例

河南联通有限公司宽带薪酬体系

一、公司简介

河南联通有限公司有多位成员分管公司各项工作，省分公司共设置29个部门、13个生产中心，下辖18个市级分公司、113个县级分公司、2032个支局所、3500个自办营业网点，共拥有正式员工121 000余人。河南联通实行总经理负责制，总经理下设营销副总经理、维护副总经理、财务副总经理以及人力资源副总经理等多名副总经理，分别负责公司市场部、大客户部、互联网部、运营维护部、物资计划部、建设部、财务部、企业发展部、安全保障部、人力资源部、各地区分公司运营以及各科室主任的公布部署和绩效考核。其组织结构如图9-9所示。

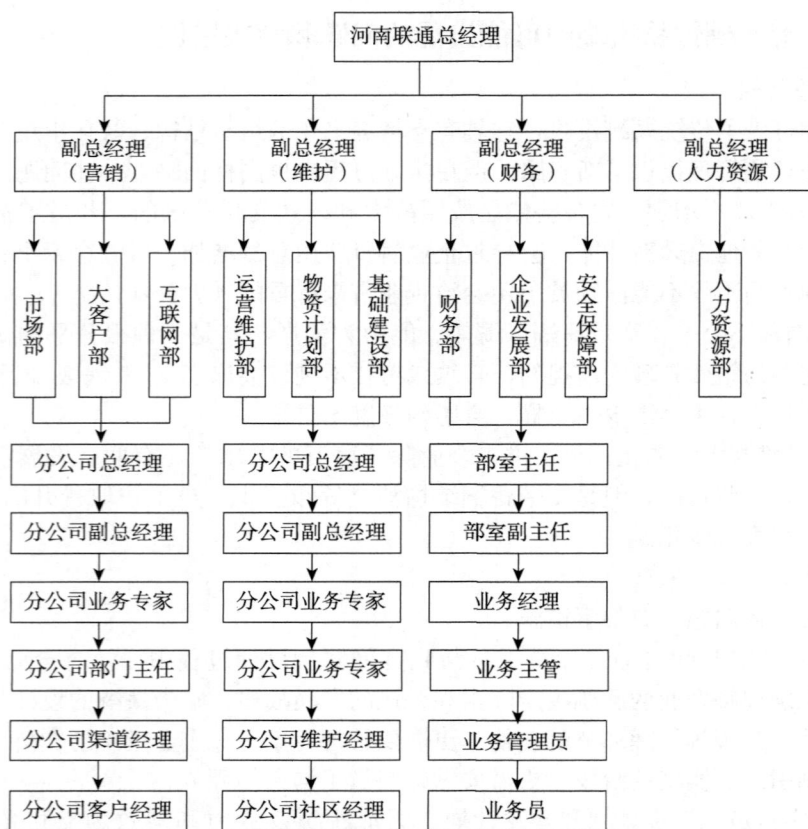

图9-9　河南联通组织结构图

二、宽带薪酬体系设计

1. 宽带薪酬体系设计的战略基础

(1)企业发展机遇。

(2)企业发展战略。

(3)企业薪酬战略。

2. 宽带薪酬设计要素的确定

1)区间的确定

河南联通详细薪酬区间确定示范见表9-10。其中，K1、K2、K3、K4、K5的数值代表了河南联通不同层级员工的工资平均数，是由公司根据现有的劳动力市场和经理人市场供求情况以及本企业的薪酬支付情况按期制定的。表9-10把河南联通的员工薪酬分成了五个层次，其中每个层次又分为六级，利用河南联通的薪酬考核标准分别对每个层次上每一级别的岗位进行评分，制定各层级的系数，进而确定河南联通省一级高层管理者、分公司一级中高层管理人员、中层管理者以及工程师、基层管理人员、辅助管理人员等的薪酬所处区间，这样大大缩小了原薪酬体系的区间数。

表 9-10　河南联通有限公司各职别的薪酬区间确定样表

层次	标准岗位价值分	层级系数	省一级高层管理者	分公司一级中层管理者	中层管理者以及工程师	基层管理人员	辅助管理人员
A1	860	10.1	10.1 K1				
A2	818	9.6	9.6 K1				
A3	776	9.1	9.1 K1				
A4	734	8.6	8.6 K1				
A5	692	8.1	8.1 K1	8.1 K2			
A6	650	7.8	7.8 K1	7.8 K2			
B1	645	7.6	7.6 K1	7.6 K2			
B2	603	7.1		7.1 K2			
B3	561	6.6		6.6 K2			
B4	519	6.1		6.1 K2			
B5	477	5.6		5.6 K2	5.6 K3		
B6	435	5.1		5.1 K2	5.1 K3		
C1	420	4.7		4.7 K2	4.7 K3		
C2	390	4.4		4.4 K2	4.4 K3		
C3	360	4.1			4.1 K3		
C4	330	3.8			3.8 K3		
C5	300	3.5			3.5 K3	3.5 K4	
C6	270	3.2			3.2 K3	3.2 K4	
D1	265	3.1			3.1 K3	3.1 K4	
D2	230	2.8			2.8 K3	2.8 K4	
D3	215	2.5				2.5 K4	
D4	190	2.2				2.2 K4	
D5	155	1.9				1.9 K4	1.9 K5
D6	140	1.6				1.6 K4	1.6 K5
E1	130	1.5				1.5 K4	1.5 K5
E2	125	1.4				1.4 K4	1.4 K5
E3	115	1.3					1.3 K5
E4	105	1.2					1.2 K5
E5	98	1.1					1.1 K5
E6	85	1.0					1.0 K5

2)结构的确定

根据上述河南联通宽带薪酬区间的确定，结合中国联通的薪酬管理体系和制度以及河南联通人力资源管理战略和薪酬结构情况，确定并制定河南联通有限公司员工薪酬结构，具体见表 9-11。需要说明的一点是，表 9-11 是我们制定的河南联通宽带薪酬结构的样表，样表中体现的人员分类是挑选的，由于篇幅所限，并没有把所有的员工类别都列在上面。

表 9-11　河南联通有限公司宽带薪酬结构表

员工类别	基本工资比例	岗位工资比例	绩效工资比例	年终奖金	车补等
中层管理人员	45%	20%	35%	有	有
关键岗位员工	50%	15%	35%	有	有
销售岗位人员	40%	20%	40%	有	有
关键技术人员	50%	15%	35%	有	有
技术岗位人员	60%～80%	10%～20%	10%～20%		有
基层管理人员	70%	10%	20%	有	
辅助工作人员	70%	30%			
……	……	……	……	……	……

3）办法的确定

河南联通有限公司薪酬管理办法主要包括如下四个方面。

- 员工工作地点变更后的薪酬调整办法。
- 员工参加各种培训后的薪酬调整办法。
- 员工再教育后的薪酬调整办法。
- 员工工龄工资调整办法。

4）制度的确定

在宽带薪酬的实施过程中，这些配套制度必须建立起来，才能使宽带薪酬起到应有作用。

- 关键技术和业务人员的薪酬激励制度。
- 加班工资制度。
- 年终特别奖励制度。

三、宽带薪酬体系设计方案

河南联通有限公司宽带薪酬体系的设计方案流程如图 9-10 所示。

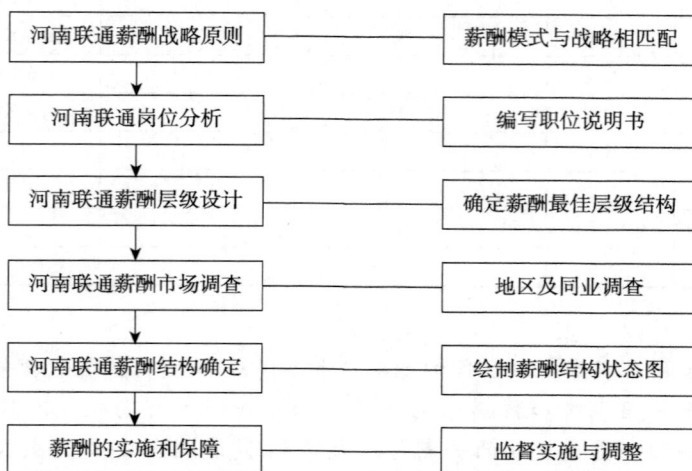

图 9-10　河南联通有限公司宽带薪酬设计流程

1. 岗位分析和评价

从责任、知识技能、员工工作努力程度以及员工工作环境四个方面对河南联通有限公司的代表性职位进行分析和打分，具体结果详见河南联通公司宽带薪酬代表性岗位评价因素及权重表（表9-12）。

表9-12 河南联通公司宽带薪酬代表性岗位评价因素及权重表

评价因素		最高分数	合计数	权重
知识技能	1. 专业技能	35	300	30%
	2. 最低学历要求	20		
	3. 外语技能	25		
	4. 知识多样性	20		
	5. 语文知识	25		
	6. 熟练程度	20		
	7. 工作经验	40		
	8. 工作灵活性	40		
	9. 工作复杂程度	40		
	10. 综合素质	35		
责任	1. 决策成效责任	30	400	40%
	2. 风险控制责任	80		
	3. 法律后果责任	70		
	4. 成本控制责任	40		
	5. 组织人事责任	40		
	6. 内部协调责任	30		
	7. 工作结果责任	40		
	8. 外部协调责任	30		
	9. 指导监督责任	40		
工作环境	1. 环境舒适度	25	100	10%
	2. 工作时间特征	30		
	3. 职业病	15		
	4. 工作危险程度	30		
努力程度	1. 工作均衡性	30	200	20%
	2. 工作压力	40		
	3. 工作紧张程度	40		
	4. 精力集中程度	40		
	5. 创新与开拓	40		
	6. 体力要求	10		
合计			1000	100%

以知识技能一项为代表进行的具体分析如表9-13~表9-20所示。

表 9-13　评价因素"知识技能"的分级定义表（一）

因素名称：专业技能

等级	界限说明	评分
1	工作需要简单的专业技能和能力	10
2	工作需要某方面一定的专业知识和技能	17
3	工作多样化、需要了解并掌握多方面的专业知识和技能	25
4	非常规范工作，非常熟悉某些方面的专业技能，并灵活运用	35

表 9-14　评价因素"知识技能"的分级定义表（二）

因素名称：最低学历要求			因素名称：工作经验		
等级	界限说明	评分	等级	界限说明	评分
1	高中毕业	4	1	3 个月以内	5
2	大学专科	8	2	3～6 个月	10
3	大学本科	11	3	6～9 个月	15
4	双学士	14	4	9～12 个月	20
5	硕士研究生	17	5	1～2 年	28
6	博士研究生	20	6	2～5 年	36
			7	5 年以上	40

表 9-15　评价因素"知识技能"的分级定义表（三）

因素名称：知识多样性			因素名称：熟练程度		
等级	界限说明	评分	等级	界限说明	评分
1	偶尔使用其他科学知识	5	1	3 个月以内	4
2	较频繁使用其他科学知识	10	2	3～6 个月	8
3	较频繁综合使用其他科学知识	15	3	6～12 个月	12
4	工作要求经常更换专业领域	20	4	1～2 年	16
			5	2 年以上	20

表 9-16　评价因素"知识技能"的分级定义表（四）

因素名称：工作灵活性

等级	界限说明	评分
1	属于常规工作很少或不需要灵活性	0
2	大部分属于常规性工作，偶尔需要灵活性	10
3	工作一半属于常规性工作，经常需要灵活的妥善处理	20
4	工作一大半属于非常规性工作，主要依靠灵活的妥善处理	30
5	工作属于非常规性，需要灵活地在复杂多变的环境中处理重大的偶然问题	40

表 9-17 评价因素"知识技能"的分级定义表(五)

因素名称:工作复杂性

等级	界限说明	评分
1	简单的、独立的工作,不必考虑对他人有什么妨碍	8
2	只需简单的指示即可完成工作,偶尔需要考虑自己对别人的妨碍	16
3	需进行专门训练才可胜任工作,但大部分只需一种专业技术	24
4	工作时需要运用多种专业技能,要有相当高的解决问题的能力	32
5	工作要求高度的判断和计划性,要求积极地适应变化的环境	40

表 9-18 评价因素"知识技能"的分级定义表(六)

因素名称:外语知识			因素名称:语文知识		
等级	界限说明	评分	等级	界限说明	评分
1	一般信函、消息、简单通知	10	1	一般信函、简报、便条、通知	10
2	报告、汇报文件、总结	15	2	报告、文件、单位总结	15
3	公司文件、研究报告	20	3	公司文件、研究报告	20
4	合同、法律文件	25	4	合同、法律文件	25

表 9-19 评价因素"知识技能"的分级定义表(七)

因素名称:综合素质

等级	界限说明	评分
1	工作单一、简单,无需特殊技能和能力	10
2	工作规范化、程序化,仅需某方面的专业知识和技能	17
3	工作多样化,灵活处理问题要求高,需要综合使用各种技能	25
4	非常规性工作,需要高度的综合能力以应对复杂多变的环境	35

表 9-20 河南联通有限公司部分职位评估的分值表

职位	评估分值
省公司总经理	862
省公司副总经理	810
分公司总经理	788
省公司部室主任	756
分公司副总经理	682
省公司部室副主任	663
县级分公司总经理	612
省公司业务经理	578
分公司部室主任	566

续表

职位	评估分值
县级分公司副经理	534
省公司高级业务主管	523
分公司部室副主任	509
渠道经理	504
行业代表	402
销售经理	356
普通职员	276
保安	90
保洁	85
后勤	85

2. 薪酬层级的设计

根据河南联通岗位价值评估结果和公司薪酬政策进行薪酬层级设计,将各岗位的薪酬水平用不同等级表现出来。本部分主要完成两个任务,一是河南联通宽带薪酬层级数的确定,包括每个岗位层级梯级数的确定;二是设计出河南联通每个岗位每个梯级数的薪酬幅度。按照这样一种递进的层级划分方法来进行层级划分,并且对每一层级设置 6 个梯级。表 9-21 是河南联通有限公司的薪酬层级表。表中的 K 值由河南联通各分公司和各部门在年度总体薪酬策略的指引下,根据市场薪酬水平、外部薪酬竞争性和内部薪酬的激励性来确定,因此不同的层级 K 值一般取不同的值。而且不同的年份,根据公司年度薪酬预算,K 值也可能变化。表 9-21 中的得分值是薪酬小组分析调研后,按照如下规则进行计算的:首选将 E 层级的最低得分 85 分填入"梯级得分"与 E6 对应的空格内,然后将 E 层级岗位最高的得分 135 分填入"梯级得分"与 E1 对应的空格内,可算出 E 级的平均级差为 10,就可以计算出 E1 至 E6 中各层级的对应分值,同样的方法可以得到 A1 至 D6 的分值,填入表中。然后我们设定 E6 的层级系数为 1.0,再用各梯级的分数除以 E6 的得分数,便得到了各梯级的层级系数。

表 9-21 河南联通有限公司薪酬层级表

层级	标准岗位价值分	层级系数	月度标准薪酬
A1	860	10.1	10.1 K1
A2	818	9.6	9.6 K1
A3	776	9.1	9.1 K1
A4	734	8.6	8.6 K1
A5	692	8.1	8.1 K1
A6	650	7.8	7.8 K1
B1	645	7.6	7.6 K2

续表

层级	标准岗位价值分	层级系数	月度标准薪酬
B2	603	7.1	7.1 K2
B3	561	6.6	6.6 K2
B4	519	6.1	6.1 K2
B5	477	5.6	5.6 K2
B6	435	5.1	5.1 K2
C1	420	4.7	4.7 K3
C2	390	4.4	4.4 K3
C3	360	4.1	4.1 K3
C4	330	3.8	3.8 K3
C5	300	3.5	3.5 K3
C6	270	3.2	3.2 K3
D1	265	3.1	3.1 K4
D2	230	2.8	2.8 K4
D3	215	2.5	2.5 K4
D4	190	2.2	2.2 K4
D5	155	1.9	1.9 K4
D6	140	1.6	1.6 K4
E1	130	1.5	1.5 K5
E2	125	1.4	1.4 K5
E3	115	1.3	1.3 K5
E4	105	1.2	1.2 K5
E5	98	1.1	1.1 K5
E6	85	1.0	1.0 K5

3. 薪酬等级的定位

根据薪酬等级区间的设定，人力资源部门决定给每一个梯级的岗位薪酬都提供宽松的空间，员工可以在所属的等级区间内努力工作，从而获得上一梯级的薪酬标准。在设定了薪酬区间之后，要确定员工的具体薪酬水平就需要对其薪酬在该薪酬区间之中进行具体定位。表9-22是河南联通有限公司两个代表岗位的任职能力评分表。在正常的情况下，河南联通有限公司的评估得分一般为15～75分，如果得分高于75分，可以认为员工的任职能力超过了岗位的能力素质要求，如果得分少于15分，就可以认可该员工的任职能力达不到岗位的能力素质要求。如果在薪酬定位分析中出现这两种情况的任何一种，都应当对该员工进行岗位调整。为说明我们是如何对河南联通有限公司员工宽带薪酬定位的，以分公司部门主任一职为例，介绍一下岗位薪酬的等级定位程序和步骤。根据表9-23，对该员工的岗位说明进行分析，得到其岗位评估分值范围为15～75分，分为四个薪酬区间（C1～C4），把这个范围分为四个相等的分区，分别为61～75分，46～60分，31～45分，15～30分。假如某主任评估得分为61分，其所对应的薪酬等级就应该为C1，因此也就完成了该员工的薪酬层级定位。按照这样的定位程序，可以对河南联通公司的不同岗位的员工的薪酬等级进行定位。

表9-22　河南联通有限公司代表岗位员工任职能力评分表

员工编号	岗位名称	评价因素及重要性因素					合计
		工作年限1	学历2	综合知识3	职业素养4	综合技能5	
员工1	分公司部门主任	4	3	5	4	4	61
员工2	高级工程师	5	3	6	3	3	56

表9-23　河南联通有限公司薪酬层级定位表

C4	C3	C2	C1
15～30	31～45	46～60	61～75

4. 薪酬市场的调查

从表9-24可以看出，河南联通有限公司的平均薪酬还是低于业内大部分公司的相同岗位，这也阻碍了河南联通有限公司薪酬管理体系应该发挥的作用，不利于河南联通有限公司宽带薪酬的执行，必须改变这一局面。

表9-24　河南重要电信运营商部分重点岗位薪酬情况调查表　　单位：元/月

职位	薪酬水平				河南联通实际支付薪酬水平
	河南市场水平				
	最高值	中间值	最低值	平均值	
省公司部室主任	20 000	15 000	10 000	13 000	12 000
分公司总经理	25 000	16 000	10 000	15 000	14 000
分公司部室主任	12 000	9 000	7 000	8 500	8 000
县级分公司总经理	15 000	12 000	9 000	9 600	9 000

5. 薪酬结构的确定

从宽带薪酬理论中可以知道，在制定薪酬结构时，一般可以采用的薪酬结构模型分为三种：一是高弹性薪酬结构模型；二是调和性薪酬结构模型；三是高稳定性薪酬结构模型。

河南联通在宽带薪酬设计中，应该按照岗位性质的不同，设置不同的职类薪酬结构，主要可供参考的职类薪酬结构包括如下几个部分。

· 中高层管理人员宽带薪酬结构。
· 基层管理人员宽带薪酬结构。
· 专业技术人员宽带薪酬结构。

- 销售人员宽带薪酬结构。
- 辅助人员宽带薪酬结构。

➤ 本章小结

企业管理人员是指在组织中通过行使管理职能，指挥、协调他人完成工作的人。管理人员按照管理层次和职务高低可分为三类，即高层管理人员、中层管理人员和基层管理人员。高层管理人员的薪酬模式是：高层管理人员薪酬＝基本薪酬＋短期激励＋长期激励＋福利。中层管理人员的薪酬模式是：中层管理人员薪酬＝基本薪酬＋奖金＋长期激励＋福利。基层管理人员的薪酬模式是：基层管理人员薪酬＝基本薪酬＋奖金＋福利。

专业技术人员是指在企业内部从事专业技术工作，利用专业知识和经验来解决企业经营中的各种技术和管理问题的人员。其工作特点有：工作难以监督、工作业绩难以测量、注重能力的持续提高。专业技术人员的薪酬模式是：薪酬总额＝基本薪酬与加薪＋奖金＋福利＋长期激励。

影响销售人员的因素分为内部因素和外部因素。内部因素包括付出的劳动、职位、受教育程度、销售经验、为企业服务的年限（工龄）、企业负担能力；外部因素包括地域差异、行业间的薪酬水平差异、劳动力市场供求状况。销售人员薪酬设计的模式主要有纯薪金模式、纯佣金模式、薪金佣金模式、薪金佣金奖金模式等。

年薪制是以年度为计算单位决定工资薪酬的制度。企业负责人年薪制是以企业一个生产周期即以年度为单位确定企业负责人的报酬，并视其经营成果发放风险收入的薪酬制度。

宽带薪酬是指将多个薪酬等级以及薪酬变动范围进行重新组合，从而变成只有相当少数薪酬等级以及相应较宽的薪酬变动范围的一种薪酬结构。

➤ 本章关键词

基层管理人员；中层管理人员；高层管理人员；专业技术人员；销售人员；纯薪金模式；纯佣金模式；薪金佣金模式；薪金佣金奖金模式；年薪制；宽带薪酬。

➤ 本章思考题

1. 简述各管理层次的管理人员的薪酬模式。
2. 技术人员薪酬有哪些特点？
3. 销售人员薪酬主要有哪些模式？
4. 简述年薪制的作用。
5. 宽带薪酬的设计有哪些步骤？简述具体流程。

案例讨论

FS 技术人员薪酬设计

FS 是广西最大的汽车零部件生产企业，在国内汽配行业中处于前 15 位。FS 是 2000 年由国有企业改制而来，改制以后，经营规模和生产效率取得了较大的发展。目前，产品在国内有较大的知名度，部分产品甚至出口到东南亚等国家。

从 2003 年开始，FS 的技术人员出现了频繁流失的现象。据有关统计数据显示，从 2003～2008 年，FS 技术人员（包括开发人员和工艺人员）流失率按 20% 增长，往往一个技术项目刚刚开发到关键程度，在项目中占主导地位的技术人员则提出辞职。有的下属企业，甚至整个技术团队被别的企业"挖墙脚"。很长一段时间，企业中的技术人员仍然是"青黄不接"，新大学生进入公司，甚至没有足够的成熟技术人员担任导师，因此，出现一个成熟技术人员带六七个新人的情况。可以说，当前，技术人员队伍的稳定问题已经成为 FS 发展的瓶颈。由此，为了留住现有技术人员，FS 公司对技术人员的薪酬进行了改革。

1. 改革前的薪酬——薪点薪酬制

1）内容

薪点薪酬制是根据各岗位责权的不同及员工本身技能的不同，对所有岗位进行岗位评价及划分等级，再以等级差异确定各岗位的岗位薪点。

(1) 员工薪酬包括岗位基础薪酬和业绩薪酬。岗位基础薪酬、业绩薪酬在薪酬总额中的占比约为 4：6。岗位责任、员工的技能水平及劳动态度决定员工的基础薪酬。业绩薪酬由员工每月的绩效考评确定。

(2) 员工薪酬等于薪点值乘以岗位薪点数，薪点值由公司人力资源委员会根据年预算情况确定，原则上一年一定。

(3) 年度调薪原则上一年一次（特殊情况经人力资源管理委员会批准除外），其中，员工个人岗位薪点数的调整一般安排在每年的七八月配合年度全员绩效考核进行。

2）薪点薪酬制度存在的问题

(1) 从现行薪点薪酬制度可看出，技术人员的等级为 7～18 级，公司科长级干部的等级为 13～21 级，一般技术人员的薪酬聚集在此幅度的中间，也就是 10～14 级，因此从以上薪酬结构可看出，只有具有行政职务，也就是"当官"才能提高薪酬待遇。

(2) 公司中高层管理人员采用年薪制，但技术专家并未享受这个待遇。虽然评选出的技术专家相比中高层管理人员人数更少，评选程序更繁杂，素质要求也更高，更何况由于评选未规范化，评选周期未固定，因此评选出的技术专家更是寥寥无几。但是技术专家只有一定数额的津贴，并未享受年薪制待遇。

(3) FS 新员工经过 1 年企业实习，转正以后，本科生首次定薪为 12 级，571 个薪点，按每个薪点值 3 元计算，大约为 1713 元，而从汽车行业的平均工资看，1 年以后技术人员的工资为 2000～4000 元，因此从大环境来看，企业内部技术人员的工资是没有竞争力的。

(4) 管理人员与技术人员同一个薪酬体系，普通的管理人员转正定薪为 11 级，519 个薪点，按每个薪点值 3 元计算，大约为 1557 元，技术人员首次定薪大约为 1713 元，因此大概比管理人员提高 156 元。但是，由于管理人员行政职务的等级较多，如科长助理、副科长、科长、部长助理、副部长等，管理人员上升的空间较大，一旦具有行政职务，工资相应就上去了，但相应来说技术人员职务等级较少，一般也就是技术中心正（副）主任，因此其发展空间和途径较少。

另外，同是技术人员，能力好与能力差的薪酬没有区别。

鉴于以上薪酬结构的局限性，公司决定将技术人员的薪酬体系从薪点薪酬制改革为等级工资制。

2. 改革后的薪酬——等级工资制

等级工资制的工资总体结构：技术人员的等级工资包括岗位工资、等级工资、项目工资、年功工资、津贴和年终绩效奖。

(1) 岗位工资：岗位工资是对技术人员所处岗位的职责、性质以及技术人员本身所具备能力的一种综合判定，并以此为依据而制定的薪酬支付内容。它包含了岗位和技能两种要素，在薪酬中所占比例达到 50% 以上。它是对技术人员多年学习工作所积累经验的承认与鼓励。

(2) 等级工资：它是根据技术人员所评等级发放的工资。技术人员等级为 1～12 级，其中 1～4 级为员级（设计员、工艺员），5～8 级为师级（设计师、工艺师），9～12 级为专家级，每一等级对应不同的工资水平。1～8 级为各子（分）公司自行组织评定，9～12 级为公司组织评定。等级一年评定一次，评定周期为 1～12 个月。

等级工资实质上是技术人员的职业生涯在薪酬中的体现，从第 1 级到第 12 级，形成了技术人员的职业通道。它在薪酬中所占的比例大约为 40%。

（3）项目工资：项目工资中的项目一词具体指新产品研发、贯标认证、新设备上马、大中型检修等，当一个大项目被批准立项后，项目资金总额的 0.5%~1% 就作为项目薪酬，作为对参与整个项目的技术团队的激励。项目领导班子根据参与项目的成员个人工作量及完成质量将其分配给个人。项目工资重在鼓励团队合作，激发团队积极性，通过项目实施培养全面型技术人员，为高级技术人才的成长提供锻炼机会。项目工资的发放是将部分个人项目奖励，每月以工资形式发放，项目完成再针对所有项目奖励予以结算，这实际上是对以前的项目奖进行规范。它一般占技术人员收入的 7%~8%。

（4）工龄工资、津贴：这两项属于保健因素，是对员工在企业工作的最基本保障。工龄工资是对员工留在企业的年限进行奖励，鼓励员工留在企业，长期为企业服务。津贴则是企业对员工诸如夜班、现场特殊工资环境的一种补贴。它在技术人员薪酬中的比例为 2%~3%。

（5）年终绩效奖：年终绩效奖只针对部分技术骨干和技术专家。每年 12 月，公司组织技术人员进行考试考核，并结合全年开发的项目、工作及绩效考核情况，公司对前 20% 的技术人员和技术专家发放年终绩效奖，年终绩效奖通常以技术股权的方式发放。

思考题：

FS 改革前后技术人员薪酬体系的区别是什么？

资料来源：论汽车零部件行业技术人员的薪酬设计．http://www.doc88.com/p-960199679458.html

参考文献

拜厄斯 L，鲁 L. 2004. 人力资源管理［M］. 李业昆译．北京：人民邮电出版社．

盖莉．2007. 宽带薪酬的设计与研究［D］. 北京交通大学硕士学位论文．

金延平．2008. 薪酬管理［M］. 大连：东北财经大学出版社．

刘大卫．2010. 薪酬管理［M］. 北京：中国科学文化出版社．

刘莉莉．2007. 宽带薪酬适用性影响因素研究［D］. 华中科技大学硕士学位论文．

欧炜．2009. 新型薪酬管理模式宽带薪酬设计综述［J］. 广东科技，(4)：34-35.

潘晓珠．2009. 华能公司所属企业负责人年薪制方案研究［D］. 华北电力大学硕士学位论文．

王连忠．2008. 我国企业经营者"年薪制"研究［D］. 吉林大学博士学位论文．

王文波，李莉，张超．2009. 宽带薪酬设计探析［J］. 商场现代化，(4)：308-309.

文跃然．2004. 薪酬管理原理［M］. 上海：复旦大学出版社．

闫大海．2007. 薪酬管理与设计［M］. 北京：中国纺织出版社．

第十章

跨国公司国际员工薪酬设计

IBM 公司人力资源开发

IBM 作为全世界最大的信息产业"蓝色巨人"，它对于人力资源的开发就是其在管理上的重要特色之一。

1. 聘用最优秀的人才

每个公司都有自己的定位，不同的定位对需招聘的人的层次要求是不一样的。IBM要成为所在行业的领导者，必须要有一批具有领先水平知识、技能的人才。大家都知道，信息产业是一个快速变化发展的产业，IBM属于信息产业，所以其选择人才的基本思路是挑选那些行业里面的佼佼者。IBM从优秀的人才里面选择自己的员工时，主要是考虑以下几点：①工作理念；②个人技能；③知识。此外，IBM特别重视员工的发展潜能，它不仅与员工未来的职业发展有很大的联系，而且也关系到员工是否能为公司的发展提供更多更好的服务。然而，考察一个人能否被IBM录用，还取决于他自己的态度、思想和习惯能不能符合公司的价值观；或者他是否偏向于IBM的特征、价值观，信赖IBM的理念；或者他是否甘心为了公司的理念贡献他的精力。

2. 全面塑造新员工，挖掘潜力接班人

在IBM公司，新职员的培训中流传着这样的话语："不管你在进入IBM时是何种颜色，最终全部会成为蓝色。"在进入IBM公司之后，新员工都要集中培训四个月，培训的内容有IBM的发展史、各项制度、技术与产品工艺等。IBM的"师傅徒弟制"是其对新员工进行培训时所采用的方法。依照职务类别的不同可以将新员工分成两大类，一是被称为Back Office的行政管理人员，这是关于业务支持的员工；另一个是被称作Front Office的员工，他们主要针对销售、市场及服务人员。在经过两周的培训之后，新员工对公司都有了一定的了解，接着回归到自己的工作岗位跟随"师傅"，一边工作一边学习，这样有利于新员工工作、学习同时进行，尽早熟悉工作的内容；另外一种是要求进行3个月的强化训练，在回归到自己的岗位之后还需 6～9 个月来学习业务。这样的培训能使每个新员工迅速融入 IBM 的企业文化中，而且能够将培训中所学到的知识应用到实际工作当中，增加企业的效益。IBM 非常看重培养"接班人"，十分重视对员工进行国际化技能培训，管理人员的候选者可以经过工作的轮换等方式来选拔，这些都是为了使员工成为具有全球化眼界、思维及行为方式的高素质人才。这一目标的实现通常要经历两个阶段，第一阶段是员工走出去，通过各类相关的国外培训来认清自己与全世界专业人才的差距所在。第二阶段就是派遣公司具有潜力的员工到一个新国家，去适应一个完全陌生的环境，并且提供与其经历毫不相干的工作来提升其之前所不具备的能力和素质。能够适应一个完全陌生的环境并且能做出业绩的员工才是具备国际化领导才能的"国际蓝"。作为世界上最大的跨国公司之一，IBM 通过跨国的工作锻炼来培养高层管理者的全球化视野和跨国工作的经验能够极大地加强公司在全球的竞争力。

3. 尊重员工，适才适职

IBM 把员工当做企业最重要的资本，公司的最高原则是尊重个人。IBM 十分注重机会平等，每个员工都有机会去尝试。对于进行商业运转的公司来讲，这一点是非常难能可贵的。其提供具有挑战性的工作、培训与成功的机会给员工，注重员工在工作中的价值体现，增加员工的满意度，使其和公司共同成长。在 IBM 公司，每个员工都有自己所需要，甚至是完整的发展空间与条件。IBM 提供管理与专业两种职业发展路径给员工，让他们有许多机会来实现个人的职业理想。假如一个员工想在管理的路上有所发展和成就，希望进入经理层，那么公司就需要考察他有没有管理方面的才能，是否有培养的潜力。假使该员工具备发展的条件，那么就可以将其放入管理的人才库里面，参与到对经理的培训安排之中，进行 3 个月的经理培训。对于那些完成了培训课程并且考核结果为合格的员工，在遇到公司存在经理空缺的情况时，可以安排他们上岗。假如员工希望而且又比较适合从事技术方面的工作，IBM 同样为他们提供职业发展的空间，让他们不断向上发展。当发展到了一定水平而且作为讲师参与了公司的培训，又带过新员工时，就能够参与公司组织的考试和答辩。一旦答辩合格后，就能够取得高级技术专家的职称。

4. "薪酬福利＋工作体验"的全面薪酬体系

IBM 有着十分独特有效的薪酬计划，经过薪金管理，公司做到了奖励进步者、鞭策平庸者，对员工的激励起到了特别重要的作用。这样的管理方法被 IBM 发展成了高绩效文化(high performance culture)。依靠高薪酬吸引人才并不是 IBM 的全部，公司要做的是让员工感觉到公平，有安全感和成就感，使他们有信心在这里实现自己的梦想。薪酬与福利是全面薪酬体系的基础部分，在体系中占有非常大的比例。"工作体验"在此起到了杠杆的作用，与薪酬和福利计划一同组成了为员工所适应的最为合理的全面薪酬体系。IBM 的薪酬结构是非常复杂的，员工的薪酬与其岗位、职务、工作绩效及表现直接相关，但是工作的时间和学历与此没有直接的关系。IBM 还拟定了涵盖带薪休假、住房补贴、进修资助、医疗及退休保障等各保险计划在内的比较完备的福利项目，而且还会组织一些旅游、音乐会类的活动，这样能给员工营造一个轻松、温暖的环境，让他们安心工作。IBM 的薪酬是有差异的，不同的职位以及不同的表现，薪酬是不相同的。IBM 十分认同股票项目是吸引和保留人才的重要策略，但并不是所有的员工都应该有股票期权，公司会仔细考察，确定哪些员工可以获得股票期权。里其特博士是 IBM 公司企业系统、个人系统、软件及技术集团负责薪酬的主管，他的观点如下：股票期权的分发不是基于过去所取得的成就，而是着眼于未来可能做出的贡献。此外，IBM 公司每个员工工资的变动都会参照个人业务承诺计划这一关键的参考指标。承诺计划的制订是一个互动的过程，由员工和他的直属经理一起共同讨论制订。员工自己努力执行计划，经理为其打分。而直属经理的个人业务计划会由上一级的经理来评定打分，就这样一层一层地"承包"，谁都不能搞特殊待遇，保证了公平性。每个经理都在一定程度上掌握了一定的评分权利，能够分配其领导的团队的工资增长额，有权决定如何将额度分发给自己的员工。

资料来源：改编自 http://3y.uu456.com/bp-487aad11f18583d049645948-1.html

第一节　跨国公司概述

随着经济全球一体化的快速发展，资源稀缺程度越来越大，组织已经不局限在一个国家或地区来寻求发展所要的资源与市场。而是整合多方资源，开辟国际市场，跨国公司由此应运而生，成为国际经济活动中最活跃的主体之一。跨国公司具有劳动力队伍多样化的特点，其人力资源管理问题成为学者们研究的重要内容。

一、 跨国公司的定义及特征

跨国公司就是那些有着全球化经营动机及一体化战略，并且在许多个国家或者地区有从事生产经营活动的分散的组织或机构，但又能将这些组织、机构统一于全球性的经营之下的这样一种大型企业，因此也常称作国际公司或多国公司。

跨国公司具有以下特点：①一般都会拥有实力强大的大型主体公司，经过各种方式如直接对外投资或者对当地的企业进行收购，这样就在许多国家或地区建立起子公司或分支机构；②一般都存在着完备的决策系统和最高决策中心，尽管每个子公司或分支机构都设置了自己的决策机构，都能够依照自己的经营情况做出具体决策，但是它们的决策一定得服从最高决策中心；③一般都是站在全球战略的视角上经营，对市场的寻求以及生产的合理布局都是在全球范围内进行，定点进行专业生产，定点进行产品销售，其目的是使利润最大化；④它们一般都有着很强的经济、技术实力，信息传递迅速以及资金跨国转移便捷等优势，因而它们在国际上有着很强的竞争实力；⑤由于在经济实力、技术水平或者对某些产品有生产方面的优势，这些大型的跨国公司都有一定程度的垄断性。

二、 跨国公司员工的构成

跨国公司有着三种类型的员工，即母国员工、东道国员工、第三国员工。

母国员工：来自于母公司所在国家的员工，或者是从母国派遣到国外工作（通常为期1～5 年）的员工。

东道国员工：属于子公司所在国家（东道主国）的公民的员工。例如，摩托罗拉中国公司工作的中国员工就是东道主国的员工。

第三国员工：非母国和东道主国家的员工，他们来自于第三方国家，在东道国的企业中工作，没有母公司所在国家和东道国的国籍。例如，在摩托罗拉中国公司工作的马来西亚籍员工就是第三国员工。

除东道国员工外，母国的员工和第三国员工都属于外派员工，这类员工由于短期任务被派到自己国家之外的国家工作，任期可能是 1～5 年，比较常见的是 2～3 年。针对这一特殊群体，不同的企业通常会制定出不同的人力资源管理政策，以使外派员工能够更加适应和满意，并且努力地完成企业赋予的使命。

第二节　跨国公司员工薪酬管理特点

一、　不同来源国员工的雇佣特点

1. 母国员工雇佣

母国员工雇佣就是指雇佣来自母公司所在国家工作或者是从母国派遣到国外工作的员工。在国外公司以及分公司的经营中，母国员工有着非常重要的地位。随着跨国公司海外扩张的步伐加快，这些员工越来越多地成为子公司中的高层管理者或技术专家。

外派员工大多来自母国公司，因为雇佣成本高，所以跨国公司在人员选择上会考虑他们的专业知识、技能、企业文化、管理模式和个人职业生涯发展等方面的优势。但是母国员工雇佣也具有劣势。例如，因为高昂的派遣成本，公司在外派员工的甄选上比较严格，使得他们的随同人员少，交往受到限制；外派员工与子公司所在国存在文化差异，沟通比较困难；外派员工在海外工作时间过长可能会影响其回国之后的职业发展；等等。

2. 东道国员工雇佣

使用东道国员工的优势比较明显，如成本低，没有文化和环境障碍，便于与子公司所在国的客户和政府打交道，有利于劳动力的弹性化管理。劣势主要包括人员培训成本高，与母公司所在国和第三国的员工沟通困难，以及存在对祖国和企业双重忠诚的冲突等。

3. 第三国员工雇佣

随着全球化进程的加快，跨国公司中的第三国员工加速增长，他们一般流动性强，对分布到各国企业的适应性也强，被称为真正的全球性雇员。与母国外派员工和东道国员工相比，第三国员工的雇佣优势在于：雇佣成本一般低于母公司所在国员工，熟悉东道国的特点，具有跨国公司经验。劣势在于：需要跨越与东道国和母公司所在国员工的双重文化沟通障碍，公司要将其作为外派人员进行管理并支付派遣费用，不利于本土化战略的实施等。

二、　不同来源国员工薪酬策略

1. 母国员工的薪酬策略

为了满足公司外派员工的需要，许多跨国公司施行了平等性的国际待遇计划。例如，对于国际待遇组合问题的设计，美国通常会利用"损益平衡途径"，重点考察基本薪资、差异性、诱因性、援助方案这四个因素。基本薪资的制定主要参考当地工资水平。但是考虑到每个国家不同的生活成本，差异性是用来与海外商品、服务、住宅高昂的成本相抵。与此同时，为了鼓励员工到任，跨国公司经常会施行一些激励措施，主要有货币补偿，或者提供汽车、住房等服务这几项。另外，许多跨国公司还对员工采用了一些援助措施，如安排员工家属进行探亲、提供安全保障、解决孩子的教育问题等。在激励性薪酬方面，跨国公司通常都处于激烈的竞争环境之中，因而有必要强化对员工的激励程度，提倡他们不断创新。自助餐式的福利制度是一种比较新颖的激励性薪酬制度。跨国公司会有一系列的相关福利制度，符合条件的那些外派员工可以自由选择适合自己的福利项目。虽然福利制度和补偿机制的内容相差不大，但是福利制度能更好地激发出外派员工的工作热情，并且能降低他国任职所带来的不公平感。对于高层管理人员，公司更适合采用像股票期权那样的长期激励性的薪酬策略。一般情况下，股票选择的期限较长，而实施股票期权能够较快且长期使企业的高层管理者的注意力转移到关注企业的利润情况。如果经营管理出色，股票价格上涨，并获得利润，他们将会为自己赚取一份丰厚的收益。

2. 东道国员工的薪酬策略

较高的薪酬水平是跨国公司可以吸引到大量东道国人才的一个重要因素，但是东道国员工与母国员工和第三国员工的收入相比还是存在着比较大的差距。在对东道国员工的薪酬策略进行设计时，跨国公司除了保证公平与效率之外，还应满足本地员工的需求，为他们设计相应的福利待遇，进而能够消除他们由于没能享受到外籍员工的待遇所产生的不满感。例如，对于中国地区，目前住房、医疗、养老等各种社会福利的改革强度正在不断加大，为了达到吸引、保留人才的目的，越来越多的外资企业都开始大力采用这一员工福利。此外，本地多数员工关心更多的是外资企业提供的人才培训机制、个人发展机遇、职业声望、办公环境及工作氛围等机会或待遇，跨国公司要想更好地吸引和留住本地人才应该对此予以重视。

3. 第三国员工的薪酬策略

假如母国或者东道国没有合适的人才，那么对第三国人员的聘用便成为跨国公司人才的重要来源。通常第三国人员在语言、社会背景等方面与东道国比较接近，与母国人相比，他们通常更加能适应当地的商业环境。但由于薪酬往往低于外派员工，第三国员工一般不能发挥其海外任职的优势作用。为了处理第三国员工的薪酬公平性的问题，进行薪酬设计时应该考虑到这些员工所来自的国家里影响薪酬水平的因素有哪些，还需考虑来自不同国家的员工对薪酬水平的认知具有差异性的现实状况。例如，日本的员工认为薪酬是与资历息息相关的，而美国的员工基本上认为薪酬应该与个人的知识及能力挂钩。所以，在设计第三国员工的薪酬时，应该根据员工所属国家的薪酬支付特点相应地采取不同的支付办法，这样可以使不同国家的员工更好地理解薪酬的公平性。

员工受教育的程度、工作经验、个人素养、所处的岗位等许多因素都会影响到企业内部薪酬的差异性，而且不同的员工对于薪酬的公平性有不同的理解，所以很难制定令不同来源国的员工都感到满意的薪酬制度。但是在与跨国公司总体薪酬战略保持充分统一的前提下，依照母国员工、东道国员工和第三国员工的特点分别采取相应的激励性薪酬策略，可以在一定程度上减少跨国公司海外员工对薪酬公平性存在的分歧。

三、　跨国公司外派员工薪酬管理的影响因素

跨国公司外派员工的薪酬管理会受到多方面因素的影响，如外派期限、汇率政策等都会对跨国公司外派员工的薪酬管理造成影响，具体影响因素如表 10-1 所示。

表 10-1　跨国公司外派员工薪酬管理的影响因素

影响因素	具体影响表现
外派期限	外派人员的外派期限一般都是 2～5 年，所以其薪酬的制定也是基于此期限的。此外，尽管很多海外的员工最开始的外派期限是 2～5 年，但是在工作时经常会因为各种原因需延长工作期限，这时公司的管理者就应该考虑如何来调整他们的薪酬策略
国籍因素	外派员工是同一国籍的公司和外派员工是多个国籍的公司，薪酬体系可能会有所不同
外派方式	根据外派方式的不同，所采取的薪酬策略也会有所不同。在国外工作一定时间后再返回国内是对多数员工的外派方式，假如未来公司有需要，可以继续外派。然而假如员工一直从事的是外派工作，也就是说首先在一个国家的子公司工作一段时间之后又转移到另外一个国家的子公司工作，那样确定该类员工薪酬水平时应该考虑到他们的特殊性
外派人员类型	很多跨国公司都坚持所有的外派人员的薪酬水平都需要遵守同样的规章制度这一原则。对于薪酬制度，有些公司按照员工的职位级别、工作的部门及外派的地点进行分类。外派人员的类型对他们的薪酬制度有重要的影响。外派高层主管人员为主的公司和外派技术工程师为主的公司一般会采取有差别的薪酬制度
行业性质	外派人员的薪酬制度会随跨国公司所属行业的不同而存在区别。例如，石油公司一般都将专业的技术人员派到比较偏远的地方工作；而投资银行通常是将员工派到经济发达的国家或地区。这两类外派员工之间的薪酬制度差别很大

第三节　跨国公司员工薪酬组合

跨国公司的薪酬体系包括四个方面，即薪酬组合、薪酬水平、薪酬结构和薪酬支付。其中，薪酬水平的核心是国家之间的薪酬差异；薪酬结构关注不同来源国员工之间的薪酬对比关系；薪酬组合以及与之相关的支付方式则一直是跨国薪酬的最主要方面。跨国公司的薪酬组合包括基本薪酬、奖金、津贴和福利四部分。上述四部分又区分为直接薪酬和间接薪酬。以美国公司较为通行的薪酬组合为例，美国外派员工的薪酬构成见表 10-2。

表 10-2　美国外派员工的薪酬构成

直接薪酬	间接薪酬
➤基本薪酬 ➤绩效薪酬 ➤补偿性薪酬 　国际薪酬 　艰苦津贴 　危险津贴	➤标准福利 　养老金和住房公积金 　医疗 　工作时间和公共假期 ➤额外福利 　未成年子女的教育费用 　年休假 　俱乐部开支 　探亲补助 　汽车使用

一、 直接薪酬

1. 基本薪酬

跨国公司外派员工的基本薪酬包括固定薪酬和浮动薪酬。固定薪酬主要是指与岗位和职位相关的基本薪酬。在确定外派员工的薪酬水平时，大多数的跨国公司会依照本公司的职位评价与能力评价系统来确定。外派人员的基薪水平一般以在母国做同样工作所获得的薪酬水平为依据。浮动薪酬包括股票收益，主要依据公司的总薪酬管理系统来确定。也有一些公司专门为外派员工设计相应的国际职位评价系统，用统一的评价因素分析具体的不同的海外职位。

2. 绩效薪酬

在多数情况下，对海外员工的薪酬调整以及奖金数额的确定需要参照业绩评估的结果。但是，因为公司采用的薪酬系统不同，所以在确定时要有所区别。如果外派员工的基薪是以母国为基础的薪酬系统来确定的，奖金就要依据母国的比例来确定。例如，在东道国，最高奖金率是基薪的 15%，而在母国是 40%，某外派人员奖金适用率为 50%，那么他将得到 20%（40%×50%）的奖励，而不是 7.5%（15%×50%）的奖励。在这种情况下，基薪也要依据母国薪酬系统进行调节。

3. 补偿性薪酬

母国外派人员都会因接受出国派遣获得一定的物质奖励，这既是对员工支持公司海外业务的奖励，也是对员工置身艰苦环境的一种生理或心理上的补偿。目前，跨国公司主要使用三种形式的外派任职奖金和海外服务补贴，具体如下。

1) 国际薪酬

为了鼓励外派员工和家庭去接受国际性的外派任职，跨国公司设置了国际薪酬这一奖励措施。员工在海外任职期间会遇到一些困难和问题，包括与家庭成员、朋友及商业伙伴的分离，家庭成员要适应不同的语言和文化环境等。国际薪酬的支付比例和方式如下。

（1）海外任职津贴：一般按照基本薪酬的一定比例在每个付薪日支付。

（2）迁移奖金：一般是在外派任职开始前或结束后一次性支付，有的是在任职期间分批支付，这笔数额随任期的增加而逐渐增加，通常支付的数额与海外任职津贴大致相似。

（3）国际奖金：在每个付薪日支付，也可以一次性付清。

目前国际薪酬的管理有两个新的特点：一是薪金根据不同行业和不同原因而发放，通常是按照基本薪酬有一定的发放比例，在基薪的 10%～15%；二是许多公司倾向于把员工的职业发展而不是现金奖励作为对雇员接受外派任职的激励。

2) 艰苦津贴

与国际薪酬不同，艰苦津贴是公司以补偿的形式对派遣到艰苦环境的外派员工发放的补助津贴。这笔补偿的支付因素包括：相当恶劣的气候条件；文化、医疗、娱乐设施落后；由于政局不稳定或邻近有战事地区而使外派人员和家庭面临个人安全威胁。

通常情况下，艰苦津贴以薪水的一定百分比在每个付薪日支付。比例的大小综合考虑政府、咨询机构和内部信息来确定。当派遣地的生活条件发生变化时，津贴数额也随之变化。

3）危险津贴

危险津贴是公司专门为派遣到危险地区工作的员工发放的补贴。各公司的危险津贴都有自己的标准。例如，当派遣地被美国政府暂定为对个人安全有危险的国家时，美国公司将支付外派员工危险津贴，尤其是当政治动荡或其他内战使得雇员在派遣地的工作会危及人身安全时。企业会将危险津贴与艰苦津贴综合起来考虑，共同确定一个比例，并在每个付薪日发放。

表 10-3 给出了美国外派人员通常的津贴。

表 10-3 美国外派人员通常的津贴

财务津贴	社会性角色转换津贴	家庭服务
税收退减	临时离开	语言培训
税收平均	离家	协助小孩转至当地学校
房屋补贴	语言培训(经理)	文化培训
儿童教育补贴	公司汽车司机	当地文化培训
临时生活津贴	对其在当地新家的协助	孩子照料
商品与服务差别津贴	接受西方标准的健康服务	配偶在公司里有限被照顾
交通补贴	俱乐部	协助配偶在公司外找到工作
外国人服务费	个人服务	
家具	个人安全	
汇率补贴	文化培训	
移动津贴	社会事务	
离家补贴	职业生涯发展	
中途停留补贴	当地文化培训	
健康补贴	与社区的关系	
艰苦津贴	咨询服务	
抱怨性红利	休假	
外派红利	国内雇员	
超工作时间工资	使用公司的休假设施	

二、 间接薪酬

1. 标准福利

标准福利包括社会福利与企业福利。外派员工的福利项目比母国员工的数量多、水平高，而且还会考虑到各个国家或地区收入水平、生活标准和税收政策的不同以及员工的特殊需要。例如，一些外派人员会因海外任职而得到额外税务补偿，同时也会根据派遣地税收的复杂程度获得税收咨询费等。此外，一些跨国公司还为外派员工提供搬家费、由于紧急事件而临时归国的(如雇员或配偶直系亲属死亡)费用等。

1)养老金和住房公积金

大部分公司提供以母国为基础的社会保险和养老金计划。在特殊情况下,由于员工在海外居住而无法享受母国福利(如母国员工可享受住房公积金,而在海外居住的员工则不能享受),也可以根据东道国情况予以补偿。

2)医疗

医疗计划根据雇员的国籍而有所不同。例如,绝大多数美国公司对美籍外派员工实行本国的医疗计划,近 40% 的公司对来到美国的其他国籍的外派雇员实行美国的医疗计划,只有 30.5% 的公司维持其母国计划。当跨国公司被要求执行东道国的医疗保险计划时,如果不是按照东道国薪酬系统付薪,公司就将为员工支付成本并将获得相应的收益。

3)工作时间和公共假期

外派人员的工作时间和公共假期计划通常依据东道国当地的法律和惯例而定。如果外派人员仍然希望继续享有母国的公共假期,就需使用自己的年假。

2. 额外福利

1)未成年子女的教育费用

对于某些雇员来说,子女能否在派遣地接受良好的教育是决定其是否接受海外任职的主要因素。绝大多数公司意识到需要在东道国为雇员的子女提供与在母国同等水平的教育,而且由于东道国语言和课程设置问题,一些外派人员子女需要到费用昂贵的国际学校上学。因此,大部分跨国公司都为外派人员支付其子女在东道国上幼儿园、小学、中学的费用。这些费用一般包括学费、课本费、统一制服费以及学校提出的其他必需费用。

如果外派国找不到合适的学校,公司就需要在母国为外派人员的子女选择寄宿学校,提供一定的寄宿费,并为未成年子女提供每年两次去东道国与家人团聚的飞机票,但对子女的年龄有明确规定。公司一般不会支付在母国需由家庭自己支付的一些费用,如子女的午餐费、学生实地考察旅行费等。有些公司还为外派员工的子女支付导师和合理的额外教育费用。由于许多母国公司不支付托儿费用,所以外派期间国外的托儿费一般采取雇员与公司共摊的方式。

2)年休假

年休假是外派人员用于回家探亲的带薪休假。但在有些情况下,公司也提供某些额外的带薪休假,如看医生、回国查看房子等。

关于是按照母国还是东道国的标准休假,一直存在争论,通常,带薪休假的政策与使用的薪酬政策相对应。例如,如果执行母国薪酬计划,则采用母国的休假政策;如果执行总部的薪酬政策,则采用总部的休假政策。

3)俱乐部开支

通常,公司不支付非商业目的的娱乐性俱乐部费用。商业俱乐部(如提供正式午宴或晚宴的俱乐部)成员的费用支付需要获得高级经理的批准。

4)探亲补助

探亲补助是指公司提供补助以帮助外派雇员及其家人与亲属、朋友和同事联系并且了解母国最新的经济、政治、文化和社会发展趋向,以减少外派人员及其家庭归国时带来的问题。越来越多的公司不再提供这项费用，即使提供，也有较严格的财务规定。

　　5)汽车使用

　　考虑到公司的业务、个人需要、税法以及东道国与母国的用车成本差异等因素，有的公司为所有的外派人员都提供汽车，有的只为特定的群体提供汽车，并在汽车使用管理上做出比较详细的规定，包括汽车的类型、津贴的数额和形式、汽车贷款补助形式、是否以公司名义租赁汽车及汽车的产权分配等。

第四节　跨国公司薪酬设计方法

一、母国体系与资产负债表法

　　依据母公司所在国家的生活标准和薪酬水平来确定外派人员的薪酬体系便是母公司的标准薪酬体系。例如，母公司在美国的员工将按照美国公司的标准获取薪酬。该体系实施的目的主要是使外派人员能在派遣地维持与母公司员工同样的生活标准。其指导原则是维持外派人员与母国内的员工薪酬的一致性，同时对员工在海外任职产生的额外费用加以补偿，从而使得外派人员不会因为海外任职而遭受经济上的损失。母公司标准薪酬体系是通过资产负债表法来实施的。这一方法能使国家之间的购买力均等，进而可以让外派员工与母国员工享受同等的待遇，再辅以一定的物质奖励（如奖金），这样能使他们更易于接受海外的任职。在资产负债表中，母国员工主要考虑到收入所得税、住房支出、商品和服务支出（食品、服装、娱乐等）、储备金（储蓄、养老金等）等支出要素，如图 10-1 所示。当这四项因素在东道国和母国之间出现差异时，公司就要为这部分差异做出补偿。

　　1. 资产负债表法的主要内容及修正的母国体系

　　1)资产负债表法的主要框架

　　第一栏表示的是母国的薪资水平，我们能看出外派人员的基薪包括收入所得税、住房支出、商品和服务支出、储备金四个方面。每一类别上的数额由薪水总额及家庭规模决定。组成柱状的每一个长方形代表雇员在外派任职之前母国的支出水平，是外派薪酬的基础部分。

　　第二栏代表派遣地的消费成本。每个增大的小长方形面积表明在派遣地增加的各项成本支出，包括收入所得税、住房支出、商品和服务支出，但储备金保持稳定状态。

　　第三栏是雇主与外派员工一起承担的派遣地成本。雇主参照母国的支出水平（第一栏）来承担成本；而雇员支付多余的成本部分（阴影部分）。

　　最后一栏表明了与母国相等的购买力。一旦应用了资产负债表法，雇员会保持与母国相同的购买力。"奖金"是指某些公司为了鼓励外派人员接受海外任职，在基薪之外支付的奖励。但近年来，越来越多的公司倾向于不提供这种奖金。

　　如表 10-4 所示，美国员工被派往马德里工作，母公司所在国美国的生活标准和薪酬水平如表中第一列所示，在美国的开支总额为 88 000 美元，公司支付给外派人员的津贴总额为 17 000（第三列数字），按照资产负债表法，公司支付给外派人员的薪酬应该是 88 000＋17 000＝105 000（美元）。然而外派人员的购买力和他们在美国获得 88 000 美元时

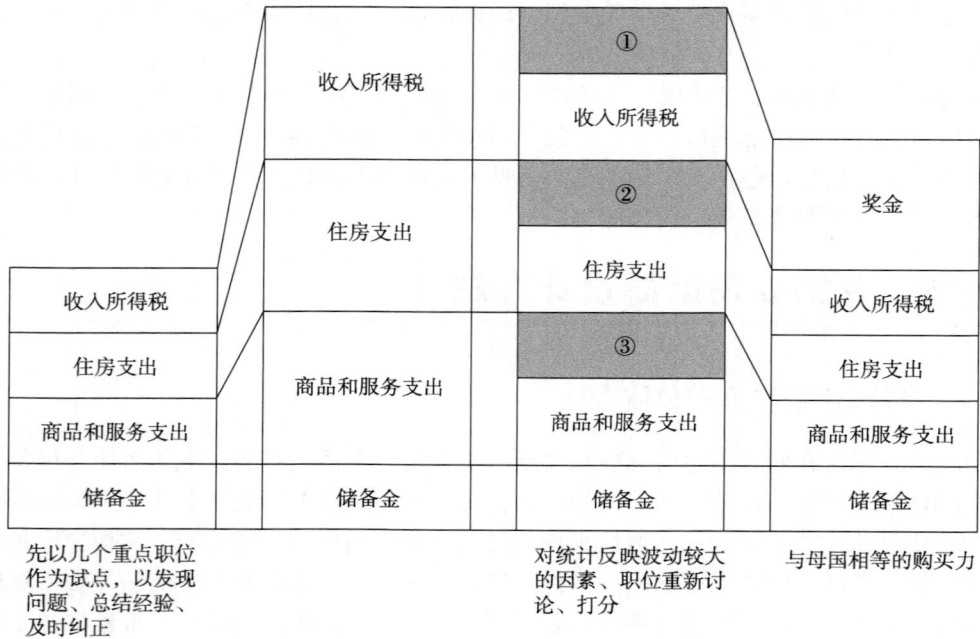

图 10-1　跨国公司薪酬资产负债表

的购买力是一样的。

表 10-4　资产负债表法举例　　　　　　　　　　　　　单位：美元

支出项目	美国开支	马德里开支	津贴开支
收入所得税	17 000	20 000	3 000
住房支出	13 000	21 000	8 000
商品和服务支出	34 000	40 000	6 000
储备金	24 000	24 000	—
合计	88 000	105 000	17 000

资料来源：米尔科维奇 G T，纽曼 J M. 2002. 薪酬管理[M]. 董克用译. 北京：中国人民大学出版社

2）资产负债法的内容

资产负债法的各项内容如下。

第一，储备金管理。储备金包括养老金、社会保险计划、储蓄、投资和任何增加其资产净值的支出（如住房和汽车的抵押付款）。母国消费为储存金计算的基准，不会依据海外任职的情况而进行调整或补偿。如果员工选择在东道国投资或储蓄，应自担风险。

第二，商品和服务津贴。公司一般对商品和服务的额外支出采取补贴方式。通过与东道国主要消费品的比较，由公司提供商品和服务费用的差额，但差额计算比住房和税收更困难，因为会受到价格和汇率变动的影响。公司需要定期更新商品和服务费用数据，以保证其差额尽可能符合实际情况。

第三，住房费用。外派人员在东道国的住房费用一般高于母国，这是因为他们经常选择住在环境好、交通便利、费用高昂的区域。一些公司为员工提供住房，一些公司则提供住房补贴，也有的公司采取分担的办法，让员工分担一些费用，即按照母国的住房水平推算派遣国同等条件的住房费用，然后由公司补齐差额。通常给予补偿的项目有租金、电费、煤气费和水费等。

第四，税收补贴。税收补贴已经成为外派薪酬中最昂贵的一项支出，因为外派人员经常遇到东道国与母国的双重征税问题。在资产负债表的概念下，员工在外派任职期间支付的所得税不应大于在母国支付的数额，否则将影响国际派遣。目前使用的两种主要方法是税收保护与税收均等化。税收保护是指如果外派人员在国外的税收高于母国，则多缴纳部分由跨国公司补偿，如果国外的税收等于或低于母国，员工则按照东道国的税收标准缴纳即可。税收均等化指的是公司预先扣除外派员工需要在母国内缴纳的税款，接着为他们支付所有国外应付的税款，也就是说，假如员工被派往税收低的国家，跨国公司会保留差额；如果被派往高税收国家，公司补齐差额。

第五，奖金支付。奖金只有当雇员被派遣到海外工作时才会产生，它是为鼓励雇员接受海外任职而额外支付的，带有很大的主观性和政策性。奖金项目包括外派奖金、国外服务奖金或迁移奖金等。

资产负债表主要根据五项费用比较之后的差额部分，在住房、公共事业、商品和服务、非固定收入及税收方面给予外派员工经济补偿，如果外派地的上述费用超过国内，员工将得到补偿。在实施中需要注意的问题是如何在激励外派人员的司时有效地控制外派薪酬成本，因为外派人员的平均成本一般是母国相似职位的 2～5 倍，是当地人员的 10 倍。近年来不断提倡采取减少外派成本的方法，如一些公司限制外派人员的住房和用车等高档消费等。

3）修正的母国体系

修正的母国体系，也称来源国标准，它是以外派人员来源国或母国的生活标准和薪酬水平为基础，做出适当的调整以后确定外派人员的薪酬支付标准。这种薪酬体系是母国标准的改良。

该方法主要是解决不同来源国员工被派遣到同一海外公司的薪酬标准制定问题。例如，一家公司中有两个副总裁，一个是美国人，另一个是英国人，被同时派遣到驻巴黎的公司。按照以母国为标准的薪酬体系，因为来源国的生活水平不同，他们应该得到不同的津贴，但这会造成一种不公平。而修正的母国标准的解决办法是，公司根据职位和家庭规模制定统一的住房标准。例如，派遣到巴黎的副总裁每月都支付 3000 欧元的住房费用，这个标准确保所有外派副总裁拥有相同的住房水平，减少因国籍引发的待遇不公平问题。

来源国标准主要解决员工在福利补贴之间的差异问题，依然贯彻外派员工生活费水平不低于原居住国的原则，基于原居住国与外派国支出的差距来计算补贴差额。

2．资产负债表法的优缺点与使用范围

资产负债表法有两个优点：第一，能够保障优秀的外派员工在国外达到与国内相同的生活标准和相等的购买能力；第二，为跨国公司控制外派的薪酬成本带来了便利，与此同时，也帮助员工担当了一切汇率风险。

资产负债表法有两个缺点：第一，薪酬包的管理非常繁重。一旦汇率、通货膨胀率和税法有任何变化，薪酬支付系统都必须针对不同国家的费用比较及时地做出调整，这就要求拥有最新的变动数据。第二，因为外派人员与东道国雇员的薪酬水平不同，所以当东道国的雇员知道外派人员的薪酬远远高于自己时会产生不满；相反，当外派人员发现自己的薪酬低于东道国雇员时，也会产生不公平感。另外，因为该系统与母公司相连的缘故，所以还涉及第三国员工薪酬的支付。以下几种情形适宜使用资产负债表：母国与东道国的经济状况、生活水平可以与派遣国相比较；外派人员对当地的文化比较难适应；在海外工作期限较短，结束后能回国继续工作；公司对派遣到海外工作的员工承诺其工作期间不会有经济损失。

二、 东道国体系与现行费率法

1. 内涵与管理特征

东道国体系，又被称做薪酬本土化、现行费率法或市场费率法等，就是依据公司所在地区的市场费率及水平来支付外派员工的薪酬。东道国体系的主要管理特征包括以下几点。

1)管理前提

在实施该体系前，有必要去深入了解东道国的相关薪酬市场、生活水平以及当地的购买力。根据调查的情况制定一个严格的职位评价体系和内部薪酬等级标准。

2)体系适应性

该方法对外派人员从低水平国家往高水平国家流动有促进作用，这样能保证不会使外派人员薪酬降低，并且还能有一定的提高；但是假如外派员工流动的方向与前述相反，那么实施起来难度将会非常之大。所以，对于外派期限比较长的员工，公司才会采用这一方法。

3)差异化管理

差异化管理往往体现在对外派薪酬的不同组合部分。公司的一般做法是首先根据当地的标准给外派人员支付货币薪酬部分，接着继续母国的养老金计划，同时考虑到外派具有临时性的特点，公司在支付给外派人员住房差额、生活补贴等福利时会以当地最高的水平来支付。

2. 体系的优缺点

东道国体系主要有以下优点：能消除母国体系在同等职位上存在的薪酬水平不公平问题；对不同来源国家员工之间的合作有促进作用；规避汇率和税法的调整；对外派成本有降低的作用；促进本土化的进程；等等。

东道国体系主要有以下缺点：可能会助长外派人员间的攀比心理，对人员的流动造成一定障碍，如外派人员会欣然接受从低薪水国家到高薪水国家的派遣，反之，派遣可能会比较困难；造成不同任期间的外派人员待遇差距过大的现象，尤其是发展中国家与发达国家间的巨大差距；影响外派人员回国之后的薪酬管理问题；等等。

三、 其他体系与方法

1. 总部体系

以总部为标准的薪酬体系基于这样的原则：对于所有的外派雇员，不论国籍，都以总部所在国的标准支付外派薪酬。例如，一家美国跨国公司将给所有外派雇员以美国为基础的薪水，而不论员工来自哪一个国家，或从哪一个国家的公司被外派到海外其他公司。假如这家美国公司是在法国设立的总部，那么它会依照法国当地的标准来支付外派员工的薪酬。员工在整个外派期间，公司统一按照总部标准付薪，以减小当员工流动到总部后带来的财务问题。

该系统的优点是便于管理，公司只需要处理一套标准的薪酬结构和津贴系统即可。缺点是不利于外派人员在全球的流动。例如，雇员在外派结束后归国，但他是从比总部所在国薪酬水平高的国家派遣归来的，归国就意味着财政上的损失，所以他有可能对这种薪酬体系不满意。

2. 取高标准的体系

在东道国与母国之间选取高薪酬标准的做法便是取高标准的体系。一般计算程序如下：首先，按照以母国为基础的方法计算出薪酬净值后，转换成东道国的货币；其次，按照以东道国为基础的方法，计算出薪酬净值；最后，将两个数值进行比较，将较高的值作为雇员的付薪标准。

该系统的优点是雇员不会因为接受外派任职而使生活水平降低，其薪酬水平也会高于当地雇员。缺点是有可能在不同国籍的外派雇员或当地雇员之间产生不公平。

3. 区域化法

区域化法指的是对在一定区域间流动的人员，跨国公司采取的是统一的外派薪酬标准，如亚洲区域标准、欧洲区域标准等。区域体系的标准介于国际薪酬和东道国薪酬水平之间，常常以某一区域内同行业公司中相似职位的平均薪酬作为标准，并提供标准的海外补贴。当来自不同区域的员工增多时，许多跨国公司倾向于采用区域化薪酬政策。

与企业外派薪酬标准相比，区域薪酬的补偿水平低，外派补贴和奖励也少。因为员工只在本区域间流动，所以企业可以降低对工作、生活、文化环境不适等多种补偿，同时可以降低外派激励酬金。

4. 全球化法

全球化法是一种特殊的薪酬管理体系，主要是跨国公司设计给那些在全球范围内流动的高级管理人员和技术专家的。它主要根据全球范围内同行业相似职位的平均薪酬来确定外派人员的薪酬，并提供统一的外派奖金和津贴。全球化的薪酬标准高，成本昂贵，实施的主要目的是获取和留住国际一流人才，并真正实现人才的全球市场化运作。

第五节　跨国公司薪酬支付

一、商品和服务差额补贴

如果外派人员在派遣地购买同类的商品和服务的成本比在国内高，大多数公司会支付一种生活费用补贴或者商品和服务津贴，其数额通常会参考外部咨询顾问提供的信息。有许多这类成本比较的方法，需要经常加以调查以反映出两地之间汇率差异的影响因素。典型的做法是外部顾问会提供一个能够比较两地成本的指标，通常用 100 代表两地的成本是相同的。津贴通常按每个阶段来支付。对于支付津贴的目的，有两种差异不大的观点。它既可以被视为一种防止高成本的办法，也可以被认为是试图保证雇员在被派往国外工作时，尽管他直接获得的薪酬发生了变化，但其生活标准既没有提高也没有降低。后一种观点可以被定义为成本均等化方法。两种观点的差别不仅仅是语义上的问题。一个使用保守策略支付薪酬的公司，当它的雇员被派往一个更低成本的国家的时候，它不会采取行动，而一个采用成本均等化方法的公司则不然。那些采用成本均等化方法的公司声称这么做是为了使雇员的实际生活水平不会随着工作派遣地点的变化而发生任何改变。这样，被派往较低生活成本的国家的雇员会获得一笔和本地所需花费无关的意外收入；而另外一些被派往较高生活成本国家的雇员则会受到保护，但是不能享受到任何额外优惠。如果在低成本国家的员工生活成本突然增加，他们可能会认为实际生活水平下降，实际上这种下降仅仅是那笔意外收入在减少而已。正因为如此，一些公司在将员工派往低生活成本的地区时，并不会降低他们的薪酬水平，它们选择的方式是让雇员清楚地知道他们享受的额外补贴以免雇员会对增加的生活成本产生抱怨。

应该特别强调的是，以上方法可以和将外派人员的薪酬保持在本国薪酬结构内的方法相结合。如果雇员采用派驻国的薪酬结构，那么和国内生活成本相比较就不恰当，因为本地工资应该反映本地的生活成本。如果一个更高的(或更低的)工资准确地反映了生活成本的差异，那么津贴就失去了存在的意义。不幸的是，两个国家的薪资水平很少能够准确地反映两种不同的生活成本，这正是派驻国薪酬支付方法的一个问题；最普遍的情况是，生活成本的差异被部分地反映出来，因此除了支付按照派驻国工资结构计算的薪酬，再支付商品和服务津贴就显得过分慷慨了。

当一个公司使用总部薪酬方法的时候，也应该对公司总部所在国的成本和派遣地的成本进行比较。其结果应该是，薪酬水平反映总部所在地的生活成本，而不是员工在国内的实际的生活成本。它同时也保证了不同国籍的外派人员得到相同的薪酬，而这正是那些使用总部方法支付薪酬的企业的一个根本的目标。

在对商品和服务津贴进行确定时应该确定好一个技术指标，这种技术指标即为能够消费的、最基本的商品以及服务的数额。它是指薪酬支付基础国的商品和服务支出占基薪的比例，公司依据该指数提供津贴。国别是该指数计算的基础参照，又受公司选择的薪酬制度类型的影响。

该指数可能为正，也可能为负，即东道国可消费的商品和服务成本可能高于或低于支付基础国的成本。当差额为正时，企业为员工补偿；当差额为负时，公司一般不扣除差额，只是不再支付商品和服务津贴。

二、 税收保护

对于员工来说，正常的做法是公司缴纳所有的来自雇佣收入的个人所得税；越来越多的公司也开始承担全部或部分的与非雇佣收入相关的纳税责任。而员工则通过工资单上的数额定期扣除将税收返还给公司，这一税收数额通常被称为"假定的税收扣除"，相当于在国内本应支付的税收。

外派人员的纳税额不会超过其在母国所获得薪酬的纳税总额。此种情况下，假如在国外的纳税额比母国的低，那么少缴纳的那一部分就成为外派员工额外的收入。该系统最大的好处如下：雇员从低税额中得到利益；同时，纳税时间选择也会给雇员带来利益。其主要缺点如下：助长雇员少报收入，违反税法的行为，而且因为给派遣到低税收国家的外派人员提供了一笔额外的收入，所以有可能阻碍一些人员不愿意回国任职或者流动到高税收国家。

税收均等法。就是由公司先代扣一定量的数额，该额度等同于外派人员在母国应该缴纳的税款，接着支付外派任职产生的全部税款。这种方式的主要优点如下：对于派遣到任何地方的外派人员都是公平的，所以有利于人员的流动；公司也可以从派遣地的税收中获利；雇员不会因为违反税法而获利。其缺点如下：执行起来费用比较昂贵；需要专业咨询服务。

税收平衡补助是许多跨国公司较大的一笔外派支出。一些国家的税法调整使得雇主和雇员得到了最大收益。例如，美国1981年颁布的税法大大减轻了美国外派人员的税收负担，这部法案规定外派雇员收入中的75 000美元免税，并规定外派雇员可以按照母国的税法纳税。税收方面的优惠必然有助于雇员的全球流动。

三、奖金

在向外派人员提供的薪酬里，奖金是一个比较常见的存在部分。大多数的公司都会向外派员工提供直接的奖金奖励，这些奖励并不与外派人员的支出直接相关。从大多数情况来看，驻外服务奖金是最常见的奖金，基本工资的百分数一般可以用来表示这一奖金。而通常的奖励额度比例为工资薪酬的15%，但这个比例并不固定，可能存在高低的浮动，公司则会根据每次发放的工资金额来支付。可以选择的方式包括：提供一次付清的激励性薪酬（通常被称为流动性奖金）；分两次付清，在派遣之前和派遣结束之后支付两笔薪酬。这种薪酬支付方法逐渐被普及，它与传统的方法相比有三个主要的优势：第一，这种方法不会掩盖付酬的实际情况。传统的方法往往会使外派人员忘记薪酬被支付的原因，并且任期结束回国之后会误认为他获得的薪酬减少了。第二，这种方法把支付的薪酬与从一国迁移到另一国的实际过程联系起来。如果员工从一个派遣国直接迁移到另一派遣国，这一点就显得更为重要。如果继续支付奖金，员工将会认为尽管他需要迁移但其薪酬没有发生变化；如果给员工提供一笔支付的薪酬，他会认为这是因为迁移而得到的补贴。第三，公司应该在员工被派遣之前在国内就支付一笔薪酬，并且在员工刚返回国之后立即支付另一笔薪酬。当派遣国不对薪酬征税的时候，这样可以最小化员工的纳税金额。

尽管这是一种非常普遍的薪酬支付方法，但并不是所有的公司都认为其需要给外派人员支付奖金。使用派驻国薪酬制度的国家就很少给员工发放奖金。

此外，许多公司认为，如果员工被派往一个"困难"地区，其需要发放补助金。这样的薪酬通常被称为困难补助金，然而有些公司认为这个术语对于派遣地本土的员工暗含轻蔑的意思，应该使用更中性的语言，如"安置补贴"。这类补贴通常是以工资的百分比来计算的，百分比随地域的变化而有不同。通常的做法是，补贴金额按地域的困难程度以5%的幅度递增，员工被派往他不是十分愿意去的派遣地将获得5%的补贴金额，之后逐步增加5%，一直到被派往特别有问题的地方，员工将获得25%的补贴金额（甚至更多）。它很少以总付一大笔金额的形式支付。因为要实施困难补助金政策的派遣地不可能采用派驻国的薪酬制度，所以根据派驻国薪酬制度支付困难补助金的问题永远不会发生。

四、 员工福利

外派的员工在海外的任职期一般比较短暂，因此公司会更倾向于延续员工在本国的企业养老金计划。而在员工外派薪酬管理中，退休金和养老金的管理则是目前企业面临的比较主要的福利问题。保留员工在本国的社会保障计划通常也是可能的；此外，公司也愿意免去代理缴纳按照派驻国薪酬体系要求的一些支出。本国和派驻国之间可能会在5~6年后达成一个双边社会保障协议（通常被称为总计协议）。继续沿用本国的福利计划和将外派人员的薪酬保持在本国的薪酬结构中是明显一致的，却不符合派驻国的薪酬支付方法。尽管可能会出现明显的反差，但许多使用派驻国薪酬制度作为其基本工资支付方法的公司，仍继续选择使用以本国薪酬支付方法为基础的福利计划。

其他的福利计划也出现了问题，特别是医疗保险计划。公司需要决定怎样在员工外派任期内保护他们，这可能还包括特殊的国际化计划或者以本国或派驻国薪酬制度为基础的计划。

五、 其他薪酬支付方式

许多外派人员的薪酬包中还包括大量其他类型的薪酬支付。公司为承担员工的重新安置成本需要支付高额的费用，如将物品运往派遣国或物品在国内的存放成本，以及各种各样其他的安家费用。这些实际发生的费用可以到公司报销冲抵，或可能被包含在公司发放的一大笔总的薪酬中。

公司为外派员工及其家庭成员提供的探亲假通常是一年一次，公司需为此花费大量的成本。此外，对于被派往困难地区工作的员工，许多公司还需要为其支付去第三地休息和娱乐的度假费用。

1. 一揽子支付方式

对资产负债表法最主要的批评之一是，它在商品和服务、住房、教育和其他特殊项目上给外派员工提供了一种特殊的消费"权利"，不仅增加了公司的支出，也对雇员的个人消费起到了不必要的默许和引导功能。一些企业已经意识到这一问题，并采用一揽子支付的方法加以解决。

一揽子支付就是在资产负债表的前提下，所有的津贴和奖金都整合成一个数额，然后与薪水一起按月进行发放。据说最早使用该方法的公司是美国的一家高科技企业，它用这种方法来支持一个特定的企业战略和职业发展项目。该公司规定所有国籍的高潜力雇员都要接受外派，将其作为职业发展的经历，外派任期平均为两年，很少有雇员超过三年未回国的，公司还承诺不减少外派人员的一次性奖金等。由于公司很好地实行了这些条款，外派雇员对公司产生了很高的信任，项目实施效果也非常好。

其他公司受到影响也开始采用一揽子支付方式，但不是很成功。失败的原因如下：外派没有限制任期，期限越长，问题越大；没有适当考虑汇率的变动，特别是一些雇主把汇率的风险转嫁到雇员身上，导致雇员拒绝接受外派和产生劳资争议等；没有将薪酬改革与职业生涯发展计划有效地结合在一起，以及薪酬的计算不透明等，都使得员工对公司的信任被破坏。因此，一些公司尝试对一揽子支付方式做出改进，包括提前支付一些特殊项目，如流动奖金、艰苦津贴和其他奖金等，延期支付一些其他的奖励性津贴或福利等。

2. 自助式支付方式

自助式薪酬可分为两种：一种是指在薪酬项目上给外派人员更多的选择；另一种是指对不同的外派员工应用不同的薪酬支付系统。前者称为自助式项目；后者称为自助式系统。

1）自助式项目

一些公司，尤其是专业服务行业的公司，已经设计了多种多样的外派薪酬的自助式方法。例如，公司提供了如下的自选项目：公司汽车、俱乐部成员或者两个子女的教育费。公司也可以根据不同国家对额外补贴的可征税性要求，让员工任选其中的某些项目。自助式方法虽然没有被广泛接受，但一些公司使用之后效果不错。这种方法更适用于高薪的专家和高级经理，但不太适用于中层经理和一般雇员。

2）自助式系统

因为资产负债表法适用于中短期临时外派雇员，所以对长期在海外任职的员工有很多限制。一些公司根据雇员的实际情况，采取多样化的薪酬系统。例如，对那些经常在世界范围内流动的外派雇员实行以总部为基础的资产负债表法；对那些经常在世界范围内流动的外派雇员实行母国或东道国薪酬取高的方法；对那些在东道国延期的雇员或永久驻留在东道国的雇员实行本土化的政策。尽管管理几种不同的薪酬系统相当复杂，而且很难清晰地划分员工的种类，但是，外派雇员规模大、雇员分类清晰的公司可以使用两种或者三种不同的薪酬系统。

关于一揽子支付方式和自助式支付方式之间的比较，请参见表 10-5。

表 10-5　一揽子支付方式和自助式支付方式之间的比较

支付方式	使用对象	优势	劣势
一揽子支付方式	➤ 在海外短期工作（少于三年）的外派人员，并且外派结束后能立即回国工作	➤ 与资产负债表法相比，更加有利于促进国内同事之间的平衡 ➤ 对外派人员的经济收入没有影响	➤ 由于汇率经常变动，这种支付方式并不是对所有外派人员都适用，只适合短期外派的任务
自助式支付方式	➤ 高层外派管理人员 ➤ 按照基本薪酬来讲，收入较高的外派人员	➤ 相对于其他的做法，其成本利用更有效	➤ 传统的外派人员各自都有着不一样的需求，这种支付方式难以全面满足

六、　跨国公司外派员工付薪方法

1. 币种

按照币种，主要有四种付薪方法：①以母国货币支付；②以东道国货币支付；③以第三种货币支付；④以两种货币或三种货币的组合支付。

2. 付薪地点

付薪地点随支付货币的不同而不同，有的在母国支付，有的在工作地支付。不能把付薪地点与纳税地点混淆。一些外派雇员认为，因为没有在东道国领取薪水，所以不需要向东道国报告收入情况和缴纳收入所得税，这样有可能因此支付高额的罚款。

七、 跨国公司薪酬支付应注意的因素

跨国公司薪酬支付中应注意的因素主要来源于两个大的方面：一是汇率；二是百分比。

关于汇率的问题，由于海外经理的薪酬一般是用母国的货币计量，而支付时用的是东道国的货币，所以为了便于公司国内工作的员工与外派人员的薪酬进行比较，有必要考虑到汇率的因素。假如在生活费和通货膨胀方面东道国比母国的高，公司就应当依照汇率的情况，通过其他一些生活的补贴来补偿外派人员的损失。但是在那些汇率管制的国家里必须解决一些困难的问题。那些国家的货币在官方汇率下都可能被高估，如果使用那个汇率，驻外人员得到的就会更少。在实际操作时，可以参照自由市场的汇率，如美国和瑞士的东道国货币的自由市场汇率，还有东道国的非官方汇率。说到底，所有的公司都应给海外工作人员足够的报酬，使其能与其他公司同样职务的人生活水平不相上下。

百分比也是值得关注的重要问题。公司使用东道国的货币支付一切补贴以及适当百分比的基本薪酬，其中的百分比该怎样确定呢？在实际情况中，该比例从 65％ 到 75％ 不等，雇员可以将余下的钱存到其希望存款的地方。这样做可以降低东道国货币作为基本工资的比例，同时可以降低东道国收入税，并且使东道国政府当局和当地雇员感到当地雇员和外国雇员收入差距不像实际那么大。还有就是外派人员的许多费用都是通过母国的货币支付的。这些费用包含专业社会团体成员费、国内购物费用、子女上学所需的学费以及其他费用。所以基本薪酬的支付百分比十分重要。

➢ **本章小结**

跨国公司就是那些有着全球化经营动机及一体化战略，并且在许多个国家或者地区有从事生产经营活动的组织或机构，且将它们统一于一个全球性的经营中的大型企业，又被称作国际公司或多国公司。

跨国公司有三种类型的员工，即母国员工、东道国员工、第三国员工。

跨国公司的薪酬体系包括四个方面，即薪酬组合、薪酬水平、薪酬结构和薪酬支付。其中，薪酬水平的核心是国家之间的薪酬差异；薪酬结构关注不同来源国员工之间的薪酬对比关系；薪酬组合以及与之相关的支付方式则一直是跨国薪酬的最主要方面。跨国公司的薪酬组合包括基本薪酬、奖金、津贴和福利四部分。上述四部分又区分为直接薪酬和间接薪酬。

依据母公司所在国家的生活标准和薪酬水平来确定外派人员的薪酬体系便是母公司的标准薪酬体系。

东道国体系，又被称作薪酬本土化、现行费率法或市场费率法等，就是依据公司所在地区的市场费率及水平来支付外派员工的薪酬。

➢ **本章关键词**

跨国公司；外派员工；薪酬组合；资产负债表法；商品和服务差额补贴；税收保护

➤本章思考题

1. 跨国公司的员工构成是怎么样的?
2. 跨国公司员工的薪酬管理有何特点?
3. 跨国公司员工薪酬组合方式有哪两种?
4. 跨国公司薪酬设计方法有哪些?
5. 跨国公司薪酬支付应该注意哪些问题?

案例讨论

跨国并购中员工薪酬如何本土化

eBay 易趣的员工或许只得接受签署新合同这一结果。他们现在所有的犹豫不决就是为了获得更多的补偿,让他们的情景更光明一些。他们所忧虑的是新公司会降低他们的薪水。

仅仅两年的时间里,eBay 易趣在中国市场的发展不断衰落。员工们认为败退的主要原因在于 eBay 不了解中国当地的实际情况。eBay 都是依照美国总部的指示来做出市场的重要策略与调整,而且 eBay 总部根本就没有觉察到中国的用户以及市场与其他国家的差异性,从而形成了这样困难的局面。eBay 已经在中国市场付出了惨重的资金代价。而现在,eBay 在中国市场的败退,必须得有人出来负责。这些人既应该有公司的股东与管理层,也要包括一些普通的员工。

TOM 易趣希望在未来能够与淘宝、拍拍等本土对手竞争,并且希望在竞争中取得优势,公司就应该做出本土化策略,而且需要将员工的待遇本土化。如果不将运营成本降低,其无法与当地公司竞争。

在这一点上,阿里巴巴收购雅虎中国和明基收购西门子手机的案例已经做出了反面的榜样。阿里巴巴在对雅虎中国进行收购之后,由于担忧员工的流失可能会带给公司许多不稳定的因素,所以收购后马云还是保留了员工原有的待遇,但是却使得雅虎中国的运营成本非常之高。

在接受《第一财经日报》的采访时,明基的董事长李倪耀说道,与其他企业的待遇相比,西门子移动的员工实在是太高了,这是明基这样的亚洲企业所无法承受的,但是相同的工作,他们能在亚洲请到合适的人来做并且只需要很小的花费。当明基和西门子分道扬镳时,李倪耀感慨,西门子移动的员工我们一个都不会留下,因为他们太贵,我们承担不起。

而 TOM 易趣首先就应当学习好本土化的法则,不仅仅是管理层,员工也需要接受这样的法则。只有这样,公司才可能走得更长远,而不至于像明基和西门子手机的并购案一样,以分道扬镳告终。

讨论题:

1. 你认为并购后的公司的薪酬制度主要存在哪些问题?
2. 如果并购后的公司的薪酬制度改革工作交给你来做,你如何将跨国并购中员工薪酬本土化?

资料来源:摘选自《第一财经日报》,2007 年 1 月 8 日

参考文献

津海姆 P. 2004. 打造 500 强企业的薪酬体系[M]. 北京爱丁文化交流中心译. 北京:电子工业出版社.

李新建,孟繁强,张立富. 2006. 企业薪酬管理概论[M]. 北京:中国人民大学出版社.

李中斌. 2007. 薪酬管理理论与实务[M]. 长沙:湖南师范大学出版社.

刘昕. 2007. 薪酬管理[M]. 北京:中国人民大学出版社.

米尔科维奇 G T,纽曼 J M. 2002. 薪酬管理[M]. 董克用译. 北京:中国人民大学出版社.

冉斌. 2004. 薪酬设计六步法[M]. 北京:中国经济出版社.

王凌峰. 2005. 薪酬设计与管理策略[M]. 北京:中国时代经济出版社.

第十一章

薪酬管理的法律与制度环境

加班工资纠纷案

谷某于 2000 年 1 月应聘至上海某服装公司工作，双方口头约定每月工资人民币 1450 元。进入公司工作后不久，谷某发现上海某服装公司非但不与其签订劳动合同，而且公司制定的《职工劳动规则》规定，公司实行每周 48 小时工作制，即每周工作 6 天，加班的一天不按国家规定支付加班工资。考虑到寻找工作不易，谷某只能无奈接受。2000 年 6 月 3 日，上海某服装公司口头通知谷某，其已被辞退，次日起无须上班。谷某经仔细核算后发现，2000 年 4~5 月其双休日加班 9 天未取得报酬；2000 年 3~5 月，其除双休日外，平日加班共计 22 天，此 22 天的调休单均未结算。谷某为此向上海某服装公司催讨，该公司对其不予理睬。谷某无奈于同年 7 月 11 日向上海市某区劳动争议仲裁委员会申请仲裁，要求上海某服装公司支付其 1 个月工资替代提前通知期并支付 46 天加班工资。

区劳动争议仲裁委员会经审查认为，上海某服装公司终止与谷某的劳动关系未提前 30 日通知，应以一个月的工资替代提前通知期。同时认为，上海某服装公司未支付加班工资的事实清楚，遂做出裁决，要求上海某服装公司支付谷某 1 个月工资人民币 1450 元及加班工资人民币 2474 元。

上海某服装公司不服裁决，遂诉至一审法院。该公司称，谷某是因违纪被解除劳动关系，公司无须支付提前通知替代金。至于加班，公司是以小时作计算单位，调休单上的 "22 天" 是笔误，应为 "22 小时"，不同意支付谷某加班工资人民币 2474 元。谷某则认为，其除每周双休日加班 1 天外，平时加班共计 22 天，其也没有违纪。公司所述均是谎言。对于解除劳动关系的问题其本人亦表示同意，但公司必须按有关规定支付其提前通知替代金和加班工资。

一审法院审理后认为，上海某服装公司称谷某系违纪解除劳动合同，依据不足。该公司与谷某解除劳动关系未提前 30 日通知，应以一个月的工资替代提前通知期。至于加班费的问题，根据该公司的规定和谷某本人提交的该公司出具的"调休单"，上海某服装公司未支付加班工资的事实清楚。上海某服装公司应按谷某工资标准的150％支付其平时加班22天的加班工资，按谷某工资标准的200％支付其双休日加班9天的加班工资。据此判决：上海某服装公司支付谷某替代未提前通知期1个月工资人民币1450元，支付谷某2000年3～5月平时加班工资人民币1601元和同年4～5月双休日加班工资人民币873元，合计人民币2474元。

一审法院判决后，上海某服装公司提起上诉，并坚持其一审时的意见。

二审法院审理后认为，劳动者的合法权益应当受到法律保护。上海某服装公司称谷某违反公司规章制度，在试用期内予以辞退，但其未能提供任何证据予以证实。同时，依据有关劳动法规规定，用人单位与劳动者建立劳动关系后，任何一方提前终止劳动关系，均应提前30日通知对方，未提前通知的，应当以一个月工资替代提前通知期。现上海某服装公司提前终止双方的劳动关系应当支付谷某一个月工资人民币1450元替代提前通知期。上海某服装公司安排谷某在正常工作时间以外和双休日加班，应按规定支付谷某加班工资。上海某服装公司称谷某平时加班系22小时，而非22天，但对此未提供相关证据证明，对其诉请，不予支持，遂判决：驳回上诉，维持原判。

资料来源：改编自：http://www.hbrc.com/rczx/shownews-306658-11.html

第一节　我国劳动法律体系

在计划经济体制下，企业工资管理主要依靠政府的行政指令，缺乏完善的工资管理办法。改革开放以来，特别是20世纪90年代之后，依靠法律、法规进行企业工资管理越来越受到国家的重视，已初步形成了一套基础的企业工资法律体系。劳动关系的各方面在国家颁布的劳动法律、法规、规章制度下都有章可循。随着1994年7月全国人民代表大会常务委员会通过并颁布《中华人民共和国劳动法》(简称《劳动法》)，到目前为止，我国的劳动法律体系正逐步形成并规范。当前我国企业正以这些法律法规的内容为管理依据。

全国性的企业工资管理立法体系由以下三个层次组成：第一层次是全国人民代表大会和全国人民代表大会常务委员会颁布的法律；第二层次是国务院发布的法规；第三个层次是国务院劳动行政部门制定的规章。地方性的企业工资管理体系与全国性的相仿。

1. 宪法

《中华人民共和国宪法》(简称《宪法》)是工资管理的最高立法。《宪法》是我国的根本大法，并且也是劳动法的第一根源，是劳动立法的最高法律依据；在劳动执法中，《宪法》具有最高的适用效力。《宪法》中有26条之多是对于劳动问题的规定，其规定了公司的基本劳动权利。在劳动报酬方面，其包括关于公民进行劳动并获取相应劳动报酬的权利，以及关于按劳分配原则的规定。

2. 基本劳动法律

基本劳动法律是由全国人民代表大会或全国人民代表大会常务委员会制定或修改的法律，位于《宪法》之下。1994年7月通过并从1995年1月1日开始实施的《劳动法》，是我国劳动工资管理的法律基础。《劳动法》全面调整劳动关系和与劳动关系密切联系的其他社会关系，因此，它是除《宪法》外在劳动领域内最有实用性和最高法律效力的法律。《劳动法》中关于工资管理的主要内容如下：①工资分配应当遵循按劳分配原则，实行同工同酬。②国家适时宏观调控工资问题，使工资水平在经济发展的基础上逐步提高。③国家实施最低工资保障制度，具体标准由各省（自治区、直辖市）规定，企业支付的工资标准不得低于最低工资标准。④根据本单位的生产经营特点和经济效益，企业可以依法自主确定工资分配方式和工资水平。⑤工资应该按月以货币形式支付给劳动者本人，企业不得克扣或者无故拖欠劳动者的工资。⑥在法定休假日和婚、丧假期间，以及劳动者依法参加社会活动期间，企业应当支付其工资。⑦劳动者加班情况下，企业应当支付加班工资。⑧国家实行带薪年休假制度。

3. 劳动行政法规、规章

劳动行政法规是我国现行劳动法律法规的主要形式之一，通常以条例、规定、办法命名，是由国务院制定、修改、批准发布的用来调整劳动关系和与劳动关系密切相关的社会关系的文件。

国务院关于企业工资管理的法规主要包括：关于宏观调控企业工资的规定；关于对各行业和部门的工资总额实施总量挂钩管理的规定；关于管理集体企业工资的规定；关于管理外商投资企业工资的规定；关于管理企业经营者工资收入的规定等，其中的内容非常广泛。

国务院劳动行政主管部门关于企业工资管理的规章要多一些，主要有以下几个方面：①涉及地区、部门工资宏观调控的政策措施；②对单个企业工资总额提取和使用的规定，如工效挂钩；③贯彻实施最低工资保障的规定；④有关企业工资支付的规定；⑤对各类性质不同的企业（如外商投资企业）和企业内部的不同人员（如经营者）的工资所做的单项规定，以及对特殊岗位和特殊劳动条件下的工资的专门规定。

4. 地方性劳动法规、规章

地方性的工资管理立法是根据贯彻实施国家法律、法规的需要建立起来的，与国家立法体系相仿。地方性劳动法规是在严格遵守宪法、劳动法律和劳动行政法的前提下，由省（自治区、直辖市）的人民代表大会及其常务委员会结合本地区实际情况制定的规范性的地方法律文件，属于地方形式的劳动法律。地方性劳动规章是指省（自治区、直辖市）人民政府根据法律和国务院行政法规制定的实施细则、施行办法等。

5. 自治劳动条例和单行劳动条例

自治劳动条例和单行劳动条例不同于地方性劳动法规。它是由自治区、自治州、自治县的人民代表大会根据当地民族的实施情况制定的，是在本自治地方有效的规范性劳动法律文件，是我国劳动法律规范的形式之一。

6. 特别行政区劳动法规

特别行政区劳动法规是依据宪法规定，由地方人民代表大会及常务委员会和特别行政区立法机关制定并报全国人民代表大会常务委员会备案的，在特别行政区内有效的劳动法规，它是劳动法律规范的一种特别形式，如广东省人民代表大会常务委员会于 1998 年 8 月通过的《广东省经济特区劳动条例》等。

7. 批准生效的国际劳工公约

得到我国政府批准后的国际劳工公约在我国生效，对国内的企业和劳动者产生约束力。

8. 有关的法律解释

拥有解释权的国家机关对劳动法律的含义以及所使用的概念、术语、定义所作的说明和解释，是具有法律效力的解释。

9. 集体合同和企业内部劳动规则

集体合同是以劳动条件、工作条件等为主要内容，由工会与企业行政主管或雇主签订的书面集体协议。企业内部劳动规则是企业以有效地组织工业生产或其他业务活动为目的而订立的本单位的劳动规章制度。集体合同和劳动规则本身不是法律，但只要它们不抵触法律，并符合相关的订立程序，就劳动关系双方而言都具有法律约束力，可以视为法律规定的延伸和具体化。

第二节　有关企业薪酬政策制定的法律规定

一、自主工资分配方式

《劳动法》第 47 条规定："用人单位根据本单位的生产经营特点和经济效益，依法自主确定本单位的工资分配方式和工资水平。"企业的自主分配权在这里是依据国家的相关法律法规所制定的。对于自主工资分配方式的理解可以从以下几点着手。

（1）根据生产经营以及劳动的特点，企业能够自主制定基本工资的支付制度，可以对岗位工资、技能工资、结构工资等工资制度进行自主的选择与实行，有权确定并调整企业的工资标准。而且对于企业内部来说，不同的员工可以实施不一样的工资分配制度。例如，北京某一印刷厂的生产技术科的科技人员实行的是谈判工资，而其他的员工却是岗位技能工资，这在计划经济体制下是不允许存在的。

（2）对工资的具体分配形式及方法应当根据企业自身的特点，并对员工的考核与工资分配事宜进行自主确定和合理处理。依照自身的实际情况，企业能够采取计件工资或者计时工资，可以合理采用月工资制、周工资制、日工资制及小时工资制。

（3）基于国家相关政策，企业对内部各类人员的工资关系自主确定，合理处置。例如，对一线、二线与三线员工之间，新老员工之间，生产工人、管理人员与技术人员之间等各种工资关系的处理；确定新参加工作人员试用期的工资；处理待岗人员、下岗人员的工资与生活费等。

（4）参考企业自身的经济效益以及劳动生产率的现状，确保工资总额基金支付能力这个前提，自主确定对员工工资水平的调整，而且还能够自主决议对员工进行升级或者对其工资标准进行调整。

(5)在不违背国家相关法律法规的前提下，企业有权对自己的工资水平进行划定。

二、最低工资标准

《劳动法》在第48条对最低工资保障问题做出了明确规定，具体内容如下："国家实行最低工资保障制度。最低工资的具体标准由省、自治区、直辖市人民政府规定，报国务院备案。用人单位支付劳动者的工资不得低于当地最低工资标准。"随后，劳动部出台了一系列说明、规定及政策等对该制度的实施进行了详细的规范。

1. 关于最低工资的含义

最低工资制度是在19世纪的西班牙和澳大利亚起源的，它是商品经济与现代薪酬制度发展的必然结果。其重要的特征在于运用了国家法律手段，也就是说，最低工资标准的实行带有强制性。19世纪迄今，所有发达国家以及多数的发展中国家都已经立法，并且施行了最低工资制度。

依照我国的国情，最低工资能够定义为：劳动者在法定工作时间以内履行正常义务的前提下，其所在企业给予的最低劳动酬劳。最低工资由基本工资、奖金、津贴、补贴组成，不含加班工资、特殊劳动条件下的津贴和国家规定的社会保险、福利待遇等部分，是维持员工生存与延续后代的基本费用保障。

针对最低工资，《劳动部关于贯彻执行〈中华人民共和国劳动法〉若干问题的意见》对其内涵做了进一步的说明。其中第54条规定："最低工资不包括延长工作时间的工资报酬，以货币形式支付的住房费用和用人单位支付的伙食补贴，中班、夜班、高温、低温、井下、有毒、有害等特殊工作环境和劳动条件下的津贴情况，国家法律、法规、规章规定的社会保险福利待遇。"第56条规定："在劳动合同中，双方当事人约定的劳动者在未完成劳动定额或承包任务的情况下，用人单位可低于最低工资标准支付劳动者工资的条款不具有法律效力。"第57条规定："劳动者与用人单位形成或建立劳动关系后，试用、熟练、见习期间，在法定工作时间内提供了正常劳动，其所在的用人单位应当支付不低于最低工资标准的工资。"第58条规定："企业下岗待工人员，由企业依据当地政府的有关规定支付其生活费，生活费可以低于最低工资标准，下岗待工人员重新就业的，企业应停发其生活费。女职工因生育、哺乳请长假而下岗的，在其享受法定产假期间，依法领取生育津贴；没有参加生育保险的企业，由企业照发原工资。"

2. 最低工资标准的确定与调整

(1)最低工资标准的确定主体：《劳动法》第47条规定，国家实行最低工资保障制度。最低工资的具体标准由省、市、自治区、直辖市人民政府规定，报国务院备案。

(2)最低工资标准的调整周期：每两年至少调整一次。

(3)确定和调整月最低工资标准的依据：①员工们自身及其平均赡养人口的最低生活标准所需的费用；②社会平均工资水平；③劳动生产率；④就业状况；⑤地区之间经济发展水平的差异。

(4)确定和调整小时最低工资标准的依据。在最低工资标准的前提下，企业应当考虑缴纳的基本养老保险费，而且在工作稳定性、劳动条件和劳动强度、福利待遇等方面上，企业也应该适当地考虑非全日制劳动者与全日制劳动者之间的区别。

表 11-1 介绍了 2014 年北京、上海等地的最低工资标准。

表 11-1　2014 年北京、上海等地的最低工资标准

城市	（全日制）月标准	（非全日制）小时标准
北京	1400 元	15.2 元
上海	1620 元	14 元
广州	1550 元	15 元
深圳	1808 元	16.5 元
重庆	1150～1250 元	11.5～12.5 元

3. 上调最低工资标准

对最低工资标准的调整，劳资间的和谐共生等是地区和谐发展、人民生活稳定的关键之所在；是建设和谐社会的内在要求，促进公平正义的必需，是对低收入者收入水平进行提升的一项重要举措。近年来，全国物价明显上涨，许多群体尤其是低收入人群的生活水平受到了很大的影响，而对最低工资水平的适当提升能避免物价上涨对低收入者生活水平的影响。物价在持续上涨中，假如工资仍旧保持在原有的水平，百姓会一直为生计发愁，人心就会涣散，同心同德一起搞建设就更加无从谈起，这样社会的安稳也会受到影响。对最低工资标准的上调不仅仅反映了政府对低收入人群的关怀和制度性补偿，同时也是政府让人民共享改革发展成果的一种重要体现。由此可见，政府一直在想方设法解决人民群众最关心、最相关、最现实的利益问题。

对于上调最低工资标准，也不必对其过于高估。许多人以为对各地最低工资标准的上调是"收入分配改革"实行的关键一步。事实上，这是一种误解。最低工资标准的调整不过是对已有政策进行落实，早在 1993 年我国的《企业最低工资规定》里就已经建立了最低工资标准，尔后经过《劳动法》和《最低工资规定》的正式确认与完善，这一轮的收入分配制度改革是在 2006 年启动的。通过两项对比我们可以发现，一个在收入分配制度改革之前建立的保障性制度在任何情况下都不能包括在收入分配制度中。人们之所以会对此产生误解是由于近些年来分配制度改革已经成了社会最关注的热点之一，但致力于提高普通劳动者薪酬的改革方案却一直难以出台，如此节骨眼上，对于最低工资标准的上调，陷入改革焦虑的公众会刻意或者无意地把它当做收入分配制度改革的重要措施。除此之外，对最低工资标准的上调也只能惠及有限的群体，它只是使劳动力市场上最弱势的劳动人员受益。最低工资制度设立的初衷，就是强制性地干预在劳动力市场上部分弱势群体在履行义务后所得到的工资，这样能让最弱势的劳动者可以获得满足其家庭基本生存所需的薪酬，这一特点也注定了最低工资标准只是让劳动力市场上的小部分人群受益。我们不能把最低工资标准的调整幅度当做所有员工收入的提高程度，更不能等同于广大员工收入水平的普遍提升。例如，某年海南对其一类地区的最低工资标准上调幅度达到 31.7%，但是，上调后的最低工资标准也只是让约 12 万人受益。又如，某年北京上调最低工资标准的幅度为20%，但是从北京人力资源和社会保障局的测算可以得知，上调最低工资标准后只是惠及大约 10 万人，而该年前半年北京有超过 1000 万名就业人口，我们可以发现对最低工资标

准的调整仅仅只让不到 1% 的就业人员获益。

4. 最低工资的给付与监督

在《企业最低工资规定》中，劳动部对最低工资标准的执行和监督做了许多具体的规定，主要有以下内容：企业必须将政府对最低工资的有关规定告知本单位劳动者。企业支付给劳动者的工资不得低于其适用最低工资率。各级人民政府的劳动行政主管部门负责对最低工资执行情况进行检查监督。工会有权对最低工资执行情况进行监督，发现企业支付劳动者工资低于有关最低工资率的，有权要求有关部门处理。劳动者与企业如果关于最低工资问题发生争议，则按照《中华人民共和国企业劳动争议处理条例》处理。

如果有违反所规定的最低工资标准的确定和发布、给付、保障与监督条款行为的，应当依法追究其相应的法律责任。例如，企业有违反"企业支付给劳动者的工资不得低于其适用最低工资率"这一规定的，当地的政府劳动行政主管部门必须立即介入，责令该企业限期补齐所有欠发的工资，并且要依据其欠发时间的长短对劳动者支付相应的赔偿金。欠付一个月以内的对劳动者支付所欠工资 20% 的赔偿金；欠付三个月以内的对劳动者支付所欠工资 50% 的赔偿金；欠付超过三个月的对劳动者支付所欠工资 100% 的赔偿金。如果企业拒绝支付所欠的工资及赔偿金，应对企业及其责任人给予经济处罚。

监督检查包括以下重点内容：用人单位是否将调整后的最低工资标准公布给员工；是否依据调整后的最低工资标准来对企业的工资标准做出相应调整，计件单价的调整也包括在内；是否在最低工资中计入不应该计入的项目；是否存在以低于当地最低工资标准支付员工的行为。值得注意的是，"不得计入最低工资标准"的项目包括以下几种：延长工作时间的工资报酬，中、夜班补贴，包括高温、井下、有毒等特殊工作环境下的补偿劳动者特殊损耗及生活费用的津贴，国家、省、市确定的保险福利待遇等。对于违反最低工资标准规定行为的，各级主管部门必须责令用人单位限期进行整改。如果发现有用人单位将最低工资标准当做工资发放标准，故意降低员工工资水平的行为，劳动监察部门应责令其尽快改正。对用人单位支付工资低于最低工资标准的行为，与该用人单位有劳动关系的劳动者有对其进行投诉的权利。劳动保障部门应该责令违反规定的用人单位限期补发所欠劳动者的所有工资，并且视情节轻重要求其以相当于所欠工资的一定倍数进行赔偿。

第三节　有关社会保障和住房公积金的规定

一、　有关社会保障的规定

《劳动法》第 70 条规定："国家发展社会保险事业，建立社会保险制度，设立社会保险基金，使劳动者在年老、患病、工伤、失业、生育等情况下获得帮助和补偿。"第 72 条规定："社会保险基金按照保险类型确定资金来源，逐步实行社会统筹。用人单位和劳动者必须依法参加社会保险，缴纳社会保险金。"为了促进《劳动法》的实施，1995 年 3 月 1 日国务院发布文号为国发〔1995〕6 号的《关于深化企业职工养老保险制度改革的通知》，1995 年 12 月 29 日劳动部又发布了文号为劳部发〔1995〕464 号的《关于建立企业补充养老保险制度的意见》的通知，进一步补充和完善了国内养老保险制度。

1. 养老保险

我国现行的养老保险制度由基本养老保险、补充养老保险和个人储蓄性养老保险三种形式组成。基本养老保险是法律规定的，覆盖范围内所有单位和员工无条件必须参与的保险形式。补充养老保险是单位自主建立的，需依据单位具体经济效益和支付能力有选择性地实行。个人储蓄性养老保险由员工个人自由决定参加与否。基本养老保险基金的资金来源于国家、单位、个人按比例共同缴纳的基本养老保险费。基本养老保险基金是社会全体员工包括离退休人员的共同财产，任何单位和个人均无权侵占或挪用。

养老保险覆盖范围很广，我国各类企业（包含国有企业、城镇集体企业、私营企业、股份制企业、联营企业、企业化管理的事业单位）的全部员工，从事个体工商户的人员，外商投资企业（含外国企业驻我国办事机构）中的中国员工，以及国家机关、社会团体、非企业化管理的事业单位的合同制员工，均享受养老保险待遇。

基本养老保险费的缴纳标准为：单位缴纳其员工工资总额的 20%，通过单位开户银行间接执行，按月代缴；员工缴纳其本月工资总额的 8%，由单位从员工每月工资中扣除代缴，并于每月定期缴交给劳动保险机构。若单位或个人工资总额难以确定，需参照上年度当地城镇员工月平均工资总额计缴。

基本养老保险费的缴纳标准，可依实际基金结算和员工收入情况调整，但需要各地劳动行政部门与有关部门联合提出调整意见并经由各地人民政府批准才能奏效。

基本养老保险基金的主要用途：为满足条件的员工提供基本养老金，包含离休金、退休金和退职金；医疗费；国家、省、市要求提供的各类政策性补贴；丧葬补助费、直系亲属抚恤费和一次性救济费；地方人民政府批准的补助离退休员工的其他支出；等等。

养老保险制度对覆盖范围内的所有企业、单位提出以下三点要求：①按其员工工资总额的 20% 计算每月企业或单位需缴交的基本养老保险费。②按员工本月工资总额的 8% 计算员工每月需缴交的基本养老保险费，并从员工月薪中扣除代为上缴。③养老保险金的取用、分配等必须按正规流程进行，核算准确并留存记录。养老保险机构要给参保的员工建立个人账户，记录个人账户养老保险费进账情况，决定日后如何发放养老金。

2. 失业保险

失业保险制度是社会保障制度的另一重要构成。失业保险制度依据《劳动法》制定，旨在保障城镇员工暂时失业状态下的基本生活，为其再就业提供条件，对维护社会稳定具有重大意义。

失业保险制度覆盖范围包括我国所有城镇企业、个体经济组织以及与其建立劳动关系的劳动者。此保险制度下的失业员工指的是与原企业解除劳动关系，暂时处于寻找工作状态，且在劳动行政部门所属保险机构进行了失业和求职登记的员工。

失业保险制度下，通过向企业和个人收取一定的失业保险费来建立失业保险基金，并由社会保险基金管理委员会依法管理并监督基金的运作。参加了失业保险的员工，在与原企业解除劳动关系后，可享受一定时期内获得失业救济金的待遇，但救济金的发放通常不超过 24 个月。

失业保险制度对企业（或单位）提出了以下要求：①企业（或单位）按照企业（或单位）全体员工月工资总额的 2% 缴交每月的失业保险费，实际比例可能由于各省（自治区、直辖市)的经济发展状况和当地员工就业情况略有不同。②企业(或单位)按员工本月工资总额的1%计算员工每月需缴交的失业保险费,并从员工月薪中扣除代为上缴。③规定企业和员工具体的失业保险费上缴时间[如某些省(自治区、直辖市)规定每月10日前上缴]。④整理好失业员工的相关原始记录,并准确进行失业保险金的核算、报表制作等工作,依据财务会计档案制度的相关规定进行妥善保管。

二、 有关住房公积金的规定

为了形成更适合社会主义市场经济环境的城镇住房制度,保障住房资金来源稳定,促进住房资金的积累和周转,更好地建立政策性抵押贷款制度,转换住房分配机制,增强员工解决住房问题的能力,在《国务院关于深化城镇住房制度改革的决定》指导下,财政部、国务院住房制度改革领导小组会同中国人民银行联合发布了文号为(94)财综字第126号的《建立住房公积金制度的暂行规定》。

住房公积金是由员工和所在单位每月按一定比例共同缴纳的供员工使用的长期的住房储备金,属于员工个人财产。住房公积金适用范围包括所有党政机关、企事业单位、民办非企业单位或社会团体,以及以上组织的在职的中国员工。覆盖范围内所有单位及个人需依法缴纳,专项专用。

员工个人住房公积金只可在家庭购买或建造自住住房或家庭自住住房进行大整修时支取。员工离、退休,离职或出国定居的情况下,可亲自支取住房公积金本息余额;员工出现工作调动的情况下,可提取本人的住房公积金本息余额或办理转移手续转入其新就职单位的本人住房公积金账户下;在职期间去世的员工,其住房公积金本息余额可由合法继承人或受遗赠人代为提取。

住房公积金贷款范围和规定顺序为:①员工进行购、建自住住房抵押贷款;②员工进行自住住房翻建、大修贷款;③城市经济适用房建设贷款;④单位购、建住房抵押贷款;⑤足够支付和处理前几项贷款后余裕部分可用来购买国债。

住房公积金制度对企业、单位提出了以下要求。

(1)企业(或单位)按全体员工工资总额的5%缴纳住房公积金,条件允许的情况下可调高缴存比例。企业缴纳的费用主要来自企业提取的住房折旧和其他划转资金,不够时不足部分由财政部门核实可列作企业成本费用。行政事业单位首先考虑利用住房制度改革后划转的单位住房资金,若出现不足,全额预算型的行政事业单位通过财政预算填补不足,差额预算型的事业单位依差额比例从财政预算和单位自由资金中拨取填补。财政负担的经费,按单位隶属关系和财政体制由中央财政和地方财政分别负担;自收自支型的事业单位依照企业开支渠道列作支出项。

(2)企业(或单位)按照员工个人工资总额的5%计算员工需缴交的住房公积金,并从员工月薪中扣除代为上缴。

上两项中住房公积金缴存基数是按员工上年度月平均工资计算,而月平均工资按列入国家统计局规定的统计。住房公积金的缴交率可依据具体经济发展状况和员工工资收入情况进行合理调整。

(3)单位或个人的住房公积金缴交工作应按时完成,并由住房公积金管理机构收取,存进其在受托银行设立的"住房公积金专户"。

（4）建立住房公积金原始记录，组织核算，编制有关报表，并按财务会计档案保管的规定妥善保管。

第四节　有关薪酬支付与经济补偿、经济赔偿的法律规定

一、薪酬（工资）支付

工资支付主要包括工资支付项目、工资支付水平、工资支付对象、工资支付形式、工资支付时间以及对特殊情况的工资支付。

工资是保证员工基本生活的保障，与员工的切身利益紧密相连，受到高度的重视。《劳动法》第 50 条规定，工资应当以法定货币形式按月支付给劳动者本人，不得克扣或者无故拖欠劳动者的工资。

1. 关于工资支付的立法和法规

有关工资支付的法律、法规是对劳动者合法权益的保障，劳动者通过合法劳动理应获取的工资受法律、法规保护。对此，《劳动法》做出了多项规定。《劳动法》第 44 条规定："有下列情形之一的，用人单位应当按照下列标准支付高于劳动者正常工作时间的工资报酬：①安排劳动者延长工作时间的，支付不低于工资的 150％的工资报酬；②休息日安排劳动者工作又不能安排休假的，支付不低于工资的 200％的工资报酬；③法定休假日安排劳动者工作的，支付不低于工资的 300％的工资报酬。"

《劳动法》第 48 条规定："用人单位支付劳动者的工资不得低于当地最低工资标准。"第 50 条规定："工资应当以货币形式按月支付给劳动者本人。不得克扣或者无故拖欠劳动者工资。"第 51 条规定："劳动者在法定休假日和婚丧假期间以及依法参加社会活动期间，用人单位应当依法支付工资。"《劳动法》的明文规定明确了工资支付的基本要求。

除此之外，1994 年 12 月 6 日，劳动部发放《关于印发〈工资支付暂行规定〉的通知》（劳部发〔1994〕489 号），配合《劳动法》的贯彻实施。对工资支付的形式、支付标准及争议处理等都有明确的规定。1995 年 5 月 12 日，劳动部又印发了《对〈工资支付暂行规定〉有关问题的补充规定》（劳部发〔1995〕26 号），进一步完善了我国企业工资支付制度。

2. 工资支付的主要内容

1）工资支付的原则——同工同酬

我国《宪法》第 48 条规定："中华人民共和国妇女在政治的、经济的、文化的、社会的和家庭的生活等各方面享有同男子平等的权利。国家保护妇女的权利和利益，实行男女同工同酬，培养和选拔妇女干部。"《劳动法》第 46 条规定："工资分配应当遵循按劳分配原则，实行同工同酬。"劳动部《关于贯彻执行〈中华人民共和国劳动法〉若干问题的意见》第 49 条规定："在企业全面建立劳动合同制度以后，原合同制工人与本企业内的原固定工应享受同等待遇。"劳动部办公厅《对〈关于临时工的用工形式是否存在平等问题的请示〉的复函》中更明确指出："《劳动法》实施后，所有用人单位与职工全面实行劳动合同制度，各类职工在用人单位享有的权利是平等的。"《中华人民共和国劳动合同法》第 5 章第 63 条特别

规定，被派遣劳动者享有与用工单位的劳动者同工同酬的权利。用工单位无同类岗位劳动者的，参照用工单位所在地相同或者相近岗位劳动者的劳动报酬确定。

同工同酬是指提供的劳动数量和劳动质量相同，领取相等的报酬。实行同工同酬，要求对所有劳动者不分性别、年龄、种族、民族，只要付出同等劳动，就付给同等的劳动报酬。同工同酬体现着两个价值取向：确保贯彻按劳分配这个大原则，即付出了同等的劳动应得到同等的劳动报酬；防止工资分配中的歧视行为，即要求在同一单位，对同样劳动岗位，在同样劳动条件下，不同性别、不同身份、不同户籍或不同用工形式的劳动者之间，只要提供的劳动数量和劳动质量相同，就应给予同等的劳动报酬。

同工同酬必须具备三个条件：一是劳动者的工作岗位、工作内容相同；二是在相同的工作岗位上付出了与别人同样的劳动工作量；三是同样的工作量取得了相同的工作业绩。

2）工资支付的项目

工资一般包括计时工资、计件工资、奖金、津贴和补贴、延长工作时间的工资报酬以及特殊情况下支付的工资。但并不是劳动者所有的收入都是工资，如下收入不属于工资范畴：①单位支付给劳动者个人的社会保险福利费用，如丧葬抚恤救济费、生活困难补助费、计划生育补贴等；②劳动保护方面的费用，如用人单位支付给劳动者的工作服费、解毒剂、清凉饮料等；③按规定未列入工资总额的各种劳动报酬及其他劳动收入，如根据国家规定发放的创造发明奖、国家星火奖、自然科学奖、科学技术进步奖、合理化建议和技术改进奖、中华技能大赛奖以及稿费、讲课费、翻译费等。

3）工资支付的形式

《劳动法》明确规定：工资应当以货币形式按月支付给劳动者本人，不得克扣或者无故拖欠劳动者的工资。按照《劳动部关于〈中华人民共和国劳动法〉若干条文的说明》，这里的"货币形式"明确排除了发放实物、发放有价证券等形式。这里的"按月支付"，应理解为每月至少一次发放工资，实行月薪制的单位，工资必须按月发放，超过企业与职工约定或劳动合同规定的每月支付工资的时间发放工资即为不按月发放工资。实行小时工资制、日工资制、周工资制的单位，工资可以按照日或者周发放并保证足额发放。这里的"克扣"是指用人单位对履行了劳动合同规定的义务和责任，保质保量完成了生产任务的劳动者，不支付或没有足额支付工资。这里的"无故拖欠"应该理解为用人单位无正当理由在规定时间内故意不支付劳动者工资。

4）工资支付的对象

用人单位应该将工资支付给劳动者本人。劳动者本人因故不能领取工资时，可由其亲属或委托他人代领。用人单位可以委托银行代发工资。用人单位必须书面记录支付劳动者工资的数额、时间、领取者的姓名及签字，并保存两年以上备查。用人单位在支付工资时应向劳动者提供一份其个人的工资清单。

5）工资支付的时间

工资必须在用人单位与劳动者约定的日期支付。如遇节假日或休息日，则应该提前在最近的工作日支付。工资至少每月支付一次，实行周、日、小时工资制的可按周、日、小时支付工资。对完成一次性劳动或项目具体工作的劳动者，用人单位应按有关协议或合同规定在其完成劳动任务后即支付工资。劳动关系双方依法解除或终止劳动合同时，用人单位应在解除或终止劳动合同时一次性付清劳动者工资。

6）特殊情况下的工资支付

在《工资支付暂行规定》中，规定了以下特殊情况。

（1）劳动者在试用期的工资不得低于本单位相同岗位最低档工资或者劳动合同约定工资的80%，并不得低于用人单位所在地的最低工资标准。

（2）在法定工作时间内参加社会活动期间，用人单位应视同其提供了正常劳动而支付工资。

（3）依法享受年休假、探亲假、婚假期间，用人单位应按劳动合同规定的标准支付劳动者工资。

（4）用人单位在劳动者完成劳动定额或规定的工作任务后，根据实际需要安排劳动者在法定标准工作时间以外工作的，应遵循以下标准支付员工工资：其一，用人单位依法安排劳动者在法定工作时间以外延长工作时间的，按照不低于劳动合同规定的劳动者本人小时工资标准的150%支付劳动者工资。其二，用人单位依法安排劳动者在休息日工作，而又不能安排补休的，按照不低于劳动合同规定的劳动者本人日或者小时工资标准的200%支付劳动者工资。其三，用人单位依法安排劳动者在法定休假日工作的，按照不低于劳动合同规定的劳动者本人日或小时工资标准的300%支付劳动者工资。其四，实行计件工资的劳动者，在完成计件定额任务后，由用人单位安排延长工作时间的，应根据上述规定的原则，分别按照不低于其本人法定工作时间计件单价的150%、200%、300%支付其工资。其五，经劳动部门批准实行综合计算工时工作制的，其综合计算工作时间超过法定工作时间的部门，应视为延长工作时间，并应按上述加班加点工资的规定支付劳动者延长工作时间的工资。

二、关于经济补偿和经济赔偿的法律规定

经济补偿和经济赔偿并不完全属于薪酬管理的范畴，但是与员工的经济利益息息相关。而在处理劳动权利和义务的过程中，企业和劳动者应承担的经济补偿、经济赔偿责任都有明确的法律规定。

1. 经济补偿责任

经济补偿责任主要是指企业在处理劳动权利义务关系中所应承担的责任。《劳动法》第28条、第91条对企业在处理劳动权利和义务关系中应承担的责任做了明确的规定。1994年12月3日，劳动部发布的《违反和解释劳动合同的经济补偿办法》，规范了经济补偿标准。2007年6月29日，全国人民代表大会常务委员会通过的《中华人民共和国劳动合同法》对相关内容进行了补充完善。

1）经济补偿的情形和标准

第一，用人单位克扣或者无故拖欠劳动者工资的，以及拒不支付劳动者延长工作时间工资报酬的，除在规定的时间内全额支付劳动者工资报酬外，还需加发相当于工资报酬的25%的经济补偿金。

第二，用人单位支付劳动者的工资报酬低于当地最低工资标准的，要在补足低于标准部分的同时，另外支付相当于低于部分25%的经济补偿金。

第三，经劳动合同当事人协商一致，由用人单位解除劳动合同的，用人单位应根据劳动者在本单位的工作年限，每满一年发给相当于一个月工资的经济补偿金，最多不超过12个月。工作时间不满一年的按一年的标准发给补偿金。

第四，劳动者患病或者非因工负伤，经劳动鉴定委员会确认不能从事原工作也不能从事用人单位另行安排的工作而解除劳动合同的，用人单位应按其在本单位的工作年限，每满一年发给相当于一个月工资的经济补偿金，同时还应发给不低于6个月工资的医疗补助费。患重病和绝症的还应增加医疗补助费，患重病的增加部分不低于医疗补助费的50％，患绝症的增加部分不低于医疗补助费的100％。

第五，劳动者不能胜任工作，经过培训或者调整工作岗位后仍不能胜任工作，由用人单位解除劳动合同的，用人单位应根据劳动者在本单位的工作年限，每满一年发给相当于一个月工资的经济补偿金，最多不超过12个月。

第六，劳动合同订立时所依据的客观情况发生重大变化致使原劳动合同无法履行，经当事人协商不能就变更劳动合同达成协议，由用人单位解除劳动合同的，用人单位按劳动者在本单位的工作年限，每满一年发给相当于一个月工资的经济补偿金。

第七，用人单位濒临破产进行法定整顿期间或者生产经营发生严重困难，必须裁减人员的，用人单位按被裁减人员在本单位工作年限支付经济补偿金。在本单位工作的时间每满一年，发给相当于一个月工资的经济补偿金。

第八，用人单位解除劳动合同后，未按规定给予劳动者经济补偿的，除全额发放经济补偿金外，还须按经济补偿金数额的50％支付额外经济补偿金。

2）经济补偿金的计算和提取

第一，经济补偿金的工资计算和提取是以企业正常生产情况下劳动者解除合同前12个月的月平均工资为标准的。以下三种情况由用人单位解除劳动合同：①劳动者患病或者非因工负伤；②劳动者不能胜任工作，经济培训或者调整工作岗位后仍不能胜任工作；③劳动合同订立时所依据的客观情况发生重大变化，致使原劳动合同无法履行，经当事人协商不能就变更劳动合同达成协议，如果劳动者的月平均工资低于企业月平均工资标准的，按企业月平均工资标准支付经济补偿金。

第二，对劳动者的经济补偿金，由用人单位一次性发放。

第三，经济补偿金在企业成本中列支，不得占用企业按规定比例应提取的福利费用。

2. 经济赔偿责任

经济赔偿责任是针对用人单位和劳动者双方的，因此分为用人单位对劳动者的经济赔偿责任和劳动者对用人单位的经济赔偿责任两种。

1）用人单位对劳动者的经济赔偿责任

第一，违反劳动者工资权益的经济赔偿。根据《劳动法》第91条、劳部发〔1994〕532号发布的《违反〈中华人民共和国劳动法〉行政处罚办法》规定，用人单位有下列侵害劳动者合法权益行为之一的，应责令支付劳动者的工资报酬、经济补偿，并可责令按相当于支付劳动者工资报酬、经济补偿总和的1～5倍支付劳动者赔偿金：①克扣或者无故拖欠劳动者工资的；②拒不支付劳动者延长工作时间工资报酬的；③低于当地最低工资标准支付劳动者工资的；④解除劳动合同后，未依照法律、法规规定给予劳动者经济补偿的。

第二，根据劳部发〔1995〕223 号关于发布《违反〈劳动法〉有关劳动合同规定的赔偿办法》的通知规定，用人单位有下列情形之一，对劳动者造成损害的，应赔偿劳动者损失：①用人单位故意拖延不订立劳动合同，即招用后故意不按规定订立劳动合同以及劳动合同到期后故意不及时续订劳动合同的；②由于用人单位订立无效劳动合同，或订立部分无效劳动合同的；③用人单位违反规定或劳动合同的约定侵害女职工或未成年职工合法权益的；④用人单位违反规定或劳动合同的约定解除劳动合同的。

第三，用人单位违反合同赔偿劳动者的赔偿金额的计算方法为：①用人单位自用工之日起超过一个月不满一年未与劳动者订立书面劳动合同的，应当向劳动者每月支付两倍的工资；②用人单位违反《劳动合同法》规定不与劳动者订立无固定期限劳动合同的，自应当订立无固定期限劳动合同之日起向劳动者每月支付两倍的工资；③造成劳动者工资收入损失的，按劳动者本人应得工资收入支付给劳动者，并加付应得工资收入的 25％的赔偿费用；④造成劳动者劳动保护待遇损失的，应按国家规定补足劳动者的劳动保护津贴；⑤造成劳动者工伤、医疗待遇损失的，除按国家规定为劳动者提供工伤、医疗待遇外，还应支付劳动者相当于医疗费用 25％的赔偿费用；⑥造成女职工和未成年职工身体健康损害的，除按国家规定提供治疗期间的医疗待遇外，还应支付相当于其医疗费用 25％的赔偿费用。

2）劳动者对用人单位的经济赔偿责任

第一，劳动者违反劳动合同的经济赔偿责任。劳动者违反劳动合同对用人单位造成损失的，应赔偿用人单位下列损失：①用人单位招收录用劳动者所支付的费用；②用人单位为劳动者支付的培训费用，双方另有约定的按约定办理；③对生产、经营和工作造成的直接经济损失；④劳动合同约定的其他赔偿费用。

第二，劳动者违反保密规定的赔偿责任。劳动者违反劳动合同约定的保密事项，对用人单位造成经济损失的，按《反不正当竞争法》第 20 条的规定支付用人单位赔偿费用。

➤ 本章小结

我国的劳动法律体系正在逐步形成。1982 年修改后的《宪法》中有关公民劳动权、劳动保护的原则和规定，1994 年 7 月全国人民代表大会常务委员会通过并颁布的《劳动法》，以及各级各部门出台的有关劳动权益、工资的法规、规章等不断地充实、完善我国劳动法律体系。这些法律、法规的内容，已成为我国当前企业工资管理的管理依据。本章系统介绍了我国薪酬管理的法律体系，并详细介绍了有关企业薪酬政策制定、社会保障和住房公积金、薪酬支付与经济补偿、经济赔偿等相关的法律。薪酬管理者只有熟悉并掌握这些法律法规，才能够减少薪酬失误、避免法律纠纷，有效地进行薪酬管理。

➤ 本章关键词

劳动法律体系；企业政策制定；自主工资分配方式；最低工资标准；社会保障；住房公积金；薪酬（工资）支付；经济补偿；经济赔偿

➤ 本章思考题

1. 我国劳动法律体系主要由哪几部分组成？
2. 最低工资是什么？最低工资由哪几部分组成？
3. 关于社会保障和住房公积金的法律法规主要有哪些？

4. 薪酬支付的方式方法在法律中是如何规定的？

5. 关于加班工资的支付在法律上是如何规定的？

6. 我国法律关于经济赔偿方面有哪些规定？

7. 在何种情况下，用人单位需要向劳动者支付经济补偿？

案例讨论

明基：一场"裁员"的心痛

明基与西门子的合作宣告失败，犹如一声惊雷，为所有跃跃欲试着想出手跨国联姻的中国企业家们提了一个醒。

2006年11月22日10：00左右，上海浦东金桥川桥路777号，原西门子手机制造工厂，大约100名被裁员工涌入办公楼5楼，要找人力资源部主管评理未果。一怒之下，多数员工在5楼电梯门口展开静坐。尽管之后有一名马来西亚籍主管出面，拿着大喇叭对着抗议员工喊话劝离，但员工仍然坚持留在原地。11：30，人力资源部主管终于答应与员工代表谈判，但双方各持己见、互不相让，第一轮劳资谈判于13：00宣告失败。

这群人是明基手机上海工厂第一批被裁的293名员工中的一部分。11月15日，近300名在明基手机上海工厂的员工遭遇首次"动刀"。此次裁员主要涉及明基手机在上海的两个分公司——明基电通（上海）有限公司与明基电通（上海）浦东有限公司。他们都是原来西门子手机业务设在上海的办事处与手机生产工厂。从2006年8月初开始，他们已经连续三个月休假了。"没办法，工厂没有订单了，大家都无事可干，所以厂方安排大家轮流休假打发时间。现在终于动手赶我们走了"，小乔无奈地说。

一切都源于9月28日，明基移动公司宣布在德国申请破产保护。明基公司表示，在向它的手机制造部门投资了6亿欧元（合7.617亿美元）后，手机业务仍然没有扭亏为盈，因此做出了停止投资的决定。曾为人称道的中德结合还未能孕育出一个漂亮的混血儿，明基就把大口吞下的西门子手机业务部又吐了出来。

1. "N+1"工资补偿

参与了静坐的员工小柳愤愤不平地表示："想把我们赶走可不容易，当初西门子把工厂卖给明基时，既给离职员工安排工作，又给一大笔赔偿金。现在明基既不给我们安排好后路，又想用少得可怜的钱把我们打发了。我们绝对不接受。"据了解，明基已公布针对这些员工的赔偿方案，基本是根据国家《劳动法》实施"N+1"赔偿。即被裁员工将按照他过去一年的月平均收入的(N+1)倍的方式进行补偿，其中N表示该员工在公司工作的年限。"这太搞笑了，你们以为明基是怎么算我们工龄的？其实就是我们加入明基的年限，所有人都只有一年。也就是说，所有人都只拿到2个月的工资！什么'N+1'，是骗骗不知情的记者。"小柳越说越激动。这样的赔偿方案，让习惯于享受原西门子丰厚福利的员工们无法接受。调查得知，当初西门子给出的裁员赔偿标准是"N+4"。如果有员工在西门子工作了5年多，哪怕只多一天也按6年算。西门子不但给足6个月工资（即上年的总收入，包括奖金、工资、房贴、加班费、出差费所有总和除以12），而且为员工免去了税金。"当初西门子也有过一回裁人，其实就是合同到期了，但人事没有提早一个月告诉他们合同终止了，结果赔了人家2年工资。""而我在明基干了1年零1个月，N应该算作2，但明基方面就是不肯。最让员工无法接受的是，明基要求离职员工把近2万元的房贴交还出来。求我们离职还让我们还房贴，房贴本来就是我们的福利，这实在是太不讲道理了。"小柳说。

明基公司在发给本刊的声称中写道："对于自愿解除劳动合同的员工，实际所得补偿金相当于6个月工资。"但据工厂内部员工向记者解释，虽然公司最近的确提出有赔付"5薪+年终奖"的说法，"但其中的3薪是工作到年底本来就能拿到的，所以明基要我们为这3薪交税，实质上还是只赔了2个月，这只是把'$N+1$'巧妙地包装了"。

2. 公司未注册不能用"裁员"名义吗

让人深感吃惊的是，由于之前法律准备方面的失误，明基位于浦东的这两家公司没有在劳动局注册。这也成为此次被裁员工与明基谈判的最有力底牌。"明基没在劳动局备案，所以不能以裁员的名义进行。现在他们把裁员包装成离职，想让员工自己与其签订离职协议"，有知情人士透露。所以，小乔现在深为当初的决定感到后悔。2005年明基刚接手西门子手机业务的时候，他本有机会拿西门子的赔偿金另谋生路。但明基方面承诺说，与之续约的员工如果两年内不跳槽，可保证其原有的工资待遇不变。"所以从西门子转到明基的员工，都与明基签了两年的合同。想不到，明基反倒先违约。"小乔懊悔不已。"不管是已经被裁的，还是暂留工作的员工，都在讨论怎么团结起来跟公司要赔偿金"，员工小张说："我们打算，如果跟明基谈不拢，就把西门子拉进来。西门子不能这样甩手不管，听说德国西门子拿5000万欧元来安置1900名被明基裁员的工人。"

远在德国的明基员工，显然比这批上海工人来得幸运。在德国工会的压力下，西门子被迫站出来称对这批被裁员工负责。德国北莱茵-威斯特法伦州州长约尔根·鲁特格斯甚至在10月6日带领明基移动的工人发起了针对明基和西门子的抗议活动。他不平地表示："西门子仍然对工厂和工人负有责任，怎么可以坐视不管?""但中国的工会不像德国工会那么有实权，可以用拒绝西门子项目申请来给厂商施加压力，在上海有谁真正能为我们工人提供帮助呢?"一位廖姓员工深感无助。"上午刚刚接到通知，当晚就被要求'走人'；在走道里摆两张桌子，让员工们一个个轮流签不合理的协议，还派两名保安在门口看着。第二天，明基甚至不让我们进公司。我们像垃圾一样被明基抛弃了。"小廖发着牢骚。而被逼无奈的他作为第一批签字员工在这份"不合理"的协议上签了字。

但明基方面就这些员工的言论澄清称，公司将与员工充分协商和沟通，不会单方面解除劳动合同。至于协商过程中未达成一致意见的员工，仍有权利和义务继续履行劳动合同，并继续在上海厂上班。

资料来源：中国人力资源开发网

1. 员工代表 A 的角色说明

你是原西门子手机制造工厂的一名员工，被裁后愤愤不平地和其他被裁员工涌入办公楼5楼，要找人力资源部主管评理未果。一怒之下，在5楼电梯门口展开静坐。尽管之后有一名马来西亚籍主管出面，拿着大喇叭对着你们喊话劝离，但你们仍然坚持留在原地。11：30，人力资源部主管终于答应与员工代表谈判，你作为员工代表，将如何据理力争，进行这场劳资谈判?

分三个场景，第一个场景是你和其他员工涌入办公楼，找人力资源部主管评理；第二个场景是你们评理无果，不得不进行静坐；第三个场景，你们争取到了与人力资源部主管谈判的机会，你将如何为自己争取最大利益，抓住公司在法律方面的失误，即将明基位于浦东的这两家分公司均未在劳动局注册作为此次谈判的最有力依据。

2. 人力资源部主管 B 的角色说明

你是明基公司的人力资源部主管，在实施了裁员政策之后，在员工当中引起了一系列的恐慌，原西门子的员工被裁后纷纷不平，集体过来找你理论。

分三个场景，第一个场景是大批愤怒的员工找你理论，你将如何宣传公司的"$N+1$"工资补偿政策，安抚员工；第二个场景，示威力量增大，大量员工静坐于办公楼前，进行无声的抗争，你将如何将他们劝离；第三个场景，劝离无效，你不得已答应与员工代表进行劳资谈判，你将如何让员工接受公司的这个裁员政策并给予理解，并把裁员包装成离职，让员工自己与你签订离职协议。

3. 观察者的角色说明

作为观察者，首先必须认真阅读员工代表 A 和人力资源部主管 B 的角色说明，然后倾听 A 和 B 的交谈，并仔细观察他们在办公室、静坐及谈判桌上的谈话，员工代表主要是为了争取最大的员工利益，探测公司会答应员工的要求给予最开始的赔偿条件吗？

作为观察者，请把注意力集中在三种不同的场景上，人力资源部主管应该采取什么样的应对态度？在他们的交谈结束后，请做一简要的评论。

尤其注意，在第三个场景中，请仔细观察人力资源部主管的言行举止，他采用了哪些办法来平息这场暴动？如果你是人力资源部主管，你该如何应对？

参考文献

程延国.2008.员工关系管理[M].第二版.上海：复旦大学出版社.

付勇.2011.企业人力资源管理法规速查大全[M].北京：中国法制出版社.

金萍.2006.薪酬管理[M].大连：东北财经大学出版社.

李新建，孟繁强，张立富.2006.企业薪酬管理概论[M].北京：中国人民大学出版社.

李中斌，曹大友，张守明.2007.薪酬管理理论与实务[M].长沙：湖南师范大学出版社.

林泽炎.2001.企业薪酬设计与管理[M].东莞：广东经济出版社.

米尔科维奇 G T，纽曼 J M.2002.薪酬管理[M].董克用译.北京：中国人民大学出版社.

附　　录

表 1　培训主管岗位说明书

文件编号：

一、基本资料

职务名称	培训主管	所属部门	人力资源部	直接上级	人力资源部经理
辖员人数	1～2 人	定员人数	1 人	工作性质	管理人员
工资等级	（保留）	工资水平	（保留）	晋升方向	人力资源部经理
分析人员		分析日期	2011 年 5 月	批准人	

二、工作描述

工作概要	以公司战略为导向，协助制订培训计划，开发培训课程 按计划实施培训，达到所拟定的培训目标，从而提高公司的竞争力
工作关系	上报对象　　　　　人力资源部经理 监督对象　　　　　培训部员工 合作对象　　　　　本部门其他主管；其他部门经理、主管和授权讲师 外部联系对象　　　外部培训机构、顾问公司、高校培训中心

	职责描述	负责程度 （负责/部分/支持）	占用时间 （100%）
工作职责	1. 统一指导、协调和管理公司各部门的培训工作	负责	
	2. 对公司各部门开展培训工作进行指导、监督和检查	负责	
	3. 制订公司年度培训计划及预算计划	负责	
	4. 与有关培训机构、顾问公司及高校培训中心进行广泛的业务联系	负责	
	5. 开发培训课题，编制培训教材，编写培训教案	部分	
	6. 及时准确地传达上级指示，并贯彻执行	负责	
	7. 向培训师布置各种培训工作	部分	
	8. 掌握培训部工作情况及有关数据	负责	
	9. 定期向直接上级述职	负责	
	10. 关心培训部员工的思想、生活和待遇	部分	
	11. 设计培训评估体系并组织或协助评估培训效果	部分	
	12. 主持培训部例会及临时性会议	负责	
	13. 其他		

工作权限	1. 对下级各项业务工作有指挥权
	2. 对下级违反纪律、工作秩序的行为有批评权
	3. 有要求相关人员配合工作的权利
	4. 有对下级工作的检查权、任命的提名权、考核奖惩的建议权
工作时间	大部分时间按正常上班时间 9：00～17：00，有时需要加班
工作环境	工作地点	大部分时间在办公室，有时需要外出与外部培训机构联系
	舒适性	非常舒适，不会引起不良感觉
	职业病与危险性	无职业病可能，对身体不会造成伤害
	均衡性	所从事的工作不会忙闲不均
工具设备	电脑、传真机等办公用品

三、任职资格要求

生理要求	性别	男女不限
	年龄	20～50 岁
	健康状况	好，能适应高强度工作
知识技能水平	教育	人力资源管理或相关专业大学本科或以上 接受过心理学、管理学、外语、计算机等相关业务内容的培训
	经验	从事人力资源管理、教育工作或是其他组织工作满 1 年
	技能	熟练制定企业培训课程规划及培训教案
		熟练使用现代培训工具
		熟练使用办公软件和人事管理软件
能力素质要求	能力项目	具体要求
	决策能力	制订总体培训战略、培训计划
	领导能力	指导、监督各级部门开展培训工作
	协调能力	紧密配合上级工作，并及时向下级传达有关指示
	沟通能力	能正确运用正式或非正式的方法指导、劝说和培养下属 与接受培训者良好沟通，使其能够很好地配合工作 能够与外部培训机构建立好的业务联系
	分析能力	具有较强分析公司战略发展与业务需要的能力，针对相应需要制订培训计划 分析员工需要提高的能力
个性特质要求	品德高尚，道德素养好 有强烈的使命感、责任感和职业抱负 在强大的压力和严峻的形势下保持稳定的工作状态 具有团队合作精神 有良好的口头和书面表达能力

表2　岗位评价模型

序号	岗位价值系统要素	权重/%	分值	系统子要素	权重/%	分值
1	工作环境条件	14	140	体力消耗		30
				脑力消耗		30
				工作时间		30
				自然环境		30
				人际交往		20
2	知识与资历要求	17	170	学历		30
				经验		50
				知识的广度		40
				综合能力要求		50
3	解决问题的程序	18	180	工作复杂性		90
				工作创造性		90
4	管理与监督	15	150	层级类型		20
				管理人数		50
				职权与影响		80
5	沟通与交流	12	120	沟通内容		40
				语言表达写作要求		40
				与内外部沟通		40
6	对企业的影响	24	240	效益责任影响		80
				质量责任影响		80
				成长促进影响		80
汇总		100	1000			1000

表3　员工能力评价表

考核指标	能力等级	行为表现
成就导向	1	自我愿景。有符合社会和企业利益的理想抱负，愿意为之实现而不懈努力，并能够承受困难与挫折，甚至牺牲眼前利益
	2	内激励。成功体验主要来源于做好工作本身所带来的乐趣，而不依赖于外在的荣誉和报酬
	3	行动性。对工作热情投入，乐于不断采取行动以推动事情进展，对出色完成任务、取得工作成果有强烈的渴望
	4	挑战性目标。不满足于现状，敢于冒险，毫不畏惧地为自己和组织设定挑战性的目标，不断追求超越自我，开发和调动潜能
	5	高标准。对人对事有比较严格的要求，愿意使事情更接近完美，并努力驱动自己和他人为了做得更好而继续努力

考核指标	能力等级	行为表现
人际理解力	1	理解他人的情感或一些明显的内容，但是不能将这两者联系起来
	2	理解他人的真正意图。能够准确抓住他人尚未明确表达的思想和情感，或者能够采取他人希望但没有表达出来的行为
	3	理解复杂的深层次问题。能够理解导致他人的态度、行为与处理方式的深层次的复杂原因
	4	积极倾听。敞开胸怀，鼓励他人发表言论，积极搜索话语间的各种信息，以便把握沟通的核心内容
	5	采取帮助他人的行动。针对他人谈话过程中所反映出来的问题，提供力所能及的支持与帮助
团队与合作	1	具有个人魅力和领导气质，能够指出组织或团队的发展方向和目标，使团队成员充满工作激情，愿意为团队目标的实现竭尽全力
	2	对团队成员有全面的认识，有效地应用群体运作机制，从而使群体实现团队目标
	3	有目的地创建互相依赖的团体合作精神，在团队间合理有效地调配资源，加强不同目标和背景的团队之间的配合，以促成组织整体业务目标的实现
	4	采取行动在组织中营造精诚合作与公平竞争的氛围
	5	通过各种方式，如设计团队标志等，塑造健康优秀的团队形象，使组织或团队能被外界或有关组织认同和推崇
团队领导力	1	通知人们。让受到决策影响的人们知道发生了什么事。确保群体拥有所有必需的资讯。可以为决定说明原因
	2	提升团队绩效。运用复杂的策略提升团队的士气和生产力，带领团队在既定的时间内实现目标
	3	照顾群体。保护群体及与其相比时较大组织的声誉，或是整个社区；获得群体所需的人员、资源、资讯。确保群体的实际需要得到满足。该等级经常出现在军队或工厂的情况中，但也适用于为专业或管理部属取得比较不具体之资源的情况
	4	将自己定位为领导者。确保他人接受领导的任务、目标、计划、趋势、语调、政策。建立典范。确保群体任务的完成
	5	拥有强大的号召力，提出令人折服的远见，激发人们对团队使命的兴奋、热情和承诺
分析性思考	1	看出基本关系。分析一个问题或情况当中几个部分之间的关系；得出简单因果关系(A 导致B)或赞成与反对的决定；按照重要程度设定先后次序
	2	看出多重关系。分析一个问题或情况当中几个部分之间的关系；把复杂的任务有系统地分解成几个可处理的部分；找出几个相似的事件原因或几个行为后果；多数情况下能预料到障碍为何，并事先设想好接下来的步骤
	3	做复杂的计划或分析。有系统地将复杂的问题或处理过程分解成小部分；利用几个技巧分解复杂的问题，并加以解决，或得出长串的因果关系
	4	做非常复杂的计划或分析。有系统地将多面向的问题或处理过程分解成小部分；利用几个分析技巧找出几个解决方案并衡量每个方案的价值
	5	做极度复杂的计划或分析。组织、依序排列和分析极度复杂、互相依赖的系统

表 4 美容师技术等级表

技术等级线	评价指标	具体指标	应知	应会	工作实例	薪等	薪点
初级美容师	知识要求	1. 具有初中文化程度或同等学力	√			1～5等	1 000～5 000
		2. 了解人体特别是面部美容有关艺术美学及素描绘画的基本常识	√				
		3. 了解一般皮肤病（粉刺、暗疮等）发病原理和护理常识	√				
		4. 了解皮肤、脸型、头型、体型的类型特征及其不同美容工艺操作要求		√			
		5. 了解皮肤结构、头部骨骼、肌肉构成及经络、穴位的一般常识		√			
		6. 了解一般化妆美容、护肤美容的工艺技术操作规程、操作要求、操作方法和工艺质量标准			√		
		7. 了解皮肤的清洁、护理、面部化妆等美容用品的性能、成分、特点、作用和使用方法，并懂得有关化学及色彩常识			√		
	技能要求	1. 能看懂一般美容图片和文字资料	√				
		2. 具有护肤美容的基本技能，能独立完成清洁、按摩及颈、面部护肤保健项目的操作	√				
		3. 熟练掌握面部按摩的正确手法，做到穴位精确，力度适宜，频率、节奏适度		√			
		4. 能根据宾客的生理特点和不同季节，正确选用美容化学用品，较熟练地掌握生活简妆、日妆、晚妆的化妆技能和妆面色调协调变化的技巧		√			
		5. 正确操作奥桑蒸汽机、高频电疗仪、阴阳电离子仪、真空吸喷仪、磨刷帚等仪器设备；并能进行一般美容器械用具的维护、保养、清洗、消毒			√		
中级美容师	知识要求	1. 具有高中文化程度或同等学力	√			6～10等	5 000～10 000
		2. 熟悉人体美容有关艺术美学知识，掌握一定的素描方法及色彩知识	√				
		3. 熟悉皮肤的构造、生理功能；掌握皮肤的生理、护理、一般病理及治疗知识（如色斑、皱纹等）	√				
		4. 掌握头部、肩部、颈、手的骨骼、肌肉构成及经络、穴位的知识		√			
		5. 掌握化妆美容、文刺美容、修饰美容及仪器使用，对皮肤进行护理等操作要求及操作规程		√			
		6. 熟悉美容器械、设备和工具的构造及工作原理，并具有一般物理常识		√			
		7. 熟悉化妆美容、护肤美容、治疗美容的基本要求及各项美容项目的工艺质量标准		√			
		8. 熟悉一般美容和发型护理知识		√			
		9. 掌握经营管理知识			√		
		10. 熟知主要地区或主要客源国的风俗习惯、宗教信仰			√		
		11. 了解美容化妆发展趋势和新技术、新工艺、新设备			√		

技术等级线	评价指标	具体指标	熟练程度			薪等	薪点
			应知	应会	工作实例		
中级美容师	技能要求	1. 能看懂美容工艺图片和文字资料，并具有一定的理解能力	√			6～10等	5 000～10 000
		2. 能利用仪器、设备和药物，对粉刺、暗疮、色斑、雀斑、皱纹等进行护理、治疗和减肥、健胸	√				
		3. 能根据宾客的生理特点进行修饰化妆，正确选用美容化学用品，熟练进行婚礼妆、宴庆妆、新潮妆等化妆美容的技术操作，并能修染指甲，掌握使用假发、粘假睫毛等技术	√				
		4. 熟练地进行仪器美容、文刺美容、修饰美容的技术操作		√			
		5. 能对美容器械、用具进行检查及简单维修		√			
		6. 按照服务程序和规范，有礼貌地接待宾客，提供美容咨询服务		√			
		7. 能进行简单人物肖像素描			√		
		8. 熟练掌握手、颈、肩部的护理和按摩手法、按摩技术			√		
		9. 能培训和指导初级美容师			√		
高级美容师	知识要求	1. 具有高中以上文化程度或同等学力	√			11～15等	10 000～15 000
		2. 具有较丰富的人体美学知识和营养学知识，掌握绘画、造型知识	√				
		3. 熟悉有问题的皮肤的分类及成因	√				
		4. 熟知肥胖的特征、分类与成因	√				
		5. 通晓头部、肩部、颈、手的骨骼、肌肉构成及经络、穴位的知识	√				
		6. 通晓与仪器美容、化妆美容、文刺美容、修饰美容有关的光、形、色彩及化妆品化学的基础理论及操作程序的科学性		√			
		7. 熟知仪器美容、文刺美容、修饰美容项目的操作原理；熟知美容化妆、护肤用品的成分、性能，并具有相应的化学知识		√			
		8. 了解美容化妆发展简史，熟悉美容发展趋势			√		
高级美容师	技能要求	1. 对美容工艺图片和文字资料有一定的分析、研究能力	√			11～15等	10 000～15 000
		2. 能对各种有问题的皮肤进行正确的分析、诊断和护理	√				
		3. 根据宾客的不同要求，正确选择与其相应的化妆品，化出适于不同场合的妆型，表现不同宾客的个性和不同妆型的特点	√				
		4. 熟练进行仪器美容、文刺美容、修饰美容操作，能妥善地解决美容过程中的突发问题	√				
		5. 熟练掌握美容院常用的减肥方法	√				
		6. 能熟练运用各种化妆工具及设备，并能熟练进行检查、消毒及维修		√			
		7. 能梳理出数种不同的传统和现代发型		√			

续表

技术等级线	评价指标	具体指标	熟练程度			薪等	薪点
			应知	应会	工作实例		
高级美容师	技能要求	8. 能进行人物肖像素描及美容方案设计		√		11～15 等	10 000～15 000
		9. 具有组织、管理、经营美容厅的工作能力			√		
		10. 能吸收、运用国内外先进的化妆经验、技术			√		
		11. 能培训和指导中级美容师			√		

表5　职位评价排序表

序号	岗位名称	岗位评分	岗位排序	备注
1	副总经理(港口运作)			
2	副总经理(计划财务、综合管理)			
3	现场管理经理			
4	船务经理			
5	质量管理经理			
6	信息管理经理			
7	天津办经理			
8	综合管理经理			
9	计划财务经理			
10	现场管理专责(2人)			
11	质量管理专责			
12	天津办专责(2人)			
13	后勤专责			
14	文秘			
15	会计			
16	出纳			

填表人：　　　　　　　　　　　　　　　　　　填表时间：　　　年　　月　　日

说明：

(1)本职位评价用于评价各岗位对公司的价值贡献，其评价的基础是公司岗位重新设置后的岗位说明书。

(2)请各评价人员慎重、认真对待本职位评价，职位评价的结果直接影响到公司各岗位的岗位工资的高低排序。

(3)此次岗位评分设定标准为现场管理经理按100分计算，请各评价人员按照此标准给其他岗位评分，评分结果可高于100分，也可低于100分，给出一个设定标准是为了使各评价人员的评分有一个相对统一的标准。岗位评分的结果作为最后岗位排序结果的重要参考。

(4)岗位评分的高低应与岗位排序的顺序一致。

(5)岗位排序应从各岗位所承担的责任、风险以及决策层次、岗位素质要求(学习能力、知识水平、岗位技能要求、岗位的体能和智能要求等)、岗位工作环境等多方面进行考虑。